FOM-Edition

FOM Hochschule für Oekonomie & Management

Reihenherausgeber
FOM Hochschule für Oekonomie & Management, Essen, Deutschland

Dieses Werk erscheint in der FOM-Edition, herausgegeben von der FOM Hochschule für Oekonomie & Management.

Weitere Bände in der Reihe http://www.springer.com/series/12753

Thomas Barsch · Thomas Heupel
Holger Trautmann
(Hrsg.)

Die Blue-Ocean-Strategie in Theorie und Praxis

Diskurs und 16 Beispiele erfolgreicher Anwendung

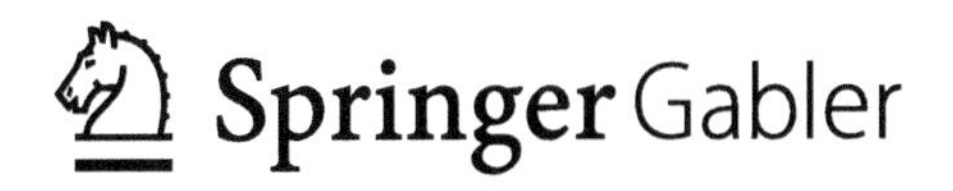

Herausgeber
Thomas Barsch
pionierfabrik GmbH
Illingen, Deutschland

Holger Trautmann
Blue Ocean Strategy Partners GmbH
Aschaffenburg, Deutschland

Thomas Heupel
FOM Hochschule für Oekonomie & Management
Essen, Deutschland

ISSN 2625-7114 ISSN 2625-7122 (electronic)
FOM-Edition
ISBN 978-3-658-15479-0 ISBN 978-3-658-15480-6 (eBook)
https://doi.org/10.1007/978-3-658-15480-6

Die Deutsche Nationalbibliothek verzeichnet diese Publikation in der Deutschen Nationalbibliografie; detaillierte bibliografische Daten sind im Internet über http://dnb.d-nb.de abrufbar.

Springer Gabler

Lektorat: Angela Meffert

Springer Gabler ist ein Imprint der eingetragenen Gesellschaft Springer Fachmedien Wiesbaden GmbH und ist ein Teil von Springer Nature
Die Anschrift der Gesellschaft ist: Abraham-Lincoln-Str. 46, 65189 Wiesbaden, Germany

Vorwort der Herausgeber

Die Blue Ocean Strategy®[1] wurde von W. Chan Kim und Renée Mauborgne an der INSEAD Business School entwickelt und dort zunächst als Value Innovation (Nutzeninnovation) bezeichnet.[2] Basierend auf empirischen Studien über eine Dauer von 15 Jahren und einer Analyse von mehr als 100 führenden Unternehmen wurde ein Methodenbaukasten entwickelt, mit dem bis dahin ungenutzte Teilmärkte erschlossen und der bisherige Wettbewerb als irrelevant erklärt werden konnte.[3]

Im Jahre 2005 erschien die erste Ausgabe von *„Blue Ocean Strategy: How To Create Uncontested Market Space And Make The Competition Irrelevant"* in englischer Sprache. Im Juni 2006 folgte die deutschsprachige Übersetzung. Mittlerweile sind weltweit über 3,5 Mio. Exemplare des Buchs verkauft worden. Im Januar 2015 folgte die gleichnamige Expanded Edition in englischer Sprache, im April 2016 dann die deutsche Ausgabe. Im September 2017 ist ein weiteres Buch mit dem Titel *„Blue Ocean Shift: Beyond Competing – Proven Steps to Inspire Confidence and Seize New Growth"* erschienen.

In den vorgenannten Publikationen werden insbesondere große Namen sowie Firmen und deren Blue Ocean Strategy® (BOS) vorgestellt, wie z. B. Yellow Tail Wine, Southwest Airlines, The Body Shop, Nintendo, Nespresso und Cirque du Soleil.

Das vorliegende Buch adressiert demgegenüber die erfolgreiche Anwendung der BOS® in Nischenmärkten. Im Anschluss an einen wissenschaftlichen Diskurs zur erfolgreichen Anwendung der BOS® in kleinen und mittleren Unternehmen erklären die Herausgeber und Beitragsautoren diese griffig und konkret anhand von Praxisbeispielen aus unterschiedlichen Branchen und Unternehmensgrößen. Die Vielfalt der Branchen und Unternehmen wurde bewusst gewählt, was die Erstellung dieses Werkes nicht unbedingt vereinfachte. Das erste Kompendium mit Praxisbeispielen der BOS® liegt

---

[1]Bei „Blue Ocean Strategy"® und „Blue Ocean"® handelt es sich um in den USA markenrechtlich geschützte Begriffe. Die Rechte liegen bei W. Chan Kim und Renée Mauborgne.

[2]Vgl. Creating new Market Space, in: *Harvard Business Review,* Januar/Februar 1999, S. 83–93.

[3]Vgl. Blue Ocean Strategy, in: *Harvard Business Review,* Oktober 2004, S. 76–84.

nun vor und wir wünschen Ihnen viel Erkenntnis, Inspiration und vor allem Mut, diese Methode einmal selbst auszuprobieren.

Wir danken Herrn Dipl.-Jur. Kai Enno Stumpp und Frau Carolin Schirmer für die Begleitung der Erstellung des Buches und für die organisatorische Unterstützung.

Thomas Barsch
Thomas Heupel
Holger Trautmann

Inhaltsverzeichnis

Über die Herausgeber

Thomas Barsch verkaufte bereits im Alter von sieben Jahren auf Flohmärkten seine Waren – und lernte so sehr früh, Preise zu verhandeln. Seine eigentliche Vertriebskarriere begann im Jahre 1990 bei der Firma Lütze im technischen Vertriebsinnendienst. Schließlich ging er in den Außendienst bei den Industrievertretungen Lautenschläger, wo er einen sehr guten Vertriebslehrmeister hatte. Nach der Handelsvertretung folgte der Handelsvertretungspartner Murrplastik, bevor er in der IT bei der Firma Bechtle seine Vertriebsfähigkeiten weiter ausbaute. Von 2007 bis 2011 war er als Unternehmer mit einem neuen Geschäftsmodell in der Informations- und Telekommunikationsbranche tätig. Seit 2012 widmet er sich der Beratung der „neuen Welt" des Vertriebs und dem Wandel vom Push- zum Pull-Ansatz, oder, anders ausgedrückt, vom Outbound-Marketing zum Inbound-Marketing. Seine Schwerpunktthemen sind Webseiten, Digital Value Selling und digitale Geschäftsmodelle. Spezialthemen sind die Blue Ocean Strategy®, Managed Service & Cloud. Die Aktualität in den Beratungsthemen erhält er sich durch die Lehre. Thomas Barsch ist Dozent für Digital Value Selling, Marketing und Innovation an der FOM Hochschule, an der ESB Reutlingen und an der DHBW Stuttgart, Mannheim, Horb und Ravensburg.

Prof. Dr. Thomas Heupel studierte Wirtschaftswissenschaft an der Universität Siegen. Er war wissenschaftlicher Mitarbeiter am Institut für ökologische Betriebswirtschaft (IÖB) und Geschäftsführer des Siegener Mittelstandsinstituts (SMI) der Universität Siegen. Er war wissenschaftlicher Mitarbeiter an dem Lehrstuhl für Umweltwirtschaft bei Prof. Dr. Dr. h.c. E. Seidel sowie am Lehrstuhl für Wertschöpfungsmanagement bei Prof. Dr. P. Letmathe. Seit 2007 ist er hauptberuflicher Dozent der FOM Hochschule, seit 2009 Prorektor für Forschung. Seine Forschungsschwerpunkte liegen in den Feldern Erfolgs- und Kostencontrolling, Automotive Industry Management, Demografischer Wandel, Ökologische Ökonomie sowie dem Management von KMU.

Holger Trautmann (Dipl.-Kfm.) ist Gründer und Geschäftsführer der Blue Ocean Strategy Partners GmbH, eines der führenden Beratungshäuser mit Fokus auf BOS. Zu Beginn seiner Consulting-Karriere kam er Anfang der 2000er Jahre erstmalig in Kontakt mit den Erfindern der Blue-Ocean®-Methodik, den INSEAD-Professoren Chan Kim und Renée Mauborgne. Als „Schüler der ersten Stunde" erlernte er im Rahmen von Boot Camps auf dem INSEAD Campus in Fontainebleau den Blue-Ocean-Denkrahmen und die -Instrumente. Seitdem ist er Mitglied im internationalen Netzwerk zertifizierter BOS-Praxisanwender. So kann Holger Trautmann beides vereinen: State-of-the-Art-Grundlagenwissen, permanent angereichert durch neue Methoden im Innovationsmanagement, sowie langjährige profunde Umsetzungserfahrung aus zahlreichen inspirierenden Kundenprojekten und Trainings. In den vergangenen 15 Jahren Blue-Ocean-Praxis konnten Holger Trautmann und sein Expertenteam namhafte Klienten aus vielen unterschiedlichen Branchen erfolgreich dabei unterstützen, die ausgetretenen Wettbewerbspfade zu verlassen, neuartige strategische Wachstumsoptionen zu realisieren und aktiv an der Zukunftssicherung ihrer Geschäftsmodelle zu arbeiten.

Verzeichnis der Beitragsautoren

Thomas Abele, TIM Consulting, Stuttgart, Deutschland.

Susanne Barsch, Pionierfabrik GmbH, Illingen, Deutschland.

Laura Bersch, Köln, Deutschland.

Lars Buche, Donaueschingen, Deutschland.

Aida Causevic, Bonn, Deutschland.

Klaus Deimel, Centrum für Entrepreneurship, Innovation und Mittelstand (CENTIM), Hochschule Bonn-Rhein-Sieg, Sankt Augustin, Deutschland.

Mischa Ellenberger, Hochschule Bonn-Rhein-Sieg, Sankt Augustin, Deutschland.

Steffen Frischat, Neuried, Deutschland.

Heribert Gathof, Ingelheim, Deutschland.

Christoph Hain, Darmstadt, Deutschland.

Christian Hennecke, Köln, Deutschland.

Gero Hoch, Universität Siegen, Siegen, Deutschland.

Kristian Kropp, RPR Unternehmensgruppe, Ludwigshafen, Deutschland.

Weifangzi Li Mannheim, Deutschland.

Tim Niesar, Hilchenbach, Deutschland.

Claus-Peter Reisinger, Bayer AG, Berlin, Deutschland.

Theo M. Schlaghecken, Kleve, Deutschland.

Steffen Schmenn, Burbach, Deutschland.

Hans-Josef Schmitz, AXA Krankenversicherung AG, Köln, Deutschland.

Alexander M. Seidler, Hürth, Deutschland.

Corinna Tentrup-Tiedje, Alzey, Deutschland.

Steffen Weimann, Nordhausen, Deutschland.

Michael Weppler, TÜV International GmbH, Köln, Deutschland.

Caroline Will, Bischofsheim, Deutschland.

Zeynep Yaman, TIM Consulting, Stuttgart, Deutschland.

Vedat Yesilkaya, Wiesbaden, Deutschland.

Jörg Ziesak, Brüssel, Belgium.

Teil I
Einführung

Vom konventionellen Strategischen Management zur Blue Ocean Strategy®

Vorstellung, Vergleich und Anwendung strategischer Grundoptionen

Thomas Heupel, Thomas Barsch, Tim Niesar und Vedat Yesilkaya

Inhaltsverzeichnis

T. Barsch (✉)
Illingen, Deutschland
E-Mail: thomas.barsch@pionierfabrik.de

T. Heupel
Wilmsdorf, Deutschland
E-Mail: thomas.heupel@fom.de

T. Niesar
Hilchenbach, Deutschland
E-Mail: timniesar@web.de

V. Yesilkaya
Wiesbaden, Deutschland

T. Barsch et al. (Hrsg.), *Die Blue-Ocean-Strategie in Theorie und Praxis,* FOM-Edition,
https://doi.org/10.1007/978-3-658-15480-6_1

1.1 Prolog

Eine hohe Anbieterdichte, Preiskämpfe und eine sich abzeichnende immer mehr stagnierende Innovationskraft bilden heute die Herausforderungen für Anbieter von Produkten und Dienstleistungen in allen Wirtschaftsbereichen. Unternehmen stehen heute im starken Wettbewerb zu ihren Konkurrenten – um Marktanteile, Kunden und Profite. Dadurch geraten sie zunehmend in Wettbewerbskonflikte mit nationalen, aber auch mit internationalen Unternehmen. Das Ausmaß dieser Konstellation erreicht durch die rasch zunehmende Verflechtung der Weltwirtschaft ganz neue Dimensionen (vgl. Heide 2015). Der Markt fordert von den Unternehmen immer schneller neue Produkte mit hoher Qualität bei gleichzeitig niedrigen Marktpreisen. Durch den Abbau von Handelsschranken verschwinden Restriktionen und mit ihnen immer mehr Nischenmärkte und Monopole (vgl. Giersch 2015). Obwohl vielen europäischen Ländern ein prognostizierter Bevölkerungsschwund bevorsteht, nimmt das Angebot analog zum steigenden Wettbewerb zu. Heute zeichnen sich Märkte durch eine weitgehende Sättigung sowie durch eine Überbesetzung an konkurrierenden Unternehmen aus. Die Märkte wachsen nicht mehr in dem gleichen Umfang, wie sie noch vor Jahren gewachsen sind. Dazu steht dem Konsumenten eine Vielzahl von Dienstleistungen und Produkten gegenüber, die voneinander nicht mehr zu unterscheiden sind (vgl. Großklaus 2015, S. 1). Vor allem auf den Gütermärkten ist eine weitgehende technische Homogenisierung zu beobachten. Hier ist es für die Unternehmen nicht mehr möglich, ihre Marken mit technischen Qualitätsmerkmalen in den Vordergrund zu stellen. Durch die marginalen Qualitätsunterschiede der Angebote werden die Leistungen der Unternehmen für den Konsumenten substituierbar (vgl. Kroeber-Riel und Esch 2000, S. 20). In einer repräsentativen Studie von BBDO Consulting, die in den Jahren 2004 und 2009 durchgeführt wurde, stellte sich heraus, dass Konsumenten Marken mit steigender Tendenz nicht mehr auseinanderhalten können (vgl. Kroeber-Riel und Esch 2000, S. 20). Die geringste empfundene Austauschbarkeit von Marken hatten die Bereiche Automobile, Bekleidung und Parfüm mit 64 %. Das sind zwei Prozentpunkte mehr als noch im Jahr 2004. Bei Verbrauchsmarken liegt die wahrgenommene Markengleichheit im Durchschnitt bei 67,5 % (vgl. Sander et al. 2009, S. 18 ff.). Die immer größere Ähnlichkeit hat zur Folge, dass Käufer ihre Produktwahl fast ausschließlich auf Grundlage des Preises treffen. In Abhängigkeit dieser Konsequenz müssen Unternehmen kontinuierlich die Preise senken, was zunehmend sinkende Gewinnspannen mit sich bringt. Käufer halten ihren Marken heute, im Gegensatz zu früher, nicht unbedingt die Treue und Produkte werden emotionslos gegen günstigere substituiert. Aus diesen Gründen benötigen Unternehmen neue Wege, um sich auf dem Markt behaupten zu können, denn die bisher zur Anwendung kommenden Strategie- und Managementverfahren sind alle unter Bedingungen entstanden, die heute nicht mehr vorzufinden sind (vgl. Kim und Mauborgne 2015, S. 8 f.). Eine Möglichkeit für Unternehmen ist die Anwendung der Blue Ocean Strategy®, welche vor dem Hintergrund der bereits angeführten Entwicklungen zunehmend an Bedeutung gewinnt und welche im

Rahmen dieses Beitrags näher untersucht und von historisch älteren Strategieoptionen abgegrenzt werden soll.

Die Blue Ocean Strategy® stellt ein relativ unbekanntes Konzept für Unternehmen dar. Die Entwicklung des Ansatzes beruht auf der Auswertung einer angefertigten Datenbank mit über 150 strategischen Bewegungen in 30 Branchen zwischen den Jahren 1980 und 2000 durch die Autoren der Strategie, Kim und Mauborgne. Es existieren bisher nur wenige wissenschaftliche Analysen zu dieser Strategie und kaum Berichte aus erfolgreichen praktischen Anwendungen. Ein Ziel dieses Beitrags ist es, diese Lücke in der wissenschaftlichen Analyse zu verkleinern. Dazu wird die Blue Ocean Strategy® mit anderen Managementkonzepten verglichen und einer kritischen Betrachtung unterzogen.

Die Erörterung der Tools und Formate erfolgt dabei in anwendungsorientierter Reihenfolge. Diesem theoretischen Beitrag sind zahlreiche Praxisbeispiele nachgestellt.

1.2 Strategisches Management

Strategie, strategisches Management, strategische Planung, Strategieentwicklung – das sind einige der Begriffe, die in der Managementliteratur synonym verwendet werden (vgl. Kranz 2007, S. 65 f.). Der Ursprung des Wortes „Strategie" stammt aus dem Griechischen und wird auf das Wort „strategó" (Bedeutung: Heerführer) zurückgeführt (vgl. Schroeter 2002, S. 41). Viele der heutigen Erkenntnisse über Strategien stammen aus der Militärwissenschaft, was nochmals durch die verwendete Sprache deutlich wird. In der Literatur ist die Rede von „hart umkämpften Marktanteilen", welche „bitter verteidigt werden", oder auch von „mühsam eroberten Marktpositionen" (vgl. Sobhani 2009, S. 117). Wie der Heerführer einst, stehen heute Unternehmen vor den Problemen, knappe Ressourcen effizient einsetzen zu müssen und unterschiedliche offensive und defensive Maßnahmen durchzuführen, um sich gegen die Mitbewerber zu behaupten (vgl. Schroeter 2002, S. 41). Eine präzise Definition des Begriffs „Strategie" liefert Gälweiler:

> Strategie bedeutet demnach, sein Denken, Entscheiden und Handeln an den übergeordneten oder obersten Zielen oder Zielvoraussetzungen zu orientieren und sich dabei nicht durch vordergründige Dringlichkeiten, das heißt Augenblicksvorteile und Nachteile, ablenken zu lassen (Gälweiler 2005, S. 66).

Ein besonderes Merkmal von Strategien ist nach Schroeter, dass eine Strategie „mit keiner anderen vergleichbar ist, weil die Kombination von Zeitpunkt, Branche, Markt und Unternehmen stets situationsbedingt und einmalig ist" (Schroeter 2002, S. 42). Die Konsequenz einer strategischen Entscheidung kann sich, wie z. B. das langfristige Anmieten von Produktionshallen, bereits nach wenigen Monaten als Fehlinvestition darstellen. Ebenso werden auf der operativen Ebene Entscheidungen getroffen, die langfristige Konsequenzen nach sich ziehen können. Ein Beispiel ist die Androhung eines gerichtlichen Mahnverfahrens gegenüber einem Großkunden, obwohl dieser abweichende Zahlungsziele mit der Unternehmung vereinbart hat, welche lediglich nicht beachtet wurden.

Der Großkunde kann durch die Mahnung derart verärgert werden, dass er die Geschäftsbeziehung mit dem Unternehmen unterbricht oder sogar abbricht. Durch das kurzfristige Fehlverhalten eines Mitarbeiters kann dem Unternehmen so ein langfristiger Schaden entstehen (vgl. Schroeter 2002, S. 41 f.).

Scholz ordnet dem Begriff „Strategie" drei wesentliche Eigenschaften zu:

- „Relevanz", das heißt die Betonung des Wichtigen, wie die Konzentration auf Erfolgspotenziale, die Berücksichtigung der Umwelt-Unternehmungs-Beziehung sowie die Betrachtung der Gesamtunternehmungssicht.
- „Vereinfachung", die Beschränkung auf wesentliche Gesichtspunkte.
- „Proaktivität", das Streben nach frühzeitigem Handeln (vgl. Scholz 1987, S. 33 f.).

Becker (2013) grenzt Strategie und Taktik über Merkmale und Entscheidungssituationen voneinander ab (Abb. 1.1).

Strategische Entscheidungen sind somit strukturbestimmend, der Entscheider hat eine echte (Wahl-)Entscheidung durch mehrere Alternativen, die Entscheidungen werden für

Strategie = Grundsatzregelungen (grundsätzliche Prädispositionen)	**Taktik = operative Handlungen (laufende Dispositionen)**
Merkmale • strukturbestimmend (konstitutiv) • echte (Wahl-)Entscheidungen • mittel-/langfristig orientiert • verzögert bzw. in Stufen wirksam • schwer korrigierbar	**Merkmale** • ablaufbestimmend (situativ) • Routineentscheidungen (habituelles Verhalten) • kurzfristig orientiert • „sofort" wirksam • leicht korrigierbar
Entscheidungssituation • komplexes, schlecht strukturiertes Entscheidungsfeld (Unsicherheitsgrad hoch) • heute werden (Grundsatz-) Entscheidungen für morgen getroffen • ganzheitliches Denken notwendig (Unternehmen als Ganzes umfassend) • makro-betonte, eher qualitative Betrachtungsweise	**Entscheidungssituation** • überschaubares, gut strukturiertes Entscheidungsfeld (Unsicherheitsgrad niedrig) • heute werden (Problemlösungs-) Entscheidungen für heute getroffen • partikulares Denken steht im Vordergrund (einzelne Aktionsbereiche des Unternehmens betreffend) • mikro-betonte, eher quantitative Betrachtungsweise
Grundorientierung: Effektivitätskriterium → „die richtigen Dinge machen"	**Grundorientierung:** Effizienzkriterium → „die Dinge richtig machen"

Abb. 1.1 Abgrenzung von Strategie und Taktik. (Quelle: Becker 2013, S. 143)

einen mittleren bis langfristigen Horizont getroffen, die Wirkung der Entscheidung wird verzögert respektive in Stufen wirksam und die getroffene Entscheidung lässt sich nur schwer korrigieren (vgl. Becker 2013, S. 142 ff.). Die Entscheidungssituation wird bei Strategien als komplexes und schlecht strukturiertes Entscheidungsfeld deklariert. Umso schwieriger lassen sich daher Entscheidungen treffen, welche zukünftiges Handeln festlegen sollen. Für diese Art der Entscheidung ist ein ganzheitliches Denken nötig, welches das ganze Unternehmen umfasst (vgl. Becker 2013, S. 142 ff.). Die Strategie wird daher oft unter den Begriff strategisches Management eingeordnet, welches im Folgenden weiter erläutert wird.

Entwicklung von Strategie zum strategischen Management

Die Etablierung des Forschungsgebiets des strategischen Managements kann nicht auf einen exakten Punkt in der Vergangenheit zurückgeführt werden. Zum einen gilt eine Konferenz im Jahr 1979 an der Universität von Pittsburgh/USA als Ursprung des strategischen Managements, da die Ergebnisse anschließend unter dem Titel „Strategic Management" veröffentlicht wurden. Zum anderen haben die Autoren Ansoff/Declerck/Hayes bereits drei Jahre zuvor, im Jahr 1976, ein Buch mit dem Titel „From Strategic Planning to Strategic Management" herausgegeben (vgl. Kötzle 1997, S. 3).

Eine der treibenden Kräfte, die die Ökonomie mitbestimmt, ist die Veränderungsgeschwindigkeit unserer Umwelt. Das Formulieren von Strategien sowie das Setzen von Zielen soll die Planung in die Zukunft sicherer machen (vgl. Camphausen 2013, S. 1). Die Faktoren, die unser Wirtschaftsleben rasant verändern, sind nach Camphausen:

- die Informations- und Kommunikationsgeschwindigkeit und deren Möglichkeiten,
- die rasche Globalisierung, in die Richtungen neuer Märkte, aber auch neuer Wettbewerber,
- der technologische Wandel, ausgedrückt in veränderten Lebenszyklen von Produkten, Märkten und Kunden,
- die Unsicherheit über die Stabilität und Sicherheit unserer gesellschaftlichen Ausrichtung, nach dem 11.09.2001, dem Zeitpunkt der Terrorattentate auf das World Trade Center und das Pentagon in den USA (Camphausen 2013, S. 1).

Eine rechtzeitige Planung ist für die Zielerreichung ein unumgänglicher Bestandteil. Nur wer dies berücksichtigt und Überlegungen anstellt, welche Ziele in der Zukunft erreicht werden sollen, hat später einen Freiheitsgrad bei den Entscheidungen (vgl. Camphausen 2013, S. 1). Spätere unüberlegte Aktivitäten zeichnen sich mehr durch ein Reagieren auf Verhaltensweisen von Konkurrenten aus. Unternehmen, welche sich kritisch mit der mittel- und langfristen Planung ihrer Zukunft beschäftigen, haben mehr vom Erfolgsfaktor Zeit als ihre Wettbewerber (vgl. Camphausen 2013, S. 1). Im weiteren Verlauf dieses Beitrags erfolgt eine Vorstellung der klassischen Strategien zur Eroberung neuer Märkte, welche unter Berücksichtigung der bereits beschriebenen Faktoren kreiert wurden.

1.3 Klassische Strategien zur Eroberung neuer Märkte

1.3.1 Diversifikationsstrategie nach Ansoff

Durch die Aufnahme von neuen Produkten in das Portfolio des Unternehmens und das damit verbundene Agieren auf neuen Märkten soll ein Wachstum des Unternehmens herbeigeführt werden. Gleichzeitig wird durch die Diversifikation des Leistungsspektrums eine Risikostreuung auf mehrere Geschäftsfelder der Unternehmung erreicht (vgl. Buchholz 2013, S. 247).

Ansoff unterscheidet in seiner Strategie vier wachstumsrelevante Ausprägungen, in Abhängigkeit des Unternehmensportfolios und des Marktes (Abb. 1.2):

- *„Marktdurchdringung"* bedeutet die Verbesserung des Absatzes vorhandener Produkte auf einem bereits bestehenden Markt.
- *„Produktdifferenzierung"* bedeutet den Verkauf von neuen Produkten auf einem bereits bestehenden Markt.
- *„Markterweiterung"* bedeutet den Absatz von bereits bestehenden Produkten auf einem neuen Markt.
- *„Diversifikation"* bedeutet den Absatz von neuen Produkten auf einem neuen Markt (vgl. Ansoff 1957, S. 113).

In der Literatur sind drei Ausprägungen der Diversifikation geläufig:

„Horizontale Diversifikation" zeichnet sich dadurch aus, dass das bestehende Produkt- oder Leistungsprogramm um ähnliche Produkte ergänzt wird und somit aufgrund der gleichbleibenden Branche und Abnehmerschaft das bestehende Wissen

Abb. 1.2 Ansoff-Matrix. (Quelle: Ansoff 1966, S. 135)

Produkt \ Markt	Bestehend	Neu
Bestehend	Marktdurchdringung	Markterweiterung
Neu	Produktdifferenzierung	Diversifikation

genutzt werden kann (vgl. Haller 2012, S. 126). Da das Unternehmen weiterhin auf der gleichen Wirtschaftsstufe agiert, liegt keine „echte Diversifikation", sondern mehr eine Erweiterung des Portfolios vor (vgl. Kreutzer 2013, S. 183).

„Vertikale Diversifikation" liegt vor, wenn Produkte aus der jeweils vor- oder nachgelagerten Wirtschaftsstufe übernommen werden (vgl. Jacobs 1992, S. 10). Dem Kunden wird dadurch ein breiteres Spektrum an Leistungen geboten und er kauft somit „alles aus einer Hand" (vgl. Haller 2012, S. 126).

„Konglomerate Diversifikation" wird angewendet, wenn ein Unternehmen mehrere Geschäftsfelder besitzt, die sich aufgrund ihres Leistungsprozesses vollständig voneinander unterscheiden. Die Geschäftsfelder sind in wirtschaftlich unterschiedlichen Geschäftsfeldern angesiedelt (vgl. Löbler 1988, S. 31). Diese Art der Diversifikation bezweckt vor allem eine Risikostreuung, um Unsicherheiten in der wirtschaftlichen Entwicklung der unterschiedlichen Geschäftsfelder wechselseitig auszugleichen (vgl. Hungenberg 2014, S. 468 f.). Die Strategie beschränkt sich somit auf das Wachstum in bestehenden Märkten. Es werden Möglichkeiten untersucht, sich mit bestehenden oder neuen Produkten auf bestehenden oder neuen Märkten durchzusetzen. Bei der lateralen Diversifikation werden für das Unternehmen neue Produkte auf bisher neuen Märkten angeboten. Der Begriff „neue Märkte" bezeichnet dabei jedoch nicht gänzlich neue Märkte, welche noch nicht erschlossen sind, sondern Märkte, auf denen das Unternehmen bisher nicht aktiv war, also nur die Konkurrenz.

Über 20 Jahre später wurde eine weitere Strategie, die „Wettbewerbsstrategie", durch Porter veröffentlicht, welche die fünf Kräfte des Wettbewerbs untersucht und welche im Folgenden näher beleuchtet wird.

1.3.2 Wettbewerbsstrategie nach Porter

Das Strategieverständnis beruht nach Porter auf der Wettbewerbsstrategie, welche durch die Anwendung unterschiedlicher offensiver und defensiver Maßnahmen das Ziel verfolgt, das Unternehmen gegen die fünf Kräfte des Wettbewerbs zu verteidigen, welche die Branchenattraktivität bestimmen (vgl. Porter 1999, S. 57 f.). Kernaussage ist, dass eine Branche attraktiv ist, wenn:

1. die Bedrohung durch potenzielle neue Konkurrenten gering ist,
2. die Verhandlungsstärke der Kunden schwach ist,
3. eine Bedrohung durch Substitute nicht vorhanden ist,
4. die Verhandlungsstärke der Lieferanten schwach ist,
5. die Rivalität unter den bestehenden Unternehmen in der Branche gering ist (vgl. Knop 2009, S. 58).

Die Analyse der treibenden Kräfte reicht aber nicht aus, um einen umfassenden Wettbewerbsvorteil zu erreichen. Aufbauend auf die Analyse der Branche folgt die Positionierung je nach Wettbewerbsvorteil des Unternehmens (vgl. Schuh und Kampker 2011, S. 111). Nach Porter lassen sich Wettbewerbsvorteile durch die folgenden Ausprägungen unterscheiden (Abb. 1.3):

- Kostenführerschaft
- Qualitätsführerschaft bzw. Differenzierung
- Nischenbearbeitung (vgl. Porter 1987, S. 62 ff.)

Strebt das Unternehmen eine *„umfassende Kostenführerschaft"* an, so zielt es konsequent auf einen Leistungsvorsprung durch kostenorientiertes Denken auf dem Gesamtmarkt (vgl. Kramer et al. 2003, S. 570). Über strenge Kostenkontrolle, produktivitätssteigernde Maßnahmen sowie Standardisierung wird kontinuierlich versucht, die Stückkosten für ein Produkt zu senken, um dadurch eine erfolgreiche Preis-Mengen-Strategie durchzusetzen (vgl. Lippold 2013, S. 367 f.). Die Anforderungen der Kostenführerschaft sind unter anderem Zugang zu Kapital (für Investitionen), einfache und kostengünstige Produktion, Verfahrensinnovationen und intensive Kostenkontrolle (vgl. Porter 1999, S. 77). Die Differenzierung über eine *„Qualitätsführerschaft"* setzt ein Alleinstellungsmerkmal (engl. unique selling proposition = USP) voraus, denn der Wettbewerbsvorteil wird aus Sicht des Kunden erst durch die Einzigartigkeit der Leistung geschaffen (vgl. Winter 1997, S. 86). Maßgeblich für die Alleinstellung können *objektiv beurteilbare Faktoren* wie spezielle Funktionen, Ausstattungen oder auch einzigartiger Service sowie *subjektiv empfundene Faktoren* wie beispielsweise die Exklusivität (erreicht über das Markenimage) sein (vgl. Lippold

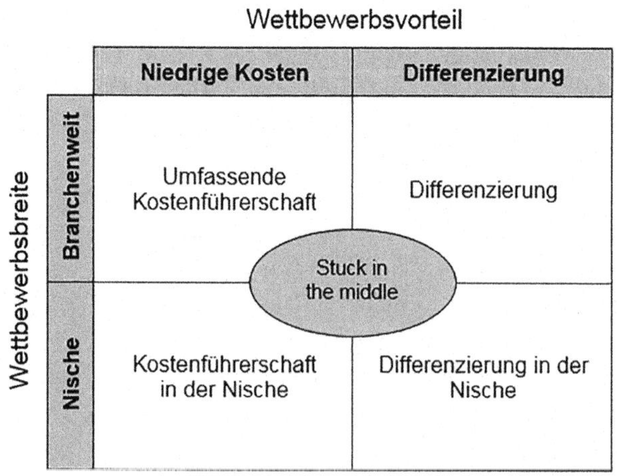

Wettbewerbsvorteil

Wettbewerbsbreite	Niedrige Kosten	Differenzierung
Branchenweit	Umfassende Kostenführerschaft	Differenzierung
Nische	Kostenführerschaft in der Nische	Differenzierung in der Nische

Stuck in the middle

Abb. 1.3 Wettbewerbsstrategien nach Porter. (Quelle: Herrmann und Huber 2013, S. 116)

2013, S. 368). Die Anforderungen an eine Qualitätsführerschaft sind unter anderem eine innovative, kontinuierliche und erfolgreiche Forschungs- und Entwicklungsabteilung, gutes Marketing, ein gutes Image sowie hoch qualifiziertes Fachpersonal (vgl. Porter 1999, S. 77). Die Strategie der Qualitätsführerschaft ist wie die Kostenführerschaft auf eine Abdeckung des Gesamtmarktes ausgerichtet (vgl. Lippold 2013, S. 370). Da nicht alle Unternehmen eine Abdeckung des Gesamtmarktes anstreben können, weil ihnen dazu beispielsweise finanzielle Mittel fehlen, fokussieren sich kleinere und mittlere Anbieter bei der *„Nischenbearbeitung"* oft auf einzelne Cluster. Diese Differenzierungsstrategie empfiehlt sich dann, wenn Gesamtmarktanbieter die Bedürfnisse der Abnehmer nicht optimal befriedigen können und somit eine Bedürfnislücke bei den Abnehmern entsteht (vgl. Lippold 2015, S. 218 f.). Der Ansatz der Nischenstrategie verfolgt somit die Besetzung einer Nische, welche durch die Konkurrenz nicht besetzt ist. Aufgrund des Marktvolumens in dieser Nische ist ein zukünftiger Wettbewerb in dieser jedoch nur bedingt möglich. Porter beschränkt die Marktsicht auf ein einzelnes Marktsegment, welches ergründet werden sollte (vgl. Lippold 2015, S. 218 ff.).

Wenige Jahre nach der Wettbewerbsstrategie von Porter wurde durch Drucker die „Innovationsstrategie" vorgestellt, welche im folgenden Abschnitt untersucht wird.

1.3.3 Innovationsstrategien nach Drucker

Unternehmen sind einem rasanten Strukturwandel ausgesetzt und können diesen nur überleben, wenn sie auf Innovationen setzen und Änderungen vorantreiben. Adversativ der Annahmen von Ansoff und Porter sind für Drucker nicht innovative Unternehmen und/oder Technologien Auslöser für neue Produkte, sondern das Unternehmensumfeld. Nach Drucker werden viele Innovationen im Unternehmen durch zu große Loyalität gegenüber bestehenden Produkten gestört (vgl. Haas Edersheim 2012, S. 135 f.). Oft werden zu viel Zeit, Energie und wertvolle Mittel für bestehende Produkte der Kategorie „Cashcows"[1] verschwendet, weil das Management nicht erkennt, dass diese Produkte nur noch zum Cluster „Poor Dogs"[2] gehören (vgl. Haas Edersheim 2012, S. 135 ff.). „Eine erfolgreiche Innovationsstrategie muss sich auf das konzentrieren, was als nächstes kommt und nicht auf das, was es schon gibt." (Drucker 2007, S. 137). Drucker

[1]Ein Begriff der BCG-Matrix (auch Boston-I-Portfolio genannt). Er beschreibt Produkte, die einen hohen relativen Marktanteil in einem nur geringfügig wachsenden oder statischen Markt haben. Cashcows produzieren stabile, hohe Cash-Flows und können ohne weitere Investitionen „gemolken" werden.

[2]Ein Begriff der BCG-Matrix (auch Boston-I-Portfolio genannt). Poor Dogs sind die Auslaufprodukte im Unternehmen. Sie haben ein geringes Marktwachstum, manchmal sogar einen Marktschwund sowie einen geringen relativen Marktanteil. Spätestens sobald der Deckungsbeitrag für diese Produkte negativ ist, sollte das Portfolio bereinigt werden.

unterscheidet die folgenden vier Innovationsstrategien, die sich nicht gegenseitig ausschließen, sondern kombiniert einsetzbar sind:

1. **Schneller und stärker handeln als die Konkurrenz:** Dieser Ansatz verfolgt das Ziel, durch eine selbst kreierte Innovationsmöglichkeit einen neu geschaffenen Markt beherrschend zu besetzen (vgl. Drucker 1985, S. 209 ff.).
2. **Eine ökologische Lücke besetzen:** Ziel dieses Punktes ist es, einen Markt durch Neuerungen zu beeinflussen, ihn aber nicht zu dominieren. Es gibt drei unterschiedliche Teilstrategien. Wenn das angebotene Produkt von wesentlicher Bedeutung für einen Prozess ist, kann die *Schlagbaum-Strategie* durch vollständiges Besetzen einer Nische angewendet werden. Die Wachstumsmöglichkeiten des Unternehmens sind in diesem Segment begrenzt. Unternehmen, die eine hohe potenzielle Innovationskraft besitzen, können die *Spezialkönnen-Strategie* anwenden. Gefahren entstehen für das Unternehmen dann, wenn externe Veränderungen das Spezialkönnen überflüssig machen, weil Produkte beispielsweise einen neuen Standard erhalten. Die *Spezialmärkte-Strategie* setzt bei den Spezialkenntnissen eines Marktes an. Diese Strategie findet unter anderem Anwendung in der Rüstungsindustrie (vgl. Drucker 1985, S. 209 ff.).
3. **In eine Lücke stoßen:** Dieser Ansatz wird für „Me-too"[3]-Produkte angewendet und schafft keine Nachfrage, sondern nutzt die bestehende Nachfrage durch Merkmalsergänzung besser aus und erreicht Abnehmer, die für dieses zusätzliche Attribut bereit sind, eine Preisprämie zu bezahlen. Eine Variante dieses Strategieansatzes ist das „unternehmerische Judo". In diesem Fall werden technisch ausgereifte Produkte eines Innovators aufgegriffen und diese unter Vermeidung der durch das konkurrierende Unternehmen gemachten kaufmännischen Fehler mit ins Portfolio aufgenommen und anschließend gewinnbringend vermarktet (vgl. Drucker 1985, S. 209 ff.).
4. **Eine Veränderung der Wert- und Wirtschaftlichkeitsmerkmale anstreben:** Unter diesem Punkt versteht man die Strategie, aus einem älteren innovativen Produkt etwas Neues zu kreieren. Drucker nennt hierfür die folgenden vier Ansatzpunkte:

   - Nutzen für den Kunden schaffen
   - Preisgestaltung
   - Adaption an die soziale und ökonomische Situation des Kunden
   - dem Kunden das geben, worauf er Wert legt (vgl. Drucker 1985, S. 209 ff.)

Ansoff, Porter und Drucker haben Strategien entwickelt, um neue Märkte zu erobern. Durch den zunehmenden Konkurrenzdruck und die Überbesetzung an konkurrierenden

[3]Nachahmerprodukt (Me-too-Produkt, engl. = ich auch), Produkte, die in vielen Eigenschaften und Fähigkeiten gleich zum Produkt des Erstanbieters sind und nach Einführung auf den Markt kommen.

Unternehmen auf Märkten werden die Unternehmen mehr denn je herausgefordert, sich gegen den Wettbewerb zu behaupten. Viele Faktoren, die bei der Strategieentwicklung berücksichtigt wurden, um einen neuen Markt zu erobern, sind heute nicht mehr vorzufinden. Die Autoren Kim und Mauborgne haben mit der Blue-Ocean®-Strategie einen neuen Weg gefunden, wie Unternehmen sich zukünftig im internationalen Wettbewerb behaupten können.

1.4 Die Blue Ocean Strategy® nach Kim und Mauborgne

„Die Konkurrenz lässt sich nur auf eine Weise schlagen: indem man aufhört, es zu versuchen." (Kim und Mauborgne 2015, S. 4)

1.4.1 Ursprung und Definition

In der Ökonomie ist stets die Rede von Wettbewerb, Wettbewerbsvorteilen sowie den Determinanten Angebot und Nachfrage (vgl. Porter 2014, S. 31). Diese Situation wird als gegeben betrachtet und die bestehende Marktnachfrage wird unter allen Marktteilnehmern aufgeteilt. Jedes agierende Unternehmen versucht, sich durch Wettbewerbsvorteile den größtmöglichen Anteil am Markt zu verschaffen (vgl. Porter 2014, S. 31 f.). Die Blue Ocean Strategy® verfolgt einen anderen Ansatz und legt den Fokus der Strategie nicht auf den Wettbewerb, sondern auf Märkte, auf denen es keinen Wettbewerb gibt. Die Strategie unterscheidet zwei Ausprägungen von Märkten. Zum einen ist die Rede von „Red Oceans®" und zum anderen von „Blue Oceans®" (vgl. Kim und Mauborgne 2015, S. 9 ff.; s. Tab. 1.1).

Red Oceans® sind die uns bekannten, exakt definierten Märkte, welche hart umkämpft sind und auf denen die Konkurrenz versucht, sich gegenseitig zu übertreffen und sich größere Anteile an der bestehenden Nachfrage zu sichern als der jeweilige Wettbewerber (vgl. Kim und Mauborgne 2015, S. 4). Sie sind gekennzeichnet durch Massenware und

Tab. 1.1 Strategien für rote und blaue Ozeane. (Quelle: Kim und Mauborgne 2015, S. 18)

Strategien für rote Ozeane	Strategien für blaue Ozeane
Wettbewerb im vorhandenen Markt schlagen	Schaffung neuer Märkte
Die Konkurrenz schlagen	Der Konkurrenz ausweichen
Die existierende Nachfrage nutzen	Neue Nachfrage erschließen
Direkter Zusammenhang zwischen Kosten und Nutzen	Aushebelung des direkten Zusammenhangs zwischen Nutzen und Kosten
Ausrichtung des Gesamtsystems der Unternehmensaktivitäten an der strategischen Entscheidung für Differenzierung oder niedrige Kosten	Ausrichtung des Gesamtsystems der Unternehmensaktivitäten auf Differenzierung und niedrige Kosten

starken Kostendruck (vgl. Kim und Mauborgne 2015, S. 4). Als Blue Oceans® werden hingegen bisher noch nicht erschlossene Märkte bezeichnet, welche über die Generierung einer gänzlich neuen Nachfrage und dadurch höchst profitables Wachstum zu definieren sind (vgl. Kim und Mauborgne 2015, S. 3 f.; Kalcsics und Nickel 2007, S. 227 f.). Die Blue Ocean Strategy® von Kim und Mauborgne ist darauf ausgerichtet, neue Märkte durch Nutzeninnovation zu ergründen. Unter Nutzeninnovation wird die Senkung der Kosten bei gleichzeitiger Steigerung des Kundennutzens definiert, wodurch für beide Seiten ein Nutzen entsteht. Für die Umsetzung werden verschiedene Analysewerkzeuge zur Verfügung gestellt (vgl. Kim und Mauborgne 2015, S. 11 ff.; Lowe 2009, S. 14 ff.).

1.4.2 Tools für die Analyse

1.4.2.1 Strategische Kontur

Die strategische Kontur zeigt den Status quo des Marktes und bildet den Ausgangspunkt für jede Nutzeninnovation. Sie zeigt an, auf welchen Faktoren der Wettbewerb sich duelliert, was Kunden von den Unternehmen auf dem Markt bekommen und in welche Faktoren das Unternehmen am meisten investiert, um sich von der Konkurrenz zu differenzieren (vgl. Eckert 2014, S. 141 f.; Kim und Mauborgne 2015, S. 27 f). Durch die Nutzung der strategischen Kontur wird gewährleistet, dass der Fokus auf den Differenzierungsmerkmalen liegt, welche durch das Einzeichnen in die Kurve visualisiert werden (vgl. Abele 2013, S. 127). In Abb. 1.4 wird die strategische Kontur der US-amerikanischen Weinbranche 1990 gezeigt. Die horizontale Achse zeigt alle Merkmale, durch die der Markt klassifiziert werden kann. Die vertikale Achse gibt an, wie hoch die Ausprägung im Einzelnen ist. Durch die Verbindung der einzelnen

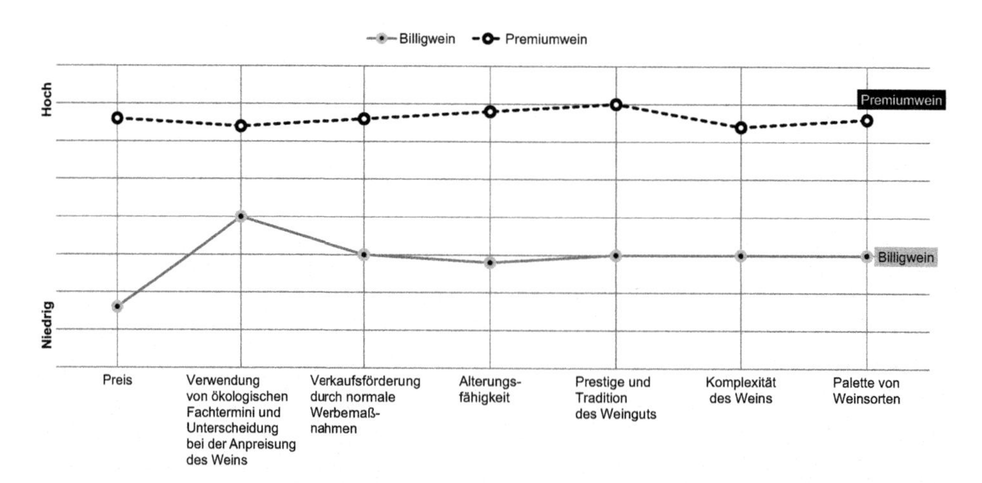

Abb. 1.4 Strategische Kontur der US-amerikanischen Weinbranche. (Quelle: Kim und Mauborgne 2015, S. 28)

Ausprägungen erhält man die Nutzenkurve des Marktes (vgl. Kim und Mauborgne 2015, S. 27 f.). Bei der Analyse der Weinbranche mit 1600 Herstellern lagen sieben Hauptfaktoren zugrunde, welche als entscheidend gelten, wenn Wein zu besonderen Anlässen ausgeschenkt werden soll (vgl. Kim und Mauborgne 2015, S. 28). Bei der Analyse der Kontur wird deutlich, dass sich Premiumweine zwar erheblich von Billigweinen unterscheiden, aber alle auf die gleiche Weise. Innerhalb des Segments sind die Produkte der verschiedenen Hersteller im Wesentlichen gleich und weisen alle das gleiche Profil auf.

Um eine neue strategische Kontur zu schaffen, muss der Fokus von den Determinanten des aktuellen Markts verlagert werden. Bei konventionellen Strategiemodellen wird nun versucht, mit Fokus auf dem definierten Problem der Branche bessere Produkte anzubieten als die Konkurrenz. Die Blue Ocean Strategy® hingegen verfolgt einen anderen, völlig neuen Ansatz. Die Schwerpunkte werden von der *Konkurrenz* und den *Kunden der Branche* auf die *Alternativen* und die *Nichtkunden* verlagert. Durch die fehlende Fokussierung des Wettbewerbs sowie der bestehenden Kunden können neue Erkenntnisse über das Problem gewonnen werden, auf welche sich die Branche konzentriert. Bei der Nachfrageuntersuchung der Alternativen wurde festgestellt, dass die dreifache Menge von verkauftem Wein auf die Produkte Bier, Spirituosen und Fertigcocktails fiel. Des Weiteren wurde in der Untersuchung herausgefunden, dass sich der Durchschnittsverbraucher von der Weinbranche eingeschüchtert und überfordert fühlt, was unter anderem durch die Verwendung verschiedener Fachtermini forciert wurde (vgl. Kim und Mauborgne 2015, S. 28 ff). Das Unternehmen Casella betrachtete die Weinbranche aus einer anderen Perspektive und schaffte einen Blue Ocean®, welcher im folgenden Abschnitt näher beschrieben wird.

1.4.2.2 Das Vier-Aktionen-Format

Um einen neuen Nutzen für den Käufer zu erzeugen, haben Kim und Mauborgne, aufbauend auf die strategische Kontur, das Instrument „Vier-Aktionen-Format" entwickelt, welches vier entscheidende Leistungsfelder untersucht und beurteilt (vgl. Abele 2013, S. 127; Kim und Mauborgne 2015, S. 31). Wie in Abb. 1.5 dargestellt, gibt es vier „Denkrichtungen", mit denen ein Unternehmen bei niedrigen Kosten eine Differenzierung und damit für den Kunden einen neuen Nutzen erzeugen kann (Ferrell und Hartline 2014, S. 106 f.).

Das Tool regt zur Untersuchung an, welche Teile eines Produktes, einer Dienstleistung respektive eines Angebotes komplett gestrichen werden können, weil sie z. B. in der Wahrnehmung des Kunden keine Rolle spielen (vgl. Fueglistaller et al. 2016, S. 165). Durch das intensive Benchmarking mit der Konkurrenz fallen vielen Unternehmen grundlegende Änderungen in der Nutzungsstruktur der Kunden nicht auf. Häufig sind es Faktoren, auf denen die Branche schon sehr lange aufbaut, welche aber bei genauerer Betrachtung dem Kunden keinen Nutzen mehr bieten oder den Nutzen für den Kunden sogar verringern (vgl. Kim und Mauborgne 2015, S. 31 f.). Welche Teile können weitgehend reduziert bzw. heruntergefahren werden? Gleichzeitig wird überlegt, welche Dinge ausgebaut und gesteigert werden können bzw. was neu erfunden werden muss,

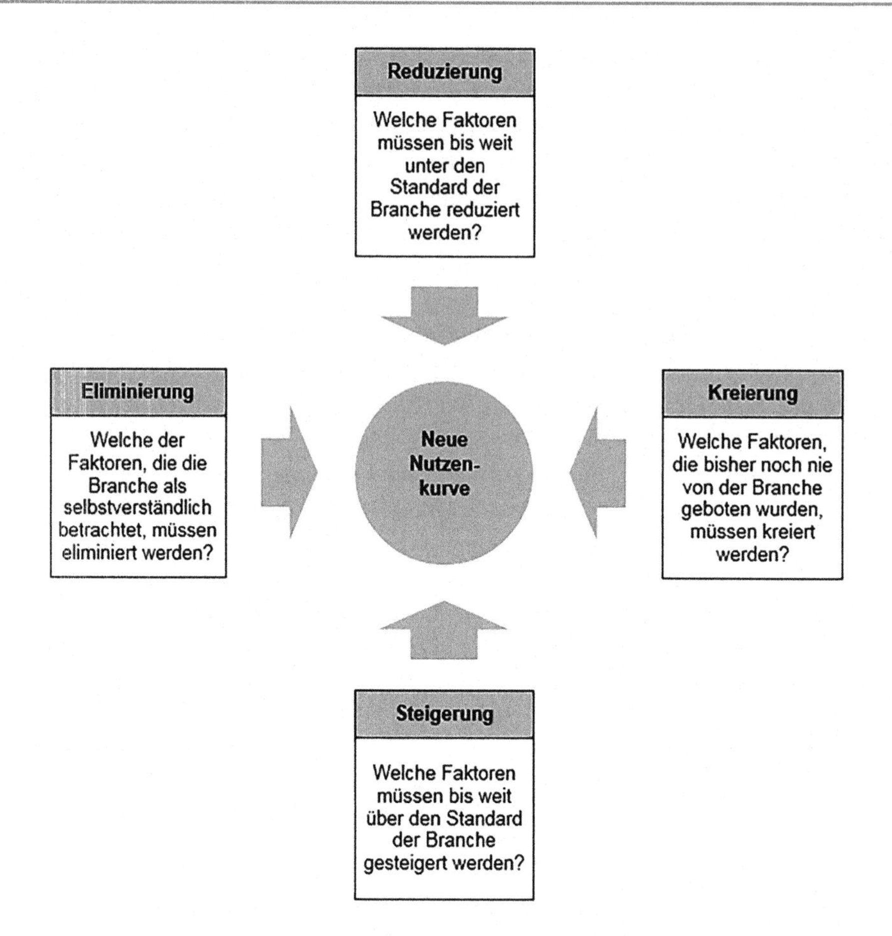

Abb. 1.5 Das Vier-Aktionen-Format. (Quelle: Kim und Mauborgne 2015, S. 114)

um den Kundennutzen zu erhöhen (vgl. Lahn 2015, S. 186 f.; Kim und Mauborgne 2015, S. 32).

Kim und Mauborgne haben vier Schlüsselfragen definiert, um die Branche zu untersuchen und auf diese Weise eine neue Nutzenkurve zu erzeugen:

1. Welche der Faktoren, die die Branche als selbstverständlich betrachtet, müssen eliminiert werden?
2. Welche Faktoren müssen bis weit unter den Standard der Branche reduziert werden?
3. Welche Faktoren müssen bis weit über den Standard der Branche gesteigert werden?
4. Welche Faktoren, die bisher noch nie von der Branche geboten wurden, müssen kreiert werden? (Kim und Mauborgne 2015, S. 31 f.)

Die erste Frage zielt auf die Eliminierung von Faktoren ab, auf denen der Wettbewerb aufgebaut ist. Durch Änderungen in der Nutzungsstruktur des Kunden bieten Faktoren, die Unternehmen als fix ansehen, dem Verbraucher inzwischen keinerlei Nutzen oder verringern diesen für ihn sogar. Unternehmen, die ihr Augenmerk nur auf den Vergleich mit der Konkurrenz legen, erkennen solche gravierenden Änderungen nicht und können dementsprechend nicht zielorientiert handeln (vgl. Kim und Mauborgne 2015, S. 32). Die zweite Frage beschäftigt sich mit der über Jahre hinweg aufgeschichteten Kostenstruktur, weil dem Kunden immer ein bisschen mehr geboten werden sollte als bei der Konkurrenz. Oft werden dem Kunden zu viele Eigenschaften angeboten, welche aber nicht honoriert werden. Diese Merkmale müssen bis weit unter den Standard der Branche reduziert werden. Durch die dritte Frage sollen Kompromisse aufgedeckt werden, welche dem Kunden durch die Branche aufgezwungen werden. Diese gilt es zu beseitigen. Die vierte Frage hilft, einen neuen Nutzen für den Kunden zu kreieren, um so eine neue Nachfrage zu schaffen und die Preisgestaltung innerhalb der Branche aufzubrechen (vgl. Kim und Mauborgne 2015, S. 32). Die ersten beiden Fragen haben das Ziel, Eliminierung und Reduzierung zu forcieren. Dadurch kann erkannt werden, wie die Kostenstruktur im Vergleich zur Konkurrenz gedrückt werden kann. Die beiden letzten Fragen beschäftigen sich mit dem Ziel einer Steigerung und einer Kreierung von Nutzen für den Kunden, um eine neue Nachfrage zu generieren (vgl. Kim und Mauborgne 2015, S. 32).

Das Unternehmen Casella betrachtete die Weinbranche mit den verbundenen Fragen des Vier-Aktionen-Formats und generierte ein strategisches Profil, welches sich aus dem Wettbewerb löste und einen neuen blauen Ozean erschloss (Abb. 1.6). Das Produkt „[yellow tail]“ wurde für gesellige Anlässe konzipiert und sprach nicht den typischen Weintrinker, sondern Konsumenten anderer alkoholischer Getränke wie Bier oder Cocktails an.

Das Unternehmen Casella kreierte drei neue Faktoren: leichte Trinkbarkeit, einfache Auswahl sowie Spaß und Abenteuer. Alle anderen Faktoren, auf denen der Wettbewerb der Branche beruhte, wurden eliminiert oder weitestgehend reduziert. Das Unternehmen schaffte es, sich von 1600 Herstellern innerhalb des Marktes abzusetzen und binnen

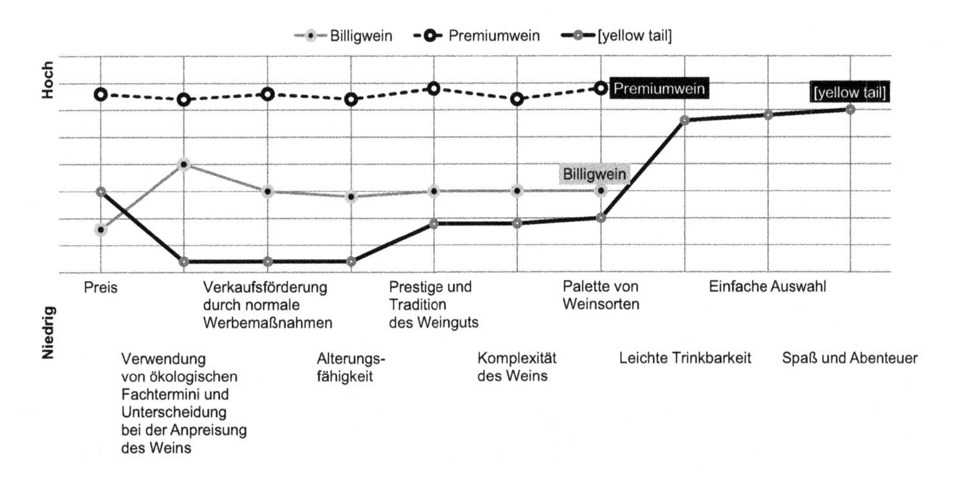

Abb. 1.6 Strategische Kontur von [yellow tail]. (Quelle: Kim und Mauborgne 2015, S. 34)

zwei Jahren einen gänzlich neuen Markt zu schaffen (vgl. Kim und Mauborgne 2015, S. 34 f.). Das Unternehmen erkannte, dass viele Amerikaner Wein ablehnten, weil die Aufmachung zu komplex war. Die Verwendung von Fachtermini wurde daher eliminiert und mit der neuen, einfachen Aufmachung wurde die breite Masse der Alkoholtrinker angesprochen (vgl. Kim und Mauborgne 2015, S. 34 f.). Viele weitere Faktoren wurden bis auf das Nötigste reduziert oder eliminiert. Die Auswahl eines passenden Weines wurde von vielen Amerikanern als schwierig empfunden, da die Produkte gleich aussahen, sich jedoch durch eine Fülle von Fachbegriffen unterschieden. Bei [yellow tail]-Produkten wurde auf viele unterschiedliche Sorten verzichtet und die Palette der angebotenen Weine wurde auf einen Rot- und einen Weißwein reduziert (vgl. Kim und Mauborgne 2015, S. 35).

1.4.2.3 Das ERSK-Quadrat

Die Umsetzung des Vier-Aktionen-Formats erfolgt über das Tool ERSK-Quadrat (Abb. 1.7). Das Quadrat ist leicht zu verstehen und zwingt den Anwender dazu, in allen vier Schlüsselfeldern Überlegungen niederzuschreiben und so ein Handeln in allen vier Bereichen zu definieren (vgl. Lunau et al. 2013, S. 518 f.; Kim und Mauborgne 2015, S. 37 ff.).

Das ERSK-Quadrat bringt dem Anwender vier Vorteile:

1. Der Anwender wird dazu getrieben, gleichzeitig eine Differenzierung und niedrige Kosten anzustreben, um so den direkten Zusammenhang zwischen Kosten und Nutzen auszuhebeln (vgl. Kim und Mauborgne 2015, S. 37).
2. Es wird auf einen Blick sichtbar, dass die Konzentration nur auf den Punkten Steigerung und Kreierung liegt. Dadurch werden nur die Kosten von Produkten und

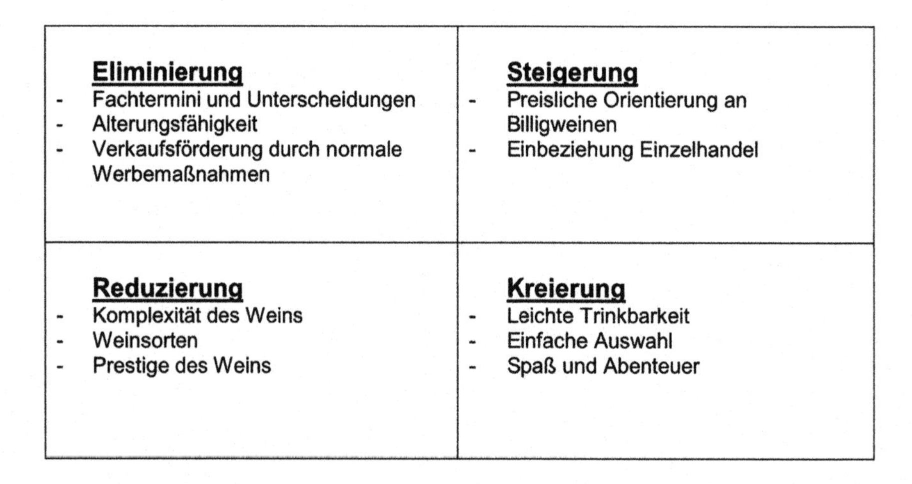

Abb. 1.7 ERSK-Quadrat [yellow tail]. (Quelle: Kim und Mauborgne 2015, S. 38)

Dienstleistungen erhöht und der Zielgruppe zu viel nicht honorierter Nutzen geboten (vgl. Kim und Mauborgne 2015, S. 37).
3. Das Quadrat ist für alle Mitarbeiter eines Unternehmens leicht zu verstehen und erzeugt dadurch ein hohes Engagement bei der Anwendung (vgl. Kim und Mauborgne 2015, S. 37).
4. Das Unternehmen untersucht alle Faktoren, auf denen der Wettbewerb aufgestellt ist, und entdeckt so, welche Faktoren in der Branche als selbstverständlich betrachtet werden (vgl. Kim und Mauborgne 2015, S. 38).

1.4.2.4 Die sechs Suchpfade

Das erste Prinzip ist die Neugestaltung der Marktgrenzen, um dadurch der Konkurrenz auszuweichen. Probleme bereitet den Unternehmen an diesem Punkt vor allem das „Suchrisiko", da es sprichwörtlich darum geht, „die Nadel im Heuhaufen zu suchen", um einen tragfähigen Blue Ocean® zu erschließen. Bei der Auswahl einer Möglichkeit können Manager es sich oft nicht leisten, bei ihren Entscheidungen auf Intuition oder Zufall zu setzen, da Fehlentscheidungen oft nicht korrigierbar sind (vgl. Kim und Mauborgne 2015, S. 43 f.). Außerdem strebt der Entscheidungsträger nach rational begründbaren Entscheidungen, da er seine Entscheidungswahl eventuell vor Stakeholdern[4] rechtfertigen muss (vgl. Traufetter 2006).

1. **Suche nach Chancen in substituierenden Branchen:** Unternehmen konkurrieren nicht nur mit Wettbewerbern innerhalb der eigenen Branche, sondern auch mit Firmen aus anderen Sparten. Das ist darin begründet, dass viele Produkte und Dienstleistungen sich zwar durch ihre Form voneinander unterscheiden, aber für den Konsumenten den gleichen Kernnutzen oder die gleiche Funktionalität besitzen. Durch diese sich gegenseitig substituierenden Merkmale kann der Verbraucher zwischen mehreren Angeboten auswählen, um seine Bedürfnisse zu befriedigen (vgl. Kim und Mauborgne 2015, S. 51). Ein Beispiel für Entscheidungen zwischen Produkten oder Dienstleistungen mit unterschiedlicher Form, aber gleicher Funktionalität ist, dass das persönliche Vermögen auf unterschiedlichste Weise administriert werden kann. Zum einen kann ein Softwarepaket mit entsprechenden Funktionen dazu dienen, eine Übersicht herzustellen. Weiterhin gibt es die Möglichkeit, einen Wirtschaftsberater aufzusuchen, oder die konventionelle Variante, Papier und Stift zu nutzen. Heute kommt noch die Möglichkeit hinzu, eine entsprechende App zu installieren. Alle Alternativen haben eine unterschiedliche Form, erfüllen aber die gleiche Funktionalität (vgl. Kim und Mauborgne 2015, S. 51). Ein Beispiel für ein Angebot mit unterschiedlicher Form, aber gleichem Kernnutzen ist: Um einen unterhaltsamen Abend außer Haus zu verbringen, kann der Konsument beispielsweise ein Theater

[4]Interessengruppen, zu denen nicht nur Anteilseigner gehören, sondern alle, die direkt oder indirekt von den Aktivitäten des Unternehmens betroffen sind.

aufsuchen oder alternativ ein Restaurant besuchen. Die beiden Möglichkeiten weisen kaum gemeinsame physische Merkmale auf, erfüllen aber für den Verbraucher den gleichen Kernnutzen. Die Wahlmöglichkeiten stellen für den Kunden keine Substitute dar, sondern Alternativen zur Bedürfnisbefriedigung (vgl. Kim und Mauborgne 2015, S. 51 f.). Der Entscheidungsprozess läuft bei den Käufern oft unterbewusst ab. Sie wägen die unterschiedlichen Alternativen gegeneinander ab und treffen ihre Entscheidung dann intuitiv (vgl. San 2014, S. 180 ff.). Wie anfangs erwähnt, werden Prozesse in Unternehmen selten von diesen intuitiven Denkweisen begleitet bzw. die Alternativen aus Sicht des Kunden hinterfragt (vgl. Scheuss 2012, S. 320 f.; Kim und Mauborgne 2015, S. 52).

2. **Suche nach Chancen in strategischen Gruppen:** Die Erschließung eines blauen Ozeans lässt sich nicht nur über die Suche in substituierenden Branchen umsetzen, sondern auch über die Ermittlung von strategischen Gruppen, welche durch die Verfolgung der gleichen Strategie gekennzeichnet sind. Strategische Gruppen lassen sich aufgrund zweier Dimensionen voneinander unterscheiden. Zum einen durch den Preis und zum anderen durch die Leistung. Die Verbesserung einer der Determinanten geht oft mit dem Anstieg der anderen einher. Beispielsweise konzentrieren sich Unternehmen innerhalb der strategischen Gruppe von Autos mit niedrigem Kraftstoffverbrauch nur auf Konkurrenten innerhalb der eigenen Gruppe, die das gleiche Ziel verfolgen, da andere Anbieter nicht gegen das Unternehmen anzutreten scheinen. Diese eingeengte Sichtweise wird bei der Suche nach Chancen innerhalb anderer strategischer Gruppen bewusst ignoriert. Der Fokus liegt auf den Anreizen, welche einen Konsumenten dazu bringen, in eine andere Gruppe zu wechseln (vgl. Kim und Mauborgne 2015, S. 58 ff.; Scheuss 2012, S. 320 f.).
3. **Suche nach Chancen entlang der Kundenkette:** Nach Kim und Mauborgne besteht eine Käufergruppe aus einem Erwerber-Benutzer-Beeinflusser-Geflecht. Konkurrenten innerhalb einer Branche definieren ihren Ansprechpartner oft ähnlich, ohne diese Konstellation der Käufergruppe zu berücksichtigen. Bereits im Jahr 1972 haben Webster und Wind die Rollenverteilung innerhalb einer Organisation untersucht (Abb. 1.8).

   Der *Einkäufer* in einem Unternehmen hat aufgrund seiner Stelle innerhalb der Einkaufsabteilung die Verantwortlichkeit sowie die Befugnis zum Auslösen der Bestellung (vgl. Skobranek 2011, S. 130 ff.; Wilken 2001, S. 190 ff.). Dagegen ist der *Benutzer* durch die Nutzung des Produktes direkt von den Auswirkungen der Beschaffungsentscheidung betroffen. Er nimmt häufig als Initiator am Beschaffungsprozess teil und definiert die Leistungsanforderungen mit. Er bestimmt ausschlaggebend die Art und Qualität der Kooperation durch gelieferte Inputs und wirkt später bei der Beurteilung beschaffter Leistungen mit (vgl. Wilken 2001, S. 190 ff.). Der *Beeinflusser* wirkt direkt oder indirekt auf den Entscheidungsprozess ein, indem er beispielsweise Mindestanforderungen formuliert. Er ist nicht direkt am Selektionsprozess beteiligt, wirkt aber über vorher festgelegte Attribute auf ihn ein. Er kann sich innerhalb oder außerhalb des Unternehmens befinden (vgl. Meffert et al. 2015,

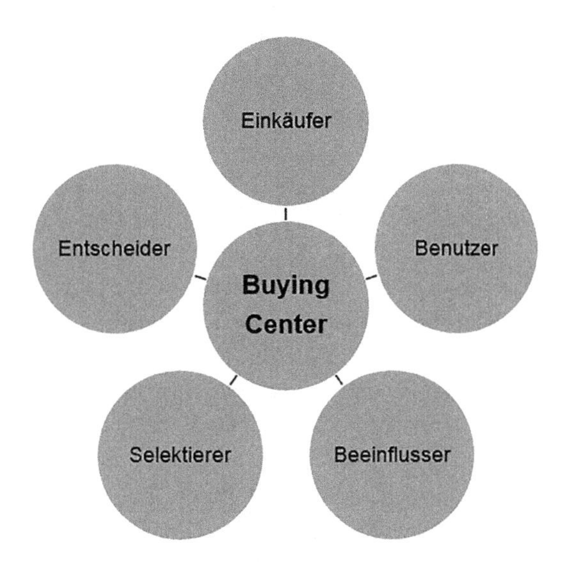

Abb. 1.8 Rollen im Buying Center. (Quelle: Webster und Wind 1972, S. 78 ff.)

S. 132 ff.). Über den *Selektierer* wird der Informationsfluss in das und innerhalb des Unternehmens gesteuert. Er bereitet Informationen auf und deckt mögliche Kaufalternativen auf. Die Position des Informations-Selektierers kann z. B. eine Stabstelle mit beratender Funktion der Geschäftsleitung sein (vgl. Fuchs 2003, S. 36 ff.; Preußners 2015, S. 67 ff.). Der *Entscheider* hat schließlich die Befugnis, zwischen den zur Auswahl stehenden Alternativen zu entscheiden. Er hat häufig die Kontrolle über die Geldmittel innerhalb der Unternehmung und ist daher oft Teil der Geschäftsführung (vgl. Wilken 2001, S. 190 ff.; Meffert et al. 2015, S. 132 ff.).

4. **Suche nach Chancen in komplementären Angeboten:** Der Nutzen eines Produktes oder einer Dienstleistung wird häufig durch den Nutzen anderer Produkte und Dienstleistungen außerhalb der eigenen Branche maßgeblich beeinflusst. Als Beispiel dient hier der Kinobesuch. Der Nutzen des Kinobesuchs hängt beispielsweise mit davon ab, wie schnell und kostengünstig der Kunde vor Ort parken kann und ob er für den Zeitraum seiner Abwesenheit einen geeigneten Babysitter für sein Kind erhält. Kaum ein Kinobetreiber macht sich allerdings Gedanken darüber, wie sehr sein Erfolg von diesen Faktoren abhängt. Die versteckten Potenziale in den komplementären Produkten oder Dienstleistungen können oft ein beträchtliches Ausmaß annehmen und werden trotzdem häufig durch das Unternehmen nicht genutzt. Um den Nutzen erschließen zu können, muss ein Gesamtbild des Abnehmers erzeugt werden, welches Rückschlüsse auf eine Gesamtlösung zulässt, um den Kundennutzen bestmöglich zu erfassen. Für diese Suche nach Chancen in komplementären Angeboten gibt es einen simplen Ansatz, welcher sich mit dem Gedanken auseinandersetzt, was die Kunden vor und nach der Benutzung eines Gutes beschäftigt. Bei dem zuvor genannten Beispiel wird analysiert, was der Kinobesucher vor bzw. nach dem Besuch benötigt, um eine befriedigende Gesamtlösung zu erhalten (vgl. Kim und Mauborgne 2015, S. 67 ff.).

5. **Suche nach Chancen in der Kundenwahrnehmung:** Viele Unternehmen innerhalb einer Branche vertreten nicht nur die gleiche Auffassung von ihrer Bandbreite der Produkte, sondern sehen auch die Attraktivität ihrer Produkte von dem gleichen Standpunkt. Manche Branchen sind auf den Preis ausgerichtet und sprechen die Konsumenten über den Nutzenaspekt auf rationaler Ebene an. In anderen Sparten werden die Käufer vor allem auf der Ebene der Gefühle, über emotionale Aufhänger angesprochen (vgl. Kim und Mauborgne 2015, S. 71 f.). Mit dem Involvement-Ansatz haben Esch und Levermann bereits 1995 sinnvolle Positionierungen von Produkten untersucht. Bei der Kaufentscheidung macht es für den Käufer z. B. einen Unterschied, ob er über seinen Bedarf an Lebensmitteln oder die Anschaffung eines neuen Autos entscheidet. Mit dem Begriff des Involvements kann man diese Unterschiede erklären (vgl. Lippold 2012, S. 51). Involvement ist die sogenannte „Ich-Beteiligung" einer Person und bezeichnet das gedankliche Engagement und die damit verbundene Aktivierung, mit der sich jemand einer Sache oder Aktivität, z. B. einem Kauf, zuwendet. Je nachdem, wie involviert ein Käufer ist, sucht er aktiv Informationen zum geplanten Kauf und beschäftigt sich mehr oder weniger intensiv mit der Informationsverarbeitung (vgl. Esch und Levermann 1995, S. 8 ff.; Schenk 2007, S. 249 f.). Ein hohes Involvement liegt vor, wenn der Konsument sich vor seinem Kauf ausgiebig mit Informationen rund um das Produkt beschäftigt, während bei einem niedrigen Involvement keine intensive Beteiligung vorliegt. Generell lässt sich hinter einem hohen Preis und einem damit verbundenen hohen Kaufrisiko ein hohes Involvement-Engagement vermuten (vgl. Foscht und Swoboda 2011, S. 182). Für die meisten Produkte oder Dienstleistungen sind diese emotionalen oder funktional/rationalen Kaufmotive nicht von vornherein festgelegt. Diese Motive werden oft erst durch die agierenden Unternehmen innerhalb der Branche auf dem Markt festgelegt und festigen die Erwartungen der Konsumenten an ein bestimmtes Produkt. Branchen mit einer emotionalen Ausrichtung adressieren ihre Produkte zunehmend emotionaler an ihre Kunden und Branchen mit funktionaler Ausrichtung fokussieren den Nutzenaspekt (vgl. Scheuss 2012, S. 320 f.; Kim und Mauborgne 2015, S. 71 f.). Wenn Unternehmen bereit sind, die bestehende Orientierung der Branche zu ändern, können sie neue Märkte entdecken. Ein allgemeines Beispiel sind emotional orientierte Unternehmen, welche dem Kunden etliche Extras bieten, ohne dass die Funktionalität des Produktes dadurch verbessert wird. Durch das Eliminieren dieser Beigaben können Kosten eingespart werden und dem Kunden kann somit ein kostengünstigeres Geschäftsmodell geboten werden. Im Gegenzug können funktional orientierte Unternehmen ihren Produkten neue Attraktivität verleihen, wenn sie den Kunden auch auf der emotionalen Basis ansprechen (vgl. Kim und Mauborgne 2015, S. 71 ff.).
6. **Suche nach Chancen durch Trendgestaltung:** Alle Branchen werden durch determinierende Trends beeinflusst. Als allgemeine Beispiele sind die zunehmende Berücksichtigung von Umweltaspekten sowie der rasche Aufstieg des Internets in

Unternehmen zu nennen. Die Anpassung an solche Veränderungen durch die Unternehmen erfolgt in der Regel sukzessive und eher passiv. Die Ausrichtung erfolgt nach der Vorhersage durch das Management, wie sich ein Trend entwickeln wird und welche Ausmaße er annehmen wird. Die Geschwindigkeit der Aktionen wird an den Prozess der Trendentwicklung angepasst. Unternehmen sollten sich jedoch vielmehr auf die Auswirkungen konzentrieren, wie z. B. die Änderung den Kundennutzen verändert (vgl. San 2014, S. 180 ff.; Kim und Mauborgne 2015, S. 77 ff.). Für die Beurteilung nachhaltiger Trends werden drei Schlüsselprinzipien (vgl. Kim und Mauborgne 2015, S. 78; Scheuss 2012, S. 320 f.) zugrunde gelegt:

- Die Trends sind für das Geschäft entscheidend,
- die Trends sind für das Geschäft irreversibel,
- die Trends weisen eine klare Richtung auf.

1.4.2.5 Nichtkunden

Um die Chance zur Eroberung eines blauen Ozeans zu nutzen, aus einer verborgenen Nachfragereserve eine tatsächliche zu machen, müssen die Nichtkunden betrachtet werden, welche nach Kim und Mauborgne in drei Kategorien unterteilt werden und welche sich durch die Entfernung zum jeweiligen Markt unterscheiden (vgl. Kim und Mauborgne 2015, S. 105).

Die erste Kategorie der „baldigen“ Nichtkunden steht laut Definition am Rande des Marktes/der Branche und wandert bei einem besseren Alternativprodukt respektive besserem Service ab. Dieser Kategorie muss ein Nutzengewinn geboten werden, damit sie ihre Käufe fortsetzen oder sogar ausweiten (vgl. Staudter et al. 2013, S. 97; Kim und Mauborgne 2015, S. 105 f.).

Die zweite Kategorie der „verweigernden“ Nichtkunden hat die Produkte und Preise des Marktes untersucht, sich aber bewusst gegen diese entschieden (vgl. Kim und Mauborgne 2015, S. 105 f.). Diese Nichtkunden befriedigen ihre Bedürfnisse auf andere Weise oder gar nicht (vgl. Staudter et al. 2013, S. 97).

Die dritte Kategorie der „unentdeckten“ Nichtkunden hat die Angebote des Marktes noch nicht für sich in Betracht gezogen. Umgekehrt wurde sie auch nicht von Unternehmen als Zielgruppe in Betracht gezogen, da man deren Ertragspotenzial stets anderen Märkten zuordnete (Kim und Mauborgne 2015, S. 105 f.; Abb. 1.9).

Ein Beispiel in dieser dritten Kategorie liefert die Branche rund um das „Bleichen von Zähnen“. Bis vor wenigen Jahren war dieser Markt ausschließlich den Zahnärzten überlassen. Unternehmen befassten sich nicht mit den Bedürfnissen der Nichtkunden. Als sie es taten, eroberten sie einen Blue Ocean® mit einem großen latenten Nachfragepotenzial (vgl. Kim und Mauborgne 2015, S. 111 f.). Die Blue Ocean Strategy® findet nicht nur Anwendung im Konsumgüterbereich, wie das folgende Beispiel aus der US-amerikanischen militärischen Luft- und Raumfahrtindustrie im Hinblick auf das

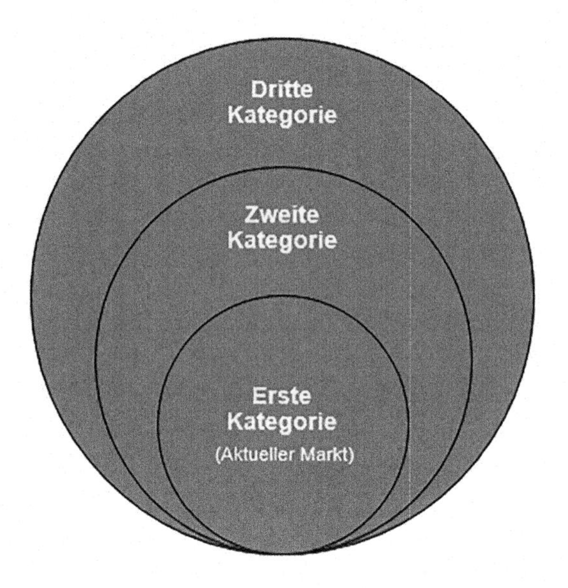

Abb. 1.9 Die drei Nichtkunden-Kategorien. (Quelle: Kim und Mauborgne 2015, S. 106)

Potenzial der Tools zur Analyse der Nichtkunden aufzeigt. Die USA hatten die Kosten für die Produktion ihrer Flugzeuge nicht unter Kontrolle. Diese Entwicklung, zusammen mit abnehmenden Budgets, hat dazu geführt, dass es keinen tragfähigen Plan zur Instandsetzung der veraltenden Kampfflugzeuge gab und dadurch die Verteidigung der USA gefährdet war. Kostentreiber waren unter anderem die verschiedenen Anspruchsgruppen „Navy", „Marines" und die „Air Force", welche unterschiedliche Vorstellungen von einem idealen Kampfflugzeug hatten. In einem Programm zur Herstellung eines gemeinsamen Kampfflugzeugs (Joint Strike Fighter, JSF) wurden diese drei Segmente als „unentdeckte Nichtkunden" betrachtet. Die verlangten Spezifikationen wurden nicht einfach umgesetzt, sondern die Anforderungen der unterschiedlichen Anspruchsgruppen wurden auf Sinnhaftigkeit und Gemeinsamkeiten überprüft (vgl. Kim und Mauborgne 2015, S. 112 ff.). Das JSF-Programm bündelte eine Nachfrage, die vorher unter den Streitkräften aufgeteilt war. Die Eliminierung oder Reduzierung von verschiedenen Faktoren führte zu einem besseren Kampfflugzeug bei gleichzeitig niedrigeren Kosten und verschaffte Lockheed Martin mit einem Volumen von 200 Mrd. US$ einen der größten Militäraufträge der Geschichte (vgl. Kim und Mauborgne 2015, S. 114 f.; Abb. 1.10).

Eine Regel zur Anwendung der Nichtkunden-Strategie gibt es nicht. Nach Kim und Mauborgne ist das Segment mit dem größten Reservoir in den Fokus der Betrachtung zu nehmen. Oft gibt es Gemeinsamkeiten zwischen den einzelnen Kategorien, die sich überschneiden. In diesem Fall werden die Berührungspunkte über die Kategorien hinaus betrachtet, um die latente Nachfrage über einen Bereich hinaus zu bündeln (vgl. Kim und Mauborgne 2015, S. 115 f.).

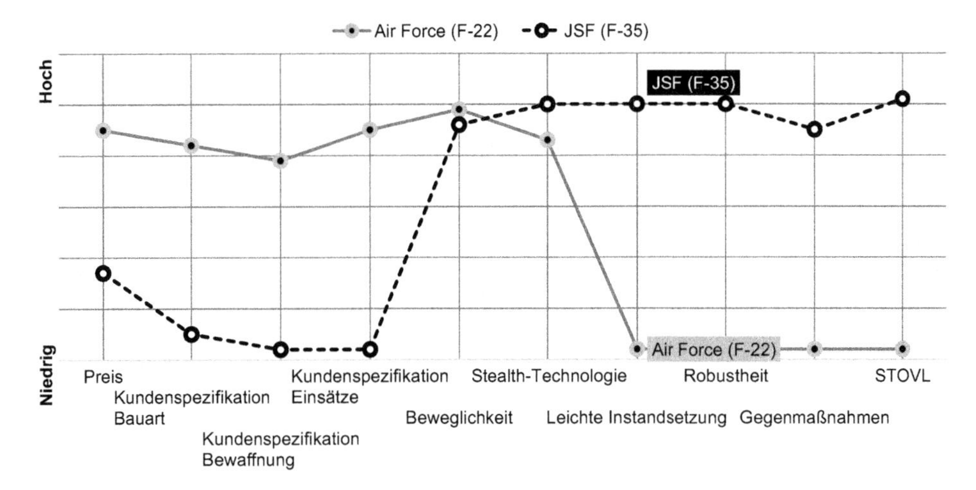

Abb. 1.10 Joint Strike Fighter (F-35) im Vergleich zum F-22 der Air Force. (Quelle: Kim und Mauborgne 2015, S. 115)

1.5 Konventionelle Strategien vs. Blue Ocean®

Die im ersten Teil dieses Beitrags untersuchten Strategien legen den Fokus stets auf den Wettbewerb. Die Diversifikationsstrategie von Ansoff aus dem Jahr 1957 untersuchte Möglichkeiten, sich mit bestehenden oder neuen Produkten auf bestehenden oder neuen Märkten durchzusetzen. Bei der lateralen Diversifikation werden für das Unternehmen neue Produkte auf bisher neuen Märkten angeboten. Der Begriff „neue Märkte" bezeichnet dabei jedoch nicht gänzlich neue Märkte, die noch nicht erschlossen sind, sondern Märkte, auf denen das Unternehmen bisher nicht aktiv war, sondern nur die Konkurrenz. Die BOS verfolgt den Ansatz, einen Markt zu besetzen, der bisher noch nicht ergründet wurde. Der Strategieansatz nach Ansoff nimmt den Markt sowie die Konkurrenten als gegeben hin. Somit wird deutlich, dass die beiden Ansätze miteinander divergieren.

Die Wettbewerbsstrategie von Porter aus dem Jahr 1980 untersucht Möglichkeiten zur Differenzierung nicht auf unerschlossenen Märkten, sondern die Strategie fokussiert die Ausprägungen Kostenführerschaft oder Differenzierung in unterschiedlichen Marktsituationen. Der Ansatz der Nischenstrategie verfolgt die Besetzung einer Nische, welche durch die Konkurrenz nicht besetzt ist. Aufgrund des Marktvolumens in dieser Nische ist ein zukünftiger Wettbewerb in dieser jedoch nur bedingt möglich. Porter beschränkt die Marktsicht somit auf ein einzelnes Marktsegment, welches ergründet werden soll. Das Merkmal, einen neuen Markt zu ergründen, stimmt auf den ersten Blick mit der Blue Ocean Strategy® überein. Nach Mauborgne und Kim wird bei der BOS jedoch ein gänzlicher neuer Markt erobert und kein Segment. Die Strategie schränkt das Marktvolumen nicht ein, sondern versucht, es ganzheitlich in den Mittelpunkt der Betrachtung zu ziehen.

Drucker unterscheidet in seiner Innovationsstrategie aus dem Jahr 1985 vier Ausprägungen. Bei näherer Betrachtung fällt auf, dass der Ansatz „am schnellsten und stärksten handeln" mit den Ansätzen der Blue Ocean Strategy® übereinstimmt. Das Konzept zielt darauf ab, ein neues innovatives Produkt auf einem neu geschaffenen Markt beherrschend zu besetzen. Bei dem Vergleich des Zusammenhangs zwischen Kosten und Nutzen unterscheiden sich die beiden Strategieansätze jedoch voneinander. Alle Ausprägungen der Innovationsstrategie versuchen nicht, die Kosten zu senken, sondern sehen einen direkten Zusammenhang zwischen einem neuen Kundennutzen und den damit verbundenen Kosten für das Unternehmen. Der Blue-Ocean-Strategy®-Ansatz hingegen fokussiert gleichzeitig die Kreierung eines neuen Kundennutzens und die Kostensenkung für das Unternehmen.

Im direkten Vergleich wird deutlich, dass einige klassische Strategien zur Eroberung neuer Märkte Gemeinsamkeiten mit der Blue Ocean Strategy® aufweisen. Die Innovationsstrategie von Drucker sowie die vertikale und laterale Diversifikationsstrategie von Ansoff sind bei vielen Merkmalen ähnlich wie die Blue Ocean Strategy®. Aber auch die anderen Konzepte zeigen die eine oder andere Übereinstimmung. Bei der vertikalen Diversifikation von Ansoff wird durch das Hinzuziehen der vor- oder nachgelagerten Produkte versucht, die Kosten für das Unternehmen zu senken. Durch diese Kostensenkung entsteht ein Nutzen für Unternehmen und Kunden. Das Unternehmen bewegt sich hierbei auf einem für das Unternehmen neuen Markt, aber nicht auf einem unergründeten Markt. Der Konkurrenz wird durch die Strategie nicht ausgewichen. Der Konkurrenzkampf wird lediglich auf einem anderen Markt fortgesetzt. Die laterale Diversifikation verfolgt die Strategie, neue Produkte auf neuen Märkten anzubieten, jedoch wird die Kostenreduktion hierbei außer Acht gelassen. Bei der Nischenstrategie nach Porter wird ein Markt betreten, der unergründet ist und keinen Wettbewerb aufweist, jedoch ist dieser Markt durch sein Volumen bereits beschränkt und daher nur geringfügig ausbaufähig. Auch diese Strategie hat im Gegensatz zur Blue Ocean Strategy® daher das Defizit, dass eine Senkung der Kosten nicht vorgesehen ist. Die Innovationsstrategie von Drucker, die das schnellste und stärkste Handeln anstrebt, verfolgt wie die Blue Ocean Strategy® die Ergründung eines neuen Marktes und legt in diesem Punkt den gleichen Ansatz zugrunde. Da jedoch der Kostenaspekt außer Acht gelassen wird, ist ein wichtiger Grundsatz der Strategie von Kim und Mauborgne nicht erfüllt.

Literatur

Abele, T. (2013). *Suchfeldbestimmung und Ideenbewertung: Methoden und Prozesse in den frühen Phasen des Innovationsprozesses*. Wiesbaden: Springer Fachmedien.

Ansoff, H. I. (1957). Strategies for diversification. Harvard business review, 35(5).

Ansoff, H. I. (1966). *Management-Strategie*. München: moderne industrie.

Becker, J. (2013). *Marketing-Konzeption - Grundlagen des ziel-strategischen und operativen Marketing-Managements*. München: Vahlen.
Buchholz, L. (2013). *Strategisches Controlling: Grundlagen – Instrumente – Konzepte* (2. Aufl.). Wiesbaden: Springer Fachmedien.
Camphausen, B. (2013). *Strategisches Management: Planung, Entscheidung, Controlling*. München: Oldenbourg Wissenschaftsverlag GmbH.
Drucker, P. (1985). *Innovation and Entrepreneurship*. Oxford: Butterworth-Heinemann.
Drucker, P. F. (2007). *The Definitive Drucker: Challenges For Tomorrow's Executives*. New York: McGraw-Hill.
Eckert, R. (2014). *Business Model Prototyping: Geschäftsmodellentwicklung im Hyperwettbewerb. Strategische Überlegenheit als Ziel*. Wiesbaden: Springer Fachmedien.
Esch, F.-R., & Levermann, T. (1995). Positionierung als Grundlage des strategischen Kundenmanagements auf Konsumgütermärkten. *Thexis, 12*(4), 8–16.
Ferrell, O. C., & Hartline, M. (2014). *Marketing Strategy* (6. Aufl.). Natorp Boulevard: South Western Cengage Learning.
Foscht, T., & Swoboda, B. (2011). *Käuferverhalten: Grundlagen - Perspektiven - Anwedungen*. Wiesbaden: Gabler.
Fuchs, W. (2003). *Management der Business-to-Business-Kommunikation: Instrumente – Maßnahmen – Fallbeispiele*. Wiesbaden: Betriebswirtschaftlicher Verlag Dr. Th. Gabler/GWD Fachverlag GmbH.
Fueglistaller, U., Müller, C., Müller, S., & Volery, T. (2016). *Entrepreneurship: Modelle – Umsetzung – Perspektiven Mit Fallbeispielen aus Deutschland, Österreich und der Schweiz* (4. Aufl.). Wiesbaden: Springer Fachmedien.
Gälweiler, A. (2005). *Strategische Unternehmensführung* (3. Aufl.). Frankfurt a. M.: Campus.
Giersch, T. (28. 01. 2015). *Handelsblatt*. Von http://www.handelsblatt.com/technik/projekt-zukunft/wettbewerb-der-zukunft-mehr-erfolg-ohne-konkurrenzdruck/11061958.html. Zugegriffen: 28. Jan. 2015.
Großklaus, R. (2015). *Positionierung und USP - Wie Sie eine Alleinstellung für Ihre Produkte finden und umsetzen*. Wiesbaden: Springer Fachmedien.
Haas Edersheim, E. (2012). *Alles über Management*. München: Redline Verlag.
Haller, S. (2012). *Dienstleistungsmanagement: Grundlagen – Konzepte – Instrumente* (5. Aufl.). Wiesbaden: Gabler & Springer Fachmedien.
Heide, D. (2015). *Handelsblatt*. Von http://www.handelsblatt.com/unternehmen/mittelstand/wachstumsmaerkte/wachstumsmaerkte-die-neue-globalisierung/11797812.html. Zugegriffen: 20. Mai 2015.
Herrmann, A., & Huber, F. (2013). *Produktmanagement: Grundlagen – Methoden – Beispiele* (3. Aufl.). Wiesbaden: Springer Fachmedien.
Hungenberg, H. (2014). *Strategisches Management in Unternehmen: Ziele – Prozesse – Verfahren* (8. Aufl.). Wiesbaden: Springer Fachmedien.
Jacobs, S. (1992). *Strategische Erfolgsfaktoren der Diversifikation. Vol. 88*. (n. n. forschung, Hrsg.) Wiesbaden: Betriebswirtschaftlicher Verlag Dr. Th. Gabler GmbH.
Kalcsics, J., & Nickel, S. (2007). *Operations Research Proceedings 2007: Selected Papers of the Annual International Conference of the German Operation Reserach Society (GOR)*. Berlin: Springer-Verlag.
Kim, W. C., & Mauborgne, R. (2015). *Blue Ocean Strategy, Expanded Edition: How to Create Uncontested Market Space and Make the Competition Irrelevant*. Boston: Harvard Business School Publishing Corporation.
Knop, R. (2009). *Erfolgsfaktoren strategischer Netzwerke kleiner und mittlerer Unternehmen*. Wiesbaden: GWV Fachverlag GmbH.

Kötzle, A. (1997). *Strategisches Management - Theoretische Ansätze, Instrumente und Anwendungskonzepte für Dienstleistungsunternehmen*. Stuttgart: Lucius & Lucius Verlagsgesellschaft mbH.

Kramer, M., Strebel, H., & Kayser, G. (2003). *Internationales Umweltmanagement: Band III: Operatives Umweltmanagement im internationeln und interdisziplinären Kontext*. Wiesbaden: Betriebswirtschaftlicher Verlag Dr. Th. Gabler/GWV Fachverlage GmbH.

Kranz, M. (2007). *Management von Strategieprozessen: Von der Strategischen Planung zur integrierten Strategieentwicklung*. Wiesbaden: GWV Fachverlag GmbH.

Kreutzer, R. (2013). *Praxisorientiertes Marketing: Grundlagen – Instrumente – Fallbeispiele* (4. Aufl.). Wiesbaden: Springer Fachmedien.

Kroeber-Riel, W., & Esch, F.-R. (2000). *Strategie und Technik der Werbung*. Stuttgart: Kohlhammer Verlag.

Lahn, S. (2015). *Der Businessplan in Theorie und Praxis: Überlegungen zu einem zentralen Instrument der deutschen Gründungsförderung*. Wiesbaden: Springer Fachmedien.

Lippold, D. (2012). *Die Marketing-Gleichung: Einführung in das wertorientierte Marketingmanagement*. München: Oldenbourg Wissenschaftsverlag GmbH.

Lippold, D. (2013). *Die Unternehmensberatung: Von der strategischen Konzeption zur praktischen Umsetzung*. Wiesbaden: Springer Fachmedien.

Lippold, D. (2015). *Die Marketing-Gleichung: Einführung in das prozess- und wertorientierte Marketingmanagement*. Berlin/Bosten: Walter de Gruyter GmbH.

Löbler, H. (1988). *Diversifikation und Unternehmenserfolg: Diversifikationserfolge und -risiken* (Bd. 21). (O. -S. Ökonomie, Hrsg.) Wiesbaden: Betriebswirtschaftlicher Verlag Dr. Th. Gabler GmbH.

Lowe, K. (2009). *Making History Together: How to Create Innovative Strategic Alliances to fuel the growth of your Company* (4. Aufl.). Orlando: Florida Hospital Healthcare & Leadership Monograph Series.

Lunau, S., Staudter, C., Hugo, C. von, Bosselmann, P., Mollenhauer, J.-P., Meran, R., & Roenpage, O. (2013). *Design for Six Sigma + Lean Toolset: Mindset für erfolgreiche Innovationen* (2. Aufl.). Wiesbaden: Springer Fachmedien.

Meffert, H., Burmann, C., & Kirchgeorg, M. (2015). *Marketing: Grundlagen marktorientierter Unternehmensführung Konzepte – Instrumente – Praxisbeispiele* (12. Aufl.). Wiesbaden: Springer Fachmedien.

Porter, M. E. (1987). *From Competitive Advantage to Corporate Strategy*. (A. 8. Harvard business review reprint series, Hrsg.) Harvard Business School Pub.

Porter, M. E. (1999). *Wettbewerbsstrategie – Methoden zur Analyse von Branchen und Konkurrenten* (10. Aufl.). Frankfurt a. M: Campus.

Preußners, D. (2015). *Mehr Erfolg im Technischen Vertrieb: 15 Schritte, die Sie voranbringen* (3. Aufl.). Wiesbaden: Springer Fachmedien.

San, Y. T. (2014). *TRIZ – Systematic Innovation in Business & Management*. Petaling Jaya: Firstfruits Sdn. Bhd.

Sander, B., Friedrichs, K., & Hunfeld, S. (2009). *Brand-Parity-Studie*. Düsseldorf: BBDO Consulting.

Schenk, M. (2007). *Medienwirkungsforschung*. Tübingen: Mohr Siebeck.

Scheuss, R. (2012). *Handbuch der Strategien: 220 Konzepte der weltbesten Vordenker* (2. Aufl.). Frankfurt: Campus.

Scholz, C. (1987). *Strategisches Management: ein integrativer Ansatz*. Berlin: De Gruyter.

Schroeter, B. (2002). *Operatives Controlling: Aufgaben, Objekte, Instrumente*. Wiesbaden: Betriebswirtschaftlicher Verlag Dr. Th. Gabler GmbH.

Schuh, G., & Kampker, A. (2011). *Strategie und Management produzierender Unternehmen: Handbuch Produktion und Management* (2. Aufl.). Berlin: Springer-Verlag.

Skobranek, M. (2011). *Die Qualität von Angebotssituationen beim Vertrieb von Managementberatungsleistungen.* Wiesbaden: Gabler & Springer Fachmedien.

Sobhani, B. (2009). *Strategisches Management: Zukunftssicherung für Krankenhaus und Gesundheitsunternehmen.* Berlin: Medizinisch Wissenschaftliche Verlagsgesellschaft mbH & Co. KG.

Staudter, C., von Hugo, C., Bosselmann, P., Mollenhauer, J.-P., Meran, R., & Roenpage, O. (2013). *Innovationen, Design for Six Sigma + Lean Toolset: Mindset für erfolgreiche* (2. Aufl.). Wiesbaden: Springer Fachmedien.

Traufetter, G. (10. April 2006). *Der Spiegel.* Von Stimme aus dem Nichts: http://www.spiegel.de/spiegel/print/d-46581582.html.

Webster, F. E., & Wind, Y. (1972). *Organizational Buying Behavior.* Upper Saddle River: Prentice-Hall.

Wilken, M. (2001). *Marketing-Management in der Großflugzeugindustrie.* Wiesbaden: Springer Fachmedien.

Winter, G. (1997). *Ökologische Unternehmensentwicklung: Management im dynamischen Umfeld.* Berlin: Springer-Verlag.

Teil II
Methode

Der Einsatz von Blue Ocean Strategy® und Design Thinking in Unternehmen im Rahmen eines Innovationsmanagements

2

Laura Bersch

Inhaltsverzeichnis

2.1 Einleitung

In der heutigen Zeit ist eine andauernde und notwendige Veränderungsbereitschaft von Unternehmen Voraussetzung für einen nachhaltigen Unternehmenserfolg. Ein Beispiel ist der Handel, in dem sich weitreichende Veränderungen zeigen, die besonders im letzten Jahrzehnt hohe strukturelle Ausmaße besitzen: die Weiterentwicklung des Onlinehandels, die Digitalisierung von Angeboten, die Veränderung tradierter Geschäftsmodelle und eine erhebliche Kaufkraftverschiebung bedingen einen stetigen Wandel. Hinzu kommen eine Vermassung von Produkten und Dienstleistungen, härtere Preiskämpfe und schrumpfende Gewinnspannen. Resultierend wird konkurrierenden Unternehmen ein

L. Bersch (✉)
Köln, Deutschland

T. Barsch et al. (Hrsg.), *Die Blue-Ocean-Strategie in Theorie und Praxis,* FOM-Edition,
https://doi.org/10.1007/978-3-658-15480-6_2

hoher Druck auferlegt, sich diesen Veränderungen anzupassen bzw. diese zu gestalten. Es wird ein effizientes und systematisches Innovationsmanagement gefordert, das Unternehmen auf die Zukunft ausrichtet und deren Existenz sichert (Gutknecht et al. 2014).

Eine Studie von PwC (Gackstatter et al. 2015) hat dabei gezeigt, dass Innovationen nicht nur ein zentraler Erfolgsfaktor für Unternehmen sind, sondern innovative Unternehmen schneller wachsen und mehr Umsatz generieren. So sehen 88 % der befragten Führungskräfte Innovationen in fünf Jahren als „wichtige oder gar unabdingbare Voraussetzung für ihre künftige Wettbewerbsfähigkeit" (Gackstatter et al. 2015, S. 5).

Basierend auf diesen Entwicklungen stellt sich für Unternehmen immer häufiger die Frage, wie ein systematisches Innovationsmanagement aufgesetzt werden kann und welche Methoden unterstützend eingesetzt werden sollten. Im Folgenden werden daher zwei der bekanntesten Methoden im Rahmen eines Innovationsmanagements – die Blue Ocean Strategy® (BOS) und Design Thinking (DT) – vorgestellt und in Bezug auf ihren Einsatz in Unternehmen verglichen. Die Methoden werden dabei aufgrund ihrer erfolg versprechenden Anwendung in Unternehmen und ihrer unterschiedlichen Herangehensweise ausgewählt.

2.2 Vorstellung der Methoden BOS und DT

2.2.1 Blue Ocean Strategy®

BOS ist eine Methode des strategischen Managements, die der Entwicklung neuer Geschäftsmodelle dient, mit denen neue Märkte erschlossen werden können, um dort dauerhaft profitabel zu sein. BOS basiert auf der Grundannahme, dass der Gesamtmarkt aus sogenannten roten und blauen Ozeanen besteht. Rote Ozeane bezeichnen einen bekannten, gesättigten Markt, welcher durch eine Vielzahl konkurrierender Wettbewerber sowie den Kampf um Marktanteile und Nachfrage charakterisiert wird. Ein blauer Ozean hingegen steht als Sinnbild für einen bislang unbekannten, unberührten Markt mit wenig bis gar keinem Wettbewerb (Kim und Mauborgne 2005).

Die Erschließung eines neuen Marktes basiert auf Nutzeninnovationen, was die Erzeugung eines Nutzengewinns sowohl für die Käufer als auch für das Unternehmen beinhaltet. Die Nutzeninnovation beruht auf einer rekonstruktivistischen Auffassung, was bedeutet, dass die Marktgrenzen und Branchenstrukturen durch Unternehmen verändert werden können.

Die Umsetzung der BOS und die erfolgreiche Formulierung einer Strategie sowie die Adressierung von Risiken wird durch acht *Prinzipien* gestützt, wovon die ersten vier Prinzipien die *Formulierung der Strategie* unterstützen und die letzten vier Prinzipien die *Umsetzung*. Ein Überblick über die acht Prinzipien geht aus Abb. 2.1 hervor.

Für die Formulierung und Umsetzung einer Strategie zur Eroberung eines blauen Ozeans sind die *Instrumente* „strategische Kontur", das „Vier-Aktionen-Format" und das „ERSK-Quadrat" vorgesehen (s. Abb. 2.2).

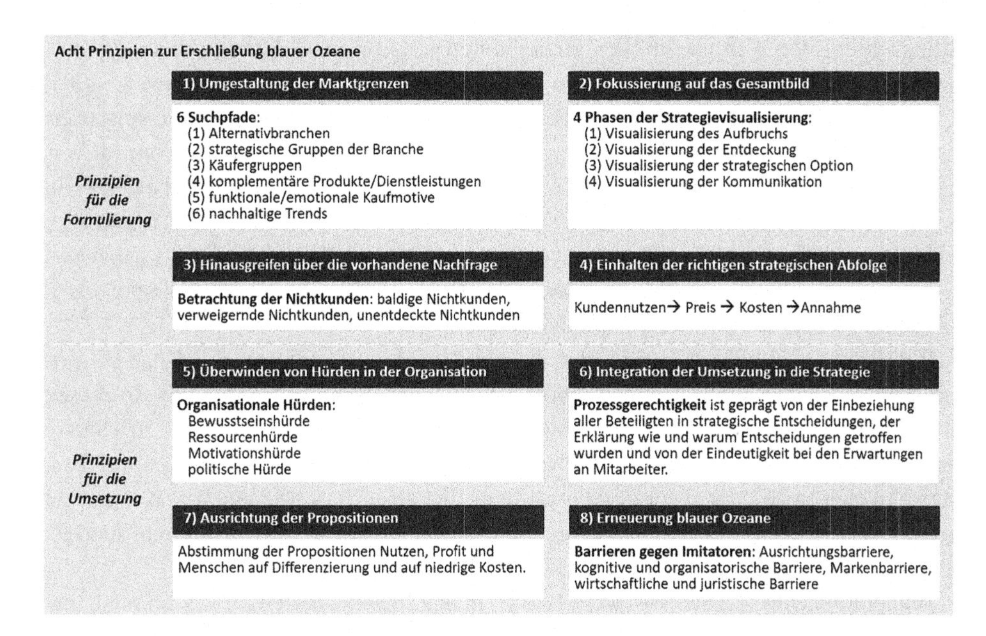

Abb. 2.1 Acht Prinzipien zur Erschließung blauer Ozeane. (Quelle: eigene Darstellung in Anlehnung an Kim und Mauborgne 2005)

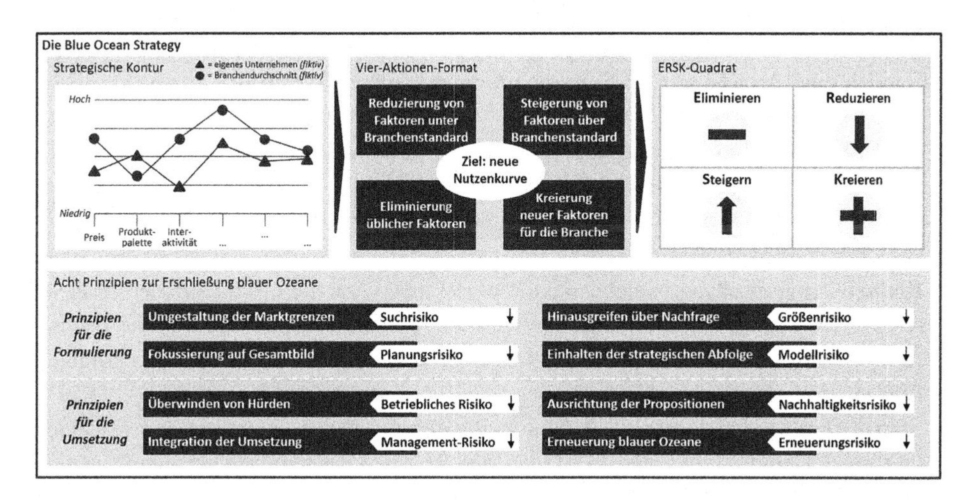

Abb. 2.2 Blue Ocean Strategy®. (Quelle: eigene Darstellung in Anlehnung an Kim und Mauborgne 2005, 2015)

Die *strategische Kontur*, auch Nutzen- oder Wertekurve genannt, ist ein analytisches Format, das den gegenwärtigen und zukünftigen Stand des Unternehmens im bekannten Markt untersucht. Sie lässt „erkennen, wo die Konkurrenz derzeit investiert, welche Faktoren bei den Produkten, den Dienstleistungen und der Lieferung gegenwärtig die

Grundlage für den Wettbewerb ihrer Branche bilden und was die Kunden durch die vorhandenen Konkurrenzangebote auf dem Markt bekommen“ (Kim und Mauborgne 2005, S. 22 f.). Während in der Theorie die Erstellung einer einzelnen Nutzenkurve suggeriert wird, werden in der praktischen Umsetzung zumeist zwei bis vier Nutzenkurven für verschiedene Geschäftsfelder erstellt. Anschließend werden ein bis zwei Wettbewerber in die vorliegenden Wertekurven integriert und analysiert, indem versucht wird, Lücken zu schließen und Werte- sowie Kostentreiber zu identifizieren. Wertetreiber sind dabei von besonderer Wichtigkeit für den Kunden; Kostentreiber steigern den Verkaufspreis und sollten im Verlauf des Projektes eliminiert werden.

Bei einer anschließenden *Marktexploration* werden Interviews mit Kunden, primär aber mit Nichtkunden geführt, um diese zu erforschen (drittes Prinzip). In diesen Gesprächen wird beispielsweise ein Tag der Person simuliert, um bestimmte Erlebnisse (Abläufe, Probleme, Wünsche etc.) zu hinterfragen und Schmerzpunkte zu identifizieren. Auch können erste Ideen vorgestellt werden, um eine Einschätzung des Kunden zu ermöglichen. Ziel ist es dabei nicht, eine repräsentative Umfrage durchzuführen, sondern basierend auf Einzelaussagen Lösungsansätze zu finden.

Die erarbeiteten Ergebnisse werden mit in die Ideengenerierung genommen, bei der die sechs Suchpfade (erstes Prinzip) angewendet werden können. Zudem können externe Impulse und Kreativmethoden eingesetzt werden. Diese generierten Ideen werden mithilfe des *Vier-Aktionen-Formates* dokumentiert, es werden die Elemente, die den Nutzen für den Käufer bestimmen, rekonstruiert, und das Geschäftsmodell der jeweiligen Branche wird überprüft. Anhand von vier Aktionen soll bei niedrigen Kosten eine Differenzierung erreicht werden (Kim und Mauborgne 2005):

1. **Eliminierung:** Untersuchung des Nutzens der Faktoren, auf denen der Wettbewerb in der Branche beruht und welche als selbstverständlich angesehen werden. Ist dieser Nutzen stark verringert oder nicht mehr vorhanden, können die entsprechenden Faktoren eliminiert werden.
2. **Reduzierung:** Analyse, welche Faktoren bis weit unter den Standard der Branche reduziert werden können. Dies ist insbesondere der Fall, wenn Produkte oder Dienstleistungen zu stark verfeinert werden und dem Kunden, verbunden mit einer erhöhten Kostenstruktur, zu viel bieten.
3. **Steigerung:** Identifizierung der Faktoren, die dem Kunden Kompromisse abverlangen und zur Beseitigung dieser bis weit über den Standard der Branche gesteigert werden sollten.
4. **Kreierung:** Durch die Kreierung neuer Faktoren, die bisher noch nicht angeboten werden, können neue Quellen des Kundennutzens gefunden und Nachfrage kann erzeugt werden. Zusätzlich kann die strategische Preisgestaltung der Branche verändert werden.

Während sich die ersten beiden Aktionen darauf fokussieren, die Kostenstruktur zu senken, beschäftigen sich die letzten beiden Aktionen mit der Erhöhung des Nutzens für die Käufer und der Erzeugung neuer Nachfrage.

Das *ERSK-Quadrat,* das Quadrat zur Eliminierung, Reduzierung, Steigerung und Kreierung, ist eine analytische Ergänzung zum Vier-Aktionen-Format. Es dient der Erzeugung der zuvor erwähnten neuen Nutzenkurve, in der alle relevanten Aktionen integriert werden. Zu den Vorteilen des ERSK-Quadrats zählt insbesondere der Fokus auf alle vier Komponenten, sodass implizite Annahmen über den Wettbewerb nicht umgangen werden können und sich zudem nicht – wie häufig der Fall – nur auf die Steigerung und Kreierung fokussiert wird. Mit diesem Vorgehen wird das zentrale Ziel in der Schaffung eines blauen Ozeanes, die Differenzierung bei niedrigen Kosten, angestrebt (Kim und Mauborgne 2005).

Mithilfe der vorliegenden Instrumente werden in der praktischen Umsetzung der Methode bis zu zehn Konzepte erarbeitet, die in sogenannten Konzeptmessen (zweites Prinzip, Visualisierung der strategischen Option) dem Unternehmen, Kunden und Nichtkunden vorgestellt werden. Ziel ist es, die Kundensicht zu fokussieren und Feedback zu erhalten. Abschließend werden die besten Ideen ausgewählt und basierend auf dem vierten Prinzip, der Einhaltung der strategischen Abfolge, wird ein Business Case erstellt.

2.2.2 Design Thinking

DT ist eine systematische, menschenzentrierte Innovationsmethode, die durch die Entwicklung neuer Ideen dem gezielten Lösen von Problemen dient. DT handelt dabei von „erfinderischem Denken" (Erbeldinger und Ramge 2014, S. 13), dessen Methodik sich an Designprozessen und dem Lernen aus Fehlern orientiert. Hierbei steht der Mensch stets im Mittelpunkt: als Nutzer und als Teil eines Kreativteams (Gürtler und Meyer 2013).

Eine zentrale Grundannahme von DT ist, dass Problemstellungen besser gelöst werden können, wenn Menschen aus unterschiedlichen Disziplinen in einem Umfeld zusammenarbeiten, das die Kreativität fördert. Folglich stützt sich DT neben dem Prozess auf die Kernelemente multidisziplinärer Teams, die auf einer heterogenen Zusammensetzung und einem breit gefächertem Fachwissen der Beteiligten basieren, und auf offene Räume, in denen das Team über die gesamte Dauer des Projektes zusammenarbeiten kann (Plattner et al. 2009).

Der typische *DT-Prozess* besteht aus sechs Schritten, die als überlappende Phasen, die iterativ miteinander verbunden sind, und nicht als eine Sequenz aufeinanderfolgender Schritte zu verstehen sind (Plattner et al. 2009).

Im ersten Schritt, dem *Verstehen,* gilt es, das Problem und sein Umfeld zu erfassen und ein einheitliches Problemverständnis zu erarbeiten. Basierend auf einer sogenannten Design Challenge und der Definition der Zielgruppe wird der nachfolgende Prozess aufgebaut und die Aufgabenstellung beschrieben (Plattner et al. 2009).

Durch *Beobachtungen* soll das DT-Team innerhalb von kurzer Zeit zu Experten für die jeweilige Problemstellung werden. Hierzu werden existierende Lösungen analysiert und hinterfragt, warum bisher keine adäquate Lösung besteht. Der Fokus dieser

Phase liegt auf dem direkten Kontakt mit dem zukünftigen Anwender und einem potenziellen Nutzengewinn seinerseits. Qualitative Methoden wie persönliche Gespräche und Beobachtungen stehen hier im Vordergrund (Plattner et al. 2009). Hierbei sollten neben existierenden Kunden auch Nichtkunden untersucht werden, die das Produkt bewusst ablehnen oder für andere Zwecke verwenden (Grots und Pratschke 2009), da, wie Liedtka und Ogilvie (2011) hervorheben, die Hinweise für die Zukunft in der Unzufriedenheit mit der Gegenwart liegen. Zusätzlich begeben sich die Teammitglieder selbst in die Rolle des Anwenders, um mögliche Schmerzpunkte zu identifizieren (Plattner et al. 2009).

Der *Standpunkt* wird definiert, indem die gesammelten Erkenntnisse zusammengetragen, ausgewertet und gewichtet werden, um eine spätere Hypothesenbildung zu erlauben (Liedtka und Ogilvie 2011). Hilfreiche Instrumente können unter anderem Journey Mapping,[1] eine Value Chain Analysis[2] sowie der Entwurf einer *Persona,* einer fiktiven Person, für die ein Angebot entwickelt werden soll, sein.

Bei der *Ideenfindung* wird eine Vielzahl an Ideen in relativ kurzer Zeit produziert, wofür zumeist die Brainstorming-Methode angewendet wird, allerdings je nach Fragestellung auch weitere Kreativmethoden eingesetzt werden können. Anhand von *Prototypen* sollen die ausgewählten Ideen sichtbar und kommunizierbar gemacht werden, um mögliche Schwachstellen aufzudecken (Liedtka und Ogilvie 2011). Es werden keine fertigen und detailgetreuen Modelle entwickelt, sondern einfache Veranschaulichungen wie Skizzen oder Videos erstellt (Plattner et al. 2009).

Zum Abschluss des DT-Prozesses wird eine der entwickelten Lösungen (ein fortgeschrittener Prototyp) – im Zuge der sogenannten Customer Co-Creation – mit späteren Nutzern *getestet.* So lassen sich praxisnahe Ergebnisse über den Umgang und die Verwendung des Produktes erkennen, um die weitere Entwicklung festzulegen (Plattner et al. 2009).

Neben den drei Grundprinzipien von DT (Prozess, multidisziplinäre Teams und offene Räume) existieren vier weitere *Regeln bzw. Prinzipien,* die wesentlich für die erfolgreiche Durchführung eines DT-Projektes sind:

- Die Iteration der Prozessschritte basierend auf der Methode des „Trial and Error“,
- die Visualisierung von Gedanken in allen Phasen des Prozesses,

---

[1]Journey Mapping dient der Einschätzung, inwieweit eine Idee Nutzen für Kunden kreieren kann. Anhand von Flussdiagrammen und Grafiken werden Kundenerfahrungen dargestellt und Probleme/Schmerzpunkte können identifiziert und verstanden werden (Liedtka und Ogilvie 2011).

[2]Bei der Value Chain Analysis steht die Interaktion des Unternehmens mit Partnern im Fokus der Betrachtung. Indem die Schmerzpunkte der Partner (beispielsweise Lieferanten) identifiziert werden, bildet die Value Chain Analysis das Äquivalent zu Journey Mapping (Liedtka und Ogilvie 2011).

- die Einhaltung von Brainstorming-Regeln, wie z. B. keine Kritik zu äußern und auf den Ideen anderer aufzubauen; auch bei der Anwendung anderer Kreativmethoden, und
- der Faktor Zeit, der besagt, dass nicht nur die richtigen Lösungen gefunden werden sollen, sondern diese auch in knapper Zeit gefunden werden müssen (Plattner et al. 2009).

2.3 Vergleich der Methoden

2.3.1 Theoretisch basierter Vergleich der Methoden BOS und DT mithilfe von Innovationsprozessen

Ein erster Vergleich der beiden Methoden lässt sich mithilfe der Einordnung in einen idealtypischen Innovationsprozess darstellen (Vahs und Burmester 2005). Sowohl BOS als auch DT bilden die Komponenten eines *Innovationsprozesses* bis zur projektbasierten Umsetzung ab. Die Situationsanalyse fällt hierbei bei beiden Methoden sehr ausführlich aus und umfasst eine Marktexploration, bei der Interviews geführt werden. Sowohl BOS als auch DT berücksichtigen dabei Nichtkunden für eine Befragung, wobei BOS sich auf diese wesentlich stärker fokussiert. Die Ideengenerierung kann im Rahmen beider Methoden durch Kreativtechniken angereichert werden. BOS fördert die Ideenfindung zudem durch Tools wie das Vier-Aktionen-Format und die sechs Suchpfade. Auch die Bewertung der Ideen erfolgt im Rahmen der BOS auf strukturierte Weise, indem das ERSK-Quadrat verwendet wird. Eine weitere Bewertungs- und Entscheidungsstufe stellt die Konzeptmesse dar, auf der die besten Ideen ausgewählten Unternehmensmitgliedern und (Nicht-)Kunden präsentiert werden. Im Vergleich dazu werden bei DT Prototypen erstellt, um die Entscheidung für eine (oder mehrere) Idee(n) zu validieren. Die unternehmensinterne Umsetzung der Ergebnisse wird bei BOS durch die Prinzipien zur Umsetzung und Business Cases erleichtert, während bei DT die Umsetzung durch das übliche Projektmanagement durchgeführt wird. In Bezug auf die Abdeckung eines Innovationsprozesses durch die Methoden lässt sich somit eine Eignung beider Methoden feststellen, wobei BOS den deutlichen Vorteil der Unterstützung der Umsetzung besitzt.

Weitere Innovationsprozesse, wie beispielsweise der von Brockhoff (1999), stellen die Notwendigkeit einer *Fehlerkultur* in Innovationsprozessen heraus. Diese wird von DT sehr stark berücksichtigt, da Iterationen ein Hauptfaktor des Prozesses sind und sich unter anderem durch Fehler im Prototyping Verbesserungen ergeben. Bei BOS wird eine Fehlerkultur gefördert, indem erste Ideen mit in die Marktexploration genommen werden, um Feedback von Kunden zu erhalten.

Eine Innovation wird stets durch eine *erfolgreiche Marktdiffusion* bedingt, welche Ziel eines Innovationsprozesses ist. Somit erscheint in dieser Hinsicht BOS geeigneter für Unternehmen, die sich eines konkreten strategischen Marktproblems annehmen und Vertriebsmodelle in den Prozess einbeziehen wollen. BOS kann auch für die Verbesserung von Produkten und Dienstleistungen oder die Schaffung einer Marktorientierung verwendet werden, jedoch ist die Eignung für die Produktentwicklung fraglich, da BOS auf Geschäftsmodelle ausgerichtet ist und – wie beschrieben – Absatzmärkte und Vertriebsmodelle integriert. DT orientiert sich hingegen stark am Kunden und fokussiert sich primär auf die Schaffung eines neuen oder verbesserten Kundennutzens. Die im Innovationsprozess von Koen et al. (2001) hervorgehobene Erstellung eines *Business Cases* wird insbesondere durch BOS erfüllt. Bei DT wird eine Idee primär durch die Iterationen des Prototypings validiert und ein Business Case wird zumeist erst nach Abschluss eines DT-Projektes erstellt.

Koen et al. (2001) heben zudem die Notwendigkeit einer *Innovationskultur* hervor, die aus den Komponenten Führung, Unternehmenskultur und Strategie besteht. Bei der Schaffung einer solchen Kultur können die Methoden bis zu einem gewissen Maße unterstützen, da Innovationsprojekte auch die entsprechende Kultur stärken können. Bei DT wird hierbei jedoch stets eine kulturelle Verankerung hervorgehoben, was sowohl eine Stärke als auch eine Schwachstelle der Methode sein kann, wenn eine ebensolche kreative und offene Unternehmenskultur nicht vorherrscht. Im Gegensatz dazu basiert BOS nicht auf einer derart starken kulturellen Etablierung. Allerdings wird auch hier hervorgehoben, dass das Bestehen einer Innovationskultur den Prozess fördert.

Die von Cooper (2010) hervorgehobenen *Iterationsschleifen* werden insbesondere bei DT-Prozessen berücksichtigt. Zwar werden auch bei der BOS verschiedene Phasen wiederholt, wie beispielsweise die Ideengenerierung, allerdings beruht das Konzept von DT explizit auf stetigen Rückschritten im Rahmen des Innovationsprozesses (s. Abb. 2.3).

Theoretisch basierter Vergleich	Design Thinking	Blue Ocean Strategy
Abbildung aller Komponenten des Innovationsprozesses	Vollständige Abbildung des Innovationsprozesses	Vollständige Abbildung des Innovationsprozesses
Berücksichtigung einer Fehlerkultur	Starke Integration einer Fehlerkultur durch Iterationen und Prototyping	Förderung einer Fehlerkultur durch Marktexplorationen und Kundenfeedback
Unterstützung einer erfolgreichen Marktdiffusion	Schaffung eines neuen Kundennutzens	Fokus auf strategisches Marktproblem und Entwicklung von Vertriebsmodellen
Integration von Business Cases	Validierung der Ideen durch Prototyping	Erstellung von Business Cases für einzelne Ideen
Notwendigkeit einer bestehenden Innovationskultur	Kulturelle Verankerung der Methode notwendig	Innovationskultur fördert den BOS-Prozess
Iterationsschleifen	DT-Konzept beruht auf Iterationsschleifen	Wiederholung einzelner Phasen

Abb. 2.3 Theoretisch basierter Vergleich von Design Thinking und Blue Ocean Strategy®

2.3.2 Praktisch basierter Vergleich der Methoden BOS und DT

Ein praktischer Vergleich der Methoden kann anhand verschiedener Kategorien, welche sich aus der Umsetzung der jeweiligen Methode in Unternehmen ableiten, durchgeführt werden. Hinzu kommen einzelne Anforderungen, die typischerweise an eine Methode gestellt werden, wie beispielsweise die Integration von bestehenden Ideen (z. B. durch ein Ideenmanagement) oder ein klarer Prozess, der einfach nachzuvollziehen ist.

Obwohl beide Methoden ein breites Anwendungsspektrum aufweisen, lassen sich die *Anwendungsfelder* voneinander abgrenzen. DT wird insbesondere bei der kreativen Entwicklung von etwas ganz Neuem eingesetzt, indem Produkte oder Prozesse komplett neu gedacht werden und das Bestehende bewusst umgangen wird. BOS zielt ebenfalls auf die Erschaffung von etwas Neuem ab, fokussiert allerdings die strategische Entwicklung von Geschäftsmodellen und orientiert sich bewusst an der aktuellen Situation, die zu verändern versucht wird.

Bei DT zielt die *Teamzusammenstellung* primär auf die Heterogenität ab und fördert somit eine Integration verschiedener Abteilungen, Standorte und Positionen und kann dadurch ein mögliches Silodenken schwächen. Da die einzelnen Teams bei DT in vielen Fällen nur etwa fünf bis sechs Personen umfassen, kann eine weitreichende Integration von Mitarbeitern allerdings als problematisch eingestuft werden. BOS bietet hier einen breiteren Ansatz: Während das Kernteam (ebenfalls fünf bis sechs Personen) auch entsprechend der Fragestellung ausgewählt wird und die spätere Umsetzung übernehmen soll, können in den Workshops und bei der Konzeptmesse eine Vielzahl von Mitarbeitern integriert werden, unter anderem auch Mitarbeiter, die nicht direkt in das Projekt involviert sind, aber dennoch integriert werden sollen. Hierdurch könnten eine intensivere Zusammenarbeit zwischen Abteilungen sowie eine gemeinsame Kultur gefördert werden.

Als eine wichtige Voraussetzung für die erfolgreiche Umsetzung eines Innovationsprojektes wird häufig die Integration und das *Commitment der Geschäftsführung* identifiziert, um eine hohe Relevanz sicherzustellen und damit das Projekt der ganzen Organisation und nicht einzelnen Abteilungen gilt. Diesbezüglich ist es hilfreich, eine Teilnahme an einzelnen Workshops und an der Vorstellung der Ideen sicherzustellen. Aufgrund der strategischen Verankerung und des Einsatzes von Business Cases, welche im strategischen Management genutzt werden, erscheint bei BOS ein Commitment der Geschäftsführung wahrscheinlicher, da keine umfassende kulturelle Anpassung notwendig ist. Sowohl für BOS als auch für DT wird eine offene und innovative *Unternehmenskultur* als hilfreich angesehen, da diese insbesondere in der Kreativität der Beteiligten widergespiegelt wird. Ist eine solche Kultur nicht vorhanden, kann speziell der DT-Prozess behindert werden, da die Denk- und Vorgehensweise von DT nicht nachvollzogen werden kann und es schwerfällt, nicht in bekannten Mustern zu denken. Zudem bestehen häufig Ängste und ein zu starkes Hierarchiedenken, um neue Ideen auszusprechen und diese mit der Gruppe zu teilen.

Damit einher geht die Voraussetzung, dass ein gewisses *Grundwissen* für die erfolgreiche Umsetzung eines Innovationsprojektes vorhanden sein sollte. Dieses Grundwissen scheint insbesondere für DT-Projekte von Relevanz, da DT gelebt und die Mentalität der Methode verinnerlicht werden muss. Allerdings zielen auch BOS-Projekte auf einen Wissenstransfer ab, der erlaubt, die Methode im Anschluss selbstständig durchführen zu können. Daher sind eine Offenheit gegenüber der Thematik und der Aufbau eines Grundwissens zielführend.

Bei beiden Methoden findet die *Ideengenerierung* auf ähnliche Weise statt: Eine Vielzahl der Ideen entsteht bereits im Laufe der Problemdefinition und der Marktexploration/Beobachtung. Bei der anschließenden Ideengenerierung können zudem verschiedene Kreativtechniken eingesetzt werden. BOS bietet hierbei die Instrumente Nutzenkurve, Vier-Aktionen-Format und die sechs Suchpfade. Im Gegensatz dazu werden bei DT Ideen durch Brainstorming oder weitere Kreativmethoden generiert und anhand von Prototypen weiterentwickelt. Ebenso wie im gesamten Prozess der Methoden bietet BOS hier einen stringenteren und nachvollziehbareren Rahmen für die Ideengenerierung, wodurch diese Methode auch hier geeigneter erscheint. Bereits im Unternehmen *bestehende Ideen* können bei thematischer Relevanz in den Ideenfindungsprozess integriert werden. Hierbei ist es besonders hilfreich, wenn die Ideengeber in das Projekt, beispielsweise im Rahmen eines Workshops, integriert werden und ihre Ideen selbst einbringen können. Sollten die jeweiligen Ideengeber nicht an dem Projekt teilnehmen, ist auf ein Feedback und eine Statusübermittlung zu achten. Diese sollten allerdings im Rahmen eines institutionalisierten Ideenmanagements erfolgen und sind nicht als Teil einer Methode anzusehen.

In Bezug auf die *methodische Eignung* von BOS und DT lässt sich feststellen, dass BOS eine klarere Struktur als DT aufweist und einen Prozessplan darstellt. Zudem wird die Umsetzung in Unternehmen durch bestimmte Prinzipien, die Erstellung von Vertriebsmodellen und Business Cases sowohl unterstützt als auch beschleunigt. Eine erfolgreiche Marktdiffusion wird durch die Problemstellung und Herangehensweise in der Lösungsfindung explizit gefördert. BOS erlaubt somit zum einen eine höhere Vielfalt an die zu bearbeitenden Herausforderungen, zum anderen wird eine Umsetzung des Projektes gezielt gefördert. Unternehmen fordern häufig einen klaren und nachvollziehbaren Prozess, was insbesondere durch BOS erfüllt wird, da es ein eindeutiges Prozessmodell mit einzelnen, messbaren Schritten darstellt. DT lässt aufgrund der zahlreichen Iterationsschleifen eine derart klare Nachvollziehbarkeit nicht zu.

Dem gegenüber steht die *Agilität,* die insbesondere bei IT-basierten Innovationen und Projekten gefordert wird. Diese kann im Rahmen beider Methoden gewährleistet werden, allerdings ist hervorzuheben, dass DT aufgrund der integrierten Iterationen – auch in Bezug auf die Problemdefinition – eine höhere Flexibilität aufweist, die die klare Struktur eines Innovationsprozesses aufbricht.

Der Faktor *Schnelligkeit* ist in der Projektdurchführung bei beiden Methoden ähnlich und wird zum einen durch das beratende Unternehmen, zum anderen durch die unternehmensinternen Rahmenbedingungen (z. B. Terminfindung, Unternehmenskultur) bedingt.

Praktisch basierter Vergleich	Design Thinking	Blue Ocean Strategy
Anwendungsfelder	Entwicklung komplett neuer Produkte und Prozesse	Strategische Entwicklung von Geschäftsmodellen
Teamzusammenstellung	Heterogenes Team von 5 - 6 Personen	Kernteam von 5 - 6 Personen, variierende Supportteams
Commitment der Geschäftsführung	Teilnahme an Workshops	Teilnahme an Workshops, Nachvollziehbarkeit durch Business Cases
Unternehmenskultur	Prozess wird ohne innovative Unternehmenskultur gehindert	Innovative Unternehmenskultur ist hilfreich, aber kein Hindernis, falls nicht vorhanden
Grundwissen bzgl. Innovationen	Notwendigkeit für die Umsetzung von DT-Prozessen	Hilfreich für BOS-Prozesse, Integration eines Wissenstransfers
Ideengenerierung	Integration verschiedener Kreativtechniken	Integration bestimmter Tools, gefördert durch Kreativtechniken
Klarheit des Prozesses	Prozess durch Iterationsschleifen nicht komplett planbar	Klare Prozessstruktur durch Roadmap
Agilität	Hohes Maß an Agilität durch Iterationen	Gewisses Maß an Agilität gegeben
Schnelligkeit	Bedingt durch interne Rahmenbedingungen	Bedingt durch interne Rahmenbedingungen, Integration der Umsatzplanung

Abb. 2.4 Praktisch basierter Vergleich von Design Thinking und Blue Ocean Strategy®

Bei beiden Methoden gilt es, im Anschluss an das Innovationsprojekt die Umsetzung der Idee(n) zu gestalten, die im Normalfall eigenständig vom Unternehmen durchgeführt wird. Hierbei kann BOS für eine Umsetzung geeigneter sein, da die Umsetzung durch die Erstellung eines Business Cases im Rahmen der Methode, einer ersten Umsetzungsplanung und durch die Prinzipien für die Umsetzung legitimiert und damit erleichtert wird. Bei DT findet die Umsetzung nach Abschluss des DT-Prozesses durch das Projektmanagement statt (Abb. 2.4).

2.4 Fazit

Obgleich beide Methoden ähnliche Komponenten beinhalten, weisen sie einen sehr unterschiedlichen Ansatz zur Lösung unternehmerischer Herausforderungen auf. Während BOS einen analytischen Ansatz für die gezielte Schaffung einer Nutzeninnovation darstellt, wird bei DT ein starker Fokus auf Kreativität gelegt.

Generell erscheint BOS somit für eine Durchführung im Rahmen eines Innovationsmanagements besser geeignet als DT. Allerdings gilt es zu beachten, dass es keine allgemeingültige Handlungsempfehlung für die Auswahl und Anwendung einer Methode geben kann, sondern stets die individuelle Situation und die Frage- bzw. Problemstellung des Unternehmens ausschlaggebend ist. Eine einzige Methode in ein Innovationsmanagement zu integrieren, wird als nicht zielführend angesehen. Infolgedessen gilt es, eine grobe Problemdefinition zu verfassen und eine jeweils spezifische Methodeneignung durchzuführen. Eine Anwendung der Methoden – insbesondere von BOS – ohne eine vorab definierte Herausforderung wird nicht empfohlen. Dennoch bietet sich unter Umständen eine Integration einzelner Komponenten in den Arbeitsalltag an. So kann beispielsweise die Erstellung einfacher Prototypen den proaktiven Aufbau und die Akzeptanz einer Fehlerkultur fördern oder die regelmäßige Erstellung von Wertekurven das Unternehmensprofil und dessen strategische Ausrichtung schärfen. Bei der Durchführung einer Innovationsmethode empfiehlt sich die cross-funktionale Anwendung, das heißt die Integration mehrerer Funktionen, Abteilungen und Standorte, insofern diese existieren, um eine einheitliche Innovationskultur zu stärken. Zudem sollten stets eine Kommunikation mit allen Mitarbeitern des Unternehmens sowie ein abteilungsübergreifender Wissenstransfer sichergestellt werden.

Literatur

Brockhoff, K. (1999). *Forschung und Entwicklung: Planung und Kontrolle* (5. Aufl.). München: Oldenbourg.

Cooper, R. G. (2010). *Top oder Flop in der Produktentwicklung: Erfolgsstrategien: von der Idee zum Launch* (2. Aufl., [Sonderausgabe]). Weinheim: Wiley-VCH.

Erbeldinger, J., & Ramge, T. (2014). *Durch die Decke denken: Design Thinking in der Praxis* (2. Aufl.). München: Redline.

Gackstatter, S., Spieler, A., & Stephan, J. (2015). Innovation – Deutsche Wege zum Erfolg: Wo steht das Innovationsland Deutschland im globalen Vergleich? *PricewaterhouseCoopers Aktiengesellschaft Wirtschaftsprüfungsgesellschaft* (Januar 2015).

Grots, A., & Pratschke, M. (2009). Design Thinking: Kreativität als Methode. *Marketing Review St. Gallen, 26*(2), 18–23.

Gürtler, J., & Meyer, J. (2013). *30 Minuten Design Thinking*. Offenbach: GABAL.

Gutknecht, K., Funck, D., & Stumpf, J. (2014). Vorwort. In K. Gutknecht, D. Funck, & J. Stumpf (Hrsg.), *Innovationsmanagement im Handel* (S. 6–7). Wolnzach: Kastner AG.

Kim, W. C., & Mauborgne, R. (2005). *Der blaue Ozean als Strategie: Wie man neue Märkte schafft wo es keine Konkurrenz gibt*. München: Hanser.

Kim, W. C., & Mauborgne, R. (2015). *Blue ocean strategy: How to create uncontested market space and make the competition irrelevant* (erweiterte Aufl.). Boston: Harvard Business Review Press.

Koen, P., Ajamian, G., Burkart, R., et al. (2001). Providing clarity and a common language to the "fuzzy front end". *Research-Technology Management, 44*(2), 46–55.

Liedtka, J., & Ogilvie, T. (2011). *Designing for Growth: A design thinking tool kit for managers*. New York: Columbia University Press.

Plattner, H., Meinel, C., & Weinberg, U. (2009). *Design Thinking: Innovation lernen – Ideenwelten öffnen*. München: mi-Wirtschaftsbuch & FinanzBuch.

Vahs, D., & Burmester, R. (2005). *Innovationsmanagement: Von der Produktidee zur erfolgreichen Vermarktung* (3. Aufl.). Stuttgart: Schäffer-Poeschel.

Cross Industry Business

3

Neugeschäftsgenerierung mittels Cross-Industry Innovation – eine schnelle und effiziente Wachstumsmethode

Zeynep Yaman und Thomas Abele

Wachstum ohne Risiko – das funktioniert!

Inhaltsverzeichnis

3.1 Einleitung

Wie ist Cross-Industry Innovation entstanden? Und wie ist seine Entstehung geschichtlich einzuordnen? Die Geschichte ist voll von Wendungen und historischen Durchbrüchen, wenn es um das Erschaffen von Neuem geht. Beispielsweise der Fall des

Z. Yaman · T. Abele (✉)
TIM Consulting, Stuttgart, Deutschland
E-Mail: thomas.abele@tim-consulting.eu

Z. Yaman
E-Mail: zeynep.yaman@tim-consulting.eu

T. Barsch et al. (Hrsg.), *Die Blue-Ocean-Strategie in Theorie und Praxis,* FOM-Edition,
https://doi.org/10.1007/978-3-658-15480-6_3

Apfels. Egal, ob Glück oder Zufall, gewiss ist, dass Newton dadurch die Erdanziehung und Gravitation definieren konnte. Seine Erkenntnis ist nun über 350 Jahre alt und prägte wie auch weitere wichtige Erkenntnisse seiner Zeit unser Bild der Wissenschaft. Wir sprechen hier auch von der Zeit der Entdeckung.

Einige Zeit später kam die Wende des aktiven Experimentierens. Edison erfand beispielsweise im 18. Jahrhundert die für Beleuchtungszwecke geeignete Glühlampe und erlöste uns von Kerzen und Laternen. Dieser Zeitabschnitt wird auch die Zeit der Experimente genannt.

Heute erleben wir aktuell eine weitere Wende – nämlich die der Cross-Industry Innovation. Wir entdecken und experimentieren nun nicht mehr primär, sondern rufen laufend Informationen unterschiedlichster Zusammenhänge ab. Das Internet als Hilfsmittel ist eines der Vorzüge unserer heutigen Vernetzung (Abb. 3.1).

Innovationsfindung – früher war alles einfacher! – Aber heute ist alles noch einfacher! Wir möchten hier keinesfalls die Forschung und Entwicklung, die weiterhin entdeckt und experimentiert und viele Erkenntnisse und Lösungen für unsere Wirtschaft leistet, in Abrede stellen, sondern bemerkend hinzufügen, dass eine gründliche und proaktive Vorabbetrachtung systematisch über alle Industrien die ein oder andere Million Euro einsparen kann. Selbst wenn keine Investition in Forschung und Entwicklung ansteht, ist es wert, das Cross-Industry Innovation-Potenzial innerhalb eines Unternehmens abzuprüfen. Das gilt ebenso für Make-or-Buy-Entscheidungen. Das einzige benötigte Handwerkzeug sind lediglich die bestehenden eigenen Kompetenzen, die man bereits in Produkten und Prozessen unter Beweis gestellt hat.

Cross Industry Business, Blue Ocean® – Worin liegt der Unterschied? Beide Methoden führen zu „Neuem". Darüber herrscht Einigkeit. Auch sind beide Ansätze hervorragend geeignet, um Wachstumsstrategien zu generieren. Dennoch sind das Cross Industry Business und die Blue-Ocean®-Strategie nicht als gleich, sondern

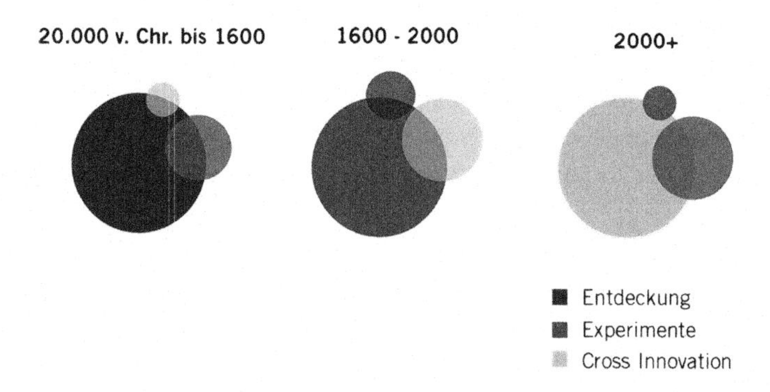

Abb. 3.1 Historische Einordnung Cross-Industry Innovation. (Quelle: in Anlehnung an Trend Update 2012, S. 2)

als „verwandt“ anzusehen. Denn je nachdem, ob mit neuen oder mit bestehenden Kompetenzen Wachstumschancen ergriffen werden, macht die erweiterte Ansoff-Matrix die Unterschiede bzw. die Gemeinsamkeiten deutlich (Abb. 3.2).

Die allgemeine Ansoff-Matrix behandelt in ihrer Markt-Produkt-Sicht lediglich den Blickwinkel vom Unternehmen selbst. Das heißt, der neue Markt ist für die klassische Ansoff-Betrachtung nicht zwangsläufig mit dem blauen Ozean zu vergleichen, sondern vielmehr ein noch nicht erschlossener Markt aus Unternehmenssicht. Die Blue-Ocean®-Strategie wiederum geht über die Unternehmenssicht oder über die bestehenden Branchengrenzen hinaus und sucht bewusst nicht existierende Märkte. Dies ist teilweise auch beim Cross Industry Business der Fall. Jedoch deckt sie nur teilweise nicht existierende Märkte ab. Sie ist aber breiter aufgestellt, das heißt auch in alten und neuen Märkten (aus Unternehmenssicht) vertreten. Die zwei unterschiedlichen Arten des Cross Industry Business werden in Abschn. 3.1 näher erläutert. Parallelen sind zudem bei der Findung von Suchfeldern hervorzuheben. Sobald man bei der Blue-Ocean®-Strategie Suchpfade identifizieren möchte, kann Cross Industry Business parallel angewandt werden. Gerade die klassischen Suchpfade 1 und 6 der Blue-Ocean®-Strategie heben das Lernen von alternativen Industrien und Trends hervor (Abb. 3.3). Während bei Blue Ocean® häufig von Suchpfaden bzw. aus dem Englischen von „path“ gesprochen wird, verwendet man im Cross Industry Business häufig den Begriff Suchfelder.

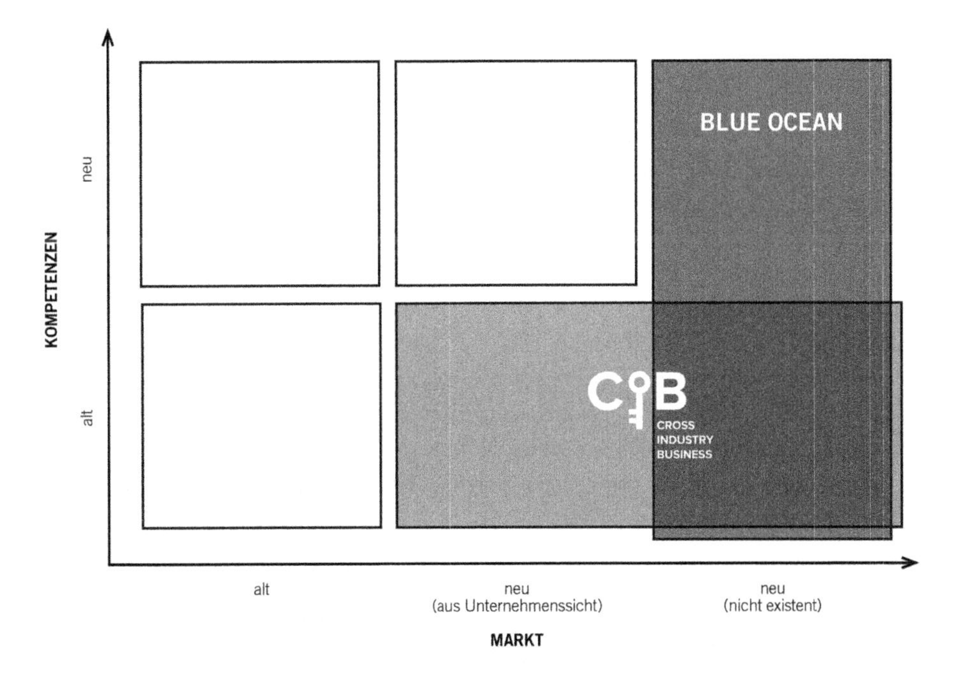

Abb. 3.2 erweiterte Ansoff-Matrix. (Quelle: in Anlehnung an Ansoff nach Markgraf o. J.)

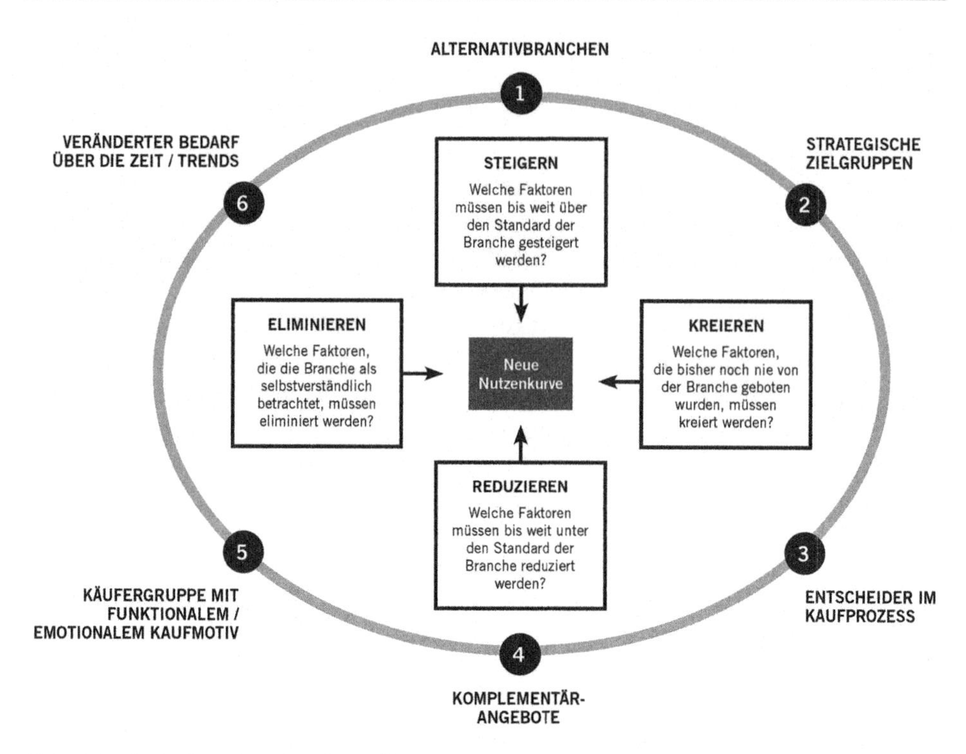

Abb. 3.3 Suchpfade der Blue-Ocean®-Strategie. (Quelle: in Anlehnung an Kim und Mauborgne 2015)

Der Blick über den Tellerrand – Wieso, weshalb, warum?
Nach Schumpeter ist der Großteil aller Innovationen eine Rekombination vorhandenen Wissens. Wie weit ist jedoch die Bandbreite des vorhandenen Wissens, auf das dabei wirklich zurückgegriffen wird? Das gängige Branchenverständnis basiert auf einer Systematik, die sich über vergangene Jahrzehnte etabliert hat, jedoch keineswegs mehr den aktuellen Gegebenheiten gerecht wird. So ist es schon heute nicht immer möglich, Produkte in Produktgruppen wie Nahrungsmittel, Transport oder Fashion zu klassifizieren. Im Gegenteil, es kommt zu einer immer stärkeren Vernetzung der Märkte. Ein Beispiel liefert die Verschmelzung der Pharmabranche mit der Nahrungsmittelindustrie, Functional Food genannt, die beispielsweise probiotische Joghurts anbietet (vgl. Steinle 2010, S. 3).

Wie viel Sinn macht es also noch, sich bei der Wissensrekombination ausschließlich auf die eigene Branche zu beschränken? Auch aus dem Blickwinkel heraus, dass innerhalb eines Unternehmens meist bereits alle Möglichkeiten der Rekombination ausgeschöpft sind, erweist sich ein Blick über den Tellerrand hinaus als unausweichlich. Um den eigenen Blickwinkel zu erweitern und ein breiter aufgestelltes Branchenwissen zu erlangen, ist eine Öffnung der Innovationsprozesse über die Unternehmensgrenzen hinweg unabdingbar. Zukünftig wird folglich die häufig als Modebegriff gesehene „Open Innovation", also die Berücksichtigung sowohl interner als auch insbesondere externer Faktoren bei der Innovationsfindung, im Gegensatz zu „Closed Innovation", an Bedeutung gewinnen.

„Nach Chesbrough (2006) bedeuten solche Open-Innovation-Strategien einen Paradigmenwechsel im Innovationsmanagement, der sich nachweislich positiv auf die Leistungsfähigkeit von Unternehmen auswirkt" (Brunswicker und Hutschek o. J., S. 3)

Eine spannende Technik von Open Innovation, nämlich die industrie- bzw. branchenübergreifende Betrachtung, verspricht, mit bestehenden Kompetenzen Innovationen zu generieren (Cross-Industry Innovation) und neue Geschäftsfelder zu entwickeln (Cross Industry Business), und wird im Folgenden vorgestellt.

3.2 Cross-Industry Innovation

> When people with different knowledge and perspective interact, they stimulate and help each other to stretch their knowledge for the purpose of bridging and connecting diverse knowledge (Heil o. J., S. 2).

Der Joystick ist ein beliebtes Bedieninstrument der Computerspielindustrie. Doch wie gelangte er ins Auto? Da sich in Fahrzeugen irgendwann eine enorme Vielzahl an Steuerungselementen befand, sodass es dem Kunden schwergefallen ist, sich noch zurechtzufinden, begab sich BMW auf die Suche nach einem Bedienelement, das viele Steuerungsfunktionen vereinen konnte, ohne für jede Funktion eine Taste einzusetzen. Sie wurden fündig in der Computerspielindustrie. „iDrive" bedient in Form eines Joysticks mehrere Hundert Funktionen im Fahrzeug, vom Navigationssystem bis hin zum Radio. Dies war keine eine zufällige Entdeckung. BMW wandte höchstwahrscheinlich eine ganz bestimmte Methode an: Cross-Industry Innovation.

Unter der Cross-Industry Innovation versteht man den Transfer von Know-how einer Branche, in der es sich bereits bewährt hat, in eine andere innovative Lösungsanwendung. Dabei spielt es keine Rolle, ob es sich um Produkt- oder Prozess-Know-how handelt.

3.2.1 Systematisch Potenziale innerhalb fremder Branchen schöpfen

> Cross Industry Innovationen entstehen derzeit selten nach einer bestimmten Systematik heraus, da es bislang keine entsprechenden Vorgehensmodelle und Methoden zur Einbindung von branchenfremden Unternehmen gibt. Die vorhandenen Ansätze sind wenig verbreitet und beruhen auf einem eher ‚reaktiven' Leitgedanken: Sie suchen für konkrete technologische Probleme in anderen Branchen analoge Lösungsmöglichkeiten und kommen demnach erst in der Detaillierung des Produktkonzepts zum Einsatz. Doch warum sollen Unternehmen die Möglichkeiten des Transfers von branchenfremdem Know-how erst dann

> nutzen, wenn sie bereits durch die Begrenzung auf technologische Fragestellungen eingeschränkt sind? Warum wird auf das kreative Potenzial anderer Branchen in den frühen Innovationsphasen verzichtet? Cross Industry Innovationen nutzen das Potenzial anderer Branchen systematisch. Anhand von systematischen Prozessen können Unternehmen sich über die Grenzen der eigenen Branche hinaus vernetzen. Vernetzungen innerhalb der Branchen sind bereits Ergebnisse von Open Innovation. Durch die Öffnung des eigenen Unternehmens könnte Wettbewerb in erfolgreiche Kooperation gewandelt werden und nachhaltig Erfolge generieren. Erfolgreiche Innovatoren setzen auch auf Partnerschaften über die eigene Branche hinweg und lernen viel dazu (Fraunhofer Homepage o. J.).

Grundsätzlich lassen sich zwei Aufgabenstellungen unterscheiden, für die jeweils ein anderer Ansatz zur Lösungsfindung genutzt wird:

Outside-in-Ansatz (OI)
„Problem sucht Lösung“, d. h. dieser Ansatz „nutzt Inspirationen aus anderen Branchen, um das eigene Leistungsangebot innerhalb der heutigen Produkt-Markt-Strategie weiterzuentwickeln“ (vgl. Dürmüller 2012, S. 24).

Inside-out-Ansatz (IO)
„Inside-Out bedeutet hingegen, strategische Diversifikationschancen in Form neuer Produkt-Markt-Felder in anderen Industrien zu erschließen. D. h. „Lösung sucht Problem“. Dies geschieht auf Basis eigener vorhandener Lösungen, Wissen, Fähigkeiten und Kernkompetenzen.“ Dieser Ansatz führt häufiger zu Cross-Industry-Business-Feldern und damit der zielgerichteten Absicht, die Neugeschäftsgenerierung proaktiv zu verwirklichen (vgl. Dürmüller 2012, S. 24).

3.2.2 Sechs gute Gründe für Cross-Industry Innovation

„Derzeit beschäftigen sich nach Schätzungen zu Folge nur rund 10 % aller Firmen in Deutschland bewusst mit Entwicklungen aus anderen Branchen“ (Bergauer 2015, S. 2). Das sollte sich ändern, denn dies bedeutet, dass eine Entwicklung nach vorn nicht erwogen wird und Potenziale aufgeschoben oder gar im Verdeckten bleiben. Denn Cross-Industry Innovationen glänzen mit vielen Vorteilen für die Unternehmen:

1. Die oftmals größere Innovationshöhe und der dadurch erlangte Wettbewerbsvorsprung führen zu einer stärkeren Differenzierung des Leistungsangebotes. Damit entstehen höhere Wachstumsraten und Margen. Diese wiederum sind Antrieb für die eigene Innovationskraft.
2. Die Öffnung und die branchenunabhängige Kombination unterschiedlicher Kompetenzen stärkt die Innovationskraft, führt zu radikalen Innovationen und steigert die Innovationsgeschwindigkeit durch Beschleunigung der Innovationszyklen (vgl. Dürmüller 2008, S. 8, 2012, S. 24).

3. Da keine vollständige Neuentwicklung einer Lösung stattfindet, sondern die gefundene Lösung auf das eigene Problem adaptiert wird, verkürzt sich die Entwicklungszeit (vgl. Enkel 2010, S. 1). Die kürzere Entwicklungszeit führt zu einer Kostensenkung, welche ebenfalls die Margen erhöht (vgl. Dürmüller 2008, S. 8). Generell herrscht ein geringes Entwicklungsrisiko.
4. Branchenfremdes Know-how kann im Allgemeinen ohne Wettbewerbskonflikte genutzt werden. Zudem schafft der Fokus auf die wesentlichen Erfolgsfaktoren und Analogien eine neue Sichtweise auf das eigene Leistungsangebot (vgl. Dürmüller 2012, S. 24).
5. Branchenfremde Nutzung des Know-hows verhilft zu verringerten Projektrisiken, da die Funktionsfähigkeit schon in der initialen Branche bewiesen wurde und sich dort bereits bewährt hat.
6. Das Darbieten einer Lösung für ein branchenfremdes Problem sichert Know-how und gegebenenfalls auch Lizenzrechte.

3.2.3 Der Cross-Industry-Prozess

Bisher gibt es nur wenige praktische Methoden für Cross-Industry Innovation bzw. Cross Industry Business. Insbesondere für die Inside-out-Fragestellung „Lösung sucht Problem". Auch ist kein Patentrezept vorhanden, das einfach umgesetzt wird, sondern Cross-Industry Innovation bedarf einer gezielten Förderung und Organisation. Neue Innovations- und Geschäftsfeldpotenziale zu entwickeln, erfordert dabei die Einhaltung einer dreistufigen Modellstruktur (Abb. 3.4):

1. **Abstraktion**
   Die Voraussetzung für Cross-Industry Innovation bzw. Cross Industry Business ist es, in der Anfangsphase Raum für Neues zu schaffen. Dazu müssen die ursprünglichen Denkmuster in bestehenden Produkten und Lösungen bewusst ausgeschaltet werden. Die Abstraktion stellt also den ersten wichtigen Schritt dar, um nach Analogien

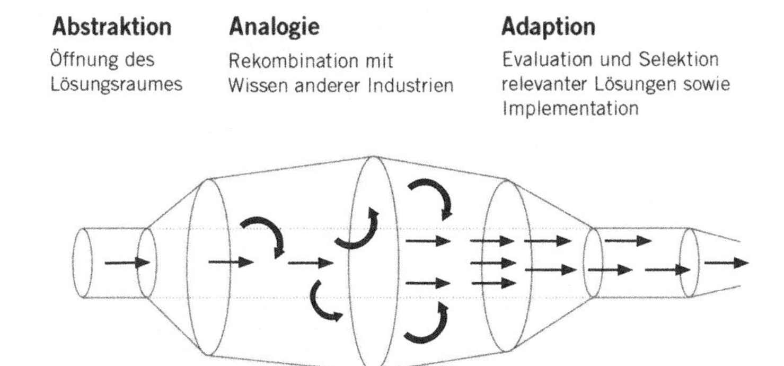

Abb. 3.4 Der Cross-Industry-Prozess. (Quelle: Ili 2010, S. 301)

suchen zu können. Obwohl das einfach klingt, ist in der Praxis das Aufbrechen von Paradigmen eine ziemliche Herausforderung. Als hilfreich erweisen sich unterschiedliche Methoden, die in Abb. 3.5 aufgeführt sind.

Im Beispiel des BMW „iDrive" hieße die Abstraktion, sich generell die Fragestellung zu überlegen, welche den Blick über den Tellerrand überhaupt ermöglicht. Das heißt, die Funktion, das Produkt oder das Problem muss so vereinfacht und verallgemeinert werden, dass eine neue Zielrichtung entstehen kann. Das heißt weg von der Fragestellung, wo/wie kann die Taste optimal eingesetzt werden, hin zur übergreifenden Frage: Wie kann mit einem anderen Bedieninstrument die Vielzahl der Tasten zu einer besseren Lösung geführt werden?

2. **Analogien**
   Ist die Abstraktion vollzogen, kann die zentrale Fragestellung formuliert werden, welche den Blick in andere Branchen leiten soll. Grundlage für die Suche nach analogen Lösungen aus anderen Industrien sind die abstrahierten Funktionen, Kompetenzen, Problemstellungen oder Bedürfnisse. Dabei müssen Lösungen sowohl systematisch erfasst als auch evaluiert werden. Hier ist Branchenwissen essenziell, um passende Lösungen anderer Industrien herausfiltern, verstehen und bewerten zu können. Eine Auswahl verschiedenster Ideen, die sich schon in einem anderen Kontext bewährt haben, ist das Ergebnis dieser Analogiephase.

Abstraktions-objekte	Kompetenz	Produkt	Problem
Innovationsziel	- Neue Märkte - Neue Ideen	- Neue Märkte - Neue Technologien	- Neue Lösungen
Vorgehensweise	- Intuitiv-spontan	- Schöpferisch-konfrontativ	- Systematisch-diskursiv
Methoden	- Brainstorming - Stummes Schreibgespräch - Galerietechnik - Mind-Mapping	- Funktionsanalyse (FMA)	- TRIZ - Widerspruchs-orientierte Innovations-strategie (WOS)
OI/IO	- Inside-Out	- Inside-Out - Outside-In	- Outside-In
	Abstraktionsgrad		Komplexität

Abb. 3.5 Verwendung verschiedener Methoden zur Abstraktion. (Quelle: in Anlehnung an Gassmann und Sutter 2011, S. 221)

Am Beispiel des BMW „iDrive" würde in der Analogiephase beispielsweise eine generelle Klassifizierung von Bedienelementen in unterschiedlichen Branchen vollzogen werden. Das wäre beispielsweise: Auswahlvariation, Vor, Zurück, An, Aus, Höherstellen, Tieferstellen etc. Die Auflistung würde dann beispielsweise zur Frage führen: „Welche Bedienelemente besitzen die gleiche Funktion und können zusammengefasst werden?" oder „Welche branchenunabhängigen Bedienelemente haben welche Funktionsart?" Wichtig ist es, sich die ganze Bandbreite anzusehen: Wie ist das bei Telefonen, Fernbedienungen, Schalthebeln und -tasten im Flugzeug, dem Kultspielzeug Tamagotchi usw.

Schlussendlich wird daraus die Frage abgeleitet: „Welche Bedienelemente besitzen mehr als fünf Bedienfunktionen in einem (und hätten optimalerweise im Fahrzeug einen höheren Kundennutzen)?"

Klar wird in der Analogiephase, wie wichtig es ist, die richtigen Fragen zu stellen. Erst damit ist der Lösungsweg bereits beschritten.

3. **Adaption**
   In der Adaptionsphase werden die gefundenen Analogien an die eigenen spezifischen Anforderungen angepasst. Jedoch lässt sich nicht jede Lösung, die in der einen Branche zu einem hervorragenden Ergebnis führt, auch auf das eigene Problem anwenden. Daher beinhaltet diese abschließende Phase die Evaluation und die Selektion der richtigen Lösung, transformiert auf den Produktkontext. Ab hier beginnt die Entwicklungsarbeit (vgl. Dürmüller 2008, S. 8, 2012, S. 25 f.).

   Am Beispiel des BMW „iDrive" ist die Adaption die Übertragung der Joystick-Technologie auf die BMW-Anforderungen im Autocockpit.

   Seit 2012 hat das iDrive sich zudem aus der Touchpad-Technologie eine weitere Zusatzfunktion dazu geholt. So können nun Zahlen und Buchstaben mit dem BMW iDrive Touch komfortabel durch entsprechende Striche und Punkte per Fingerbewegung eingegeben werden, wobei die Reihenfolge der Striche eine Rolle spielt. Insbesondere in China ist man nun froh über den neuen iDrive Touch, da die dortige Fülle an Schriftzeichen erschwerend war (vgl. Horatiu Boeriu 2013, S. 1).

3.2.4 Herausforderungen, die es zu meistern gilt

Die Identifizierung, aber auch der Zugang zu den fremden Branchen stellt sich als größte Herausforderung bei den Cross-Industry-Prozessen dar. Dazu gibt es bewährte Vorgehen, wie beispielsweise das Networking. Diese Form der aktiven Öffnung ist zwar entscheidend für das Zustandekommen von Cross-Industry Innovation bzw. Cross Industry Business, jedoch gibt es hier ein nicht zu vernachlässigendes Problem: das Phänomen der „strukturellen Löcher". Denn ab einer gewissen Schwelle verringern sich die Kontaktpunkte und die Intensität des Networkings nimmt ab (vgl. Ili 2010, S. 297 f.). Eine weitere Schwierigkeit stellt das „Local Search Bias" dar, also dass bei der Suche innerhalb eines bekannten Netzwerkes bzw. mit bereits bestehenden persönlichen Kontakten die

Quellen der außerhalb liegenden Informationen verpasst werden (vgl. Miecznik o. J., S. 2). Somit stellt nicht die Projektentwicklung, welche sich auf die Evaluation und Adaption der Lösung reduziert, sondern die Projekt- und Ideenfindung den Knackpunkt dar. Um diese Herausforderung gewinnbringend zu meistern, sind branchenübergreifende Zusammenarbeit und die Suche nach externen Partnern sehr zu empfehlen.

3.3 Der Inside-out-Prozessverlauf – von der Vorbereitung bis zur Realisierung des Cross-Industry-Business-Ansatzes

Auf Basis der Technologierelevanzanalyse lässt sich ein Prozessablauf für den Cross-Industry-Business-Ansatz definieren, der eine Anleitung für die praktische Umsetzung geben soll. Dieser besteht aus vier Schritten, welche wiederum die drei Dimensionen Abstraktion, Analogie und Adaption „durchqueren" (vgl. Abschn. 3.2.3) bzw. im Folgenden (Abb. 3.6):

1. **Vorbereitung**
   Mittels der Abstraktion werden bestehende Produkte oder Prozesse nach ihren Eigenschaften geordnet. Um Funktionen und Wirkprinzipien erkennen und abstrahieren zu können, sind ein umfassendes Bild und ausreichende Informationen über das Produkt oder den Prozess essenziell. Das Resultat der Vorbereitung sind Suchfelder, anhand derer die Zusammenhänge und Wirkprinzipien nachvollzogen werden

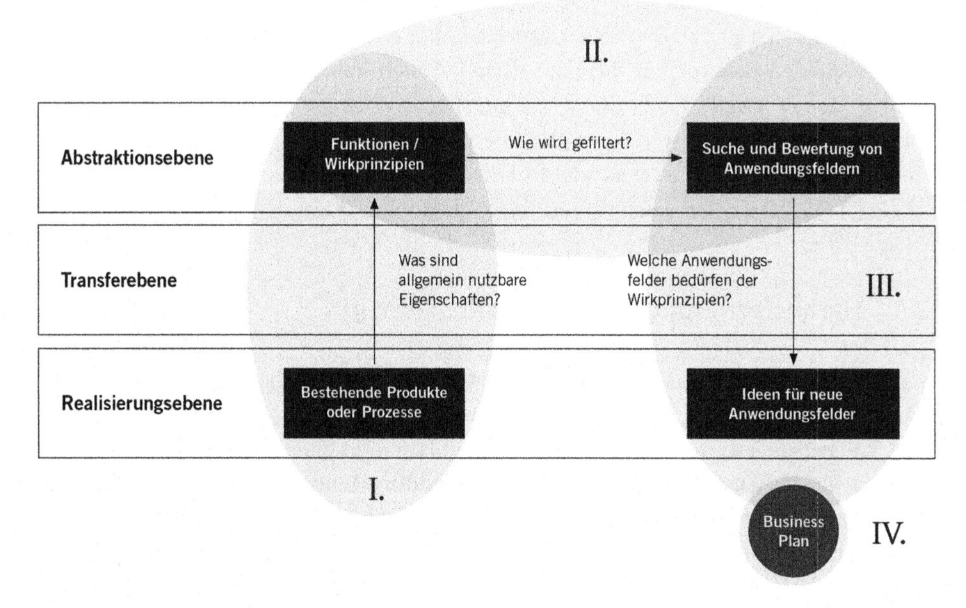

Abb. 3.6 Vorgehensmodell analog zur kompetenzbasierten Suche. (Quelle: in Anlehnung an Heubach 2008, S. 98)

können. „Suchfelder stellen das Bindeglied zwischen dem Innovationsanstoß und der Ideengewinnung dar. Sie sollen vor allem in der Phase der Ideengenerierung als Orientierungshilfe dienen, um die Vielzahl der ermittelten Ideen einordnen, um damit die Ideenfindung effizienter gestalten zu können" (Vahs und Brem 2013, S. 251).

2. **Ideenfindung**
   Der zweite Schritt stellt die Frage: „Wie wird gefiltert?" Eine wichtige Grundlage für die Ideenfindung ist eine Suchlogik und Suchstrategie, d. h. die Frage: „Wie muss gesucht werden?" Nach der im Abschn. 3.2.3 erläuterten Abstraktion des Problems gilt es, in anderen Industrien nach Lösungen zu suchen. Natürlich besteht die Möglichkeit, rein zufällig und allein durch eine gefestigte Branchenkenntnis auf eine geeignete Lösung zu stoßen. Doch wie geht man vor, wenn das nicht der Fall ist? Und warum sollte man es überhaupt riskieren, die Ideenfindung dem Zufall zu überlassen, wenn es doch eine viel sicherere und effizientere Möglichkeit gibt?

Nutzenabstrahierte Suchmaschinenbefragung – was ist das?

Cross-Industry Innovation bzw. Cross Industry Business zeichnet sich auch dadurch aus, dass die Suche nach Ideen nicht zufällig, sondern systematisch abläuft, also einer leitenden Suchstrategie und Suchlogik folgt. Da das Ziel der Cross-Industry Methodik das Wachstum mittels vorhandener Kompetenzen ist, ist es wichtig, die eigenen Fähigkeiten und Kernkompetenzen zu kennen und diese als Grundlage für die Suche nach Ideen in fremden Branchen zu nehmen. Wichtig ist hierbei die Bildung diverser Suchstrings. Diese Art des Suchens, auch kompetenzbasierte Suche genannt, kann auch generell für die Suche nach Technologien genutzt werden.

Die Suche nach Anwendungsfeldern bedient sich gleichermaßen allgemeiner Suchmaschinen wie Google, Bing und Co. wie auch wissenschaftlicher Suchmaschinen und Patentdatenbanken.

Der Grund für die Nutzung der allgemeinen Suchmaschinenabfrage über Google oder Bing ist die Präferenz der Masse und somit die vorstrukturierte Ergebnisauswahl. Zwar sind die verwendeten Algorithmen der Suchmaschinen nicht bekannt, doch kann zumindest den großen Suchmaschinen unterstellt werden, dass für möglichst viele Nutzer möglichst relevante Ergebnisse aufgezeigt werden. Bei der Suche spielt die Sprache eine große Rolle, wobei es nicht nur um die Ländersprache geht, sondern auch um die Sprache des relevanten Kollektivs, das angesprochen werden soll. Dies lässt sich dadurch begründen, dass mit unterschiedlichen Fachbegriffen auch unterschiedliche Kollektive angesprochen werden. Während in einer Branche von „reaktiv mit Wasser" gesprochen wird, spricht eine andere Branche von „sprudelnd" oder „brausend".

Außerdem ist zu beachten, dass Suchmaschinen nicht unbedingt nach dem Kommutativgesetz arbeiten. Beispielsweise führt eine gemeinsame Suche nach „Äpfel & Birnen" zu völlig anderen Treffern als die Suche nach „Birnen & Äpfel". Zusätzlich muss beachtet werden, dass sich die Suchmaschinen ständig dynamisch anpassen, sodass die Methode der Suchmaschinenabfrage nur als eine Momentaufnahme angesehen werden darf. Bei der Anzeige der Treffer sind dann unterschiedlichste Ergebniselemente zu finden. Diese sind durch Sichtung und Kategorisierung abzuhandeln. Die Quantität, also die Trefferzahl, gibt zudem einen Eindruck, wie groß das untersuchte Feld ist.

Das abstrahierte Suchvorgehen besteht demnach aus folgenden Teilschritten:

- Definition des Untersuchungsgegenstands – Abstraktion auf Nutzenebene
- Nutzung von Suchstrings
- Suchen des Suchstrings über Suchmaschinen
- Kurze inhaltliche Sichtung
- Zusammenfassung in Trefferkategorien (vgl. Miecznik o. J., S. 1 ff.)

Diese Suchmethodik stellt aufgrund ihrer Abstraktion auf Nutzenebene eine Strategie dar, welche sich für den Prozess der Cross-Industry Innovation bzw. Cross Industry Business methodisch sehr gut eignet. So können innerhalb der kompetenzbasierten Suche anhand der zuvor abstrahierten Funktionen und Wirkprinzipien passende Anwendungsfelder gesucht und identifiziert werden.

3. **Ideenbewertung und -auswahl**
Im dritten Schritt werden die Anwendungsfelder bewertet und die Ideen ausgewählt, welche der Wirkprinzipien aus 1. bedürfen.

4. **Erstellung der Business Cases**
Schließlich kann nach den Bedürfnissen des Unternehmens beispielsweise ein Businessplan oder eine Sammlung mehrerer Handlungsfelder und -empfehlungen erstellt werden.

In Abb. 3.7 ist der Zusammenhang und Ablauf dieser vierstufigen Prozessdefinition noch einmal mit Beispielen verdeutlicht.

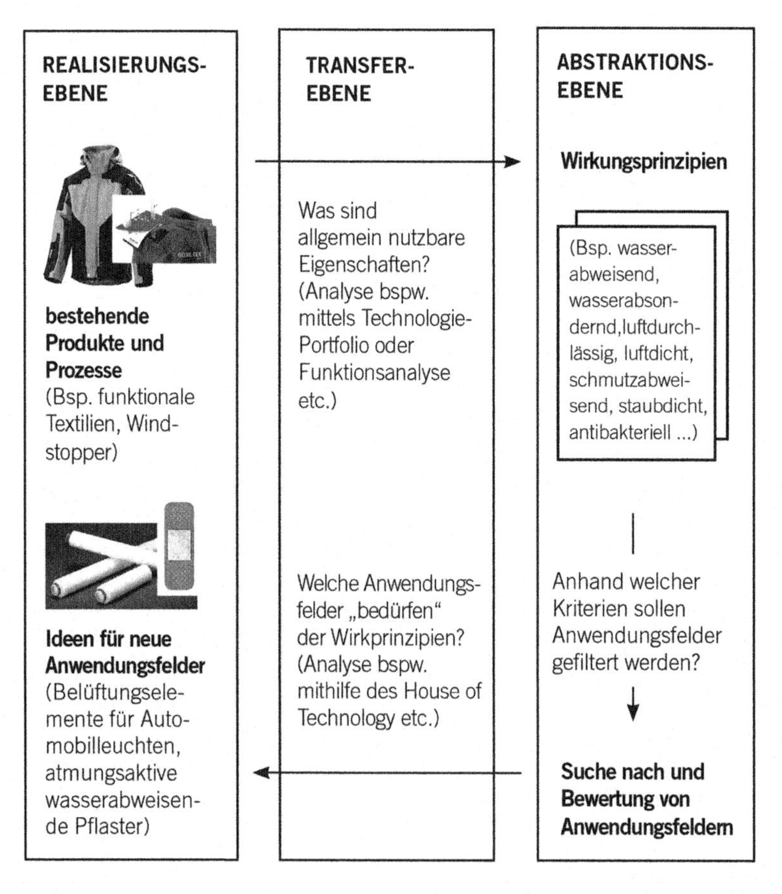

Abb. 3.7 Vorgehensmodell Cross Industry Business mit Beispielen. (Quelle: in Anlehnung an Heubach 2008, S. 98)

Ergebnisse erfolgter Umsetzung
Diese Methode des Cross Industry Business hat sich insbesondere bei der Suche von neuen Geschäftsfeldern etabliert. In einem Referenzprojekt lieferte sie im Vergleich zu ebenfalls eingesetzten Methoden wie z. B. Kreativitätsworkshops oder Trendanalyse und Co. unter dem Strich qualitativ bessere Ergebnisse. Der Prozess von der Generierung von über 100 Einzelideen, Priorisierung und Filterung der aussichtsreichsten Geschäftsfeldideen bis hin zur Erarbeitung von Kurz-Business-Cases konnte innerhalb weniger Wochen durchlaufen werden. Laut dem Innovationsmanager der 600 Arbeiter-Industriefirma ist Cross Industry Business die optimale Methode, um branchenfremde und lukrative Ideen für neue Geschäftsfelder zu identifizieren und auszuarbeiten.

3.4 Zusammenfassung

Die Entwicklung eines neuen Geschäftsfeldes auf Basis vorhandener Kompetenzen stellt eine effiziente und risikoarme Wachstumsstrategie dar. Eine Methode, die hierfür geeignet ist, ist Cross-Industry Innovation. Dabei werden Lösungen, welche sich in einem Kontext bewährt haben, auf andere Industrien übertragen.

Dadurch, dass Cross Industry Business bei der Umsetzung sowohl risikoarm, effizient, einfach und schnell ist als auch einen systematischen Ablauf gewährleistet, hebt sie sich von anderen Innovationsstrategien ab. Cross Industry Business zeichnet sich zudem durch eine hohe Praktikabilität aus, baut auf bestehende Kompetenzen auf, endet aber nicht mit der Variation eines bestehenden Produktes. Folglich eignet sich Cross Industry Business hervorragend als Strategie, um neue Geschäftsfelder zu identifizieren und so mit bestehenden Kompetenzen zu wachsen.

Der zuletzt vorgestellte allgemeine Prozessablauf eignet sich hierbei optimal für eine praktische Umsetzung, die keine großen Vorarbeiten erfordert und somit unmittelbar und effizient in die Praxis Einzug finden kann.

Literatur

Bergauer, T. (2015). Cross-Innovation: Auf der einen und anderen (Buch) Seite. http://www.b-wirkt.de/cross-innovation-auf-der-einen-und-der-anderen-buchseite. Zugegriffen: 15. Sept. 2015.

Boeriu, H. (2013). Video: BMW iDrive touch controller. http://www.bmwblog.com/2013/06/10/video-bmw-idrive-touch-controller/. Zugegriffen: 6. Mai 2016.

Brunswicker, S., & Hutschek, U. (o. J.). Kreative Seitensprünge in den frühen Innovationsphasen; Innovationspotential anderer Branchen erfolgreich finden und nutzen; Fraunhofer-Institut für Arbeitswirtschaft und Organisation IAO. https://www.iao.fraunhofer.de/images/iao-news/innowave.pdf. Zugegriffen: 15. Sept. 2015.

Dürmüller, C. (2008). Technologieführerschaft durch kreative Seitenblicke. *io new management Zeitschrift für Unternehmenswissenschaften und Führungspraxis, 2008*(10), 8–13.

Dürmüller, C. (2012). Der Blick über den Tellerrand. *io new management Zeitschrift für Unternehmenswissenschaften und Führungspraxis, 2012*(3, Mai/Juni), 24–27.

Enkel, E. (2010). Warum das Rad neu erfinden? Cross-Industry Innovation als neuer Trend im Innovationsmanagement. http://die-erfinder.3mdeutschland.de/innovationsprozesse/warum-das-rad-neu-erfinden-Cross-IndustryInnovation-als-neuer-trend-im-innovati. Gastbeitrag „Innovationsmanager – Magazin für Innovationskultur". Zugegriffen: 29. Sept. 2015.

Fraunhofer Homepage. (o. J.). http://wiki.iao.fraunhofer.de/index.php/Cross_Industry-Innovation. Zugegriffen: 19. Aug. 2014.

Gassmann, O., & Sutter, P. (2011). *Praxiswissen Innovationserfolg: Von der Idee zum Markterfolg*. München: Hanser.

Heil, S. (o. J.). Wie kommt man mit Cross-Industry Innovation zu radikalen Neuerungen? http://www.studentlounge.org/deutsch/lehrstuehle/Innovationsmanagement/CII_Sebastian.pdf. Zugegriffen: 2. Sept. 2014.

Heubach, D. (2008): Eine funktionsbasierte Analyse der Technologierelevanz von Nanotechnologie in der Produktplanung, Dissertation Nr. 478, Heimsheim (2009).

Ili, S. (2010). *Open Innovation umsetzen: Prozesse Methoden, Systeme, Kultur*. Düsseldorf: Symposion.

Kim, W. C., & Mauborgne R. (2016). Blue ocean strategy, expanded edition: How to create uncontested market space and make the competition irrelevant. Boston: Harvard Business Review Press (Englisch; Gebundene Ausgabe – 20. Januar 2015).

Markgraf, D. (o. J.). Ansoff Matrix. http://wirtschaftslexikon.gabler.de/media/482/596499141.jpeg. Zugegriffen: 15. Apr. 2016.

Miecznik, B. (o. J.). *Nutzenabstrahierte Suchmaschinenbefragung zur Bewertung von Technologien und Trends* (S. 1–15). o. O.

Steinle, A. (2010). Die Cross-Innovations-Methode. http://www.horx.com/Zukunftsforschung/Docs/02-M-16-Cross-Innovations.pdf. Zugegriffen: 28. Sept. 2015.

Trend Update. (2012). Synnovation – Die Zukunft der Innovation zwischen inszenierter Störung und gesteuertem Zufall. Ausgabe 04/2012.

Vahs, D., & Brem, A. (2013). *Innovationsmanagement: Von der Idee zur erfolgreichen Vermarktung*. Stuttgart: Schäffer-Poeschel.

4 Blue Ocean® Enterprise – Unternehmen des Gelingens

Heribert Gathof

Inhaltsverzeichnis

4.1 Einleitung

Kann man die Grundgedanken von Blue Ocean Strategy® auf ein gesamtes Unternehmen übertragen? Lässt sich eine Haltung daraus ableiten, die im Innen eines Unternehmens Höchstleistungen stimuliert und sich so nach außen in nachhaltige Geschäftserfolge umsetzt? In einem solchen Blue Ocean® Enterprise ist die Zusammenarbeit so zu gestalten, dass bei den Mitarbeitern (gemeint ist immer die männliche und die weibliche

H. Gathof (✉)
Ingelheim, Deutschland
E-Mail: gathof@im-puls-beratung.com

T. Barsch et al. (Hrsg.), *Die Blue-Ocean-Strategie in Theorie und Praxis,* FOM-Edition,
https://doi.org/10.1007/978-3-658-15480-6_4

Form) Klarheit über Sinn und Richtung des Unternehmens besteht. Die Mitarbeiter können den Bezug zu ihren Rollen und Aufgaben sehen und ihre Stärken einbringen. Die Zusammenarbeit ist geprägt vom Willen der Leistungserstellung, es gibt Raum zur eigenständigen Gestaltung. Daraus entsteht ein Betriebsklima, eine Unternehmenskultur als Nährboden für Motivation und Leistungsbereitschaft.

Nachfolgend wird ein Weg hin zu einem Blue Ocean® Enterprise skizziert und zur Diskussion gestellt. Dabei gibt es nicht einen Vorschlag, der für jedes Unternehmen passen kann, sondern es sind jeweils Gestaltungselemente herauszuarbeiten, die situativ auf den jeweiligen Reifegrad des Unternehmens anzupassen sind. Kein Unternehmen gleicht dem anderen. Die Instrumente BOS (Blue Ocean Strategy®) und BOL (Blue Ocean Leadership®) werden in die Überlegungen einbezogen.

Der Autor verknüpft Erfahrungswerte aus seiner langjährigen Berufspraxis als Manager und Unternehmensführer – auch in der Anwendung von BOS – mit Erkenntnissen aus der Systemtheorie.

4.2 Hintergrund

4.2.1 Alles wird anders – alles ist anders!

Eine echte Herausforderung für Unternehmen sind die tief greifenden Veränderungen auf allen Ebenen unserer Gesellschaft. Bewährte Denkstrukturen, erfolgreiches Handeln, Wertvorstellungen und Institutionen verlieren ihre ursprüngliche Wirkung. Wir spüren immer häufiger: So geht es nicht weiter – wir müssen etwas Grundlegendes ändern. Der „Druck" steigt stetig, wir kommen mit der Anpassungsleistung im Innen einer Organisation mit der Veränderungsdynamik im Außen nicht hinterher. Trotz aller Anstrengungen im Einsatz der Instrumente, die früher in Zeiten von Berechenbarkeit und deutlich längeren Zeitphasen für Anpassungsleistungen noch „gegriffen" haben, nimmt deren Wirkung stetig ab. Wir hecheln ausgebrannt und ratlos hinterher.

4.2.2 Wie steht es mit der Motivation der Mitarbeiter?

Man glaubt es kaum! Und doch führt das Gallup-Institut durch jährliche Befragungen in Betrieben immer wieder vor Augen: 85 % der deutschen Arbeitnehmer „brennen" und „rennen" nicht richtig für ihren „Laden". Davon haben 15 % schon längst innerlich gekündigt. Die restlichen 70 % machen ihren „Job" halbherzig oder Dienst nach Vorschrift. Positiv dabei: Es gibt 15 % der Belegschaft, die alles tun, damit Geschäft und Zusammenarbeit vorangehen. Das Ganze geht aber nicht spannungsfrei: Brennen und Ausbrennen liegen dicht beieinander.

Aber welche Verschwendung an Potenzialen! Wenn sich doch „nur" diese 70 % etwas mehr einbringen würden. Was läuft da nicht richtig? Kann man daraus etwas „ableiten", um es im eigenen „Laden" anders zu machen?

Wir wissen: Veränderungen im Außen und die vorherrschende Motivationslage in den Unternehmen hängen zusammen. Wir brauchen neue Ansätze, die uns über die Begrenzungen der althergebrachten Instrumente und Überzeugungen, wie man ökologische Ressourcen ausnutzt, hinausbringen und aufzeigen, wie man Menschen bestmöglich motiviert und für den Wandel gewinnt.

4.2.3 Welches Menschenbild herrscht in Unternehmen vor?

1960 machte Douglas McGregor in seinem Buch „The Human Side of Enterprise" auf die wichtige Unterscheidung eines Menschenbildes nach einer Theorie X und Theorie Y aufmerksam (McGregor 1960). Auch heute ist diese Unterscheidung für die Führung und Organisation in Unternehmen wichtig. Theorie X beschreibt ein Menschenbild, gemäß dessen Menschen nicht gerne arbeiten, sogar versuchen Arbeit zu vermeiden, es bedürfe daher extrinsischer Motivation. Dies zieht infolge autoritären Herrschaftsanspruch nach sich, „erzwingt" und rechtfertigt ein Management mit kleinteiligen Vorgaben und ständiger Kontrolle. Da man Menschen X-Verhalten unterstellt, bestätigt der so in hierarchisch-bürokratische Rahmen eingesetzte Mensch genau diese Unterstellung.

Dagegen steht das Menschenbild der Theorie Y. Menschen müssen zwar arbeiten, streben aber nach Selbstentfaltung. Sie sind intrinsisch motiviert und wollen leisten. Wird selbstbestimmtes Arbeiten und Raum für Mitgestaltung möglich, entsteht Engagement, Kreativität und die Bereitschaft zur Übernahme von Verantwortung. Das Fazit: Es gibt nach McGregor nur den Y-Menschen, aber jeder Y-Mensch kann sich angepasst X-ig verhalten.

Diese Unterscheidung ist für die Frage der Führung und Organisation und damit der Schaffung der Voraussetzungen für Höchstleistungen im Unternehmen entscheidend. Motivation wird nicht nachhaltig durch Druck und Incentives erreicht, sondern erst durch emotionale Berührung der intrinsischen Motivation der Menschen. Diese ist oft nicht sofort „abzurufen", da viele Mitarbeiter über lange Zeit schlechte Erfahrungen gemacht haben. Wo es gelingt, werden Stimmungsbild und Unternehmergeist direkt spürbar und damit Wandel und Veränderung möglich, Erfolge und Gewinne werden deutlich schneller und effektiver erreicht.

4.3 Blue Ocean® Enterprise

4.3.1 Die grundlegenden Gedanken hinter Blue Ocean®

Was will die Blue-Ocean-Strategy®-Methode in ihren Grundannahmen? Es geht darum, dahin zu segeln, wo kein anderes Unternehmen zuvor gewesen ist. Blaue Ozeane werden schlichtweg als neue Märkte verstanden. Die roten Ozeane sind Märkte, in denen schon viele Konkurrenten fischen. Mein Vorschlag ist diese Metapher zu erweitern. Der blaue

Ozean geht für mich über Markt und Wettbewerb hinaus. Es steht für ein Unternehmen, das aus sich heraus mutig neue Wege hin zu blauen Ozeanen einschlägt. Bewährte betriebswirtschaftliche Vorgehensweisen, das Führungsverständnis und die „gängigen" tayloristischen Organisationsmuster werden erweitert. Es werden ausgetretene Pfade des Miteinanders und der Leistungserbringung verlassen. Kundennutzen und Effektivität in der Zusammenarbeit stehen im Mittelpunkt des Tuns. Diese Grundhaltung wird von der gesamten Organisation gelebt.

Jedes Unternehmen kann attraktiver und zukunftsfähiger für seine Stakeholder werden. Dazu sind im Innen vorteilhafte Rahmenbedingungen zu gestalten. Diese zielen darauf ab, die Freude am gemeinsamen Gestalten neuer Angebote zu erreichen. Als Ergebnis kommen dann blaue Ozeane in der Zusammenarbeit, in der Unternehmenskultur und blaue Ozeane für Produkte und Dienstleistungen zustande.

Für die praktische Umsetzung helfen hier die Gestaltungselemente von Blue Ocean Strategy®: zum einen die „Kontur" und zum anderen das „Vier-Aktionen-Format". Mit der „Kontur" wird als Ist/Soll-Profil verglichen, was gegenüber dem bisherigen oder bewährten Vorgehen anders im Sinne der Zielorientierung Kundennutzen und Effektivität „gebraucht" wird, was einen höheren Leistungsgrad verspricht, was mehr Sinn macht. Was verspricht einen deutlichen Unterschied in der Wertschöpfung der zukünftigen Leistungserstellung? Das „Vier-Aktionen-Format" zeigt dabei auf, wie dies erreicht werden soll: durch 1) Eliminierung, 2) Reduzierung, 3) Intensivierung und 4) Etablierung von Mitteln und Maßnahmen.

Zum Gelingen dieses Vorgehens braucht es ein „Sichtbarmachen" der im Unternehmen „schlummernden" Potenziale, es braucht die Menschen, die diese in den Konturen gemeinsam analysierten Veränderungen auch gegen Widerstände umsetzen. Im Kern geht es um die Nutzung der vorhandenen Kompetenzen und Stärken, die in den Menschen, in der Organisation vorhanden sind, es geht um die Erweiterung der Bewusstheit, um eine Sinnstiftung für zukunftsorientierte Lösungen. Bevor wir einen Prototyp eines Blue Ocean® Enterprises mittels Kontur und „Vier-Aktionen-Format" skizzieren, zunächst folgende Überlegungen:

4.3.2 Der Blick durch eine weitere Brille

Wie kann dieses „Sichtbarmachen" gelingen? Einen hilfreichen Ansatz bietet der Gedanke, das Unternehmen gleichsam durch zwei Brillen zu betrachten. Dahinter steht die Überzeugung, dass sich statt des Ansatzes der Ressourcenausnutzung nach **bestem Wissen,** ein zusätzlicher oder alternativer Blick auf eine Potenzialentfaltung **nach bestem Wissen und Gewissen** anbietet. Dies geht einher mit der Frage der Haltung, aus der heraus eine soziale Architektur Menschlichkeit und geschäftliche Möglichkeiten in ihrer Potenzialität in den Mittelpunkt wirtschaftlichen Denkens und Handelns stellt. KPIs zentrieren nicht länger auf Umsatz, Gewinn und Anzahl der Mitarbeiter (Zahlen, Daten, Fakten), sondern zunehmend auf die Frage, wie menschlich ist ein Unternehmen, wie „wichtig" ist die Unternehmensleistung für die Kunden? Sind die Mitarbeiter intrinsisch motiviert? Sind sie mit Begeisterung in ihrem Unternehmen tätig? Erlebt man eine Zusammenarbeit von begeisterungsfähigen Kolleginnen und Kollegen, die an einem als sinnvoll erlebten Unternehmenszweck für „ihre" Kunden arbeiten? Bildet sich eine innovative Kultur heraus, die spürbar der Dynamik und Veränderung im Außen standhält – oder sie gar als Chance nutzt? Zunehmend ist das Streben in diese Richtung überlebensnotwendig. Aber Moment, wie kommt man denn auf solche Erkenntnisse?

Abb. 4.1 zeigt einen Weg auf, wie man zu einer Erweiterung des Blicks auf den Istzustand von Geschäft und Mensch kommt. Neben dem vorhandenen Wissen und den Statistiken über das Geschäft setzt man quasi eine „zweite Brille" zur Erforschung von Meinungen und Stimmungen sowie Interaktionsmuster in Bezug auf die Leistungserstellung auf. „Bezug" ist dabei wichtig, es geht nicht um „Wohlfühlaspekte", sondern um den Bezug auf den Unternehmenszweck, auf die Sinnhaftigkeit des Miteinanders, um die Effektivität der Leistungserbringung. Dies kann z. B. durch einfache Gespräche bis hin zu formalen Interviewdurchgängen mit einem strukturieren Fragebogen erfasst werden. Darüber hinaus gibt es eine Vielzahl von Diagnoseinstrumenten, um explizite und implizite Gegebenheiten zutage zu bringen. Man erhält durch die Blickerweiterung, wieder bildhaft gesprochen, einen 3-D-Effekt und lenkt daraus die Sicht auf die Frage: Wie steht es wirklich um die Effektivität, die Wertschöpfung, die Fokussierung auf den Kundennutzen und auf die blauen Ozeane im Unternehmen?

4.3.3 Was brauchen die Menschen zur Potenzialentfaltung?

Sebastian Purps-Pardigol und Prof. Gerald Hüther berichten über die Erkenntnisse der Neurobiologie (Purps-Pardigol 2015; Hüther 2011). Das Gehirn kann sich bis ins hohe

Abb. 4.1 „Blick durch zwei Brillen"

Alter verändern. Der Glaubenssatz: „Was Hänschen nicht lernt, lernt Hans nimmermehr!“ ist durch die Erkenntnisse der Neurobiologie widerlegt. Durch die Neuroplastizität des Gehirns kann der Mensch bis ins hohe Alter neue Netzwerke im Gehirn bilden. Zur Aktivierung sind neuroplastische Botenstoffe nötig, die ausgeschüttet werden, wenn etwas „unter die Haut geht“, wenn Freude, Hingabe entsteht, „magic moments“ erlebt werden. Diese Erfahrungen entstehen, wenn etwas für den Menschen bedeutsam ist. So inspiriert entsteht Begeisterung, die wie „Dünger“ oder „Doping“ für Geist und Hirn wirkt. Der Mensch will erstens verbunden sein mit einem größeren, gemeinsamen Ganzen, er will **Zugehörigkeit** spüren, sich mit etwas identifizieren können. Und zweitens will er „sein Ding“ finden, **selbstwirksam** einen eigenen Beitrag leisten dürfen, gefragt sein und dabei über sich hinauswachsen. Gerald Hüther:

> In jedem Mitarbeiter steckt das tiefe Bedürfnis in einer Firma zu arbeiten, wo er gesehen wird, wo er Möglichkeiten bekommt zu zeigen, was in ihm steckt und gleichzeitig auch weiß, dass er dort gebraucht wird und dazugehört. Wenn Sie diese Sehnsucht des Mitarbeiters durch die Art und Weise Ihrer Führung stillen können, werden Sie Mitarbeiter verwandeln in solche, die ihre Potenziale entfalten. Dies ist das was passiert, wenn man gemeinsam spürt, dass man über sich hinauswachsen kann.

Die Formel für die Führung heißt daher: Einladen, Ermutigen und Inspirieren der Mitarbeiter. Dadurch entsteht Mitmachbereitschaft, Kreativität, Freude und Gestaltungswille. Es gilt, diese Energie auf eine sinnvolle Zielsetzung im Außen zu lenken und damit Voraussetzungen zu schaffen, um nutzbringende und nachhaltige Angebote für die Kunden zu entwickeln.

4.3.4 Wie bekommt man einen Rahmen für die „Entfesselung“ der Potenziale im Unternehmen?

Der Change-Experte John P. Kotter schlägt einen Ansatz zur Strukturierung der Organisation vor, der über die bekannten Organisationsformen hinausgeht (Kotter 2012) und auch beschrieben in seinem aktuellen Buch „Accelerate“ (Kotter 2015). Sehr anschaulich ist auch sein Videobeitrag (Kotter 2013). Seine Idee der Vernetzung der Leistungsträger in einem parallelen „Betriebssystem“, hier Betriebssystem II genannt, schafft neue strukturelle Möglichkeiten. So erschafft man neben der hierarchischen auch eine netzwerkartige Struktur, in der Freiwillige aus der gesamten Organisation eingeladen sind nach neuen Lösungen und Ideen zu suchen und diese auch verantwortlich umzusetzen (s. Abb. 4.2). Dieses Betriebssystem II entscheidet über neue Strategien und setzt diese in gleicher oder veränderter Zusammensetzung auch um. Es existiert parallel und in Symbiose mit dem Betriebssystem I. Es entsteht eine strategische Kraft, die (er)mächtig(t), intelligent und zunehmend unverzichtbar ist.

Mit dieser Strukturierung hat der Autor in seiner Berufspraxis als Beispiel regelmäßige Zukunftswerkstätten mit seinen 40 Führungskräften durchgeführt. Das Ziel

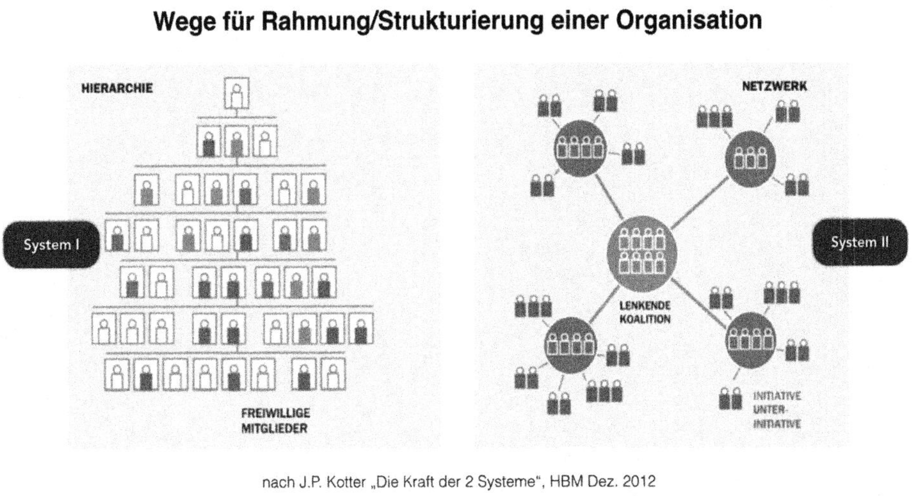

Wege für Rahmung/Strukturierung einer Organisation

nach J.P. Kotter „Die Kraft der 2 Systeme", HBM Dez. 2012

Abb. 4.2 Zwei Betriebssysteme für ein Unternehmen. (Quelle: in Anlehnung an Kotter 2012)

dabei ist über die Form von mehrtägigen Workshops zukunftsträchtige Vermarktungsideen und -richtungen zu entwickeln (im Modus Betriebssystem II). Die Umsetzung erfolgt entweder in Verantwortung der Workshop-Teilnehmer im Betriebssystem I oder in einer weiteren Organisationsform eines speziell für die Umsetzung etablierten cross-funktionalen „Enterprise XY-Teams" – ähnlich einem Start-up-Unternehmen mit einer strategischen Vermarktungsidee. Dies entspricht wiederum dem Modus Betriebssystem II. Solche Organisationsformen des Autors sind bei Sebastian Purps beschrieben (Purps-Pardigol 2015). Hier ist auch der direkte Link zu BOS möglich und praktikabel. Der Ansatz BOS eignet sich als Instrument der Perspektivenerweiterung hin zu blauen Ozeanen ganz besonders.

4.4 Zur Diskussion: Prototyp eines Blue Ocean® Enterprises

Zur Verdeutlichung der Gestaltungselemente eines Blue Ocean® Enterprises wird hier nun eine fiktive, stark vereinfachte Situation eines Unternehmens, genannt Saftladen AG, konturiert. Als Ausgangspunkt bauen die Erkenntnisse auf den zuvor ausgeführten Hintergrundannahmen auf. Es besteht der Wille und das Ziel, einen Wandel hin zu einem Unternehmen zu vollziehen, wodurch sinnvolles Handeln, ein erhöhter Kundennutzen und ein mehr an Effektivität in Leistung und Ergebnis erreicht wird. Eine Diagnose durch Mitarbeiterinterviews und weiterführende Analysen lassen den Status quo zu einem Profil verdichten (Schritt 1). Als weitere Schritte folgen (2) Entwicklung von alternativen Möglichkeiten und (3) Auswahl eines zukünftig angestrebten Profilverlaufs. Abschließend erfolgt (4) der Schritt zur Einführung und Institutionalisierung der neuen Praktiken. Siehe hierzu die Konturierung der Saftladen AG in Abb. 4.3.

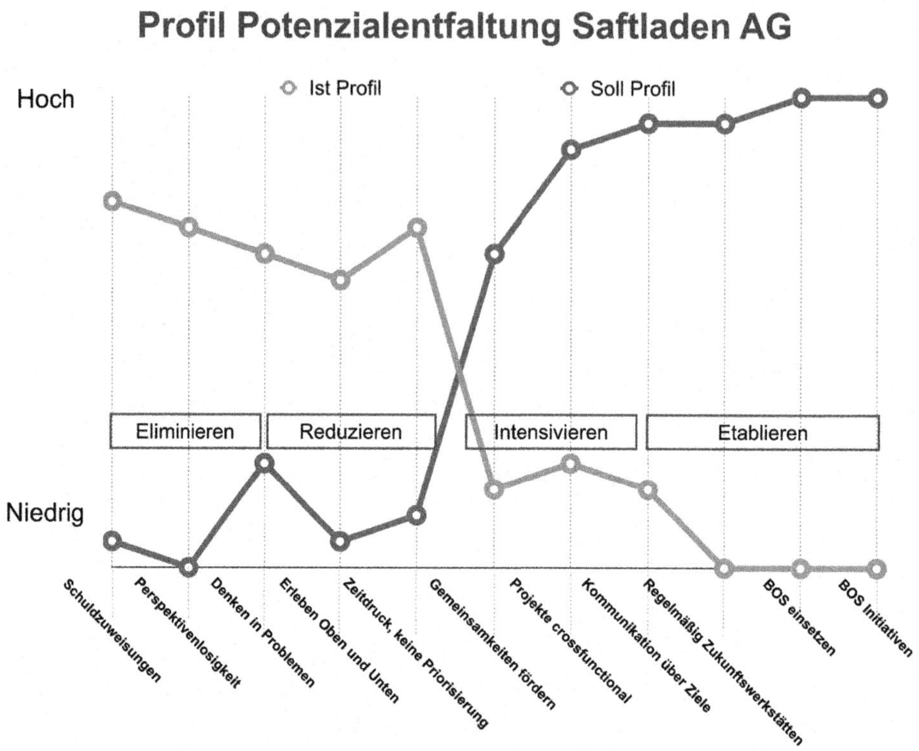

Abb. 4.3 Potenzialentfaltung Saftladen AG

Dieses Vorgehen erzielt dann die beste Wirkung, wenn die Organisation in den Entwicklungsprozess einbezogen ist. Je höher die emotionale Einbindung ist, desto effektiver wird die Institutionalisierung gelingen. Ein so gestalteter Prozess dient als Einstieg in eine Blue-Ocean®-Enterprise-Haltung und wird durch Einübung und Wiederholung mehr und mehr zu einem kulturprägenden Element.

4.5 Fazit und Ausblick

Die Übertragung der Grundgedanken von Blue Ocean® in Kombination mit dem Blick auf Status quo und Potenzialität von Geschäft und der Organisation führt zu einer Erweiterung der Handlungsoptionen in Unternehmen. Der Autor zeigt Gestaltungselemente auf und stellt das Ziel der Potenzialentfaltung in den Fokus eines Unternehmens. Eine Haltung der Wertschätzung führt zu Wertschöpfung, der Weg dahin ist den Prototyp Saftladen AG grob skizziert.

Grundsätzlich bietet die Blue Ocean® drei Gestaltungsmöglichkeiten für ein Unternehmen:

Möglichkeit 1:
Ich setze in meinem Unternehmen in die gegebene Haltung und Struktur **Blue Ocean Strategy®** ein. Ein Instrument von außen, das marktorientierte Kräfte im Unternehmen anders nach außen blicken lässt und in Interaktion führt. BOS zielt auf neue Markträume, differenziert klar zu einem Wettbewerbsangebot, orientiert sich an alternativen Nutzenversprechen und an Nichtkunden und sucht profitables Wachstum.

Möglichkeit 2:
Ich setze in meinem Unternehmen in die gegebene Haltung und Struktur **Blue Ocean Strategy® und Blue Ocean® Leadership** ein. BOL ist ein Instrument für innen, womit ich ungenutzte Talente und Leistungspotenziale der Mitarbeiter erschließe. Das Prinzip von BOL ist Führung als Dienstleistung zu verstehen. Der Mitarbeiter muss die Führung den Vorgesetzten „abkaufen“. Dazu werden alle Managementebenen interviewt. BOL zielt auf Motivationssteigerung und bessere Nutzung der Zeitkontingente ab.

Möglichkeit 3:
Wie zuvor ausgeführt schaue ich zunächst auf den Status quo der Potenzialentfaltung von Geschäft und Menschen in meinem Unternehmen. Ziel ist den Weg zu einem **Blue Ocean® Enterprise** einzuschlagen. Damit schaffe ich Voraussetzungen, die als **Nährboden für den Einsatz von BOS und BOL dienen** und das Unternehmen neu „aufstellen“ lassen. Dieses Vorhaben geht über einen „Projekt-Charakter“ hinaus und gestaltet das Unternehmen so, dass Rahmenbedingungen entstehen, durch die Potenziale der blauen Ozeane in Bezug auf Geschäft und Mensch nachhaltig im Fokus stehen.

Die zur Diskussion gestellte Möglichkeit 3 ist ein Weg, wieder neue Geschäftsmöglichkeiten durch die handelnden Personen zu öffnen und Zukunftsfähigkeit in den Fokus zu stellen. Die vorgeschlagenen Gestaltungselemente haben sich in der Praxis bewährt. Die in Möglichkeit 3 beschriebene Kombination zeigt eine Erweiterung der Chancen für Unternehmen auf. Damit kann der Blue-Ocean®-Ansatz zu einem unternehmerischen Gesamtkonzept reifen und ein Unternehmen zu neuen Höchstleistungen durch die Menschen für blaue Ozeane beflügeln.

Literatur

Hüther, G. (2011). Vortrag auf der Konferenz „Lebendige Führung ‚Muster überwinden – Potenziale entfalten‘“ am 25.11.2011 in Zürich. http://kulturwandel.org/inspiration/filme-2/.

Kotter, J. P. (2012). Change Management: Die Kraft der zwei Systeme. *Harvard Business Manager, 12,* 22–38.

Kotter, J. P. (2013). Accelerate! The evolution of the 21st century organization. YouTube. https://www.youtube.com/watch?v=Pc7EVXnF2aI&feature=youtu.be. Zugegriffen: 09. Apr. 2018.

Kotter, J. P. (2015). *Accelerate – Strategischen Herausforderungen schnell, agil und kreativ begegnen*. München: Vahlen.

McGregor, D. (1960). *The human side of enterprise*. New York: McGraw-Hill.

Purps-Pardigol, S. (2015). *Führen mit Hirn – Mitarbeiter begeistern und Unternehmenserfolg steigern*. Frankfurt: Campus.

Die sieben Erfolgsfaktoren in der Anwendung der Blue Ocean Strategy® 5

Holger Trautmann

Grau is alle Theorie, entscheidend is auf'm Platz.
(Alfred Preißler, ehem. Kapitän von Burussia Dortmund)

Inhaltsverzeichnis

H. Trautmann (✉)
Aschaffenburg, Deutschland
E-Mail: h.trautmann@bos-partners.de

T. Barsch et al. (Hrsg.), *Die Blue-Ocean-Strategie in Theorie und Praxis,* FOM-Edition,
https://doi.org/10.1007/978-3-658-15480-6_5

5.1 Einleitung

Der Inflation an richtungsweisenden Zitaten kann man sich heute nicht mehr entziehen. In allen sozialen Netzwerken sowie zu Beginn oder zum Ende vieler Präsentationen erfährt man, welche erhellenden Aussprüche von berühmten, oft nicht mehr unter uns weilenden Personen getätigt wurden. Und so möchte ich – mit einem Augenzwinkern – auch mit einem Zitat beginnen, um den Einstieg zu finden in das Thema dieses Artikels. Denn nicht nur beim Fußball reicht es nicht aus, die theoretischen und taktischen Möglichkeiten des Spiels zu kennen. Es kommt vielmehr darauf an, Kenntnisse und erworbene Fähigkeiten erfolgreich in der Praxis anzuwenden. Gleiches gilt für Denkrahmen, Methodik und Instrumente der *Blue Ocean Strategy® (BOS).*

Bereits 2002 kam ich zum ersten Mal in Berührung mit einer Methodik namens *Value Innovation.* Als junger Management Consultant schickte mich mein damaliger Chef zur Hochschule INSEAD nach Fontainebleau bei Paris, um dort bei den Erfindern von *Value Innovation,* den Professoren Kim und Mauborgne, die Methodik im Rahmen mehrerer Bootcamps zu erlernen. Die damalige Hypothese aus Sicht unseres mittelständischen Beratungshauses: *Value Innovation* entwickelt sich eventuell zu einem potenzialträchtigen Beratungsansatz ähnlich wie *Six Sigma* oder *Balanced Scorecard.* Beides sind Methoden, die einen universitären Ursprung hatten und deren Implementierung in (Groß-)Unternehmen später für Beratungshäuser zu einem einträglichen Geschäft wurde.

Die nachvollziehbare Logik, die einfachen Instrumente und die Andersartigkeit von *Value Innovation* faszinierten mich von Beginn an. Allerdings war mir damals noch nicht klar, dass diese Faszination später einmal zu meinem eigenen Geschäftsmodell in der Beratung werden würde. Denn im Anschluss an die INSEAD-Zertifizierung zum Blue-Ocean-Strategy®-Anwender war ich zunächst einige Jahre auf klassischen Beratungsprojekten mit Schwerpunkt Vertrieb und Marketing im Einsatz. Der Auslöser, die Methodik stärker für die Beratungspraxis anwendbar zu machen, war das Erscheinen des Buches „Blue Ocean Strategy®" von Prof. Chan Kim und Prof. Renée Mauborgne und die damit einhergehende Umbenennung von *Value Innovation* in *Blue Ocean Strategy®* 2005. Das Buch, das mit mittlerweile über drei Mio. verkauften Exemplaren einen Meilenstein der Wirtschaftsliteratur markiert, sorgte für eine rasche Verbreitung der Theorie. Seitdem beschäftigen sich mein Team und ich intensiv mit der Frage, wie die Methodik angewendet und weiterentwickelt werden kann, um mit Unternehmen – gleich welcher Branche und Größe – systematisch neue Ertragsquellen zu erschließen.

Nachfolgend werden die aus unserer Sicht entscheidenden Erfolgsfaktoren in der Anwendung der Methodik vorgestellt. Die Ausführungen basieren auf über zehn Jahren Blue-Ocean®-Praxiserfahrung mit zahlreichen Klienten aus unterschiedlichen Branchen, von denen einige in diesem Buch hier auch ihre Praxisberichte zugeliefert haben. An dieser Stelle möchte ich diesen Menschen einen Dank aussprechen, denn nur durch ihren Mut, neue Wege zu gehen und BOS „auszuprobieren", sind diese tollen Ergebnisse möglich geworden.

5.2 Erfolgsfaktoren

5.2.1 Erfolgsfaktor 1: Den richtigen Ansatzpunkt für den Start eines Blue-Ocean-Strategy®-Projektes finden

Der erste, vorauszuschickende Hinweis ist implizit in der Überschrift enthalten: BOS sollte aus unserer Erfahrung immer in Form eines Projektes angewendet werden. Erfolgskritisch sind Projektressourcen, eine entsprechende Hierarchie (z. B. Projektsponsor, Projektleiter, Kern- und Explorationsteam), ein verbindlicher und realistischer Zeitplan sowie Klarheit über Scope, Verantwortlichkeiten und Zielsetzung.

Damit hat man schon wichtige Voraussetzungen geschaffen, doch wenn diese Inhalte stehen, ist man ja bereits gestartet. Bleibt die Frage: Wann sollte man idealerweise ein Blue-Ocean®-Projekt aufsetzen? Man sagt ja gerne: Es gibt ihn nicht, den richtigen Zeitpunkt, außer JETZT. Hinter dieser Aussage steckt viel Wahrheit. Wir stellen häufig fest, dass Unternehmen lange auf den passenden Moment warten, um sich systematisch mit den Themen Innovation und Zukunftsgestaltung auseinanderzusetzen. Man müsse noch Projekte abschließen, eine Kampagne finalisieren, die Restrukturierung umsetzen, warten bis Ressourcen frei werden oder frische Budgets vorhanden seien. Die Liste an Gründen, nicht zu starten, ließe sich beliebig fortsetzen und all diese Argumente haben sicher auch ihre Berechtigung. Eines ist aber klar: Die Rahmenbedingungen werden sich auch in der Zukunft nicht ändern: Diesen Moment, an dem alle Stakeholder sagen, jetzt haben wir neben der nötigen Ruhe auch die personellen, zeitlichen und monetären Ressourcen, solch wichtige Themen anzugehen, diesen Moment gibt es in der heutigen Zeit nicht.

Wir sehen vielmehr folgende Auslöser: Wenn ein Unternehmen feststellt, dass

- eine zunehmende Wettbewerbsdynamik in den Zielmärkten vorherrscht,
- die eigenen Angebote verglichen mit jenen der Konkurrenten mehr und mehr austauschbar werden und
- sich durch die Austauschbarkeit der Angebote ein Preiskampf entwickelt hat.

Dann besteht die Gefahr, in einem sogenannten roten Ozean zu schwimmen, einem Markt, in dem Margen immer schwerer zu erzielen sind und ganze Geschäftsmodelle unter Druck geraten. Akteuren in diesem roten Ozean fällt es sehr schwer, Wege zu finden, ihm zu entkommen. Es ist häufig zu beobachten, dass die Unternehmen dabei oft auf die gleichen Ideen kommen:

- **Mehr** von dem tun, was mehr Umsatz bringt, also z. B. das Produktportfolio erweitern und für jedes noch so kleine Kundensegment eine Lösung anbieten,
- **besser** sein als die Konkurrenz, also ständig die Angebotsqualität (Produkte und Services) optimieren,
- **günstiger** sein als der Wettbewerb, also durch Kostensenkungen und Effizienzsteigerungen Preisspielräume schaffen, die an die Kunden weitergegeben werden.

Viele der unter diesen Überschriften eingeleiteten Maßnahmen sind sicherlich strategisch sinnvoll, um am Markt zu überleben. Zu einem Ausbrechen aus dem Klammergriff des roten Ozeans führen sie jedoch nicht, da die Wettbewerber an den gleichen Stellschrauben drehen und die Austauschbarkeit der Marktbearbeitung bestehen bleibt. Genau hier setzt die Blue-Ocean®-Strategie an, indem die Gesetze der Branche bewusst infrage gestellt werden und die Ideengenerierung systematisch darauf abzielt, echte Innovationen zu schaffen. Natürlich entscheiden sich auch häufig Unternehmen aus einer Position, die nicht den Kriterien des roten Ozeans entspricht, für eine Blue-Ocean®-Initiative. Ziel ist es dann, eine marktführende Stellung durch neue Lösungen zu untermauern und/oder eine im Vergleich zu den Wettbewerbern differenzierende Marktpositionierung zu festigen.

Soviel zum richtigen Startzeitpunkt einer Blue-Ocean®-Initiative, es bleibt die Frage nach dem thematischen Anknüpfungspunkt. Hier sollte immer ein spezifisches Marktszenario gewählt werden, also ein Geschäftsbereich mit einem Angebot (Produkt) für eine bestimmte Zielgruppe. Nehmen wir das Beispiel einer Regionalbank. Ein Geschäftsbereich wäre dann der Zahlungsverkehr (Konten und Karten), die Zielgruppe beispielsweise Privatkunden und die betrachteten Wettbewerber Direktbanken. Man kann auch mehrere Geschäftsbereiche parallel untersuchen; wichtig ist die Relevanz für das heutige und zukünftige Geschäft. Auf kleine Nischenfelder des eigenen Portfolios sollte BOS nicht an erster Stelle angewendet werden.

5.2.2 Erfolgsfaktor 2: Das richtige Team ins Rennen schicken

Menschen machen den Unterschied. Diese Erfahrung hat wohl jeder von uns bereits in den unterschiedlichsten beruflichen, wie privaten Lebensbereichen gemacht. Und gerade bei einem Vorhaben zur Gestaltung der Zukunft eines Unternehmens verhält es sich nicht anders: Das richtige Team ins Rennen zu schicken und es entsprechend zu mobilisieren sind entscheidende Faktoren für den Erfolg eines jeden Blue-Ocean®-Strategy-Projekts. In diesem Zusammenhang verwende ich gerne folgende Analogie: Blue Ocean® Strategy liefert das methodische Gerüst – oder anders ausgedrückt den „Motor" für die Entwicklung von Wachstumsideen. Der „Treibstoff", welcher den Motor befeuert und das Ganze in Gang bringt, sind die Projektteilnehmer.

Doch welche konkreten fachlichen und sozialen Kompetenzen sollten die Teilnehmer eines Blue-Ocean®-Projektteams idealerweise mitbringen? Und auf welche zwischenmenschlichen Aspekte ist bei der gemeinsamen Projektarbeit besonders zu achten?

In den vergangenen zehn Jahren hatte ich die Chance, über 1000 Menschen in der Anwendung von Blue Ocean® Strategy zu unterstützen. Dabei habe ich die verschiedensten Persönlichkeiten vorgefunden und weiß, dass kein Projektteam dem anderen gleicht. Und zugleich gibt es meiner Erfahrung nach gewisse Faktoren – im Rahmen der Zusammensetzung eines Blue-Ocean®-Projektteams und der Form der Zusammenarbeit – die eine essenzielle Grundlage für den späteren Markterfolg darstellen:

- **Motivation und Leidenschaft der Projektteilnehmer.** Die Lust darauf, etwas zu bewegen, die Zukunft aktiv zu gestalten und sich damit verbunden auf den Blue-Ocean®-Prozess einzulassen, ist entscheidend. Motivation und Leidenschaft sind die Zutaten, um Herausforderungen, die das Projekt mit sich bringt, zu meistern, die allseits bekannte „Extra-Meile" zu gehen und dabei auch eine Erfüllung zu verspüren.

  Dazu ein **Praxis-Tipp:** Um sicherzustellen, dass diejenigen Mitarbeiter, die wollen und nicht diejenigen, die müssen, Teil des Blue-Ocean®-Projektteams werden, hat sich Folgendes bewährt: Laden Sie Mitarbeiter ein, sich für das Projekt zu bewerben – statt sie einfach (möglicherweise gegen ihren Willen) zu nominieren. Dies kann ganz einfach umgesetzt werden. Einige Geschäftsführer mittelständischer Unternehmen, mit denen wir zusammenarbeiten, boten z. B. ihrer gesamten Belegschaft an, sich in ein Blue-Ocean®-Projekt einzubringen. Die Eintrittskarte dafür ist lediglich das Ausfüllen eines Fragebogens als „Warm-up" für einen ersten Blue-Ocean®-Kreativworkshop. Damit hat der Mitarbeiter seine Motivation unter Beweis gestellt und zugleich hilfreichen Input für den Workshop geliefert.
- **Vielfalt in der Zusammensetzung des Teams.** Während des kreativen Prozesses helfen vielfältig zusammengesetzte Teams dabei, verschiedene Perspektiven einzubringen, gemeinsam querzudenken und neue Ideen zu kreieren, die von allen getragen werden. Vielfalt kann dabei über unterschiedlichste Kriterien erreicht werden:
  - **Multifunktionalität** – verschiedene Fachbereiche involvieren und dabei nicht nur die auf den Markt gerichteten, z. B. Business Development, Marketing, Vertrieb, Produktmanagement, Controlling, …
  - **Unterschiedlich lange Firmenzugehörigkeit** – eine Mischung aus Teilnehmern mit längerer Firmenzugehörigkeit und damit verbundenem umfassenden Know-how bezüglich Markt und Interna sowie Teilnehmern mit kürzerer Firmenzugehörigkeit und entsprechender frischer Perspektive von außen, gerne auch aus anderen Branchen.
  - **Frauen und Männer** – ein möglichst ausgewogener Geschlechter-Mix.
  - **Internationalität** – Teilnehmer aus verschiedenen Ländern und mit unterschiedlichen kulturellen Hintergründen – vor allem bei multinational ausgerichteten Projekten.

  Praxis-Tipp: Falls es schwer fällt, die Diversität des Teams zu gewährleisten, können auch externe Teilnehmer für Kreativworkshops einbezogen werden, z. B. vertraute Partner aus den eigenen Kreativagenturen, Studenten einer Hochschule, mit der Kontakte bestehen etc.

  Zudem ist es sehr hilfreich, schon im ersten Abschnitt des Blue-Ocean®-Prozesses diejenigen Personen aus der Organisation einzubinden, die für die spätere Implementierung wichtig sind wie z. B. Vertriebe oder auch Personal.
- **Klare Strukturen und Verantwortlichkeiten.** Für die Entwicklung einer Blue-Ocean®-Strategie haben sich – wie bei jedem anderen Projekt – klare Strukturen und Verantwortlichkeiten im Team bewährt.

Praxis-Tipp: In Blue-Ocean®-Projekten, die mein Team und ich unterstützen, greifen wir auf klassische Projektmanagementstrukturen zurück – bestehend aus:

- **Projektleiter** – zur operativen Planung und Steuerung des Projektes.
- **Kernteam** (je nach Projektumfang bestehend aus ca. drei bis vier Teilnehmern) – zur aktiven Mitarbeit im Laufe des gesamten Projektes. Ich empfehle Ihnen, Personen ins Kernteam zu platzieren, die voraussichtlich später für die Implementierung der Strategie verantwortlich sind und in ihren Bereichen als Multiplikatoren agieren.
- **Erweitertes Team/Explorationsteam** (mind. fünf bis max. 20 Teilnehmer) – zur punktuellen Mitarbeit, z. B. im Rahmen der Kreativworkshops, bei der Lernreise im Markt oder als fachlicher Input für die Konzeptentwicklung zur Verdichtung der besten Ideen.

Sobald die Blue-Ocean®-Strategie entwickelt wurde und es um die Umsetzung geht, eigenen sich auch andere Projektorganisationsformen, wie z. B. Scrum. Wichtig bleiben die klaren Strukturen und Verantwortlichkeiten.

- **Schaffung einer Vertrauenskultur.** Vertrauen ist eine wichtige Voraussetzung für eine Innovationskultur. Um Kreativitätspotenziale ausnutzen zu können, sollte ein Unternehmen eigenverantwortliches Arbeiten unterstützen, ohne ständige Kontrolle. In Innovationsprozessen gehören Fehler und gescheiterte Ideen dazu – das sollte von vorne herein durch die Führungskräfte und Projektleitung klargemacht werden und niemanden überraschen.

  Praxis-Tipp: Der erste Schritt hin zu einer Vertrauenskultur im Projektteam können persönliche Eins-zu-Eins-Vorgespräche, sog. Orientation Calls zwischen externem Projektleiter und jedem Teilnehmer sein. So können Beziehungen aufgebaut bzw. gepflegt und die individuellen Motivationen und Erwartungen besprochen werden.

Rückblickend auf zahlreiche BOS-Projekte gibt es beim Thema Teamzusammensetzung jedoch den einen zentralen Erfolgsfaktor: Man benötigt einen starken Projektleiter, der Neues wirklich entwickeln und umsetzen will. Ein Leader im positiven Sinne, der Lust darauf hat, vermeintliche Industriegesetze zu hinterfragen, neue Ideen auszuprobieren, der sein Team permanent motiviert, Widerstände aus dem Weg räumt und bereit ist, Ressourcen in den Prozess zu investieren. Dazu benötigt er eben auch die nötige Hierarchiestufe. Ein Projektleiter, der von Beginn an darauf brennt, „seine" neuen Lösungen später erfolgreich am Markt zu sehen, wird das Projekt erfolgreich steuern und das Team hinter sich versammeln. Bei einem Projektleiter, der über ein Blue-Ocean®-Projekt nach innen und außen nur nachweisen will, dass er sich um das Thema Innovation kümmert, wird die Wahrscheinlichkeit einer konsequenten Umsetzung stark sinken.

5.2.3 Erfolgsfaktor 3: Die Aussagekraft der Ist-Wertekurven voll ausnutzen

Nach den beiden eher allgemeinen, aber ungemein wichtigen Erfolgsfaktoren zum Aufsetzen eines BOS-Projektes kommen wir nun zu den Instrumenten der Blue-Ocean®-Strategie und hier im ersten Schritt zur korrekten Anwendung der Ist-Wertekurve. In unserer Praxis markiert sie nicht nur den Startpunkt einer jeden Blue-Ocean®-Anwendung, sondern ist aus mehreren Gründen ein unheimlich starkes Tool:

- **Einfachheit:** Eine Ist-Wertekurve ist einfach zu erarbeiten und bildet auf nur einer Seite die komplette Marktpositionierung eines Geschäftsbereiches übersichtlich ab. Wir bezeichnen sie daher auch als „One-pager-Strategy".
- **Erwachen:** Eine Ist-Wertekurve wird durch das Projektteam selbst entwickelt und nicht als Analyse mitgebracht. Die Interpretation der Ergebnisse der Kurvenverläufe zeigt dem Team den Handlungsbedarf und die Notwendigkeit, wirklich neue Ideen zu kreieren, auf.
- **Erkenntnisse:** Eine Ist-Wertekurve erlaubt ungemein profunde Analysen hinsichtlich der Güte der aktuellen Strategie im betrachteten Segment und in Bezug auf die Hebel zu ihrer positiven Veränderung.

Dazu im Folgenden anhand eines Praxisbeispiels mehr.

In der in Abb. 5.1 gezeigten Ist-Wertekurve bewegen wir uns im Banken-Markt. Untersucht wurden die Angebote für Privatkunden im Geschäftsbereich

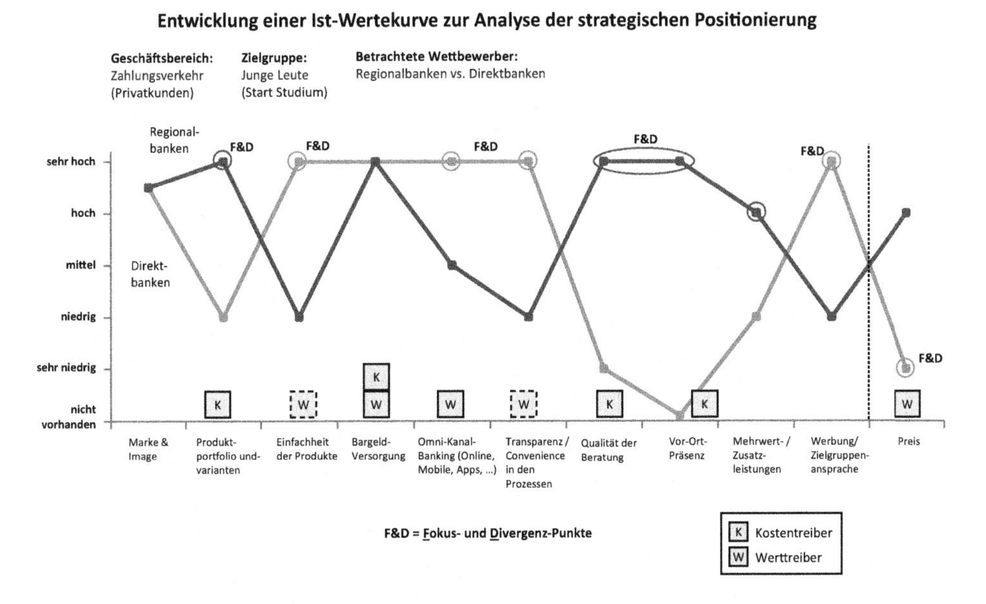

Abb. 5.1 Exemplarische Darstellung einer Ist-Wertekurve, hier zum Thema Retailbanking

Zahlungsverkehr, also das klassische Girokonto und die dazugehörigen EC-/Kreditkarten. Da mit Regionalbanken (blaue Kurve) und Direktbanken (rote Kurve) zwei verschiedene Gattungen von Banken, miteinander verglichen wurden, ergeben sich große Unterschiede. Nachdem Geschäftsbereich, Zielgruppe (im Beispiel spezifiziert auf junge Leute, die ins Studium starten) wird die Ist-Wertekurve wie folgt entwickelt:

1. **Auswahl der Wettbewerbsfaktoren auf der x-Achse:** Dies kann im Rahmen des ersten Workshops durch das Projektteam gemacht werden. Methode: gemeinsames Brainstorming zu potenziellen Faktoren und dann Verdichtung der Sammlung zu den Top 10 bis 12. Wichtig ist dabei, dass nicht nur die aus Sicht der Zielgruppe relevanten Anforderungen (z. B. umfassende Bargeldversorgung) ausgewählt werden, sondern auch Faktoren, die die Anbieter bespielen, um die Zielgruppen zu erreichen (z. B. Werbung/Zielgruppenansprache). Der Preis ist immer ein konstituierendes Element der x-Achse.
2. **Festlegung der Angebotslevel der beiden Anbieter (y-Achse) und Verbinden der Punkte zu den Wertekurven:** Gemäß dem Motto „Perception is reality" ist es essenziell, die Bewertung immer aus Sicht der Zielgruppe vorzunehmen. Die Aussage „eigentlich sind wir da ja genauso gut, aber das kommt beim Kunden nicht an" muss – verglichen zum Wettbewerber – konsequenterweise zu einer niedrigeren Bewertung führen. Eine Besonderheit gibt es beim Preis: Ein hoher Preis wird auch hoch abgetragen. Daher ist ein höheres Level hier für den Kunden nicht attraktiv.

   Dieser Arbeitsschritt lebt von der Diskussion und den unterschiedlichen Perspektiven, die die Workshop-Teilnehmer auf die Marktsituation einnehmen (z. B. Produktmanagement vs. Vertrieb). Letztlich erzielt man an dieser Stelle ein erstes sehr wichtiges Ergebnis, indem ein gemeinsames Verständnis zur Ist-Situation hergestellt wird.
3. **Bestimmung der Werttreiber (W) für den Kunden und der eigenen Kostentreiber (K) auf der x-Achse:** Die Antworten auf die Frage, „Welche drei bis vier Faktoren sind in der Entscheidungsfindung für die Zielgruppen am wichtigsten?" liefern die Werttreiber. Im gezeigten Beispiel sind das die Faktoren Omnikanal-Banking, Einfachheit der Produkte und Prozesse sowie günstiger Preis. Die Antworten auf die Frage „in welche Faktoren investieren wir am meisten/wo sind unsere größten Ressourcen gebunden?" führen zur Markierung der Kostentreiber. Im Beispiel sind das aus Sicht einer Regionalbank das breite Produktportfolio, die Filialstruktur (inkl. Beratung) und die Bargeldversorgung in der Fläche. Wert- und Kostentreiber liefern wichtige Erkenntnisse für die Analyse und Interpretation der Kurven (siehe nächster Abschnitt).
4. **Markieren der Fokus- und Divergenzpunkte in den Kurven:** Besonders interessant sind in den Kurvenverläufen die Punkte, bei denen große Unterschiede zwischen den Anbietern bestehen. Wir untersuchen die Kurven nach Fokus und Divergenz. Fokus bedeutet, dass man in dem Faktor ein hohes oder sehr hohes Niveau erreicht

(bzw. umgekehrt beim Preis). Divergenz bedeutet, dass der Vorsprung zum Wettbewerber mindestens 1,5 Punkte beträgt. Wenn man also beispielsweise ein hohes Level erreicht und der Wettbewerb nur zwischen mittel und niedrig liegt, spricht man von Fokus und Divergenz. Fokus ist positiv; er reicht aber alleine nicht aus, da ohne Divergenz für den Kunden eine Austauschbarkeit der Anbieter besteht. Fokus- und Divergenzpunkte sind also das zentrale Gütekriterium für die Positionierung. Sie zeigen, wie einzigartig und tragfähig das Leistungsversprechen eines Unternehmens ist.

Sind diese Arbeitsgänge absolviert, entsteht ein Bild wie in Abb. 5.1. Nun beginnt die Interpretation der Ergebnisse:

1. **Abgleich der Werttreiber mit den Fokus- und Divergenzpunkten:** Wenn man bei Werttreibern Fokus- und Divergenzpunkte aufweisen kann, ist das ein sehr klarer Hinweis auf eine tragfähige Positionierung, da man – im Gegensatz zum Wettbewerb – genau an den wichtigsten Kauftreibern ansetzt. Im vorliegenden Beispiel gelingt es den Direktbanken, bei den Werttreibern nicht nur ein hohes oder sehr hohes Angebotslevel vorzuhalten, sondern dort auch Fokus- und Divergenzpunkte auszuprägen. Das ist eine ideale Positionierung, um Erfolg in der Gewinnung der betrachteten Zielgruppe zu haben. Die aktuelle Marktentwicklung bestätigt, dass die Direktbanken gerade in diesem Alterssegment viele Neukunden hinzugewinnen. Umgekehrt besteht Handlungsbedarf, wenn man bei keinem der Werttreiber ein zumindest hohes Angebotslevel erreicht.
2. **Analyse der Kostentreiber:** Investiert man Ressourcen (Geld, Menschen, Zeit) in bestimmte Faktoren, dann sollte man dort auch das Angebotslevel „hoch" oder „sehr hoch" erreichen. Aus Sicht der Regionalbanken ist dies im Beispiel erfüllt. Wäre es nicht der Fall, sollte man die Ursachen untersuchen: Woran liegt es, dass man es trotz der Investition in einen bestimmten Wettbewerbsfaktor nicht schafft, dort eine gute oder sehr gute Bewertung zu erzielen? Die zweite Untersuchungsdimension ist die Frage, ob Kosten- und Werttreiber zusammenfallen. Wenn das zutrifft, investiert man in jedem Fall richtig. Im Beispiel ist dies aus Sicht der Regionalbanken (für die die Kostentreiber festgelegt wurden) nicht gegeben: Man investiert in Faktoren, die der Zielgruppe heute nicht so wichtig sind: Filialen (Beratung) und Produktvielfalt. Ausnahme ist die flächendeckende Bargeldversorgung, aber hier haben die Direktbanken mittlerweile nachgezogen.

Mit der Entwicklung der Kurven und deren strukturierter Analyse können in kurzer Zeit sehr viele strategische Erkenntnisse gewonnen werden. Den Prozess sollte man an mehr als einem Szenario durchführen. Im Beispiel könnte man noch andere Zielgruppen und Geschäftsbereiche betrachten. Dann erhält man ein komplettes Bild dazu, wie zukunftsfähig das aktuelle Leistungsversprechen insgesamt ist.

Die Kurven erlauben es zudem, eine Aussage dazu zu treffen, wo Veränderungen Sinn machen mit dem Ziel, die eigene Position zu verbessern und im Idealfall neue Fokus- und Divergenzpunkte zu entwickeln. Bei Werttreibern sollte man Ideen sammeln, wie das Angebotslevel erhöht werden kann. Bei den Kostentreibern wird die Frage aufgeworfen, wie man den Faktor reduzieren oder sogar eliminieren kann. Im Beispiel wäre es also zu diskutieren, wie die Produktvielfalt eingeschränkt werden kann.

5.2.4 Erfolgsfaktor 4: Systematisch neue Ideen generieren

Im letzten Abschnitt des vorigen Abschnitts sind wir bereits kurz auf die Ideengenerierung eingegangen. Die Ist-Wertekurve liefert die Grundlage für die möglichen Stoßrichtungen. Daher sind die aufgezeigten Analyse- und Interpretationsschritte so wichtig.

Stoßrichtung 1 umfasst die Ideen, die an den heutigen Wettbewerbsfaktoren auf der x-Achse ansetzen:

- Wie/mit welchen Ideen und Maßnahmen können wir durch **Erhöhen** unseres Niveaus bei Werttreibern (oder anderen Faktoren) neue Fokus- und Divergenzpunkte erreichen?
- Wie/mit welchen Ideen und Maßnahmen können wir durch **Reduzieren** oder **Eliminieren** des Levels bei Kostentreibern (oder anderen Faktoren) Ressourcen einsparen?

Mit den Ideen zu dieser Stoßrichtung verfolgen wir das Ziel, das Wettbewerbsspiel auf systematische Weise zu unseren Gunsten zu verändern. Nicht immer reicht diese Stoßrichtung aus, um sich zu einem wirklich tragfähigen, neuen Leistungsversprechen hin zu entwickeln. Im gezeigten Bankenbeispiel könnten die Regionalbanken beispielsweise das Produktportfolio vereinfachen, um Kosten zu senken. Neue Fokus- und Divergenzpunkte können durch Erhöhen aber nicht ausgeprägt werden, da diese schon durch den Wettbewerber besetzt sind.

Stoßrichtung 2 wird dann benötigt: sie umfasst die Ideen, mit denen neue Faktoren auf der x-Achse geschaffen werden, Faktoren, die in der Industrie bislang noch gar nicht vorhanden sind:

- Wie/mit welchen Ideen und Maßnahmen können wir komplett neue Nutzen für die Zielgruppe **kreieren?**

In Kombination mit der Ist-Wertekurvenanalyse liefert das Vier-Aktionen-Format mit Erhöhen, Reduzieren, Eliminieren und Kreieren, die Struktur zur Veränderung der derzeitigen Positionierung. Mit diesen beiden zentralen Instrumenten der Blue-Ocean®-Strategie, also den Wertekurven und dem Vier-Aktionen-Format wird nicht nur das „Wie" und das „Was", sondern insbesondere auch das „Warum" der Veränderung bereitgestellt. Es werden also die Argumente – auch in Richtung des Managements – klar visualisiert, warum neue Lösungen benötigt werden. Diese Struktur ist aus unserer Sicht einer der zentralen Bausteine, warum die Blue Ocean Strategy® eine wirklich einzigartige Methodik darstellt.

In den bisherigen Ausführungen wurde bereits mehrfach von Ideen gesprochen – im folgenden wird auf deren Quellen eingegangen.

1. **Bestehende Ideen.** In allen Unternehmen, die wir bisher unterstützen durften, gab es bereits bestehende Ideen. Ideen, die (noch) nicht umgesetzt wurden, weil sie möglicherweise unrealistisch erscheinen oder aus anderen Gründen nicht umgesetzt wurden.

   In jedem Fall ist es sehr ratsam, diese Ideen zu Beginn eines Projekts – noch vor dem ersten Ideenworkshop – abzufragen. Dies können Sie z. B. mittels eines kurzen Fragebogens als „Warm-up" für den Workshop machen. Das hat folgende Vorteile:
   a) Manchmal war die Zeit noch nicht reif oder es fehlte das gewisse Etwas, um eine Idee erfolgreich zu machen. Bestehende Ideen in den Blue-Ocean®-Prozess mitaufzunehmen, sie zu schärfen, gegebenenfalls zu kombinieren und vor allem im Rahmen der Lernreise im Markt mit Kunden und Nichtkunden zu testen, kann eine Idee auf ein ganz anderes Level heben.
   b) In dem Moment, wo Teilnehmer ihre bereits vorhandenen Ideen einbringen können, fühlen sie sich geschätzt und sind vor allem offen, sich auf die Entwicklung ganz neuer Ideen einzulassen.
2. **Ideen aus der Kreativarbeit.** Wie im vorhergehenden Abschnitt beschrieben, gibt es hier zwei Herleitungen: Ideen aus den Stoßrichtung 1 zu den bestehenden Faktoren der x-Achse und Ideen, die mit neuen Nutzen die x-Achse erweitern. Letztere bezeichnen wir als Blue-Ocean®-Ideen, diese sind oft schwieriger zu finden, da sie weiter entfernt sind von den Themen, mit denen sich die Unternehmen ohnehin schon beschäftigen.

Zur Entwicklung dieser völlig neuen Blue-Ocean®-Ideen wenden wir einen **systematischen Kreativprozess** an. Dieser Prozess bedient sich einerseits am Blue-Ocean®-Instrumentarium und beinhaltet anderseits auch andere, bewährte Kreativtechniken. Nach jahrelanger Arbeit gerade auch mit Teams aus Unternehmen, bei denen Marktorientierung und Innovationsneigung kaum ausgeprägt waren, sind wir fest davon überzeugt, dass jeder Mensch kreatives Potenzial in sich trägt. Es kommt nur darauf an, dieses zu entfesseln. Mit der richtigen Anwendung der folgenden Techniken wird das Ihnen und Ihrem Team gelingen.

Erste Grundlage für gute Ideenarbeit ist der geeignete **Denkmodus.** Also ein Zustand, in dem jeder offen ist, sich auf die Entwicklung neuer Ideen zu konzentrieren. Hier arbeiten wir mit der Technik der sechs Denkhüte nach Edward De Bono. Im Kern geht es darum, dass alle Workshop-Teilnehmer im Moment der Ideengenerierung nur positive, neue Gedanken zulassen (also symbolisch den grünen Kreativ-Hut tragen) und ihren inneren Ideen-Zensor (schwarzer Hut) abschalten. Diese Methode gewährleistet zudem das Einhalten einer wichtigen Grundregel in der Kreativarbeit: Ideen kreieren und Ideen bewerten sind immer zwei voneinander getrennte Schritte. Denn sonst passiert es zwangsläufig, dass neue Ansätze in einem ganz frühen Stadium zerredet werden, denn nichts fällt uns leichter, als so lange Gegenargumente gegen eine neue Idee zu finden, bis sie verworfen wird. Selbstverständlich ist es wichtig, dass Ideen einer – auch kritischen – Bewertung unterzogen werden. Aber das passiert nicht im Schritt der Ideengenerierung: Hier gilt es vielmehr, möglichst viele Impulse und Perspektiven einzusammeln und sich von Begrenzungen zu befreien.

Wichtig ist auch die Akzeptanz schwächerer Ideen: Eine gesunde Innovationskultur akzeptiert diese auch als Teil des kreativen Prozesses, denn sie bereiten häufig den Weg hin zu stärkeren Ideen. Darüber hinaus ist es zunächst schwer zu definieren, wodurch sich eine gute und wodurch sich eine schlechte Idee auszeichnet. Klar ist jedoch, dass schwächere Ideen häufig die Basis für stärkere Ideen sind.

Förderlich, um in einen entspannten Denkmodus zu kommen, sind zudem eine lockere, informelle Atmosphäre und ein Ort, abseits des normalen Arbeitsplatzes, also besser ein Platz im Freien als der eigene Konferenzraum.

Sobald die Teilnehmer im geeigneten Denkmodus sind, arbeiten wir mit speziellen **Inspirationsquellen zur Ideengenerierung.** Diese helfen, um gezielt über den Tellerrand der eigenen Branche zu schauen und neue Ideen zu generieren, auf die man unter normalen Umständen nicht gekommen wäre.

Die **Sechs-Pfade-Analyse** aus dem Blue-Ocean®-Instrumentarium liefert hier das entsprechende Framework. In vielen Beiträgen dieses Buches wird aufgezeigt, wie man die Sechs-Pfade-Analyse in der Praxis anwendet. Daher werde ich an dieser Stelle dieses Tool nicht komplett ausführen, sondern anhand von zwei Suchpfaden nur auf einen zusätzlichen Erfolgsfaktor eingehen: die Anreicherung der Sechs-Pfade-Analyse mit Praxisbeispielen. Diese fördern das Denken in neuen Bahnen und es macht einfach mehr Spaß, sich mit diesen Inspirationsquellen in der Ideengenerierung auseinanderzusetzen.

Pfad 1 besagt, dass „Looking across Industries" ein geeignetes Suchfeld für neue Nutzen/neue Ideen ist. Wir leiten daraus die Fragen ab: *Wie würde Google (oder Apple, oder Amazon oder Dropbox oder McDonald's usw.) unser Geschäft betreiben? Welche Ideen können wir aus deren erfolgreichem Geschäftsmodell ableiten?* Ergänzend charakterisieren wir dann das betreffende Geschäftsmodell.

Pfad 6 besagt, dass „Looking across Trends" ein weiteres Suchfeld darstellt. Auch hier gehen wir zur Unterstützung der Ideengenerierung einen Schritt weiter, um Impulse zu setzen und arbeiten die Trends, wie z. B. Crowdsourcing (oder Internet of Things oder Sharing Economy oder Big Data usw.) auf One-pagern aus und ergänzen die Moderationsfrage: *„Wie können Sie diese Trends für unser Geschäft nutzen, welche Ideen leiten sich ab?"*

So lassen sich zu allen Suchpfaden echte Beispiele als Inspirationsquellen mit den dazugehörigen Leitfragen erstellen. Die Workshop-Teilnehmer schreiben ihre Antworten auf die bereits genannten Fragen auf und clustern diese danach. Die potenzialträchtigsten

„Antwortencluster“ werden dann in einem speziellen Ideenformat ausgearbeitet. Dies ermöglicht, die Ideen etwas umfassender zu beschreiben und das einheitliche Format dient der Vergleichbarkeit.

Ein weiteres zentrales Suchfeld für Ideen liefert die Blue Ocean Strategy® mit dem Konzept der Nichtkunden-Analyse. Die dahinterliegende Leitidee: Anstatt mit den Wettbewerbern um die gleichen (oft kleineren) Zielgruppen zu kämpfen und dabei immer mehr für weniger Geld bieten zu müssen, sollte man sich einmal mit Personengruppen auseinandersetzen, die nicht im Fokus der Anbieter stehen. Oft ist schnell geurteilt: *„Diese Käufergruppe erreichen wir halt nicht, die sind nicht im Zielsegment unserer Angebote. Die Wettbewerber sehen das genauso …“* Diese Nichtkunden-Gruppen können jedoch genau wie die Kunden auch segmentiert werden. Wir unterscheiden

- Nichtkunden, die Alternativen zum eigenen Angebot aus anderen Industrien nutzen, also eigentlich gar nicht so weit entfernt liegen und
- Nichtkunden, die vermeintlich unerreichbar und überhaupt nicht im Fokus der Industrie sind.

Zu den Nichtkunden-Segmenten als Suchfeld für neue Ideen gibt es das sehr plakative Praxisbeispiel der Spielekonsole Nintendo Wii. Nintendo setzt die Blue-Ocean®-Methodik im Rahmen ihrer Strategie- und Produktentwicklung ein. Jüngstes Erfolgsbeispiel ist die Virtual Reality App Pokémon Go, die mit 600 Mio. Downloads für einen Umsatz von mehr als einer Mrd. US-Dollar gesorgt hat (Stand März 2017 nach Markteinführung Juli 2016; vgl. Minotti 2017).

Die Abb. 5.2 zeigt die Nichtkunden-Segmente eines Anbieters von Spielekonsolen. Man kann „im roten Ozean fischen“ und (potenzielle) Kunden der Sony Playstation oder

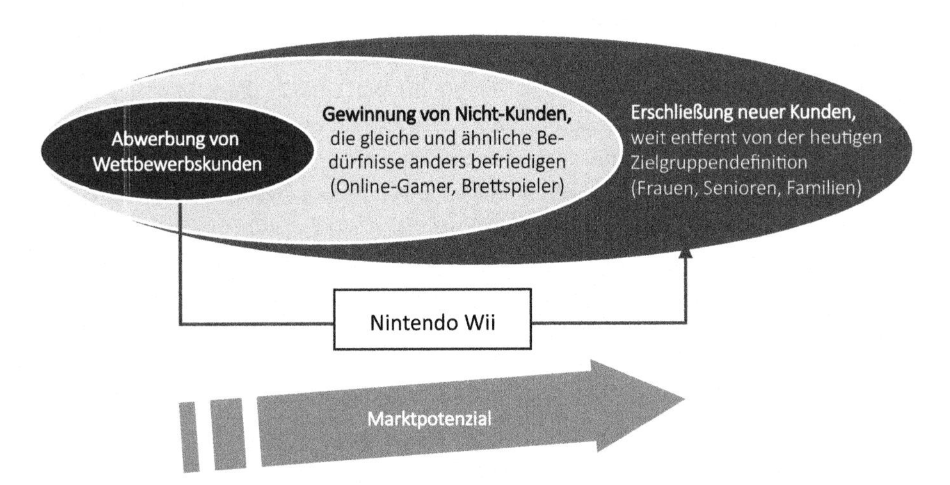

Abb. 5.2 Die drei Kategorien von Nicht-Kunden am Beispiel eines Herstellers von Spielekonsolen

der Microsoft Xbox gewinnen. Interessantere Segmente sind jedoch die beiden blau markierten Nichtkunden-Gruppen: Online-Gamer, die auch spielen, aber eine technologische Alternative (PC-/Laptop-Tastatur) nutzen und Zielgruppen, die aus dem heutigen Zielgruppenverständnis heraus praktisch nicht zu erreichen sind, wie z. B. Frauen oder Senioren. Mithilfe der Wertekurven- und Sechs-Pfade-Analyse ist es Nintendo gelungen, über das Vier-Aktionen-Format mutige Veränderungen vorzunehmen, insbesondere auch in der Reduktion von Technik und Features. Dadurch wurde eine neue Lösung geschaffen, die bewusst die Bedürfnisse der Nichtkunden-Segmente anspricht und in sehr kurzer Zeit zur deutlichen Marktführerschaft der Wii geführt hat.

In der Praxis werden die dargestellten Suchfeldanalysen im Rahmen von zweitägigen Value-Driver- und Ideenworkshops durchgeführt. Zusammen mit den Ideen aus dem „Warm-up" sind dann – 15 bis 20 verschiedenste Ideen erarbeitet, bewertet und priorisiert worden. Oft sind die Teilnehmer an dieser Stelle von ihrer eigenen Kreativleistung überrascht. Durch die „Ownership" in Bezug auf die selbst entwickelten Ideen entsteht ein wichtiges Momentum für die weitere Projektarbeit und den nächsten Schritt in der Blue Ocean® Roadmap, der Lernreise im Markt.

5.2.5 Erfolgsfaktor 5: Früh in Kontakt mit den Zielgruppen treten – die Lernreise im Markt

Nachdem Sie ein Blue-Ocean-Strategy®-Projekt richtig aufgesetzt und im Rahmen von „Ideen-Warm-up" und Workshops die strategische Ausgangsposition analysiert und erste Ideen kreiert haben, lege ich Ihnen sehr ans Herz, direkt „raus zu gehen". Verlassen Sie den „Laborcharakter des Konferenzraumes" und gehen Sie in den Markt, um mit aktuellen Kunden und potenziellen Neukunden direkt in Kontakt zu treten – aus unserer Sicht ein unerlässlicher Schritt in jedem Innovationsprozess, ganz unabhängig von der eingesetzten Methode.

Wir nutzen dazu eine spezielle Technik, um mit den Gesprächspartnern ein sehr offenes, qualitativ-emotionales Gespräch zu führen. Wir nennen diese Interviewtechnik *Co-Creation.* Der Name ist Programm: Die Kernziele einer solchen Konversation mit Kunden und Nichtkunden ist – das gemeinsame Bewerten und Weiterentwickeln der mitgebrachten Ideen sowie – das Generieren neuer Ideen aus dem Gespräch heraus.

Genau darauf sind Atmosphäre und Struktur eines solchen Co-Creation-Interviews ausgelegt. In einem lockeren Austausch von 60 bis 90 min werden drei Abschnitte behandelt:

1. **Der „Tag im Leben des Ansprechpartners" und sein Erfahrungszyklus:** Hierbei geht es darum, einen möglichst umfassenden und ehrlichen Eindruck davon zu gewinnen
   - welche Kernaufgaben Ihr(e) Gesprächspartnerin tagtäglich auf dem Tisch hat,
   - welche Erfahrungen sie/er entlang aller Berührungspunkte mit Ihrem Unternehmen gemacht hat (Erfahrungszyklus).

Bei beiden Fragestellungen sammelt man strukturiert zu jeder Aufgabe/jedem Berührungspunkt die Ärgernisse und die Wünsche des Befragten ein (s. Abb. 5.3).

2. **Co-Creation bei Ideenweiterentwicklung und -generierung** Aus dem Pool der in den Workshops erarbeiteten Ideen wählt man vorab drei bis vier Kandidaten aus, die mit dem Interviewpartner diskutieren möchten. Man erläutert die Idee kurz, lässt sie durch den Ansprechpartner bewerten und sammelt Verbesserungsvorschläge. Diese Ideen sind ganz bewusst noch sehr „roh". Dieses Stadium der Ausarbeitung reicht völlig aus für ein frühes Feedback der Interviewpartner und eine Einschätzung, ob es sich lohnt, diesen Ansatz weiter zu verfolgen oder – gemäß dem Motto „fail fast" – die Idee zur Seite zu legen.

   Im weiteren Verlauf des Gesprächs nutzt man die Aussagen des Gesprächspartners aus Teil 1 als Inspiration für neue Ideen. Die gewonnenen Erkenntnisse aus dem *Tag im Leben* und dem *Erfahrungszyklus* sind sprichwörtlich Gold wert. Darum nennen wir sie auch „Gold Nuggets". In manchen Gesprächen gelingt es, gemeinsam mit dem Interviewpartner aus einem solchen „Gold Nugget" eine Idee zu entwickeln. In der Abb. 5.4 ist dieses Vorgehen – wie eine Erkenntnis in eine Idee transferiert werden kann – näher beschrieben. Falls dafür im Gespräch keine Zeit bleibt, kann man auch im Nachgang an das Interview – basierend auf dem identifizierten Ärgernis – eine Lösungsidee erarbeiten.
3. **Bewertung der Wettbewerbsfaktoren:** Überprüfen Sie zum Abschluss des Interviews noch die vorgenommenen Bewertungen Ihrer Ist-Positionierung aus der erarbeiteten Wertekurve mit den Einschätzungen Ihres Gesprächspartners. Damit kann man das Bild, das man vom Markt gezeichnet hat, sehr gut mit der realen Bewertung des Kunden (oder Nichtkunden) abgleichen.

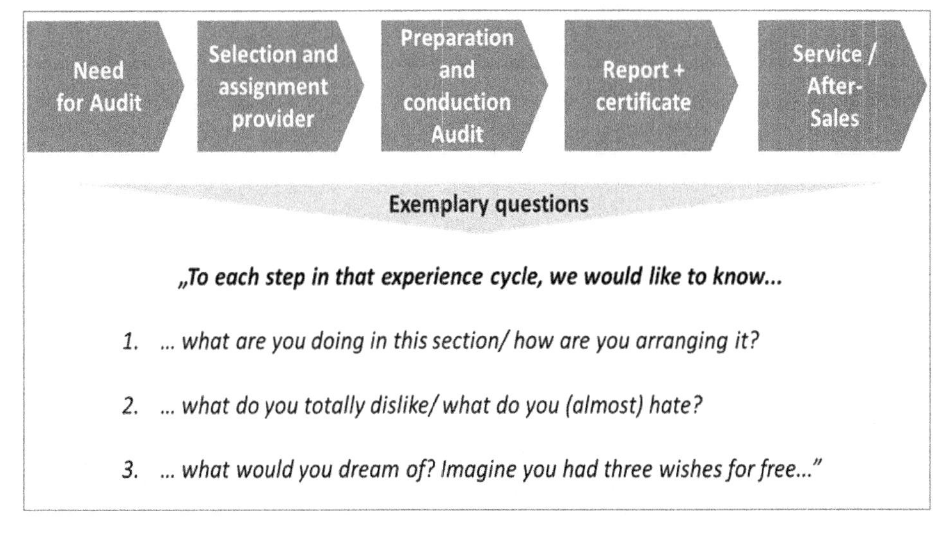

Abb. 5.3 Exemplarischer Buyer Experience Cyle (Erfahrungszyklus), hier aus einem Projekt für einen Zertifizierungsdienstleister

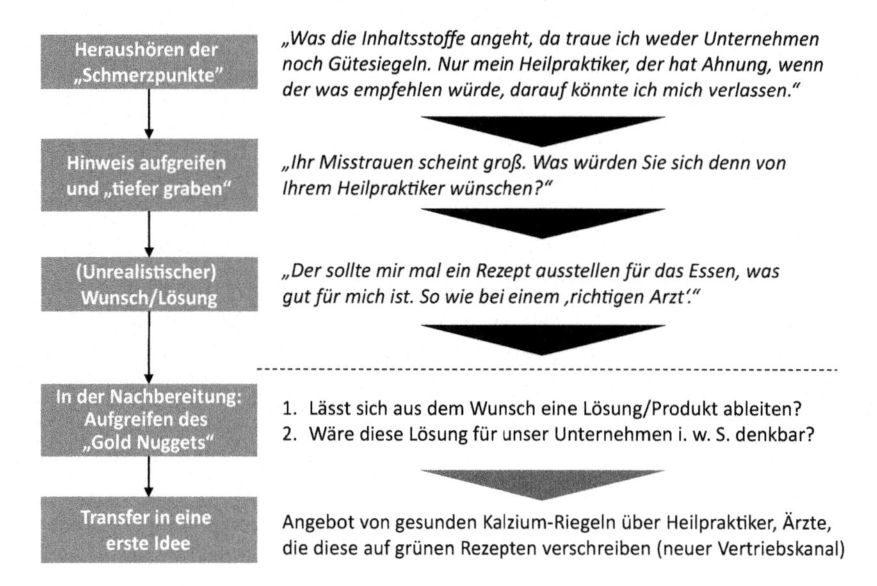

Abb. 5.4 Praxiserprobtes Vorgehen, um neue Erkenntnisse zu gewinnen und in Ideen zu transferieren (exemplarisch an einem Projektbeispiel zum Thema „Gesunde Ernährung")

Wichtig ist, dass in der Vereinbarung und Durchführung des Co-Creation-Interviews kein „Vertriebscharakter" mitschwingt. Wir wollen die Ideen nicht verkaufen, sondern uns ein Feedback vom Gesprächspartner einholen und seine Bereitschaft dazu wertschätzen. Gefällt ihm die Idee und gelingt es, die neuen Benefits zu transportieren, ist er automatisch „infiziert".

Und noch ein Hinweis zur Anzahl der Gespräche: Mit einer Mindestzahl von 20 bis 25 Interviews sollte man planen, um den Ideen-Pool mit verschiedenen Zielgruppen/Ansprechpartnern verproben zu können. Für uns hat sich die Durchführung in Tandems bewährt: je ein Teammitglied unseres Klienten und ein Experte aus unserem Team.

5.2.6 Erfolgsfaktor 6: Ideen konsequent durchsetzen

Nach Abschluss der Lernreise bewertet das Team im Rahmen eines Workshops und anhand praxiserprobter Kriterien (qualitativ und quantitativ) alle Ergebnisse und Ideen im Pool. Am Ende dieser Evaluierung sollen max. zehn Ideen in den nächsten Arbeitsschritt übergeben werden. Die Aufgabe lautet dann, die ausgewählten Top-Ideen noch attraktiver und erlebbar zu machen, um sie – nach nochmaliger Bewertung durch die Zielgruppen – an das Umsetzungsprojekt zu übergeben.

An dieser Stelle gibt es leider schlechte Nachrichten: Kein Framework und auch keine noch so durchdachte Innovationsmethode ersetzen Konzeptarbeit, also das gezielte Anreichern der Idee – auch nicht die Blue Ocean Strategy®. Der Ausdruck Konzeptarbeit ist hier durchaus treffend, denn einer Idee Struktur und Tiefe zu geben, erfordert Zeit und Konzeptionsstärke. Auf dem Friedhof toter Ideen liegen ganz sicher viele tolle Ansätze, die diesem Arbeitsschritt nicht, oder in unzureichender Qualität unterzogen wurden. Konzeptionelles Arbeiten ist in vielen Organisationen heute nicht an der Tagesordnung und so tun sich viele Unternehmen genau an diesem sensiblen Punkt recht schwer. Daher dazu nachfolgend einige Anmerkungen.

1. Top-10-Ideen noch attraktiver machen
Kernziel Nr. 1 besteht darin, Qualität, Aussagekraft und Stringenz der Top-10-Ideen aus der Lernreise weiter zu erhöhen. Die Idee soll nicht nur für potenzielle Abnehmer, sondern auch für die internen Entscheider noch attraktiver werden. Dabei entwickeln wir die Idee von einem One-pager zu einem sogenannten Six-pager weiter. In der Präsentation starten wir mit dem Customer Insight aus den Co-Creation-Interviews und der daraus abgeleiteten Chance, die das Unternehmen in der neuen Lösung sieht. Es folgen eine mehrseitige Darstellung der Inhalte der Idee (mit Praxisbeispielen) und ein Ausblick auf die Umsetzung. Anschließend wird aufgezeigt, wie man sich von bestehenden Lösungen differenziert (Vier-Aktionen-Format und veränderte, sogenannte Soll-Wertekurve). Zusammenfassend werden zum Abschluss die Nutzen der Idee nochmals dargelegt. In unserer Anwendungspraxis hat sich diese Struktur sehr bewährt, um die Ideen einfach darzustellen und die Storyline immer in der gleichen Form zu transportieren.

2. Top-10-Ideen erlebbar machen
Kernziel Nr. 2 ist es, die Ideen erlebbar zu machen. Die bereits genannte konzeptionelle Vorarbeit mündet dann in einem Briefing für einen Prototyp. Diese Prototypen sind – je nach Klient – in den meisten Fällen digitale Anwendungen oder Apps bzw. deren Vorstufe, also visualisierte User Journeys. Seltener entstehen greifbare Funktionsmuster. Prototypen haben eine große Kraft, da sie eine konkrete Vorstellung vermitteln, wie die Idee später „in echt" einmal aussehen kann. Sie können damit einer Idee einen unheimlichen Schub verleihen. Andererseits besteht die Gefahr, dass Prototypen Fakten schaffen, auch wenn man in diesem Stadium betont, dass es sich nur um einen ersten Ausblick auf das spätere mögliche Umsetzungsergebnis handelt. Darauf ist unbedingt zu achten, genauso wie auf die Vergleichbarkeit der Konzepte bzw. Prototypen. Je konkreter ein Konzept/Prototyp, desto besser wird es/er tendenziell bewertet, auch wenn in anderen Ansätzen, die aus irgendwelchen Gründen gegebenenfalls noch nicht so weit sind, vielleicht mehr Potenzial steckt.

3. Top-10-Konzepte/Prototypen bewerten lassen (Konzeptmesse)
Ein wichtiger Erfolgsfaktor für die interne Durchsetzung der Konzepte ist eine nochmalige, marktseitige Bewertung. In unserer Projektpraxis hat sich hier das Format der Konzeptmesse bewährt. Die Interviewpartner aus der Lernreise und weitere relevante Zielgruppen werden eingeladen, die nun zu Konzepten weiterentwickelten Ideen nochmals zu bewerten. In einer halbtägigen Veranstaltung werden die zehn Konzepte/Prototypen zunächst durch Vertreter des Projektteams („Konzeptowner") kurz präsentiert.

Im anschließenden Messerundgang besteht für die Gäste die Möglichkeit, Fragen zu stellen und über das Konzept zu diskutieren. Anschließend bewerten die Gäste alle Konzepte einzeln. Die Veranstaltung wird dann abgeschlossen durch die Verkündigung der Bewertungsergebnisse und das Konzeptranking. Das Management ist bei der Konzeptmesse ebenfalls anwesend und darf gesondert bewerten. Die Atmosphäre der Konzeptmesse als „Baustelle für Zukunftsinnovationen" und das direkt erlebte Feedback der externen Gäste sorgen für einen sehr starken Umsetzungsschub für die am besten bewerteten Konzepte bei den Entscheidern. Dieses Momentum gilt es zu nutzen, um mit voller Kraft in das Umsetzungsprojekt zu starten.

4. Gewinner-Konzepte in das Umsetzungsprojekt übergeben
Die (drei bis vier) Gewinner-Konzepte sind üblicherweise noch nicht umsetzungsreif: Produkte und Services müssen entwickelt werden, ebenso wie die digitalen Applikationen und Vermarktungsansätze. Oft sind auch tiefer gehende Business Cases gefordert. Daher empfehlen wir, ein Umsetzungsprojekt aufzusetzen, in dem die Konzeptowner gemeinsam mit den Projektteilnehmern aus den betreffenden Funktionsbereichen (Vertriebe, IT, Controlling …) die Implementierung vorantreiben. Hier liegt eine äußerst wichtige Sollbruchstelle im Projekt. Wenn man sich jetzt auf den tollen Rückmeldungen und Ergebnissen der Konzeptmesse ausruht und das Projektmanagement lockert, besteht die Gefahr, dass die Dringlichkeit verloren geht. Die personellen Ressourcen werden weiter benötigt, oft sind zusätzliche Personen in das Umsetzungsprojekt zu involvieren. Diese sind auch erst einmal von den Konzepten zu überzeugen – hier empfiehlt es sich, eine Art „Mini-Konzeptmesse" durchzuführen, um die Personen an Bord zu bekommen. Wenn es gelingt, die Implementierungsarbeit mit der gleichen Ernsthaftigkeit zu betreiben wie die Prozessschritte zuvor und wenn gewährleistet wird, dass Fokus und Divergenz der neuen Konzepte nicht verwässert werden, steht einer erfolgreichen Markteinführung nichts im Wege.

In der Umsetzungsphase können auch wieder bestimmte agile Methoden zum Einsatz kommen, die die Marktorientierung und die Geschwindigkeit erhöhen. Die Lean-Startup-Methode, die darauf abzielt, mit minimalem Aufwand möglichst schnell ein Basisprodukt an den Markt zu bringen, sei hier stellvertretend genannt. Entscheidend wird jedoch immer sein, dass man die Gegebenheiten des Unternehmens sowie die Perspektiven und Skills der beteiligten Personen berücksichtigt.

5.2.7 Erfolgsfaktor 7: Innovation braucht einen Prozess

Im letzten Abschnitt möchte ich über die Vorstellung der Blue Ocean Roadmap® die Erfolgsfaktoren zusammenführen. Die Schaffung von Innovationen lebt zum einen vom Befreien, vom Aufmachen und Abstreifen von Begrenzungen – alles Denkbare muss erlaubt sein. Zum anderen benötigt Innovation aus unserer Erfahrung heraus Strukturen und Instrumente sowie einen systematischen Prozess (Abb. 5.5).

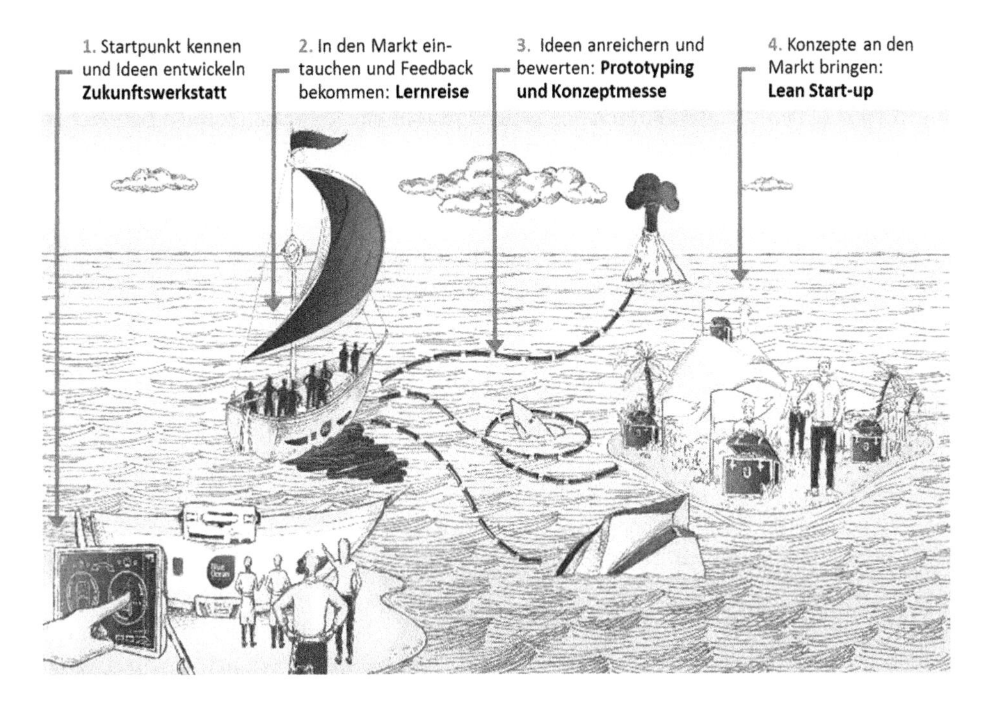

Abb. 5.5 Blue Ocean Roadmap® als systematischer Projektprozess

5.3 Fazit

Kommen wir in einem kurzen Fazit abschließend zurück zum Eingangszitat und den Vergleich zum Fußball:

- Es muss allen klar sein, welches Spiel mit welchen Regeln gespielt wird:
  In einem Blue-Ocean®-Projekt geht es darum, wirklich bahnbrechende Ideen zu entwickeln und erfolgreich an den Markt zu bringen.
- Alle im Team müssen trainieren und sich voll für das Ziel einbringen:
  Ohne persönliches Commitment und Teamsprit kann ein Blue-Ocean®-Projekt nicht gelingen.
- Alle folgen einer Spielidee und Taktik:
  Nur mit dem richtigen Einsatz der Blue-Ocean®-Instrumente kann die Mannschaft gemeinsam das Spiel gewinnen.
- Ein Sieg reicht nicht aus:
  In einem Blue-Ocean®-Projekt bedarf es einer Performance über einen längeren Zeitraum hinweg und die entscheidenden Siege werden am Ende erzielt.
- Der Teamerfolg wird maßgeblich durch den Trainer bestimmt:
  Ein Team kann sich in einem Blue-Ocean®-Projekt nicht selbst durch den Prozess hindurch coachen; es braucht Unterstützung von außen.

Liebe Leser, ich hoffe, ich konnte mit Ihnen ein wenig eintauchen in die Welt der Blue-Ocean®-Praxis und etwas von unseren Erfahrungen transportieren. Die Akzentuierung dieser sieben Erfolgsfaktoren ist meine persönliche Perspektive aus zahlreichen Anwendungen der letzten zehn Jahre. Ich wollte aufzeigen, welche Kraft die Blue-Ocean®-Instrumente haben und wie wichtig deren Zusammenspiel ist. Gleichzeitig wollte ich sensibilisieren dafür, dass man einen solchen Prozess mit der nötigen Ernsthaftigkeit betreiben sollte, um das große Ziel eines Blue Oceans® auch zu erreichen oder zumindest alles dafür getan zu haben. Haben Sie diesen Mut und dieses Engagement, ich kann Ihnen versprechen, es lohnt sich.

Literatur

Minotti, M. (2017). Pokémon Go passes $1.2 billion in revenue and 752 million downloads. https://venturebeat.com/2017/06/30/pokemon-go-passes-1-2-billion-in-revenue-and-752-million-downloads/. Zugegriffen: 13. Apr. 2018.

Teil III

KMU/Mittelstand

Blue Ocean Strategy® – Eignung und Handlungsempfehlungen für kleine und mittlere Unternehmen

6

Klaus Deimel, Mischa Ellenberger und Christian Hennecke

Inhaltsverzeichnis

6.1 Einleitung

Weltweit gehören die meisten Unternehmen zu der Gruppe der kleinen und mittleren Unternehmen (KMU). Häufig werden diese auch als „Motor der Wirtschaft" bezeichnet. Allein in Deutschland waren im Jahr 2011 über 99 % der Unternehmen, nach der Definition der europäischen Kommission, KMU. Sie generierten ca. 34 % aller Umsätze und beschäftigten dabei über 60 % aller Erwerbstätigen (vgl. Söllner 2014). Zudem haben

K. Deimel (✉)
Centrum für Entrepreneurship, Innovation und Mittelstand (CENTIM),
Hochschule Bonn-Rhein-Sieg, Sankt Augustin, Deutschland
E-Mail: klaus.deimel@h-brs.de

M. Ellenberger
Hochschule Bonn-Rhein-Sieg, Sankt Augustin, Deutschland
E-Mail: mischa.ellenberger@h-brs.de

C. Hennecke
Köln, Deutschland

T. Barsch et al. (Hrsg.), *Die Blue-Ocean-Strategie in Theorie und Praxis,* FOM-Edition,
https://doi.org/10.1007/978-3-658-15480-6_6

KMU in Deutschland auch in Zeiten der Wirtschaftskrise im Jahr 2009 ihre Stabilität bewiesen. So wurden in KMU verhältnismäßig weniger Arbeitsplätze abgebaut, als dies bei größeren Unternehmen der Fall war (vgl. Bundesministerium für Wirtschaft und Technologie 2010). Diese Zahlen zeigen die große Bedeutung von KMU für die wirtschaftliche Entwicklung in Deutschland. Ähnliches lässt sich auch für viele andere Länder rund um den Globus feststellen.

In der heutigen Zeit wird es für Unternehmen, KMU wie Großunternehmen, immer schwieriger, ihre Position am Markt zu behaupten und zu stärken. Im Zuge der Globalisierung wird der Anbietermarkt in vielen Branchen immer größer. Unternehmen bekommen neue Konkurrenz aus Übersee und die Kunden profitieren von der größeren Auswahl an Anbietern. Zudem verstärken Handelszusammenschlüsse wie die EU, die NAFTA oder Ähnliche diese Entwicklung. Aus Anbietersicht fällt es Unternehmen immer schwerer, ihre Angebote von Konkurrenzangeboten abzuheben. Dies führt in vielen Branchen zu einem enormen Preiswettbewerb, der die Margen schmelzen lässt und das Überleben von Unternehmen, ob groß oder klein, gefährdet. Insbesondere KMU sind hier aufgrund von strukturellen Nachteilen, vor allem wegen mangelnder Ressourcen, im Wettbewerb besonders gefährdet. Eine Chance, den Preiskämpfen zu entrinnen und der Bedrohung durch alternative Angebote zu entgehen, kann für KMU eine Blue Ocean Strategy® bieten.

Die Innovationsmethode Blue Ocean Strategy® existiert mittlerweile seit mehreren Jahren. In dieser Zeit hat sie zunehmende Bekanntheit erlangt. Dies zeigen Beispiele großer Unternehmen, die durch die Umsetzung der Blue Ocean Strategy® einen neuen, konkurrenzfreien Markt erschaffen haben (vgl. z. B. Kim et al. o. J.). Für viele KMU hingegen ist eine Blue Ocean Strategy® möglicherweise ein noch wenig bekannter Ansatz. Zudem finden sich in der Literatur bisher nur wenige Untersuchungen, die sich mit der Blue Ocean Strategy® im Kontext von KMU beschäftigen. Dabei könnten auch KMU von einer Blue Ocean Strategy® langfristig profitieren. Daher hat der vorliegende Beitrag das Ziel, die Eignung einer Blue Ocean Strategy® für KMU als Mittel im verschärften globalen Wettbewerb zu untersuchen und Handlungsempfehlungen abzuleiten.

6.2 Definition und Charakteristika von KMU

Die Klassifizierung von Unternehmen in die Gruppe der KMU oder Großunternehmen ist in den meisten Ländern der Welt bekannt. Jedoch ist festzustellen, dass es an einer international einheitlichen Definition von quantitativen sowie qualitativen Kriterien bisher fehlt. Derzeit sind verschiedene Definitionskonzeptionen in Gebrauch. Zur Abgrenzung von KMU bietet die Literatur eine Vielzahl unterschiedlicher Definitionen und Kriterien. Oftmals werden hierzu quantitative Merkmale herangezogen, da sie eine eindeutige Zuordnung ermöglichen. Verbreitete quantitative Abgrenzungen orientieren sich dabei häufig an betriebswirtschaftlichen Kennzahlen, wie Jahresumsatz, Bilanzsumme oder Mitarbeiteranzahl.

Weite Verbreitung finden in Deutschland die quantitativen KMU-Definitionen des Instituts für Mittelstandsforschung Bonn (IfM Bonn) sowie der Europäischen Kommission. Hierbei werden KMU nach Kleinst-, kleinen sowie mittleren Unternehmen unterschieden. Abgrenzungskriterien sind Obergrenzen für die Anzahl der Mitarbeiter, der Jahresumsatz eines Unternehmens sowie ergänzend, im Rahmen der Definition der Europäischen Kommission, alternativ zum Umsatzmaximum, noch eine Obergrenze für die Bilanzsumme (vgl. Amtsblatt der Europäischen Union 2003; Institut für Mittelstandsforschung Bonn 2016). Abb. 6.1 gibt einen Überblick über die unterschiedlichen Abgrenzungskriterien der genannten Definitionen.

Im deutschsprachigen Raum existiert darüber hinaus der Begriff der „mittelständischen Unternehmen". Dieser Begriff kennzeichnet einen speziellen Unternehmenstypus, der als Gegenpart zu den Großunternehmen gelten kann. Im Gegensatz zu KMU, die nach den zuvor aufgeführten Definitionen eingegrenzt werden, umfasst dieser Unternehmenstyp auch größere Familienunternehmen, die aber über die Eigenschaft verfügen, dass das Management dieser Firmen in den Händen der Eigentümer liegt (vgl. Institut für Mittelstandsforschung Bonn o. J.). Aufgrund der Ähnlichkeiten der Unternehmenstypen werden im vorliegenden Beitrag die Begriffe „KMU" und „mittelständische Unternehmen" synonym verwendet (vgl. hierzu z. B. Schauf 2009).

Neben den aufgeführten quantitativen Abgrenzungsmerkmalen von KMU gibt es noch eine Reihe von qualitativen Merkmalen, die KMU tendenziell von Großunternehmen unterscheiden (vgl. zu einer Synopse der Charakteristika kleiner und mittlerer Unternehmen Fröhlich et al. 2000; Pfohl 2013a). Diese Merkmale können bei einer Strategieentwicklung, wie der Blue Ocean Strategy®, von Bedeutung sein. Im Folgenden werden einige ausgewählte Merkmale genauer erläutert.

Einheit von Eigentum und Leitung Ein wesentliches Abgrenzungskriterium stellt die Eigentümer- und Leitungsstruktur mittelständischer Unternehmen dar. Im Gegensatz zu managergeführten Großunternehmen sind in diesen Unternehmen zumeist Eigentum und Leitungsmacht nicht getrennt (vgl. Pfohl 2013a). Diese Unternehmen werden daher auch

Institution/ Organisation	Unternehmensgröße	Mitarbeiter	und	Umsatz €/Jahr	oder	Bilanzsumme €/Jahr
Europäische Kommission	Mittleres Unternehmen	bis 249		bis 50 Mio.		bis 43 Mio.
	Kleinunternehmen	bis 49		bis 10 Mio.		bis 10 Mio.
	Kleinstunternehmen	bis 9		bis 2 Mio.		bis 2 Mio.
IfM Bonn	Mittleres Unternehmen	bis 499		bis 50 Mio.		-
	Kleinunternehmen	bis 49		bis 10 Mio.		-
	Kleinstunternehmen	bis 9		bis 2 Mio.		-

Abb. 6.1 Quantitative Gegenüberstellung ausgewählter KMU Definitionen. (Quelle: In Anlehnung an Amtsblatt der Europäischen Union 2003; Institut für Mittelstandsforschung Bonn 2016)

sehr stark von den Eigentümern geprägt. Dies bezieht sich sowohl auf die Identität zwischen Eigentum und persönlicher Verantwortung für die Aktivitäten des Unternehmens als auch die persönliche Verantwortung für den Unternehmenserfolg oder -misserfolg. Der Unternehmer verfügt dabei über eine große Entscheidungsfreiheit (vgl. Schauf 2009), sodass seine Ideen und Visionen die Ziele und Strategien des Unternehmens maßgeblich bestimmen.

Hohe Flexibilität KMU verfügen oftmals über eine hochflexible Organisationsstruktur (vgl. Pfohl 2013a), die z. B. durch Faktoren wie eine geringe Größe und eine oftmals geringe Anzahl von Hierarchieebenen begünstigt wird. So haben Mittelständler die Fähigkeit, schnell und unbürokratisch auf Marktveränderungen zu reagieren sowie Marktnischen zu erkennen und zu besetzen. Dies sind Merkmale, die die Entwicklung und Umsetzung einer sinnvollen Strategie gerade in KMU erleichtern.

Langfristige Ausrichtung Viele KMU in Deutschland sind in Familienbesitz und werden von ihren Eigentümern geführt (vgl. Haunschild und Wolter 2010). In solchen Unternehmen ist die Unternehmensleitung überwiegend auf das langfristige Wohl des Unternehmens konzentriert (siehe zur sogenannten „Long-Term Orientation" in Familienunternehmen z. B. Le Breton-Miller und Miller 2006). Im Management von Großunternehmen könnte es dagegen schwerer sein, eine langfristige Orientierung zu implementieren, da das Management großer Unternehmen unter dem Druck des Kapitalmarktes häufig gemäß einer kurzfristigen finanziellen Performance incentiviert wird.

Ausgeprägte Kundenorientierung Nicht zuletzt ist auch eine ausgeprägte Kundenorientierung ein Erfolgsfaktor für KMU, denn sie sind in der Lage, Kundenwünsche flexibel zu erfüllen (vgl. Fröhlich et al. 2000). In KMU spielt jeder Kunde eine entscheidende Rolle. Im Gegensatz zu Großunternehmen bildet eine regelmäßige, intensive persönliche Kundeninteraktion einen zentralen Wettbewerbsvorteil für die KMU (vgl. Simon 2012). Durch diese Kundennähe kennen KMU die Wünsche und Bedürfnisse der Kunden aus erster Hand. Das Unternehmen hat so die Möglichkeit, die spezifischen Bedürfnisse der Kunden mit neuen Produkten oder durch eine Verbesserung der Kundendienstleistungen zu erfüllen (vgl. Fröhlich et al. 2000).

Geringer Formalisierungsgrad Hinsichtlich des Formalisierungsgrades ist in KMU im Gegensatz zu Großunternehmen oftmals ein geringer Grad schriftlicher Fixierung festzustellen. Vieles wird informell besprochen, wenige Dinge aber tatsächlich schriftlich festgehalten und kommuniziert. Dies ermöglicht den Unternehmen, schnell auf sich verändernde Situationen zu reagieren (vgl. Mugler 1998; Pfohl 2013a).

Obwohl KMU über diese günstigen Merkmale verfügen, sind auch einige Nachteile zu nennen. Diese Nachteile von KMU im Vergleich zu Großunternehmen resultieren vor allem aus folgenden Faktoren:

Mangel an finanziellen und personellen Ressourcen Der größte Nachteil für KMU ergibt sich aus ihrer geringeren Ressourcenbasis. Dies bezieht sich einerseits auf die finanziellen Mittel, da die öffentlichen Kapitalmärkte im Allgemeinen nicht für KMU zur Verfügung stehen (vgl. z. B. Pfohl 2013a). Deshalb stellen deutsche KMU die Finanzierung ihrer Unternehmen zumeist aus einbehaltenen Gewinnen oder Bankdarlehen dar (vgl. Finanzgruppe Deutscher Sparkassen- und Giroverband 2014). Großvolumige Börsengänge durch KMU sind dagegen überaus kostenintensiv und selten. Eine Eigenkapitalerhöhung ist durch die Aufnahme weiterer Eigenkapitalgeber zwar möglich, jedoch wird dies oft durch eine enge Bindung der Eigentümergesellschafter an das Unternehmen verhindert. Diese müssten in diesem Zuge einen Teil ihrer Mitspracherechte, aber auch die Machtverhältnisse neu koordinieren. Hinzu kommt, dass KMU in der Regel im Vergleich zu Großunternehmen nur geringes Eigenkapital zur Verfügung steht, um damit Fremdkapital besichern zu können, was ebenfalls den Zugang zu Fremdkapital erschwert. Laut Faißt (2005) liegt die durchschnittliche Eigenkapitalquote im Mittelstand bei weniger als 20 %. Diese schmale finanzielle Ressourcenbasis hemmt die Entwicklung neuer, innovativer Projekte, neuer Strategien oder die Erschließung neuer Märkte. Das gleiche gilt für die personellen Ressourcen. KMU beschäftigen in der Regel nur die Anzahl der Mitarbeiter, die für den operativen Betrieb des Unternehmens erforderlich ist. Personal für zusätzliche Aufgaben, z. B. strategische Fragestellungen, stellt in vielen KMU jedoch eine knappe Ressource dar (vgl. Seiter und Heinemann 2012).

Schwach ausgeprägte Unternehmensplanung Empirische Daten zeigen, dass KMU im Allgemeinen nur über unterentwickelte Management- und Planungssysteme verfügen. In vielen Fällen wird in kleinen und mittleren Unternehmen keine formalisierte strategische Unternehmensplanung durchgeführt (vgl. Deimel 2008; Deimel und Kraus 2007). Vielmehr findet Planung hier weniger strukturiert und unregelmäßig statt (vgl. Welter 2003). Die schlanken Strukturen mit geringer Arbeitsteilung führen dazu, dass es wegen der starken Einbindung der Führungskräfte in das Tagesgeschäft oft schwierig ist, Freiräume für langfristige strategische Überlegungen zu schaffen. Aufgrund mangelnder Delegation und Arbeitsteilung gilt gleiches für den Unternehmer selbst. Viele KMU werden von mitarbeitenden Inhabern geleitet, die eher über einen technischen Ausbildungshintergrund verfügen (vgl. Pfohl 2013a). Daher sind sie unter Umständen weniger vertraut mit aktuellen Managementthemen. Hinsichtlich der Führungskräfte in KMU ist ebenso wie für die Unternehmensspitze häufig ein geringes strategisches Know-how und Methodenwissen festzustellen (vgl. Deimel 2008).

Führungsstil Wie zuvor erwähnt, sind KMU häufig direkt vom Eigentümer geführt. Damit kann ein eher autoritärer Führungsstil verbunden sein, ohne die Möglichkeiten der Partizipation der Mitarbeiter an Entscheidungen (vgl. Pfohl 2013b). Der bereits beschriebene Vorteil der höheren Verantwortung, der langfristigen Ausrichtung und Flexibilität, kann sich dann ins Gegenteil verkehren, wenn sich Unternehmer nicht darum bemühen, andere, externe Perspektiven und das Wissen der Mitarbeiter bei ihrer Entscheidungsfindung zu berücksichtigen. Solch ein Führungsstil kann ein hohes Maß an Frustration insbesondere bei den hoch motivierten Mitarbeitern hervorrufen.

Viele dieser genannten Rahmenbedingungen von KMU weisen darauf hin, dass die Strategieentwicklung und die strategischen Entwicklungsprozesse genau auf die Anforderungen und das Umfeld von KMU zugeschnitten werden müssen.

6.3 Blue Ocean Strategy® in KMU – eine erfolgreiche Strategiealternative?

Grundgedanke der Blue Ocean Strategy® ist das Prinzip, neue Märkte ohne Konkurrenz zu schaffen. Entwickelt wurde die Methodik von W. Chan Kim und Renée Mauborgne, Professoren an der INSEAD Business School. Hierbei teilen die Autoren Märkte in sogenannte rote und blaue Ozeane auf. Rote Ozeane sind bereits vorhandene Märkte, auf denen hoher Konkurrenzkampf herrscht. Blaue Ozeane hingegen sind neu geschaffene Märkte, in denen noch kein Wettbewerb herrscht. Diese Strategie soll die allgemein übliche Beschränkung der Unternehmen auf die roten Ozeane, das heißt auf die bereits erschlossenen Märkte, umgehen. Stattdessen sollen Unternehmen versuchen, selber neue, bisher von Konkurrenten nicht eroberte Märkte, blaue Ozeane, zu erschaffen. In diesen sollten sie nicht nur auf die Bedürfnisse ihrer bestehenden Kunden aus dem bereits etablierten und vielleicht schon überlaufenen Markt eingehen, sondern versuchen, neue potenzielle Kunden zu gewinnen (vgl. Kim und Mauborgne 2005). Eine Blue Ocean Strategy® bietet somit die Möglichkeit für ein bereits bestehendes Unternehmen, die Konkurrenz zu umgehen und wie ein Start-up auf dem neu geschaffenen Markt zu wachsen.

Eine zentrale Rolle in dieser Strategie spielt der Begriff der Nutzeninnovation (vgl. Kim und Mauborgne 2005). Definiert man mit Kolter und Armstrong (2012) einen Wettbewerbsvorteil als ein überlegenes Kosten-/Nutzenverhältnis aus Sicht des Kunden, so bietet eine Nutzeninnovation mehr als eine technologische Innovation oder Marktinnovation, sie verbindet Nutzen und Preis mit einer vorteilhaften Kostenposition und erzeugt so einen Nutzengewinn für Kunden und das eigene Unternehmen.

Kim und Mauborgne (2004) schreiben dazu:

> Perhaps the most important feature of blue ocean strategy is that it rejects the fundamental tenet of conventional strategy: that a trade-off exists between value and cost. According to this thesis, companies can either create greater value for customers at a higher cost or create reasonable value at a lower cost. In other words, strategy is essentially a choice between differentiation and low cost. But when it comes to creating blue oceans, the evidence shows that successful companies pursue differentiation and low costs simultaneously (Kim und Mauborgne 2004, S. 76).

Um die Erschließung neuer Märkte, auf denen es keine Konkurrenz gibt, umzusetzen, untersuchten Kim und Mauborgne (2005) innovative Unternehmen hinsichtlich ihres Erfolgs und entwickelten daraus Instrumente zur Planung und Umsetzung einer Blue Ocean Strategy®. Ein Instrument hierbei ist das sogenannte Vier-Aktionen-Format.

Durch die Beantwortung der vier Schlüsselfragen

- „Welche der Faktoren, die die Branche als selbstverständlich betrachtet, müssen eliminiert werden?
- Welche Faktoren müssen bis weit unter den Standard der Branche reduziert werden?
- Welche Faktoren müssen bis weit über den Standard der Branche gesteigert werden?
- Welche Faktoren, die bisher noch nie von der Branche geboten wurden, müssen kreiert werden?“ (Kim und Mauborgne 2005, S. 27)

kann eine innovative Nutzenkurve erzeugt werden. Dabei zielt die Beantwortung der Fragen eins und zwei auf Kostensenkung und die Fragen drei und vier auf Nutzensteigerung. Bezugspunkt dabei ist nicht mehr der Wettbewerb, sondern ausschließlich der geforderte Nutzen aus Kundensicht (vgl. Kim und Mauborgne 2005).

Wie bereits eingangs erwähnt, finden sich Beispiele großer Unternehmen, wie z. B. Nintendo (vgl. Kim et al. o. J.) oder Southwest Airlines (vgl. Kim und Mauborgne 2005), die von der Umsetzung einer Blue Ocean Strategy® profitieren konnten. Dies unterstützt die Annahme, dass eine Blue Ocean Strategy®, zumindest für den Erfolg von größeren Unternehmen, eine relevante Option sein kann. Für viele KMU hingegen, die sich meist weniger mit strategischer Planung auseinandersetzen (vgl. z. B. Deimel 2008), ist eine Blue Ocean Strategy® ein noch wenig bekannter strategischer Ansatz zur Schaffung einer einzigartigen Wettbewerbsposition. Im wissenschaftlichen Bereich finden sich bisher nur wenige Untersuchungen, die eine Blue Ocean Strategy® im Kontext von KMU erforscht haben. In einer Studie von Butler (2008) wurde die strategische Unternehmensplanung mithilfe der Blue Ocean® Strategy unter Berücksichtigung der Firmengröße untersucht. Hierbei wurden KMU und größere Unternehmen verglichen. Im Ergebnis dieser Studie konnte unter anderem gezeigt werden, dass die dort befragten KMU die Grundprinzipien der Blue Ocean Strategy® – die Erschließung neuer Märkte sowie den Fokus auf Nichtkunden – für wichtiger erachten als große Unternehmen (vgl. Butler 2008), welches auf ein mögliches Potenzial zur Implementierung und Durchführung einer Blue Ocean Strategy® in KMU hindeutet.

Auch wenn die Blue Ocean Strategy® im Grundgedanken nicht für eine spezielle Unternehmensgröße entwickelt wurde, so unterscheiden sich KMU, wie bereits dargestellt, anhand verschiedener Charakteristika von großen Unternehmen. Diese Charakteristika könnten zum Teil hinderlich oder förderlich für eine Eignung der Blue Ocean Strategy® bei KMU sein, welches im Folgenden diskutiert wird.

Das grundlegende strategische Dilemma mittelständischer Unternehmen ist, dass diese im Wettbewerb auf den Märkten mit großen Unternehmen zum Teil gravierende

Wettbewerbsnachteile aufgrund unzureichender finanzieller und personeller Ressourcen aufweisen. Dies hat zur Folge, dass sich erfolgreiche mittelständische Unternehmen zumeist auf einem Nischenmarkt profilieren und sich dort, aufgrund fehlender Marktgröße, als Differenzierer positionieren, die es sich zur Aufgabe gemacht haben, spezifische Kundenanforderungen zu erfüllen. Erfolgreiche Hidden Champions zeichnen sich unter anderem dadurch aus, dass sie innerhalb einer eng definierten Nische zu Weltmarktführern werden konnten (vgl. Simon 2012). Aber auch solche Positionen in einer Nische kommen zunehmend unter Wettbewerbsdruck, sodass sich auch mittelständische Unternehmen laufend weiter profilieren müssen. Blue Ocean Strategy® kann hier ein probates Mittel sein, da eine erfolgreiche Implementierung einer Blue Ocean Strategy® einen Wettbewerbsvorsprung gegenüber eher unflexiblen Großunternehmen wie auch anderen mittelständischen Unternehmen schaffen kann. Der Vorteil einer solchen Strategie ist, dass hier der in der klassischen Theorie des strategischen Managements unterstellte, unmittelbare Zusammenhang zwischen einer Differenzierung und entsprechend gesteigerten Kosten durch die spezifischen Merkmale einer Nutzeninnovation aufgehoben werden kann. So kann eine Differenzierung auch zu niedrigen Kosten erreicht werden (vgl. Kim und Mauborgne 2005). Dies kommt der zuvor beschriebenen schmalen Ressourcenbasis gerade kleiner und mittlerer Unternehmen entgegen.

Ein Vorteil von KMU, gegenüber größeren Unternehmen bei der Umsetzung einer Blue Ocean Strategy®, ist die in erfolgreichen mittelständischen Unternehmen hohe Kundenorientierung. Hierdurch können Kundenbedürfnisse, die die Basis für die Identifikation von blauen Ozeanen bilden, leichter identifiziert und darauf aufbauend entsprechende Nutzeninnovationen entwickelt werden. Dabei sollte sich insbesondere auf die Gruppe der potenziellen Kunden konzentriert werden (vgl. Kim und Mauborgne 2016).

Ein weiterer Vorteil, den KMU für die Umsetzung einer Blue Ocean Strategy® mitbringen, ist die bereits beschriebene höhere Flexibilität. Durch eine geringere Größe, eine oftmals geringe Anzahl von Hierarchieebenen und einen geringen Formalisierungsgrad können sich KMU schneller an geänderte Bedingungen anpassen. Dadurch kann die Implementierung einer Blue Ocean Strategy® wesentlich schneller erfolgen, als dies in größeren Unternehmen der Fall wäre. Auch die größere Entscheidungsautonomie des Inhabers, resultierend aus der Identität von Eigentum und Leitung in vielen mittelständischen Unternehmen, kann als ein wichtiger zeitlicher Wettbewerbsvorteil mittelständischer Unternehmen bei der Einführung einer Blue Ocean Strategy® gelten.

Jedoch bringt die Stellung als KMU auch Nachteile und Risiken mit sich. Ein solcher Nachteil ist das oft geringere Strategieverständnis, welches sich häufig in einer fehlenden strategischen Planung in KMU manifestiert. Darüber hinaus ist in vielen mittelständischen Unternehmen ein Know-how-Mangel in Bezug auf die Anwendung von Strategien sowie von Strategietools festzustellen (vgl. Deimel 2008). Zur systematischen Erschließung und Aufrechterhaltung von strategischen Wettbewerbsvorteilen, die ein Unternehmen erfolgreich machen, ist eine strategische Unternehmensplanung jedoch notwendig.

Ein großer Problemfaktor bei der Umsetzung einer Blue Ocean Strategy® könnte, wie zuvor erläutert, eine nur unzureichende finanzielle und personelle Ressourcenausstattung von KMU darstellen. So erfordert die Entwicklung einer neuen Strategie erhebliche finanzielle und personelle Ressourcen, über die KMU häufig nur sehr eingeschränkt verfügen. Gerade eine geringe Kapitalausstattung erweist sich hier als entscheidendes Hemmnis. Im Falle eines Scheiterns einer Blue Ocean Strategy® kann dies für KMU zu gravierenden Einnahmeausfällen aufgrund fehlender interner Kompensationsmöglichkeiten durch andere Geschäftsfelder führen. In Verbindung mit einer geringen Kapitalausstattung kann ein Scheitern der Blue Ocean Strategy® die Existenz mittelständischer Unternehmen gefährden.

Die fehlenden personellen Ressourcen können die schnelle Entwicklung und Implementierung von neuartigen Strategien durch eine Überlastung durch das Tagesgeschäft behindern und es so größeren Wettbewerbern ermöglichen, einen neuen Ozean frühzeitig zu entdecken und diesen für sich zu erobern. Durch fehlende Einbeziehung der Mitarbeiter in strategische Planungsprozesse kann darüber hinaus die Chance verpasst werden, exzellentes Mitarbeiter-Know-how für die Strategieentwicklung zu nutzen.

6.4 Empfehlungen für die Einführung einer Blue Ocean Strategy® in KMU

KMU bringen, wie zuvor ausgeführt, meist andere Voraussetzungen mit als große Unternehmen. Diese können sowohl förderlich als auch hinderlich bei der Planung und Implementierung einer Blue Ocean Strategy® sein. Unter Berücksichtigung der Unterschiede und Gemeinsamkeiten von KMU im Vergleich zu großen Unternehmen wurde der in Abb. 6.2 dargestellte Kriterienkatalog entwickelt. Dieser soll KMU bei der Planung sowie einer erfolgreichen Umsetzung einer Blue Ocean Strategy® unterstützen. Dabei wurden die Kriterien in zwei Gruppen unterteilt. Die erste Gruppe zeigt die Kriterien, die von KMU als Grundvoraussetzung erfüllt werden sollten, um Blue Ocean Strategy® als Methode überhaupt in Betracht ziehen und anwenden zu können. In der zweiten Gruppe finden sich die Kriterien, die nach unserer Einschätzung bei der Formulierung und/oder Umsetzung der Strategie erfüllt werden sollten bzw. müssen, damit eine neu entwickelte Blue Ocean Strategy® auch ein Erfolg werden kann.

Das erste Kriterium, welches als Voraussetzung zur Planung der Blue Ocean Strategy® dient, ist das grundlegende Vorhandensein einer strategischen Planung und entsprechendem strategischen Planungs-Know-how in KMU. Hierzu zählen auch die mit einer Strategieplanung verbundene Analyseinstrumente, die beherrscht werden müssen. Insbesondere bei strategisch-qualitativen Analyseinstrumenten zeigt sich zumindest bisher bei KMU ein geringer Einsatz (vgl. Deimel 2008). Ohne strategische Planungsansätze besteht für KMU schon während der Entwicklung einer Blue Ocean Strategy® die Gefahr, nicht zielorientiert zu handeln und in der Folge zu scheitern.

	Kriterium	*Frage*
Kriterien, die von einem KMU erfüllt werden sollten, um das Konzept Blue Ocean Strategy® anzuwenden	**Strategische Planung**	Ist strategisches Planungs-Know-how vorhanden?
	Formalisierung	Sind Aufbau- und Ablauforganisation formalisiert?
	Kapitalausstattung	Ist eine ausreichende Kapitalausstattung vorhanden?
Kriterien, die während oder nach der Formulierung und/oder Umsetzung einer Blue Ocean Strategy® erfüllt werden sollten bzw. müssen	**Mitarbeiterbeteiligung**	Ist jeder Mitarbeiter für die Strategie verantwortlich?
	Nutzeninnovation	Kann mit der Strategie eine Nutzeninnovation erreicht werden?
	Einzigartigkeit	Ist die entwickelte Strategie einzigartig?
	Konsequenz	Werden alle Unternehmensaktivitäten auf die Strategie ausgerichtet?
	Weiterentwicklung	Wird die Strategie kontinuierlich weiterentwickelt?

Abb. 6.2 Kriterienkatalog

Wie bereits beschrieben, sind dieses strategische Planungs-Know-how und die entsprechenden personellen Ressourcen bei KMU oft nicht vorhanden. Häufig wird in solchen Unternehmen auch keine Notwendigkeit gesehen, eine formalisierte strategische Planung durchzuführen. Grob abgeschätzt scheint es aus den vorliegenden Ergebnissen für Unternehmen, die keine strategische Planung durchführen, nur wenig sinnvoll zu sein, über eine Blue Ocean Strategy® nachzudenken. Richtwert dabei können KMU mit einem Jahresumsatz von unter fünf Mio. Euro darstellen. Bei KMU, die unter dieser Grenze liegen, ist ein ausgiebiger strategischer Planungsprozess, wie er bei der Blue Ocean Strategy® durchzuführen ist, meistens zu aufwendig und wird daher unterlassen (vgl. Deimel 2008). Falls bisher noch nicht formal strategisch geplant wurde, sollten zumindest die Bereitschaft hierzu und die Möglichkeiten, entsprechende professionelle personelle Ressourcen bereitzustellen, vorhanden sein. Dies könnte bspw. durch die Einstellung von entsprechendem Fachpersonal oder das hinzuziehen externer Berater gelöst werden.

Zudem sollte ein gewisser Formalisierungsgrad bezüglich der Aufbau- und Ablauforganisation vorhanden sein, damit die Verantwortlichkeiten für die Planung und Umsetzung der Blue Ocean Strategy® eindeutig zugeordnet werden können. Ansonsten droht die Gefahr, dass man sich bei der Formulierung und später bei der Umsetzung „verliert“ und mit der Strategie scheitert.

Des Weiteren ist eine ausreichende Kapitalausstattung unerlässlich, um die Entwicklung und Umsetzung einer Blue Ocean Strategy® zu finanzieren und einen ausreichenden Risikopuffer für den Fall des Scheiterns verfügbar zu haben.

Ein weiteres Kriterium ist die Mitarbeiterbeteiligung. Eine Strategieumsetzung kann nur erfolgreich sein, wenn die Mitarbeiter hinter ihr stehen (vgl. Kaplan und Norton 1997; Krupp 2013). Genauso ist es auch bei der Blue Ocean Strategy®. Nur wenn das komplette Unternehmen die Strategie versteht und verinnerlicht, kann die Blue Ocean Strategy® erfolgreich umgesetzt werden (vgl. Kim und Mauborgne 2005). KMU haben in dieser Hinsicht den Vorteil, dass sie ihre Mitarbeiter aufgrund eines persönlicheren Verhältnisses innerhalb des Unternehmens oftmals schneller und einfacher erreichen können (vgl. Pfohl 2013a). Nachteilig könnte das Vorliegen eines bereits angesprochenen eher autoritären Führungsstils des Eigentümers sein, wenn dieser eine Beteiligung am strategischen Planungsprozess nicht zulässt. Daher sollten mittelständische Unternehmen die Mitarbeiter bereits in den Prozess der Strategieformulierung einbeziehen. Dadurch kann nicht nur das Know-how der Mitarbeiter eingebracht werden, sondern bereits in einem frühen Stadium Akzeptanz und persönliche Identifikation mit der Blue Ocean Strategy® des Unternehmens geschaffen werden. Wenn die Belegschaft sich mit der Strategie identifiziert, erleichtert dies oftmals auch die spätere Umsetzung und erhöht die Wahrscheinlichkeit eines Erfolgs der Blue Ocean Strategy® (vgl. Kim und Mauborgne 2005).

Im Zentrum einer Blue Ocean Strategy® steht die zuvor angesprochene Nutzeninnovation, welche bei der Formulierung und Umsetzung einer solchen Strategie in jedem Fall berücksichtigt werden muss. Dabei geht es allerdings nicht einfach um eine bspw. technische Innovation, sondern darum, dass dem Kunden durch die neue Strategie ein deutlicher Nutzen geboten werden, während es einem Unternehmen im gleichen Zug gelingt, die Kosten zu reduzieren (vgl. Kim und Mauborgne 2005). Dies muss während der Strategieentwicklung bereits antizipiert werden. Hilfreich sollten dabei die von Kim und Mauborgne (2005) vorgestellten Analyseinstrumente zur Formulierung und Umsetzung einer Blue Ocean Strategy® sein, wie das bereits erwähnte Vier-Aktionen-Format.

Ein weiteres Kriterium ist die Einzigartigkeit einer neu zu entwickelnden Strategie. Innovative Strategien dürfen nicht unmittelbar kopierbar sein. Ansonsten wird aus dem geschaffenen blauen Ozean direkt wieder ein roter Ozean und der möglicherweise gewonnene Wettbewerbsvorteil geht wieder verloren (vgl. zu Imitationshindernissen auch Kim und Mauborgne 2005).

Ein anderes Kriterium, welches KMU erfüllen sollten, ist die Konsequenz. Sollte das Unternehmen sich für eine Blue Ocean Strategy® entscheiden, müssen alle Aktivitäten des Unternehmens auch auf diese Strategie ausgerichtet sein (vgl. Deimel et al. 2013; Kim und Mauborgne 2005; hierzu auch Friedag und Schmidt 2015). Ebenfalls können hierbei die von Kim und Mauborgne (2005) vorgestellten Instrumente zur Formulierung und Umsetzung einer Blue Ocean Strategy® hilfreich sein.

Schließlich sollte die neu gewählte Strategie kontinuierlich weiterentwickelt werden. Das heißt, dass Unternehmen versuchen müssen, einen blauen Ozen so lange wie möglich aufrecht zu erhalten. Denn, auch wenn es unter Umständen Jahre dauern kann, ist die Wahrscheinlichkeit hoch, dass früher oder später Nachahmer auftauchen und aus einem eroberten blauen Ozean mit der Zeit wieder ein roter Ozean wird (vgl. Burke et al. 2010; Kim und Mauborgne 2005).

6.5 Fazit

Eine Blue Ocean Strategy® kann für KMU eine große Chance darstellen. Durch die Schaffung neuer Märkte ohne Konkurrenz kann natürlich auch kleinen und mittleren Unternehmen profitables Wachstum ermöglicht werden.

Jedoch ist auch eine Blue Ocean Strategy® mit entsprechenden Risiken verbunden, die gegebenenfalls in KMU, beispielsweise durch eine geringere Ressourcenausstattung oder fehlendes strategisches Planungs-Know-how, im Vergleich zu größeren Unternehmen erhöht sein könnten. Der hier vorgestellte Kriterienkatalog soll dazu beitragen, Vorüberlegungen zu einer Blue Ocean Strategy® sowie die Umsetzung zu unterstützen und somit die Erfolgswahrscheinlichkeit solch einer Strategie zu erhöhen.

Literatur

Amtsblatt der Europäischen Union. (2003). *Empfehlung der Kommission vom 6. Mai 2003 betreffend die Definition der Kleinstunternehmen sowie der kleinen und mittleren Unternehmen* (bekannt gegeben unter Aktenzeichen K (2003) 1422). http://eur-lex.europa.eu/legalcontent/DE/TXT/?uri=celex:32003H0361. Zugegriffen: 21. Dez. 2016.

Bundesministerium für Wirtschaft und Technologie. (2010). *Neun Punkte für den Mittelstand.* https://www.bmwi.de/BMWi/Redaktion/PDF/MO/mittelstand-neun-punkte,property=pdf,bereich=bmwi,sprache=de,rwb=true.pdf. Zugegriffen: 21. Dez. 2016.

Burke, A., Stel, A. van, & Thurik, R. (2010). Blue ocean vs. five forces. *Harvard Business Review, 88*(5), 28.

Butler, C. (2008). Planning with blue ocean strategy in the United Arab Emirates. *Strategic Change, 17*(5–6), 169–178.

Deimel, K. (2008). Stand der strategischen Planung in kleinen und mittleren Unternehmen (KMU) in der BRD. *Zeitschrift für Planung & Unternehmenssteuerung, 19*(3), 281–298.

Deimel, K., & Kraus, S. (2007). Strategisches Management in kleinen und mittleren Unternehmen – Eine empirische Bestandsaufnahme. In P. Letmathe, J. Eigler, F. Welter, D. Kathan, & T. Heupel (Hrsg.), *Management kleiner und mittlerer Unternehmen* (S. 155–169). Wiesbaden: Deutscher Universitäts-Verlag.

Deimel, K., Heupel, T., & Wiltinger, K. (2013). *Controlling*. München: Vahlen.

Faißt, B. (2005). Keine Angst vorm Rating. *Controller Magazin, 2005*(1), 51–60.

Finanzgruppe Deutscher Sparkassen- und Giroverband. (Hrsg.). (2014). *Diagnose Mittelstand.* Berlin: Finanzgruppe Deutscher Sparkassen- und Giroverband.

Friedag, H., & Schmidt, W. (2015). *Strategiearbeit erfordert Einfachheit und Konsequenz*. http://www.haufe.de/controlling/controllerpraxis/strategien-erarbeiten-und-umsetzen-mit-der-balanced-scorecard/strategiearbeit-erfordert-einfachheit-und-konsequenz_112_320294.html. Zugegriffen: 26. Okt. 2015.

Fröhlich, E., Pilcher, J. H., & Pleitner, H. J. (2000). Größe in der Kleinheit. In J. H. Pichler, H. J. Pleitner, & K.-H. Schmidt (Hrsg.), *Management in KMU. Die Führung von Klein- und Mittelunternehmen* (3. Aufl., S. 11–42). Bern: Haupt.

Haunschild, L., & Wolter, H. J. (2010). *Volkswirtschaftliche Bedeutung von Familien-und Frauenunternehmen* (No. 199). Bonn: IfM-Materialien, Institut für Mittelstandsforschung (IfM).

Institut für Mittelstandsforschung Bonn. (2016). KMU-Definition des IfM Bonn. http://www.ifm-bonn.org/definitionen/kmu-definition-des-ifm-bonn/. Zugegriffen:10. Febr. 2016.

Institut für Mittelstandsforschung Bonn. (o. J.). Mittelstandsdefinition des IfM Bonn. http://www.ifm-bonn.org/definitionen/mittelstandsdefinition-des-ifm-bonn/. Zugegriffen: 10. Febr. 2016.

Kaplan, R. S., & Norton, D. P. (1997). *Balanced Scorecard. Strategien erfolgreich umsetzen*. Stuttgart: Schäffer-Poeschel.

Kim, W. C., & Mauborgne, R. (2004). Blue ocean strategy (S. 71–80). Boston: Harvard Business Review Press.

Kim, W. C., & Mauborgne, R. (2005). *Der Blaue Ozean als Strategie. Wie man neue Märkte schafft wo es keine Konkurrenz gibt*. München: Hanser.

Kim, W. C., & Mauborgne, R. (2016). *Der Blaue Ozean als Strategie. Wie man neue Märkte schafft wo es keine Konkurrenz gibt* (2. Aufl.). München: Hanser.

Kim, W. C., Mauborgne, R., & Hunter, J. (o. J.). Nintendo WII. Lessons lerned from noncustomers. https://www.blueoceanstrategy.com/teaching-materials/nintendo-wii/. Zugegriffen: 9. Okt. 2015.

Kotler, P., & Armstrong, G. (2012). *Principles of marketing* (14. Aufl.). Boston: Pearson.

Krupp, A. D. (2013). *Unternehmensplanung und Kontrolle: Kompakt*. Norderstedt: BoD – Books on Demand.

Le Breton-Miller, I., & Miller, D. (2006). Why do some family businesses out-compete? Governance, long-term orientation, and sustainable capability. *Entrepreneurship Theory and Practice, 30*(6), 731–746.

Mugler, J. (1998). *Betriebswirtschaftslehre der Klein- und Mittelbetriebe* (3. Aufl.). Wien: Springer.

Pfohl, H.-C. (2013a). Abgrenzung der Klein- und Mittelbetriebe von Großbetrieben. In Pfohl, H.-C. (Hrsg.), *Betriebswirtschaftslehre der Mittel- und Kleinbetriebe. Größenspezifische Probleme und Möglichkeiten zu ihrer Lösung* (5. Aufl., S. 1–25). Berlin: Schmidt.

Pfohl, H.-C. (2013b). Unternehmensführung. In H.-C. Pfohl (Hrsg.), *Betriebswirtschaftslehre der Mittel- und Kleinbetriebe. Größenspezifische Probleme und Möglichkeiten zu ihrer Lösung* (5. Aufl., S. 85–117). Berlin: Schmidt.

Schauf, M. (2009). Grundlagen der Unternehmensführung im Mittelstand. In M. Schauf (Hrsg.), *Unternehmensführung im Mittelstand* (2. Aufl., S. 1–30). München: Hampp.

Seiter, C., & Heinemann, K. (2012). Mit den richtigen Instrumenten zum Erfolg: Ein neues Toolkit für die strategische Planung in kleinen und mittelständischen Unternehmen. *Die Karlsruher Marketing Fachschrift: MarkeZin, 3,* 4–16.

Simon, H. (2012). *Hidden Champions – Aufbruch nach Globalia. Die Erfolgsstrategien unbekannter Weltmarktführer*. Frankfurt: Campus.

Söllner, R. (2014). Die wirtschaftliche Bedeutung kleiner und mittlerer Unternehmen in Deutschland. *Wirtschaft und Statistik, 1,* 40–51.

Welter, F. (2003). *Strategien, KMU und Umfeld – Handlungsmuster und Strategiegenese in kleinen und mittleren Unternehmen*. Berlin: Duncker & Humbolt.

Blaue Ozeane als strategisches Ziel: Risiko oder Chance für den Mittelstand?

7

Thomas Heupel und Gero Hoch

Inhaltsverzeichnis

7.1 Einführung: Zur Notwendigkeit einer Umorientierung und zum Anwendungsbeispiel

Kleine und mittlere Unternehmen sind in besonderem Maße vom Wandel der Ökonomie gefordert, der bei höherer Komplexität der Wertschöpfungsprozesse differenzierteres Agieren erfordert als gewohnt. Heute sind darüber hinaus auch Mittelständler längst über

T. Heupel
FOM Hochschule, Essen, Deutschland
E-Mail: thomas.heupel@fom.de

G. Hoch (✉)
Universität Siegen, Siegen, Deutschland
E-Mail: hoch@bwl.wiwi.uni-siegen.de

T. Barsch et al. (Hrsg.), *Die Blue-Ocean-Strategie in Theorie und Praxis,* FOM-Edition,
https://doi.org/10.1007/978-3-658-15480-6_7

die Landesgrenze hinweg mit teilweise verteilten Wertschöpfungsprozessen weltweit aktiv. Eine extrem schnelle Anpassungsfähigkeit sowie hohe Innovationsraten sind entscheidende Erfolgsfaktoren. Es gibt Best-Practice-Beispiele dafür, dass es sich empfiehlt, den Herausforderungen nicht nur reaktiv zu begegnen:

Hermann Simon hat die Gruppe der regional verankerten, aber weltweit agierenden Unternehmen als „Hidden Champions" bezeichnet. Aber haben deren Erfolgsstrategien nach wie vor Vorbildcharakter oder müssen sie eher um neue Strategiealternativen angereichert werden? In Zeiten, in denen auch in Nischenmärkten die Konkurrenz der Leistungsangebote zum Verdrängungswettbewerb führt, sind möglicherweise Strategiealternativen gefragt, die über zuvor in diesem Band ausgeführte Zugänge von Porter hinausgehen (Kostenführerschaft, Differenzierungsstrategie und Nischenstrategie). Eine hohe Anbieterdichte, scharfer Preiswettbewerb sowie eine tendenziell stagnierende Innovationskraft sind Herausforderungen für Anbieter in fast allen Wirtschaftsbereichen. Unternehmen kämpfen um Marktanteile, Kunden und Profite und geraten hierbei in Wettbewerbskonflikte mit nationalen, aber auch internationalen Konkurrenten (vgl. Heide 20. Mai 2015).

Durch den Abbau von Handelsschranken verschwinden Barrieren und mit ihnen immer mehr Nischenmärkte und monopolähnliche Marktbedingungen (vgl. Giersch 28. Januar 2015). Die Marktvolumina stagnieren bei kürzeren Produktlebenszyklen und die Konsumenten sehen sich einer Vielzahl von Dienstleistungen und Produkten gegenüber, die kaum voneinander zu unterscheiden sind (vgl. Großklaus 2015, S. 1). Es ist für die Unternehmen sehr erschwert, ihre Marken mit technischen Qualitätsmerkmalen abzugrenzen. Vielmehr werden die Leistungen der Unternehmen für den Konsumenten substituierbar (vgl. Kroeber-Riel und Esch 2000, S. 20). In einer repräsentativen Studie von BBDO Consulting, die in den Jahren 2004 und 2009 durchgeführt wurde, stellte sich heraus, dass Konsumenten Marken deutlich häufiger als früher nicht mehr auseinanderhalten können (vgl. Kroeber-Riel und Esch 2000, S. 20). Die geringste empfundene Austauschbarkeit von Marken hatten die Bereiche Automobile, Bekleidung und Parfüm mit 64 %. Das sind zwei Prozentpunkte mehr als noch im Jahr 2004. Bei Verbrauchsmarken liegt die wahrgenommene Markengleichheit im Durchschnitt bei 67,5 % (vgl. Sander et al. 2009, S. 18 ff.). Die größere Ähnlichkeit hat zur Folge, dass Käufer ihre Produktwahl stärker am Preis orientieren. Dementsprechend sehen sich Unternehmen veranlasst, kontinuierlich die Preise zu senken, was sinkende Gewinnspannen mit sich bringt. Diese marktliche Enge kann auch als „Red Ocean®" gekennzeichnet werden, was symbolhaft für einen „Kampf der Haifische bis aufs Blut" steht.

Aus diesen Gründen brauchen Unternehmen neue Wege, um sich auf dem Markt behaupten zu können. Tradierte Strategien und Managementmethoden sind unter anderen Rahmenbedingungen entstanden (vgl. Kim und Mauborgne 2015, S. 8 f.). Neue Handlungsoptionen sind gefragt, wofür bildhaft symbolisch der Begriff „Blue Ocean Strategy®" steht, der vor dem Hintergrund der angeführten Entwicklungen an Bedeutung gewinnt (zum Basiskonzept vgl. Kim und Mauborgne 2005).

Der vorliegende Beitrag versucht, die Erfolg versprechenden Strategiezugänge der „Hidden Champions"-Forschung mit den Potenzialen einer „Blue Ocean Strategy®" zusammenzuführen, wozu auch gehört, das bestehende Instrumentenset mittelstandskonform zu transformieren.

Dazu werden zunächst die Nischenstrategie Porters sowie die Supernischenstrategie als etablierte Basisstrategie der Hidden Champions charakterisiert. Zugleich wird auch aufgezeigt, dass die Entwicklungen in den Umfeldbedingungen neue Strategieoptionen naheliegend erscheinen lassen. In diesem Sinne wird das Konzept der Blue-Ocean®-Strategie auf seine Passung für KMU geprüft und dazu schließlich ein transformiertes Messinstrument – das TMRS-Diagramm – vorgestellt, am konkreten Beispiel exemplifiziert und in der Verallgemeinerung durch entsprechend abgeleitete Handlungshinweise für KMU skizziert.

Als Beispiel soll dabei das Unternehmen Weber Maschinentechnik GmbH aus Bad Laasphe dienen (Weber MT).[1] Das Unternehmen bedient als Spezialanbieter für Baumaschinen eine Marktnische und ist dort mit deutlichen Alleinstellungsmerkmalen (USP) gut platziert. Mit dynamischen Silageverdichtern wurden von dem Unternehmen Weber MT neue Produkte für gänzlich neue Märkte entwickelt. Da es sich hier um die Gewinnung von ganz neuen Kundengruppen handelt, kann darin eine Diversifikation in einem „Blue Ocean®"-Markt gesehen werden.[2] In den folgenden Abschnitten wird das Beispielunternehmen zunächst zur Verdeutlichung der Basisstrategien „Nische" und „Supernische" herangezogen. Anschließend soll daran auch die methodengestützte Bewertung des „Blue-Ocean®"-Potenzials mittels des neu entwickelten TMRS-Diagramms erfolgen.

7.2 Grenzen des konventionellen Vorgehens: Die Supernischenstrategie als etablierte Basisstrategie der Hidden Champions

Durch Henry Mintzberg ist bekannt, dass sich erfolgreiches Managen im Dreieck zwischen Kunst, Handwerk und Wissenschaft abspielt (vgl. Mintzberg 2010, S. 23). Bei Mintzberg steht die Kunst für Visionen und für kreative Ideen, das Handwerk für Erfahrung und Lernfähigkeit, und die Wissenschaft steht für Analyse und systematisches Vorgehen (vgl. Mintzberg 2010, S. 24, bereits 2005 erstmals von Mintzberg so verwendet).

[1]Mit freundlicher Genehmigung der Weber MT: Näheres zu Unternehmen und Produkten vgl. www.webermt.de (Weber 2016a).

[2]Eine abschließende Bewertung ist zum gegenwärtigen Zeitpunkt noch nicht möglich. Dennoch erscheint das Beispiel geeignet, das Blue-Ocean®-Konzept näher zu verdeutlichen.

Vor diesem Hintergrund sind zahlreiche bewährte Zugänge zur strategischen Unternehmensführung seit Igor Ansoffs Produkt-Markt-Matrix (1962) zu Erfolgsstrategien formuliert worden (vgl. Produkt-Markt-Strategie nach Ansoff in: Fischer et al. 2012, S. 169–171). Hervorzuheben sind die generischen Strategiealternativen Porters, die durch Anwendung unterschiedlicher offensiver und defensiver Maßnahmen das Ziel verfolgen, das Unternehmen gegen die fünf Kräfte des Wettbewerbs branchenfokussiert zu verteidigen (vgl. Porter 1999, S. 57 f.). Die 5 Forces (Fünf-Kräfte-Modell nach Porter) analysieren

1. die Bedrohung durch potenzielle neue Konkurrenten,
2. die Verhandlungsstärke der Kunden,
3. eine Bedrohung durch Substitute,
4. die Verhandlungsstärke der Lieferanten,
5. die Rivalität unter den bestehenden Unternehmen in der Branche (vgl. Knop 2009, S. 58).

Die Identifikation der treibenden Kräfte reicht aber allein nicht aus, um einen umfassenden Wettbewerbsvorteil zu erreichen. Aufbauend auf der Analyse der Branche folgt die Positionierung je nach Wettbewerbsvorteil des Unternehmens (vgl. Schuh und Kampker 2011, S. 111 f.). Nach Porter lassen sich Wettbewerbsvorteile durch die folgenden Ausprägungen unterscheiden (Abb. 7.1). Aber sind diese auch für den Mittelstand geeignet?

- Kostenführerschaft
- Differenzierung (Qualitätsführerschaft)
- Fokussierung (Nischenbearbeitung) (vgl. Porter 1987, S. 62 ff.)

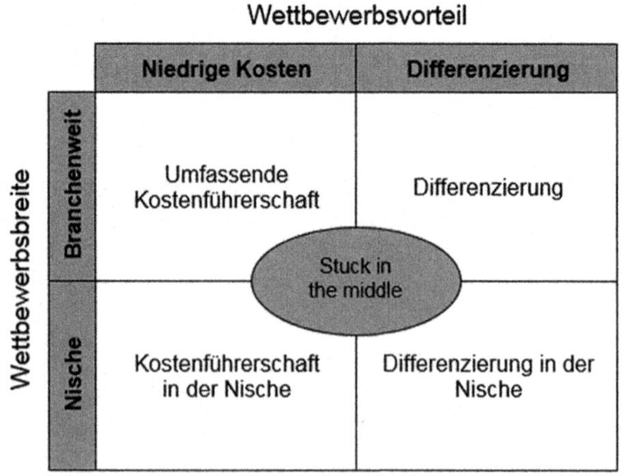

Wettbewerbsvorteil

Wettbewerbsbreite	Niedrige Kosten	Differenzierung
Branchenweit	Umfassende Kostenführerschaft	Differenzierung
Nische	Kostenführerschaft in der Nische	Differenzierung in der Nische

Stuck in the middle

Abb. 7.1 Wettbewerbsstrategien nach Porter. (Quelle: vgl. Herrmann und Huber 2013, S. 116)

- Mittels der *Kostenführerschaft* generieren Unternehmen einen komparativen Kostenvorsprung vor der Konkurrenz und liefern Produkte mittlerer Art und Güte zu vergleichsweise niedrigen Kosten. Über strenge Kostenkontrolle, produktivitätssteigernde Maßnahmen sowie Standardisierung wird kontinuierlich versucht, die Stückkosten für ein Produkt zu senken, um dadurch eine erfolgreiche Preis-Mengen-Strategie durchzusetzen (vgl. Lippold 2013, S. 367 f.). Solche Unternehmen realisieren insbesondere über Größendegressionseffekte auskömmliche Gewinne, was den Einsatz effizienter Produktionsanlagen, eine strikte Kontrolle der direkten und indirekten Kosten sowie das Vermeiden von nicht wertschöpfenden Tätigkeiten fordert. Nur Unternehmen, die über strukturelle Kostenvorteile oder effizientere Entwicklungs-, Produktions- und Vermarktungsprozesse verfügen, haben hier komparativ einen längerfristigen strategischen Vorteil (vgl. Porter 1989, S. 32, 2004, S. 35). Aus den letztgenannten Gründen ist aber die Kostenführerschaft gerade für KMU generell unerreichbar, da diese nicht über die nötige finanzielle Ausstattung verfügen. Nur mittels erheblicher Investitionen können z. B. voll automatisierte Fertigungsstraßen Größendegressionseffekte generieren.
- Die zweite Strategieoption Porters – *die Differenzierung* – zielt auf die Ausbildung von Alleinstellungsmerkmalen. Unternehmen reichern ihr Angebot mit einem wertgeschätzten Zusatznutzen sowie eigenständigen Leistungskriterien an. Für diesen Mehrwert ist der Kunde dann auch bereit, einen deutlich höheren Preis zu zahlen. Eine solche „Unique Selling Proposition (USP)" ist über eine herausragende Qualität, einen besonders hohen Grad an Innovation oder eine besondere Produktausstattung zu erzielen. Diesbezügliche Anforderungen sind unter anderem über eine innovative, kontinuierliche und erfolgreiche Forschungs- und Entwicklungsabteilung, gutes Marketing, ein gutes Image sowie hoch qualifiziertes Fachpersonal zu erreichen (vgl. Porter 1999, S. 77). Auch ein ausgebautes Händler- und Servicenetz, besondere Designanmutungen oder technologische Systemkompatibilitäten zählen zu den objektiv wahrnehmbaren Mehrwerten der Leistung (vgl. Porter 2004, S. 37 ff.). Auch diese Strategieoption erfordert einen erheblichen Ressourceneinsatz, der von KMU meist nicht zu leisten ist. Daher ist auch diese Basisstrategie für KMU kaum geeignet.
- Erst Porters dritte Strategieausprägung, die *„Fokussierung"* bzw. die „Konzentration auf Schwerpunkte" (Nischenstrategie) eignet sich speziell für den Mittelstand. Hier werden von Unternehmen sehr spezifische Leistungsangebote für ausgewählte Teilmärkte entwickelt und zum Teil auch in hohem Maße nach Kundenwünschen individualisiert. Dies fordert zwar die Orientierung an einer bestimmten Personengruppe, einem sehr engen Absatzprogramm oder einem geografisch abgegrenzten Markt. Die kleineren Segmente geben KMU aber dafür die Möglichkeit, im Schutz von Markteintrittsbarrieren zu wachsen (vgl. Porter 2004, S. 38; Wallau 2006). Im Gegensatz zur Strategie der Kostenführerschaft und Differenzierung ist hier das Ziel des Unternehmens, ein enges Segment zu bedienen, was kleine und mittlere Unternehmen mit ihrer reduzierten Kapitalausstattung deutlich besser leisten können. Die Konzentration auf ein spezielles Marktsegment mildert zumeist auch den ansonsten harten

Wettbewerbsdruck. Mit ihrer Flexibilität und dem „Ohr am Kunden" können kleine und mittlere Unternehmen individuellere Lösungen auf nahezu perfekte Weise bieten. Gepaart mit einem herausragenden Kundenservice, einer hohen Produktivität, Qualitätskontrollen für Produkte und Dienstleistungen sowie typischerweise auch einer hohen Identifizierung des Verkaufspersonals mit dem Unternehmen sind weitere Voraussetzungen gegeben, die KMU unter Umständen als Hidden Champions mit überdurchschnittlichem Wachstum an die Weltspitze führen können.
An dieser Stelle soll erneut auf das Beispielunternehmen hingewiesen werden. Die Weber MT ist in der Tiefbaubranche einer der führenden Anbieter im Bereich handgeführte Verdichtung. Mit Sitz in Bad Laasphe ist das Unternehmen als Spezialist für die Bauindustrie nahezu weltweit bekannt. Pro Jahr werden mehr als 12.000 Maschinen gebaut. Mit rund 240 Mitarbeiterinnen und Mitarbeitern entwickelt, fertigt und vertreibt das Unternehmen Vibrationsplatten, Vibrationsstampfer, Walzen, Fugenschneider und Bodenverdichter für die Bauindustrie. Die hier als Beispiel verwendete Agrartechnik ist ein weiterer, völlig neuer Produktbereich des Unternehmens (vgl. Weber 2016b, c).

Defizithypothese Im Rahmen dieses Abschnitts wurden die Strategiealternativen Porters dargestellt. Vor dem Hintergrund größerer Dynamik und Komplexität in den Märkten stellt sich aber die Frage nach weiteren Anpassungen dieser rund 40 Jahre alten Ausgangsstrategien. Aktuelle Rahmen- bzw. Umfeldbedingungen sprechen für das Erfordernis einer strategieimmanenten Berücksichtigung. Hier setzen Hermann Simons Thesen zur erfolgszentrierten Entwicklung von Hidden-Champion-Unternehmen an. Die Porter'sche Nischenstrategie wird zur „Supernische" weiterentwickelt. Was bei Porter als singuläre Strategieoption formuliert wird, fächert Simon auf. Er stellt in seinen Werken „Die heimlichen Gewinner" (vgl. Simon 1997), „Die Hidden Champions des 21. Jahrhunderts" (vgl. Simon 2007) und „Aufbruch nach Globalia" (vgl. Simon 2012) im Kern empirisch gestützte Handlungsmuster fest.

Die „Supernische" „Hidden Champions" streben die Marktführerschaft in engen und nach außen abgegrenzten Marktsegmenten an. Sie konzentrieren sich in dieser durch Markteintrittsbarrieren geschützten „Supernische" auf ihre Kernkompetenzen und vermeiden Ablenkungen oder Verzettelungen durch größere Differenzierung oder Diversifikation. So fertigen sie beispielsweise Spezialmaschinen selbst, um kein Fertigungs-Know-how an einen externen Maschinenbauer herausgeben zu müssen. Da die KMU Gefahr laufen, mit einem Technologiesprung zugleich auch in der Nische unterzugehen, haben diese eine spezifische Wachstumsstrategie entwickelt. Das Überleben in der Supernische wird durch die *weiche Diversifikation* möglich. Anders als bei der konventionellen Diversifikation, bei der ein größeres Risiko für das Unternehmen unterstellt werden kann, wird hier keine radikale Neuorientierung in gänzlich neuen

Produkt-Markt-Kombinationen gesucht. Vielmehr versuchen die Hidden Champions in einem weichen Übergang von Markt- und Produktentwicklung, an den Rändern zu wachsen (Abb. 7.2). Beispielsweise nutzen die Unternehmen ihre Branchenkenntnisse und Marktzugänge, um komplementäre Produkte der Zielgruppe anzubieten.

Der Weg der Hidden Champions Die „Hidden Champions" sind zumeist hochinnovativ, sowohl im Produkt als auch in den Prozessen. Durch kontinuierliche Innovationen verteidigen sie ihre Position. Markt und Technik sind für sie gleichwertige Antriebskräfte, somit eine Kombination der beiden strategischen Grundhaltungen „resource-based view" und „market-based view". Schwer nachahmbare interne Kompetenzen profitieren von einer klaren Wettbewerbsorientierung, die mehr auf Alleinstellungsmerkmale als auf Kostenvorteile zielt. Stetige Innovation ist die Triebfeder des Erfolges. So ermittelte die Wirtschaftsuniversität Wien, dass erfolgreiche deutsche Unternehmen mehr als 50 % ihres Umsatzes und knapp 60 % ihres Gewinns mit Produkten erzielen, die nicht älter sind als drei Jahre (Frank 2004, S. 4). Zwar haben kleine und mittlere Unternehmen keine großen und eigenständigen Entwicklungsabteilungen, aber das „Ohr am Kundenwunsch" erzeugt hier die „Innovation zwischen den Werkbänken" (Hoch und Heupel 2014, S. 252). Sie vertrauen dabei ausschließlich auf ihre eigenen Kräfte (resource-based) und negieren Kooperationen und strategische Allianzen. Im internationalen Umfeld der Mitwettbewerber heißt dies, Eigenständigkeit zu wahren und Kernkompetenzen zu schützen. Mittelständler müssen zwar zwingend systematisch neue Märkte erschließen, dabei aber versuchen, den Marktzuwachs mit eigenen Innovationen und nicht mit Kostenvorteilen durch Kooperationen zu erreichen.

Beide Strategiegrundhaltungen zusammen machen den Erfolg aus (vgl. Heupel und Hoch 2009, S. 95). So ist für erfolgreiche Mittelständler typisch, dass sie einerseits die

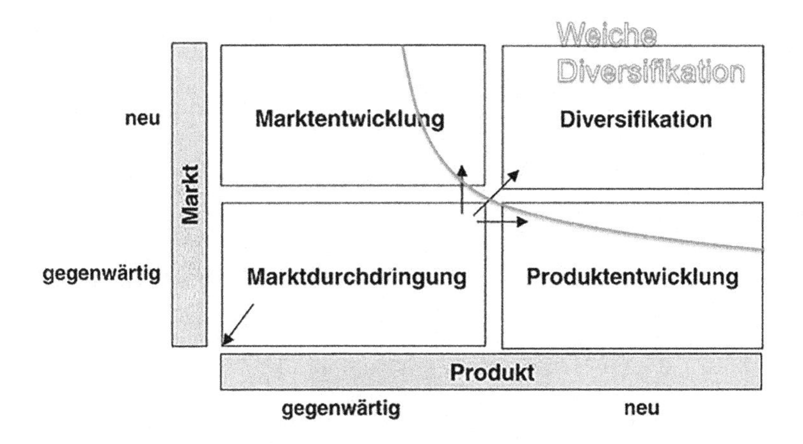

Abb. 7.2 Weiche Diversifikation

eigenen Stärken kennen, sie systematisch entwickeln und auf der anderen Seite auch über einen guten Marktzugang verfügen.

Auch die Erweiterung der Nischenstrategie zur Supernische lässt sich anhand des Beispielunternehmens Weber MT nachvollziehen.

Dazu können Produkte aus dem angestammten Produktionsprogramm herangezogen werden: So liegt die Garantiekostenquote des bewährten CR 3 Bodenverdichters weit unter dem Branchendurchschnitt. Ein weiteres Beispiel ist die Einführung von Elektronik und Digitalisierung bei handgeführten Verdichtern. Das Unternehmen war der erste Anbieter der Branche, der elektronische Verdichtungsmessung am Gerät auf den Markt gebracht hat. Dies war ein Technologiesprung bei der Wirtschaftlichkeit des Betriebs nebst Schwachstellenanalyse bei der Bodenbeschaffenheit. Inzwischen wurde dies zu einer Armaturentafel erweitert, die elektronisches Motordatenmanagement (MDM) ermöglicht, z. B. durch Anzeige von Wartungsbedarf bei Luftfilter, Ölstand und sonstigem Servicebedarf. Als nächste Innovationsstufe wird GPS-Navigation zur Gerätelokalisierung als Wunschausstattung in Kürze verfügbar sein (vgl. Weber 2015, 2016a, b, c).[3]

Aber auch mit einem gänzlich neuen Produkt für neue Kundengruppen wird eine neue Nische bedient: Der Baumaschinenhersteller Weber MT hat die Landwirtschaft entdeckt – Warum nicht eine Silage (z. B. Futtermittelsilage) mit einer Rüttelwalze verdichten? Nach zahlreichen Versuchen hat die Firma einen Prototypen zum Patent angemeldet.

Betrachten wir daher im Folgenden die Neuentwicklungen des Unternehmens auf dem Agrarsektor. Durch den Einsatz des Silageverdichters DSC 180 kann eine deutlich höhere Dichte (genannt werden bis zu 30 %) gegenüber der statischen Verdichtung durch das Gewicht eines Traktors erzielt werden, und das auch noch schneller. Durch vibrierende Walzkörper wird die Silage verdichtet und vorhandene Siloflächen können effizienter genutzt werden. Schädliche Bakterien, Schimmelpilze, Gärsäuren und Hefen, die den Energiegehalt reduzieren, werden dabei minimiert. Mittels dieser Innovation profitieren Landwirte und auch die Betreiber von Biogasanlagen. Der Silageverdichter DSC 180 eignet sich für den Einsatz auf Mais-, GPS- und Grassilage. Zudem kommt später eventuell die gelegentliche Verdichtung von Schotter-, Feld- oder Waldwegen als Sekundärverwendung[4] in Betracht (Abb. 7.3).

Hier könnte es sich um einen Blue-Ocean®-Markt handeln, was im Folgenden mittels des modifizierten Bewertungsdiagramms gezeigt werden soll.

---

[3]Interessant unter anderem für Vermieter von Baumaschinen.

[4]Denkbare Sekundärverwendung nach baulichen Veränderungen.

Abb. 7.3 Dynamischer Silageverdichter DSC 180. (Quelle: Weber 2016d)

7.3 Zielgerichtet modifizierte Strategieoptionen: Was kann der Mittelstand aus der Blue-Ocean®-Strategie lernen?

Es bietet sich an, nach möglichen Impulsen für die Entwicklung der bereits für KMU modifizierten „Nischenstrategie" aus dem Konzept der Blue-Ocean®-Strategie zu suchen, da Ähnlichkeiten, wie die Schaffung von Alleinstellungsmerkmalen, nicht zu übersehen sind. Es könnte daher möglich sein, auf Basis des Konzepts von Kim und Mauborgne eine weitere Entwicklungsstufe der Nischen- bzw. Supernischenstrategie abzuleiten.

7.3.1 Abgrenzung der Blue-Ocean®-Strategie nach Kim und Mauborgne

Jedes am Markt teilnehmende Unternehmen versucht, sich durch Wettbewerbsvorteile den größtmöglichen Anteil am Absatzmarkt zu verschaffen (vgl. Porter 2014, S. 31 f.). Die Blue-Ocean®-Strategie verfolgt einen anderen Ansatz und legt den Fokus der Strategie nicht auf den Wettbewerb, sondern auf Märkte, auf denen es (noch) keinen Wettbewerb gibt. „Die Konkurrenz lässt sich demnach nur auf eine Weise schlagen: Indem man aufhört, es zu versuchen" (Kim und Mauborgne 2015, S. 4). Die Strategie unterscheidet die Marktausprägungen der zu meidenden „Red Oceans®" und der anzusteuernden „Blue Oceans®" (Kim und Mauborgne 2015, S. 9 ff.). Unter Red

Oceans® werden exakt definierte Märkte gefasst, die hart umkämpft sind, gekennzeichnet von imitierbarer Massenware und starkem Kostendruck (Kim und Mauborgne 2015, S. 4). Blaue Ozeane werden hingegen als bisher noch nicht erschlossene Märkte mit gänzlich neuem Nachfragepotenzial verstanden (Kim und Mauborgne 2015, S. 3 f.). Die Blue-Ocean®-Strategie möchte gänzlich neue Märkte strategisch durch Nutzeninnovation erschließen. Als Nutzeninnovation wird die Senkung der Kosten bei gleichzeitiger Steigerung des Kundennutzens definiert, wodurch für beide Seiten ein Nutzen entsteht. Die Darstellung in Tab. 7.1 kennzeichnet die beiden differenten Marktstrategien.

7.3.2 Instrumente der Analyse

Für die Identifikation dieser neuen unbesetzten Produkt-Markt-Kombinationen (Segmente) bieten Kim und Mauborgne folgende Analyseinstrumente an (vgl. Kim und Mauborgne 2015, S. 11 ff.), die dann bei Eignung für den Mittelstand nutzbar gemacht werden müssten:

Strategische Kontur – Visualisierung des Status quo Der Status quo des Marktes bildet den Ausgangspunkt für jede Nutzeninnovation. Mittels strategischer Kontur wird visualisiert, auf welchen Feldern die Wettbewerber sich bekämpfen, was Kunden von den Unternehmen auf dem Markt bekommen und in welche Faktoren das Unternehmen am meisten investiert, um sich von der Konkurrenz abzuheben (vgl. Eckert 2014, S. 141 f.; Kim und Mauborgne 2015, S. 27 f.). Dadurch können Differenzierungsmerkmale systematisch herausgearbeitet und Abgrenzungspotenziale bewertet werden (vgl. Abele 2013, S. 127). Wenn es gelingt, unwichtige Leistungskriterien zu reduzieren und neue Nutzen zu stiften, kann eine Neupositionierung in einem „Blue Ocean®" gelingen. Die vertikale Achse der strategischen Kontur gibt dabei an, wie hoch der Wert eines wahrgenommenen Merkmals ist. Durch die Verbindung der verschiedenen gewichteten Merkmalsausprägungen

Tab. 7.1 Strategien für rote und blaue Ozeane. (Quelle: Kim und Mauborgne 2015, S. 18)

Strategien für rote Ozeane	Strategien für blaue Ozeane
Wettbewerb im vorhandenen Markt schlagen	Schaffung neuer Märkte
Die Konkurrenz schlagen	Der Konkurrenz ausweichen
Die existierende Nachfrage nutzen	Neue Nachfrage erschließen
Direkter Zusammenhang zwischen Nutzen und Kosten	Aushebelung des direkten Zusammenhangs zwischen Nutzen und Kosten
Ausrichtung des Gesamtsystems an der strategischen Entscheidung für Differenzierung oder niedrige Kosten	Ausrichtung des Gesamtsystems der Unternehmensaktivitäten auf Differenzierung und niedrige Kosten

erhält man die strategische Kontur eines Produktes bzw. einer Dienstleistung (Kim und Mauborgne 2015, S. 27 f.). Hier reicht nicht, dass Produkte kostengünstiger oder in Teilfacetten besser als die der Konkurrenz sind. Vielmehr müssen Neukunden angesprochen werden, die bisher weder eigene noch Konkurrenzkunden waren. Für eine in diesem Sinne erfolgreiche „Nichtkunden"-Akquise kann das nachfolgende Suchschema herangezogen werden.

Das Vier-Aktionen-Format – Entwicklung neuer Pfade Kim und Mauborgne betrachten hier vier als entscheidend beurteilte Leistungsfelder (vgl. Abele 2013, S. 127; Kim und Mauborgne 2015, S. 31). Diese sind durch ein Spannungsgefüge gekennzeichnet: Steigerung bzw. Reduzierung sowie Kreierung bzw. Eliminierung (vgl. Ferrell und Hartline 2014, S. 106 f.). Abb. 7.4 verdeutlicht die damit verbundenen Fragen.

Im Rahmen strategischer Neuausrichtung auf einen „Blue-Ocean®" wird angeregt, Teile eines Produktes oder einer Dienstleistung respektive eines Angebotes komplett zu streichen, da diese in der Wahrnehmung einer neuen Kundengruppe keine Rolle spielen (vgl. Fueglistaller et al. 2016, S. 165). Ebenso können Teilbereiche der Leistung weitgehend reduziert bzw. heruntergefahren werden, während andere Leistungsmerkmale ausgebaut und gesteigert werden (vgl. Lahn 2015, S. 186 f.; Kim und Mauborgne 2015, S. 32).

Nach Kim und Mauborgne sind demnach folgende vier Schlüsselfragen zu beantworten (s. auch Abb. 7.4), um eine neue Nutzenkurve zu erzeugen, die dann in einem sogenannten ERSK-Quadrat (Abb. 7.5) konkretisiert werden:

1. Welche der Faktoren, die die Branche als selbstverständlich betrachtet, müssen eliminiert *(E)* werden?
2. Welche Faktoren müssen bis weit unter den Standard der Branche reduziert *(R)* werden?
3. Welche Faktoren müssen bis weit über den Standard der Branche gesteigert *(S)* werden?
4. Welche Faktoren, die bisher noch nie von der Branche geboten wurden, müssen kreiert *(K)* werden? (Kim und Mauborgne 2015, S. 32)

Die konkrete Umsetzung des Vier-Aktionen-Formats erfolgt im ERSK-Quadrat, das den Anwender veranlasst, seine Überlegungen zu den vier Schlüsselfeldern niederzuschreiben und so sein Handeln zu fundieren (vgl. Lunau et al. 2013, S. 518 f.; Kim und Mauborgne 2015, S. 37 ff.). Dieses Vorgehen wird nachfolgend wiederum am Beispiel der Weber MT dargestellt.

Das ERSK-Quadrat fokussiert systematische Veränderungsbereiche und bedingt folgende Auseinandersetzungsprozesse:

1. Es wird sichtbar, dass die Konzentration auf den Punkten Steigerung und Kreierung liegt, was der Zielgruppe viel honorierten Nutzen bieten sollte (Kim und Mauborgne 2015, S. 37). *Im Beispiel des Silageverdichters der Firma Weber MT können*

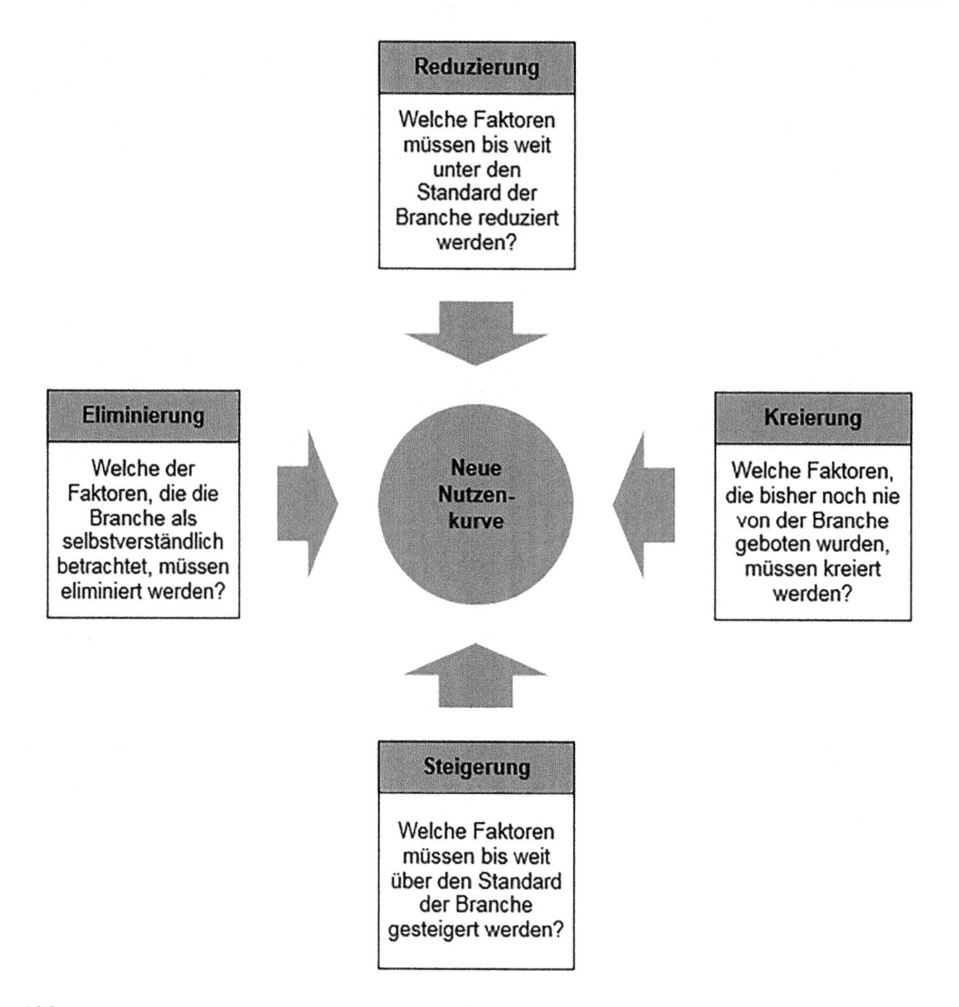

Abb. 7.4 Das Vier-Aktionen-Format. (Quelle: Kim und Mauborgne 2015, S. 114)

Landwirte ihr vorhandenes landwirtschaftliches Gerät nutzen und mit diesem deutlich effizienter arbeiten.

2. Der Anwender wird dazu angehalten, Differenzierungen kostenbewusst zu betreiben (Eliminierung/Reduzierung) (Kim und Mauborgne 2015, S. 37). *Der Silageverdichter kann in einer Amortisationsbetrachtung zeit- und kosteneffizienter eingesetzt werden.*
3. Das „Quadrat" ist für alle Mitarbeiter eines Unternehmens leicht zu verstehen und dadurch tendenziell geeignet, Engagement bei der Anwendung zu generieren (Kim und Mauborgne 2015, S. 37).
4. Das Unternehmen untersucht alle Faktoren, auf denen der jeweilige Wettbewerb basiert, und entdeckt so, welche Faktoren als selbstverständlich betrachtet werden (Kim und Mauborgne 2015, S. 38).

Das ERSK-Diagramm

Eliminierung	**Reduzierung**
• Alte Arbeitsweise: Zuvor wurde mit dem Traktor durch (sehr) häufiges Überfahren verdichtet. Teilweise wurden auch (teils improvisierte) angehängte Walzen verwendet.	• Zeit: Die große Verdichtungsfläche des 2,8 Tonnen-geräts reduziert die Zahl der mit dem konventionellen Traktor erforderlichen Fahrten.
Steigerung	**Kreierung**
• Deutlich höhere Verdichtung der Silage, 32 Schläge pro Sekunde mit ca. 12 t Gewicht pro Schlag. • Gleichmäßiges Ergebnis der Verdichtung über die gesamte Fläche hinweg. • Einfaches Handling: Der Anbau ist sehr einfach über die Dreipunkthydraulik der Kategorie 3 eines Traktors zu realisieren.	• Bestehendes Arbeitsgerät kann durch das Anhängen der Spezialmaschine genutzt werden. Es muss keine zusätzliche Antriebstechnik gekauft werden. • Vibrierende Walzen: Vibrationserzeugung erfolgt über die Zapfwelle des Traktors. Es genügt die heute übliche Leistung (>125 kw).

Abb. 7.5 ERSK-Quadrat – Prinzipskizze am Beispiel Weber MT. (Quelle: Kim und Mauborgne 2015, S. 38)

Die hier beabsichtigte KMU-Orientierung lässt naheliegend erscheinen, mittelstandsspezifische Erfolgsfaktoren zu betrachten, insbesondere die der Hidden Champions.

7.4 Messinstrumente zur Strategieimplementierung: Ein transformiertes Messinstrument mit beispielgestützten Handlungshinweisen für KMU

Das zuvor beschriebene Ausgangskonzept im Blick, soll nun eine mittelstandskonforme Weiterentwicklung des ERSK-Diagramms zu einem neuartigen KMU-Profil unternommen werden. Mit Bezugnahme zu Simons „Hidden Champions"-Spezifika kann aufgezeigt werden, dass besonders erfolgreiche Mittelständler sich durch eine Kombination von market-based und resource-based view abheben. Während Großunternehmen meist entweder durch eine besondere Kundennähe oder aber durch eine besondere Technologiekompetenz den Markt dominieren, verbinden Hidden Champions sehr häufig beide Zugänge (Abb. 7.6). Sie sind mit ihrem „Ohr dicht am Kunden" und überzeugen infolge dessen durch besonders bedarfsgerechte Lösungen. Sie spielen damit eine Markt- *und* Technologiekompetenz aus.

Überträgt man diese beiden Eigenschaften in das Ausgangs-Quadrat, so können jeweils die Eliminierung und die Reduzierung sowie die Kreierung und Steigerung in je einem Quadrat zusammengefasst werden. Neu aufgenommen werden können die beiden Felder „Technologiekompetenz ausspielen" *(T)* und „Marktkompetenz ausspielen" *(M),*

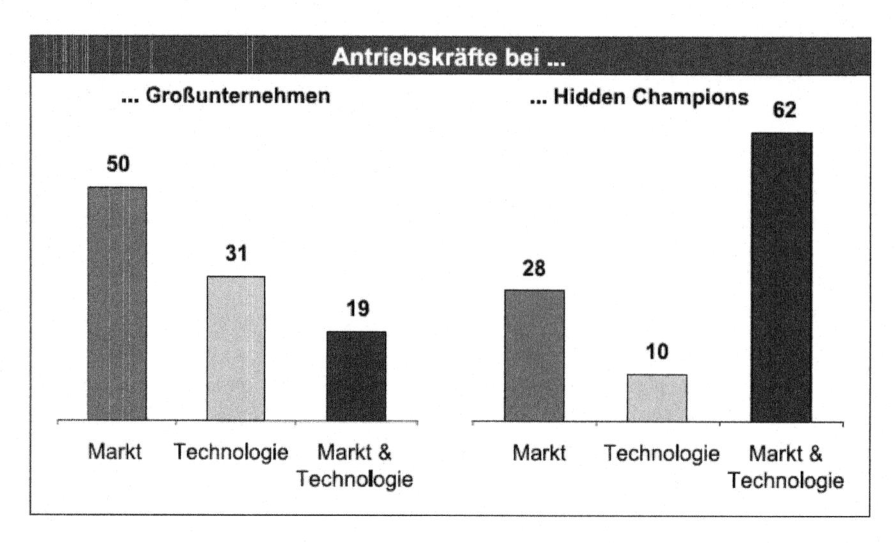

Abb. 7.6 Abweichende Markt- und Technologieorientierung bei Hidden Champions. (Quelle: Simon 2007)

die das Portfolio dann zu einem TMRS-Profil erweitern. Damit werden mittelstandsspezifische Alleinstellungsmerkmale zur Neuausrichtung systematisch herangezogen.

- Bei der konventionellen *Reduzierung & Eliminierung (R)* kann es beispielsweise einem Unternehmen gelingen, einen Technologiesprung zu realisieren, der wiederum ein bis dahin verstelltes Rationalisierungspotenzial offenbart. Im Rahmen der klassischen *Steigerung & Kreierung (S)* hingegen kann mit zunehmendem Erfahrungswissen und dem Einsatz neuer Verfahren eine deutlich bessere Präzision erreicht werden, was wiederum eine höhere Effizienz und Effektivität mit sich bringt oder gänzlich neue Anwendungen möglich macht. Hierüber werden schließlich First-Mover-Effekte realisierbar.
- Mit Blick auf die neuen Perspektiven kann ein Unternehmen auch eine Technologie auf ein neues Anwendungsfeld übertragen (Produkt- und Technologieentwicklung als Basis der weichen Diversifikation). Durch das Aktionsfeld *Technologiekompetenz ausspielen (T)* können sich Entwicklungspartnerschaften ergeben. Auch schafft eine hohe Wertschöpfungstiefe Markteintrittsbarrieren sowie das Fundament für eine langfristige Partnerschaft.
- Gelingt es einem zudem, seine *Marktkompetenz auszuspielen (M),* können z. B. aus Tier-3-Zulieferunternehmen System- und Modullieferanten werden. In diesem Fall wird der Preis nicht mehr zum alleinigen Entscheidungsfaktor im Wettbewerb und der Zulieferant überzeugt den Kunden durch Lösungskompetenz, wie sie heute unter dem Schlagwort „Solution Selling" gefordert wird.

Die Abb. 7.7 verdeutlicht (wiederum am Beispiel der Weber MT) die Neufassung der vier Felder.

Technologiekompetenz ausspielen • Weber Maschinentechnik spielt seine technologische Kompetenz als Spezialanbieter für Vibrationsverdichter in einem völlig neuen Markt aus. • Das Produkt (DSC 180) eignet sich für alle üblichen Arten von Silagen (z. B. Mais-, Gras-, Getreide-Silagen).	**Marktkompetenz ausspielen** Das Unternehmen Weber Maschinentechnik betritt einen für das Unternehmen neuen Markt. Da die Marke über den Baumaschinenmarkt hinaus hinreichend bekannt ist, kann ein Direktvertrieb ohne strategische Allianz (mit einem etablierten Landmaschinenanbieter) erfolgen.
Reduzierung & Eliminierung • Durch die Übertragung der Technologie auf ein neues Anwendungsfeld werden Kostenvorteile für den Landwirt generiert. • Die neue Technologie schafft Rationalisierungspotenzial. • Das Gerät kann bei Vor- und Rückwärtsfahrt mit gleichbleibender Effektivität genutzt werden. • Der Zapfwellenleistungsbedarf beträgt nur einen Bruchteil des üblicherweise Verfügbaren.	**Steigerung & Kreierung** • Höhere Präzision gegenüber alten Verfahren • Höhere Effizienz und Effektivität • First-Mover-Effekte können ausgenutzt werden • Für alle Silagen werden höhere Verdichtungswerte erreicht. •Sekundärverwendung für Wege- bzw. Schotterverdichtung kann zukünftig angestrebt werden.

Abb. 7.7 Aus ERSK wird das TMRS-Diagramm

Möchte man das Potenzial der neu entwickelten Dienstleistung bzw. des neu entworfenen Produktes abschließend gegenüber der Ausgangslage bewerten, eignet sich dafür die bereits erwähnte „strategische Kontur" (Abb. 7.8). Soweit die in Abb. 7.8

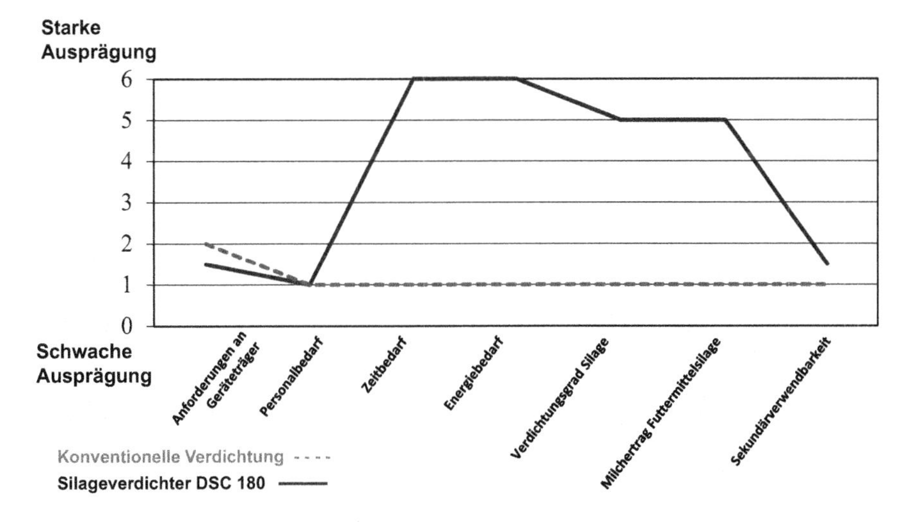

Abb. 7.8 Die strategische Kontur im Fallbeispiel (graduelle Vorteilhaftigkeit) (Dargestellt wird der Grad der Vorteilhaftigkeit für Merkmale alternativer Verdichtungsmethoden. Die Mindestanforderungen an die Leistungsfähigkeit des Traktors beträgt 125 kw, was heute im Regelfall ohnehin gegeben ist. Alternativlösungen zum Verdichten mit nachgeschleppten improvisierten Walzen haben sich soweit bekannt nicht bewährt, modifizierte Straßenwalzen sollen erheblich teurer sein [ca. Faktor 4].)

dargestellte Visualisierung eine deutliche Spanne hinsichtlich der Vorteilhaftigkeit zwischen den Merkmalen der konventionellen Wettbewerbslösung und dem neuen Leistungsangebot durch den Silageverdichter DSC 180 aufweist, ist ein echter „Blue Ocean®“ zu vermuten.[5]

7.5 Fazit

Im Rahmen dieses Beitrags wurden als Ausgangslage die Nischenprofilierung nach Porter sowie die Orientierung an der Supernische nach Simon betrachtet. Auf Basis der Defizithypothese, nach der beide Basisstrategien heute nicht mehr umfänglich greifen, wurde aus dem ERSK-Diagramm das stärker auf mittelstandstypische Technologie- und Marktkompetenz ausgerichtete TMRS-Profil entwickelt und am Anwendungsbeispiel skizziert, um die Transformation der Blue-Ocean®-Strategie für den Mittelstand zu erleichtern. Dieses erweiterte strategische Konzept bietet eine zusätzliche Lösungsofferte, für die Folgendes gilt:

- *Auch der Mittelstand kann mithilfe der Blue Ocean Strategy® neue Geschäftskonzepte generieren:* In Erweiterung einer weichen Diversifikation wird über die Ränder von Markt- und Produktentwicklung der Bereich der Nichtkunden systematisch erschlossen. Die Mittelständler können mittels der Blue-Ocean®-Strategie durch geeignete Suchpfade das Risiko einer absoluten Diversifikation „weich“ abmildern.
- *Das ERSK-Modell wird zum TMRS-Modell umgebaut, da den Faktoren Technologie- und Marktkompetenz herausragende Bedeutung zukommt.* Die besonderen Leistungsspezifika des Mittelstands ermöglichen, Nichtkunden als Kunden zu gewinnen. Innerhalb der sechs Suchpfade 1) Suche nach Chancen in substituierenden Branchen, 2) Suche nach Chancen in strategischen Gruppen, 3) Suche nach Chancen entlang der Kundenkette, 4) Suche nach Chancen in komplementären Angeboten, 5) Suche nach Chancen in der Kundenwahrnehmung sowie 6) Suche nach Chancen durch Trendgestaltung (vgl. Kim und Mauborgne 2015, S. 71 ff.) werden zwei neue Ansatzpunkte einbezogen. Die Suche nach Technologiefeldern 7) und das Ausnutzen von Marktzugängen 8).
- *Die strategische Kontur als Spannungsdiagramm weist den Weg zum Erfolg:* Das Vorgehen der Visualisierung der Blue-Ocean®-Strategie kann auch für den Mittelstand übernommen werden.
- *Die gesamte Erweiterung des Ursprungs-Bewertungskonzeptes* konnte *nachvollziehbar für das ausgewählte Beispiel* des Maschinenbauunternehmens Weber MT dargestellt werden.[6] Hier wird auf Basis technischer Kompetenz der Versuch

[5]Da es sich, soweit erkennbar, um einen relativ kleinen, engen Markt zu handeln scheint, könnte auch von einem „Blue Lake“ gesprochen werden.

[6]Das Beispiel ist als Prinzipskizze zu verstehen.

unternommen, einen völlig neuen Markt zu erschließen. Auch wenn es sich wegen der Größe des Zielmarktes womöglich nur um einen „Blue Lake" handelt, erscheint die Konzeption der Blue Ocean Strategy® durchaus am Beispiel vermittelbar.

- Die Vorgehensweise kann unschwer auf andere KMU übertragen werden und eignet sich für Nischenanbieter und Hidden Champions. Mithilfe des erweiterten Bewertungsinstruments ist eine validere Bewertung vor dem Hintergrund der Hidden-Champions-Erfahrungen möglich.

Die strategische Planung sollte durch die skizzierten unkonventionellen, beispielgestützten Ansätze im Sinne des erwähnten Mintzberg'schen Managementdreiecks „Kunst – Handwerk – Wissenschaft" (vgl. Mintzberg 2010, S. 23) auch im Mittelstand Nutzen stiften können. Wünschenswerte weitere Konkretisierungen lassen Raum für diesbezügliche betriebswirtschaftliche Forschung.

Literatur

Abele, T. (2013). *Suchfeldbestimmung und Ideenbewertung: Methoden und Prozesse in den frühen Phasen des Innovationsprozesses*. Wiesbaden: Springer Fachmedien.

Eckert, R. (2014). *Business Model Prototyping: Geschäftsmodellentwicklung im Hyperwettbewerb. Strategische Überlegenheit als Ziel*. Wiesbaden: Springer Fachmedien.

Ferrell, O. C., & Hartline, M. (2014). *Marketing Strategy* (6. Aufl.). Natorp Boulevard: South Western Cengage Learning.

Fischer, T., Möller, K., & Schultze, W. (2012). *Controlling*. Stuttgart: Schäffer-Poeschel.

Frank, N. (2004). Intrapreneurship-Konzept und historischer Bezug. In Wirtschaftskammer Wien (Hrsg.), *Hernsteiner-Fachzeitschrift für Managemententwicklung*, Ausgabe 1/2004 zum Thema Intrapreneurship.

Fueglistaller, U., Müller, C., Müller, S., & Volery, T. (2016). *Entrepreneurship: Modelle – Umsetzung – Perspektiven Mit Fallbeispielen aus Deutschland, Österreich und der Schweiz* (4. Aufl.). Wiesbaden: Springer Fachmedien.

Giersch, T. (28. Januar 2015). *Handelsblatt*. http://www.handelsblatt.com/technik/projekt-zukunft/wettbewerb-der-zukunft-mehr-erfolg-ohne-konkurrenzdruck/11061958.html. Zugegriffen: 21. Jan. 2018.

Großklaus, R. (2015). *Positionierung und USP – Wie Sie eine Alleinstellung für Ihre Produkte finden und umsetzen*. Wiesbaden: Springer Fachmedien.

Heide, D. (20. Mai 2015). *Handelsblatt*. http://www.handelsblatt.com/unternehmen/mittelstand/wachstumsmaerkte/wachstumsmaerkte-die-neue-globalisierung/11797812.html. Zugegriffen: 21. Jan. 2018.

Herrmann, A., & Huber, F. (2013). *Produktmanagement: Grundlagen – Methoden – Beispiele* (3. Aufl.). Wiesbaden: Springer Fachmedien.

Heupel, T., & Hoch,G. (2009). Ausrichtung strategischen Managements in KMU. In Lingnau, V. (Hrsg.), *Mittelstandscontrolling 2009* (S. 75–96). Köln: Eul.

Hoch, G., & Heupel, T. (2014). Dezentrales Erfolgscontrolling für den Mittelstand. *Controlling & Zeitschrift für erfolgsorientierte Unternehmenssteuerung, 2014*(4/5), 252–257.

Kim, C. W., & Mauborgne, R. (2005). *Der Blaue Ozean als Strategie. Wie man neue Märkte schafft, wo es keine Konkurrenz gibt*. München: Hanser.

Kim, W. C., & Mauborgne, R. (2015). *Blue ocean strategy, expanded edition: How to create uncontested market space and make the competition irrelevant*. Boston: Harvard Business School Publishing Corporation.

Knop, R. (2009). *Erfolgsfaktoren strategischer Netzwerke kleiner und mittlerer Unternehmen*. Wiesbaden: GWV Fachverlag GmbH.

Kroeber-Riel, W., & Esch, F.-R. (2000). *Strategie und Technik der Werbung*. Stuttgart: Kohlhammer.

Lahn, S. (2015). *Der Businessplan in Theorie und Praxis: Überlegungen zu einem zentralen Instrument der deutschen Gründungsförderung*. Wiesbaden: Springer Fachmedien.

Lippold, D. (2013). *Die Unternehmensberatung: Von der strategischen Konzeption zur praktischen Umsetzung*. Wiesbaden: Springer Fachmedien.

Lunau, S., Staudter, C., Hugo, C. von, Bosselmann, P., Mollenhauer, J.-P., Meran, R., & Roenpage, O. (2013). *Design for Six Sigma + Lean Toolset: Mindset für erfolgreiche Innovationen* (2. Aufl.). Wiesbaden: Springer Fachmedien.

Mintzberg, H. (2010). *Managen* (2. Aufl.). Offenbach: GABAL.

Porter, M. E. (1987). *From competitive advantage to corporate strategy* (A. 8. Harvard business review reprint series, Hrsg.). Boston: Harvard Business School Publication.

Porter, M. E. (1989). *Wettbewerbsvorteile: Spitzenleistungen erreichen und behaupten* (S. 31–45). Frankfurt a. M.: Campus.

Porter, M. E. (1999). *Wettbewerbsstrategie – Methoden zur Analyse von Branchen und Konkurrenten* (10. Aufl.). Frankfurt a. M.: Campus.

Porter, M. E. (2004). *Competitive strategy: Techniques for analyzing industries and competitors* (7. Aufl., S. 34–46). New York: Free Press.

Porter, M. E. (2014). *Wettbewerbsvorteile: Spitzenleistungen erreichen und behaupten* (8. Aufl.). Frankfurt a. M.: Campus.

Sander, B., Friedrichs, K., & Hunfeld, S. (2009). *Brand-Parity-Studie*. Düsseldorf: BBDO Consulting.

Schuh, G., & Kampker, A. (2011). *Strategie und Management produzierender Unternehmen: Handbuch Produktion und Management* (2. Aufl.). Berlin: Springer.

Simon, H. (1997). *Die heimlichen Gewinner – Erfolgsstrategien unbekannter Weltmarktführer*. Frankfurt a. M.: Campus.

Simon, H. (2007). *Hidden Champions des 21. Jahrhunderts: Die Erfolgsstrategien unbekannter Weltmarktführer*. Frankfurt a. M.: Campus.

Simon, H. (2012). *Hidden Champions Aufbruch nach Globalia – Die Erfolgsstrategien unbekannter Weltmarktführer*. Frankfurt a. M.: Campus.

Wallau, F. (2006). Der deutsche Mittelstand – Vielfalt als Erfolgsmodell. *Perspectives, 2006*(3), 6–10.

Weber. (2015). www.topagrar.com/News/Technik-Techniknews-Weber-MT-Dynamic-Silage-Compactor-Ruettelwalze-fuers-Silo-2018296.html. Zugegriffen: 21. Jan. 2018.

Weber. (2016a). www.webermt.de.

Weber. (2016b). https://webermt-agrar.de/. Zugegriffen: 21. Jan. 2017.

Weber. (2016c). http://webermt-agrar.de/DE7deu/produkte. Zugegriffen: 21. Jan. 2017.

Weber. (2016d). *WeberMT, Dynamischer Silageverdichter DSC 180, Werte aus den Praxis-Meßergebnissen*. Bad Laasphe: Weber.

Saftige Innovationen für die Hotellerie

8

Ein Erfahrungsbericht von Eckes-granini mit der Blue Ocean Strategy® – ein Gespräch

Corinna Tentrup-Tiedje und Theo M. Schlaghecken

Inhaltsverzeichnis

8.1 Die Ausgangssituation

C. Tentrup-Tiedje Eckes-granini ist Marktführer im deutschen Lebensmittelhandel und im **A**ußer**H**aus**K**onsum (AHK) im Bereich fruchthaltige Getränke und möchte diese Position festigen und weiter ausbauen. Dazu haben wir Sie, Herr Schlaghecken, und Herrn Trautmann beauftragt, uns zu unterstützen.

Im Außer-Haus-Konsum zählt die Hotellerie neben Catering-Unternehmen und Gastronomen zu den wichtigsten Absatzkanälen. Jeder kennt sie, die Fruchtgetränke, die in den Hotels zum Frühstück, als Begleiter zum Mittag- und Abendessen gereicht oder in der Minibar angeboten werden. Zudem sind sie wesentlicher Bestandteil von Cocktails

C. Tentrup-Tiedje (✉)
Alzey, Deutschland
E-Mail: ctentrup@gmx.de

T. M. Schlaghecken
Kleve, Deutschland
E-Mail: t.schlaghecken@bos-partners.de

T. Barsch et al. (Hrsg.), *Die Blue-Ocean-Strategie in Theorie und Praxis,* FOM-Edition,
https://doi.org/10.1007/978-3-658-15480-6_8

für die Bar. Aus dieser vielfältigen Verwendung ergibt sich die hohe Bedeutung der Hotellerie für die Markenpräsenz und den Absatz der angebotenen Marke. Entsprechend hoch ist der Wettbewerb um diesen Absatzkanal unter den Anbietern.

T. M. Schlaghecken Stimmt, es war schnell zu erkennen: Für Fruchtsaftanbieter stellt sich der Hotelmarkt als ein klassischer „Red Ocean®" dar. Der Nachfragemarkt ist über die Anzahl der Hotels begrenzt und klar definiert. Das Anbieten von Fruchtsaft ist – zumindest im Frühstücksbereich – ein wichtiger Service, aber auch ein Kostenfaktor in der Kalkulation der Hotels. Zusätzlich differenzieren sich die Fruchtsaftanbieter im Markt kaum voneinander. Die Produktqualität ist oftmals vergleichbar. Ebenso die Ausschanksysteme bringen kaum eine Differenzierung, da Fruchtsafthersteller im Wesentlichen auf die gleichen Systemanbieter zugreifen.

Im Ergebnis reduzieren sich die Listungsgespräche damit nahezu ausschließlich auf den Faktor „Preis", da die angebotenen Produkte und Services aus Sicht der Nachfrager, also der Inhaber oder Einkäufer in den Hotels, weitgehend austauschbar sind.

8.2 Unsere Zielsetzung

C. Tentrup-Tiedje Und so sollte es nicht bleiben. Als Markenartikler ist es für Eckes-granini der Anspruch, sich in der Wahrnehmung der Kunden und Nichtkunden von den Wettbewerbern zu unterscheiden. Und das nicht, indem wir vorrangig über den Preis attraktiv sind, sondern durch Qualität und innovative Mehrwerte.

Um diese Mehrwerte zu finden, haben wir die Blue-Ocean®-Methode gewählt. Die Analogie „Red und Blue Ocean®" beschreibt unsere Situation im hart umkämpften Hotelmarkt sehr genau und liefert mit dem Bild des „Blue Oceans®" nicht nur eine Vision, sondern auch einen strategischen Denkrahmen, der uns ermöglichen soll, aus diesem preisfokussierten Marktumfeld durch neue und innovative Lösungen, durch eine nachhaltige Differenzierung vom Wettbewerb, auszubrechen und langanhaltendes, profitables Wachstum für Eckes-granini zu sichern.

T. M. Schlaghecken Richtig, die Blue Ocean Strategy® (BOS) ist weit mehr als eine einfache „Kreativitätstechnik". BOS schafft einen neuen, ungewohnten Denkrahmen, welcher „die üblichen" strategischen Überlegungen auf ein völlig neues Niveau hebt, quasi ein Paradigmen-Shift in der Strategielogik (Abb. 8.1):

1. Es geht nicht mehr nur darum, einen zuvor definierten Markt (Hotels) zu betrachten, sondern auch darum, Nichtkunden zu Kunden zu machen. Allein indem man sich erlaubt darüber nachzudenken, welche Nichtkunden von einem solchen Angebot noch profitieren können, vervielfacht sich oft das zugrunde liegende Marktpotenzial!
2. Es geht nicht mehr darum, Lücken zum Wettbewerber zu schließen, indem ich die gleichen Ausschanksysteme, Flaschenformate, Geschmacksrichtungen wie dieser

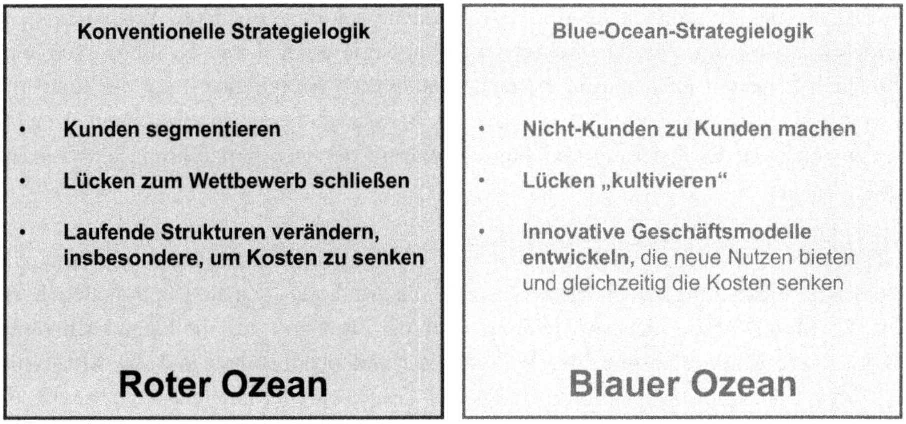

Konventionelle Strategielogik	Blue-Ocean-Strategielogik
• Kunden segmentieren	• Nicht-Kunden zu Kunden machen
• Lücken zum Wettbewerb schließen	• Lücken „kultivieren"
• Laufende Strukturen verändern, insbesondere, um Kosten zu senken	• Innovative Geschäftsmodelle entwickeln, die neue Nutzen bieten und gleichzeitig die Kosten senken
Roter Ozean	**Blauer Ozean**

Abb. 8.1 Konventionelle Strategielogik vs. Blue-Ocean®-Strategielogik

anbiete oder mich notgedrungen auf das nächste niedrige Preisniveau begebe. Es geht darum, losgelöst vom Wettbewerber und mit Blick auf mögliche neue Nutzen für den Kunden, Konzepte und Ideen zu kreieren, die der Wettbewerber nicht bietet, um mich so von diesem wirklich zu differenzieren!

3. Es geht nicht mehr darum, Prozesse und Qualitäten zu verändern, um kostengünstiger zu sein, um im ewigen Preiskampf besser zu sein, sondern darum neue Nutzen zu generieren **und gleichzeitig** die Kosten zu senken!

Nur wenn Führungskräfte die Strukturen der beiden Strategielogiken verstehen, werden sie wirkliche Durchbruchsinnovationen erzeugen können.

8.3 Der Projektverlauf und die Ergebnisse

C. Tentrup-Tiedje Für das Projektdesign sind wir Ihren Empfehlungen gefolgt, da Sie selbst und Herr Trautmann bereits seit mehr als zehn Jahren BOS-Projekte in verschiedenen Branchen erfolgreich begleitet hatten und mit ihren Erfahrungen daraus die Methode permanent weiterentwickeln.

Dabei haben wir folgende Schritte gemeinsam definiert:

- Workshop 1 zur Generierung erster Ideen
- Marktexploration mit Co-Creation Interviews
- Workshop 2 zur Sichtung und Bewertung der Ideen und Konzepte
- Konzeptmesse mit Kunden und Nichtkunden
- Auswahl und Umsetzung relevanter Konzepte

Ein realistischer Zeitrahmen für die erste Ideenentwicklung, für deren Verifizierung in der Marktexploration, für die Weiterentwicklung relevanter Ideen zu Konzepten und schließlich für deren Präsentation vor den Kunden (und Nichtkunden) auf der Konzeptmesse beträgt etwa fünf bis sieben Monate. Dann war auch bereits ein Reifegrad erreicht, bei dem über die Realisierung von Innovationen in der Geschäftsführung entschieden werden konnte.

T. M. Schlaghecken Ja, und damit dies gelingt, ist ein qualifiziertes Projektteam von entscheidender Bedeutung. BOS-Partners liefert die Methode, den konzeptionellen Rahmen, den Motor für die Ideenentwicklung, doch der Treibstoff, der die Ideen nach vorne bringt, ist die Markterfahrung, das Wissen um Kundenbedürfnisse und die Kreativität der Projektteilnehmer. Daher wurde ein Projekt-Team von 14 Teilnehmern vorrangig aus dem Vertriebs- und Marketingumfeld aber auch Technik und Finanzen zusammengestellt.

C. Tentrup-Tiedje Und mit diesen Teilnehmern starteten wir in Workshop 1 mit der Entwicklung von Wertekurven, ein einfaches, aber sehr effektvolles Instrument, das unsere strategische Position im Vergleich zum Wettbewerber darstellte. Auf einen Blick war zu erkennen, wie „rot" unser Ozean wirklich ist. In nicht einem der für die Kunden bei der Auswahl eines Anbieters entscheidenden Wettbewerbsfaktoren konnten wir uns differenzieren. Der hohe Grad an Austauschbarkeit unserer Produkte und Leistungen und damit die Notwendigkeit nach Differenzierung wurde allen Teilnehmern sehr deutlich.

In den dann folgenden zwei Tagen wurden Ideen generiert. Mit dem Innovations-Tool der „Sechs-Pfade-Analyse" beschritten die Teilnehmer dazu neue „Denkpfade", die auf spielerische Weise halfen, auszubrechen aus den üblichen Denkmustern und zu neuen Ideen zu kommen (Abb. 8.2).

Am Ende des ersten Workshops konnten mehr als 100 Ideen generiert werden.

T. M. Schlaghecken Und es sind viele neue Ideen entstanden. Das ist wichtig in dieser Phase, denn die Menge an Ideen liefert das „Rohmaterial" für den weiteren Prozess. Wir von BOS-Partners übernahmen anschließend die Verdichtung der Ideen, kombinierten verschiedene Ansätze zu wieder neuen Konzepten, konkretisierten die Ideen zu griffigen, vorstellbaren Angeboten und fassten sie in einem Konzeptkatalog zusammen, um sie dann in der nächsten Phase – der Marktexploration – mit den Kunden und Nichtkunden zu diskutieren und weiterzuentwickeln.

C. Tentrup-Tiedje Richtig, die Marktexploration war aus Sicht des Vertriebs die spannendste Erfahrung im Blue-Ocean®-Prozess. Das erste Mal ging es bei Kundenbesuchen nicht darum, ein fertiges Produkt vorzustellen oder über Preise und Konditionen zu verhandeln, sondern mit dem Kunden – und vor allem Nichtkunden – über neue Ideen, Möglichkeiten und Erwartungen zu diskutieren. Viele Kunden haben diesen Ansatz als besondere Wertschätzung ihnen gegenüber empfunden. Nicht zuletzt dadurch entstand eine ungewohnt gelöste Gesprächsatmosphäre, in der zusätzlich viele neue Ideen aufgekommen sind.

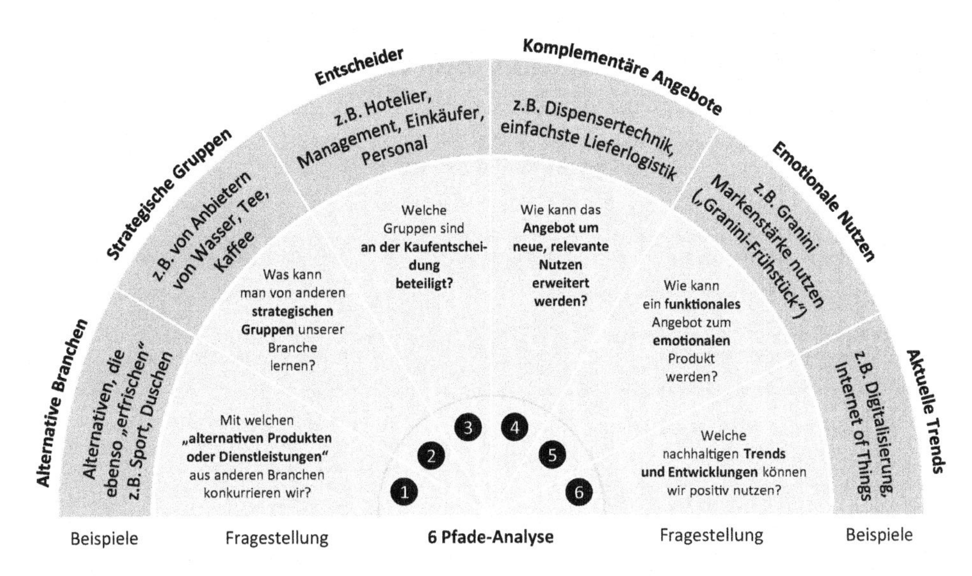

Abb. 8.2 Die sechs strategischen Blue-Ocean®-Fragestellungen am Beispiel des Projekts

Die besondere Blue-Ocean®-Fragetechnik für die Interviews wurde im Team trainiert. Zudem haben Sie und Ihr Team uns bei einigen Interviews begleitet. Das hat ebenso sehr geholfen (Abb. 8.3).

Es war für uns überraschend, wie einfach sogar Nichtkunden für ein solches Interview gewonnen werden konnten. Als angenehmer Nebeneffekt ergaben sich dabei durchweg positive Beziehungen zu Nichtkunden, mit großem Potenzial für den Aufbau einer künftigen Geschäftsbeziehung.

T. M. Schlaghecken Ja, die Marktexploration ist immer spannend. Welche der Ideen kommen beim Kunden an? Was würden Sie für diese Leistung bezahlen? Was könnte man bei der Idee noch verbessern? Das sind die typischen Fragen, die zu so intensiven Diskussionen führen, dass oft die Zeit von etwa zwei Stunden pro Interview nicht ausreichend ist.

Darüber hinaus geht es aber auch um neue Ideen. Was stört Sie am meisten, wenn Sie an „Fruchtsaft im Hotel“ denken? Wenn Sie Geschäftsführer von Eckes-granini wären, was würden Sie als erstes ändern? Solche oder ähnliche Interviewfragen sind oft die Geburtshelfer für neue Ideenansätze. Dabei ist es wichtig, ein Gespür dafür zu entwickeln, in welchen geäußerten Missständen oder „Pain-Points“, neue Marktchancen liegen könnten, um dann nachzuhaken und einzusteigen in die Diskussion um neue, innovative Leistungen.

In dieser Projektphase wurden elf Hotelketten und 17 freie Einzelhotels befragt. Dabei wurden Ideen verworfen, bestätigt und neue generiert, sodass am Ende erneut über 100 Ideen vorlagen.

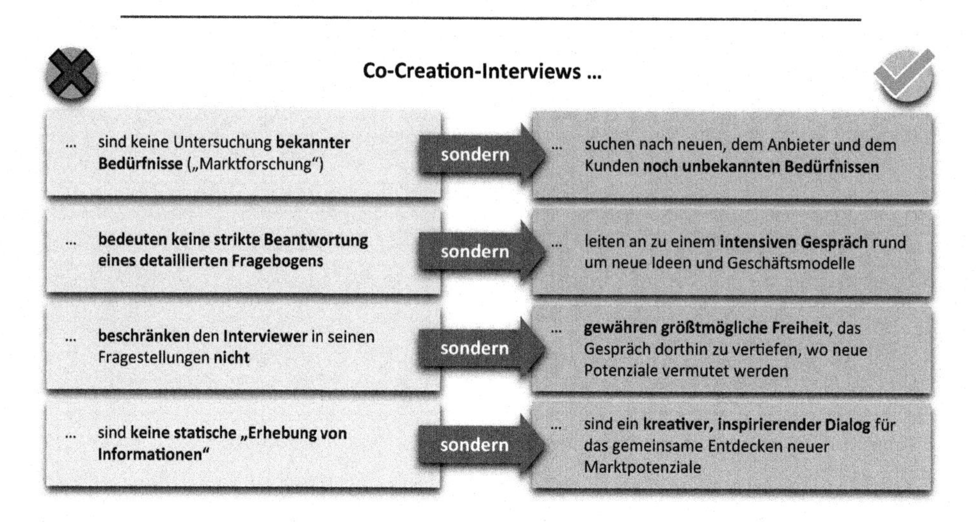

Abb. 8.3 Marktexploration über Co-Creation-Interviews

C. Tentrup-Tiedje Und diese waren Grundlage für den zweiten Workshop, in dem wir die Konzeptmesse vorbereitet haben. Es wurden alle strategischen Optionen gesichtet und bewertet. Bereits dort zeigte sich, wie gefüllt die Innovationspipeline von Eckes-granini für die nächsten Jahre sein würde. Doch es galt, Prioritäten zu setzen. So wurden die relevantesten Konzeptideen ausgewählt und präsentationsreif ausgearbeitet. Unser Fokus lag dabei auf den Innovationen bei Ausschanksystemen, denn im Laufe des Projektes wurde klar, dass Convenience und Zuverlässigkeit in den Systemen mit Abstand die entscheidenden Kauftreiber für unsere (Nicht-)Kunden sind (Abb. 8.4).

Auf der Konzeptmesse präsentierten wir unsere Prototypen für die möglichen Ausschanksysteme. Wir konnten an diesem Tag 15 Unternehmen (freie Hotels und Hotelketten) begrüßen, die nach einer kurzen Vorstellung unserer Ideen die Gelegenheit nutzten, diese zu testen, Fragen zu stellen und ihre Meinung dazu abzugeben.

T. M. Schlaghecken Ja, es war ein guter Tag. Vielleicht auch, weil die eingeladenen Kunden und Nichtkunden es schätzten, aktiv und frühzeitig in die Produktentwicklung eines Unternehmens eingebunden zu werden. Es wird deutlich, dass es sich bei den Konzepten nicht um marktreife Produkte handelt, sondern um erste Prototypen, die mithilfe der Kundenmeinungen darüber weiterentwickelt oder vielleicht auch verworfen werden. Die Meinung der Kunden hat Gewicht. Die Besucher spüren dies, und oftmals verbessern sich die Kundenbeziehungen erheblich nach einer solchen Veranstaltung.

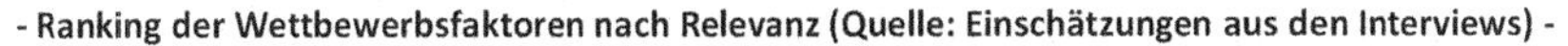

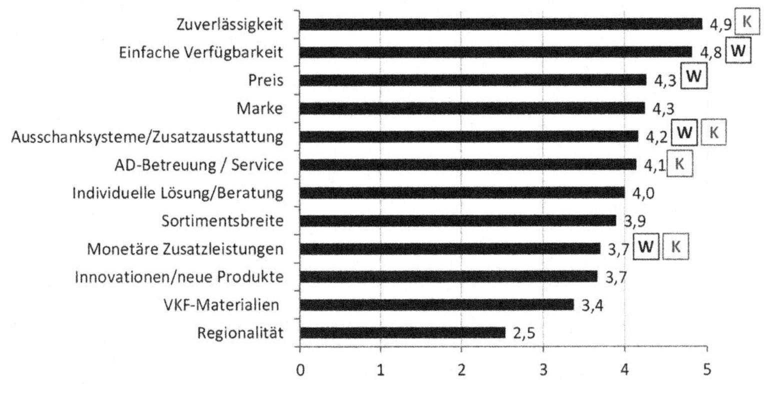

Abb. 8.4 Wertekurve-Analyse

C. Tentrup-Tiedje Wir stellten an dem Tag drei neue bzw. modifizierte Ausschanksysteme vor. Dabei gab es einen klaren „Gewinner“: Das granini BIC-System, das wir sechs Monate später einführten. Mit diesem System ist es uns heute, zwei Jahre später, gelungen, unsere Marktanteile in der Zielgruppe der „kleinen Hotels“ erheblich auszubauen:

Das System arbeitet mit einem Fünf-Liter-Beutel, der in einen Cooler eingebracht wird. Der doppelwandige Cooler arbeitet wie ein Flaschenkühler und hält den Saft bis zu fünf Stunden kalt. Dadurch braucht das System keinen Stromanschluss und ist auch außerhalb des Frühstücksbuffets flexibel verwendbar. Zudem besteht für die Marke granini der Vorteil darin, dass das System nicht fremd befüllt werden kann und so die Markenloyalität der Kunden gesichert ist.

Die Blue-Ocean®-Methodik zielt nicht nur auf die Entwicklung einzelner Produkte ab, sondern ist von vornherein ausgelegt auf die Entwicklung ganzer Geschäftsmodelle. So sind wir für das BIC-System auch neue Vertriebswege gegangen. Angeboten wird das System über einen Web-Shop (BIC-Shop). Dieser Vertriebsweg verschafft uns Zugang zu einer neuen Zielgruppe, den Hotel garnis, die in der Regel weder vom Fachhandel angeliefert noch von unserem Außendienst besucht werden.

Der Erfolg für dieses Konzept gibt uns recht. Von diesem System wurden im ersten Jahr 3000 Geräte ausgeliefert. Das „granini little BIC“ ist inzwischen (2018) im 5. Jahr im Sortiment und in drei Geräte-Ausführungen erhältlich.

T. M. Schlaghecken Richtig, und ein solcher Erfolg gelingt, wenn man mithilfe der Blue-Ocean-Strategy®-Methodik gedanklich einmal ausbricht, quer denkt, innovativ wird. Trotzdem mögen manche vielleicht fragen: Ist denn ein Saftdispenser für einen Fruchtsafthersteller wirklich ein „Blue Ocean®“? Liegt es nicht nahe, ein solches Gerät anzubieten? Wo ist das Neue?

Nun, dieses Konzept kann durchaus als ein „blauer Ozean“ betrachtet werden. Nicht nur, weil es ein sehr erfolgreiches Produkt ist, sondern, weil es nach der Logik der Blue-Ocean®-Methodik entwickelt wurde und das Ergebnis der Blue-Ocean®-Strategielogik entspricht:

1. **Nichtkunden zu Kunden machen.** Eckes-granini hat mit diesem Konzept einen Weg gefunden, 26.000 Hotel garnis, Gasthöfe und Pensionen zu potenziellen neuen Kunden zu machen. Bislang wurden diese Zielgruppen mit den in der Branche üblichen Vertriebswegen (Außendienst und Getränkefachhandel) nicht bedacht, da es sich aufgrund der Umsatzmengen je Hotel nicht rechnen würde. Durch den „BIC-Web-Shop“ wurde ein für den Hotelier zeitgemäßer Vertriebskanal geöffnet und für Eckes-granini der Zugang zu einer beachtlichen Nichtkundengruppe erschlossen.
2. **Lücken zum Wettbewerb schließen.** Bei der Entwicklung des BIC-Konzepts ging es nicht darum, zu einem Wettbewerber aufzuschließen, der Ähnliches bereits anbietet („me-too“ oder „closing the gap“). Dieses Vorgehen hätte die Austauschbarkeit mit diesem nur erhöht und den Preiskampf vorangetrieben. Hier wurde ausschließlich auf Basis der Ergebnisse aus der Marktexploration ein System entwickelt, das den geäußerten Wünschen und Bedürfnissen der befragten Nichtkunden voll entspricht. Statt Austauschbarkeit zu erhöhen, wurde eine stärkere Differenzierung vom Wettbewerber erreicht.
3. **Neue Nutzen bieten und gleichzeitig Kosten senken.** Der Nutzen, der Mehrwert des neuen Systems für die Zielgruppe liegt auf der Hand. Einfachheit und Convenience. Doch das Angebot dieses Mehrwerts bedeutet keine Kostensteigerung für Eckes-granini. Durch den Vertrieb über den BIC-Web-Shop können kleine Hotels effizient bedient werden und kostenintensive Betreuungsaufwände durch den Außendienst oder den Getränkefachgroßhandel vermieden werden. Dies trägt erheblich zur Profitabilität des Produktes bei.

8.4 Fazit

C. Tentrup-Tiedje Also, wir sind mehr als zufrieden mit dem Verlauf und dem Ergebnis des Blue-Ocean-Strategy®-Prozesses. Zum einen, weil wir bislang eine der Ideen realisiert haben und diese sehr erfolgreich ist, zum anderen, weil noch viele weitere Ideen in der Pipeline sind, die wir noch angehen können und wollen.

Auch das Blue-Ocean®-Projekt selbst hat seine Spuren auf positivste Weise in unserem Unternehmen hinterlassen:

Wir sind unseren Kunden in den Interviews und auf der Konzeptmesse auf eine neue Art begegnet, die Kundenbeziehungen vertieft und auf eine andere Ebene gehoben hat.

Die Gespräche mit den Nichtkunden verliefen alle sehr positiv, auch wenn kurzfristig kein Neukunde darüber gewonnen werden konnte. Wir sind aber überzeugt, dass allein dieser Effekt des Projektes sich langfristig auszahlt.

Es war richtig, die Mitarbeiter aktiv einzubinden. Kreativ zu werden, zu erkennen, dass eigene Ideen ernst genommen und gleich in Interviews getestet werden, mit Kunden intensiv zu diskutieren und sie dabei einmal anders kennenzulernen, das alles hat unter den Mitarbeitern eine Begeisterung für das Projekt geschaffen, die heute noch nachhallt.

Es gibt lediglich zwei Dinge, die wir in einem neuen Blue-Ocean®-Projekt anders handhaben würden:

- Wir würden die externe Unterstützung bei **jedem** (Nicht-)Kundeninterview nutzen. Es hat sich gezeigt, dass es entscheidend für gute Ergebnisse ist, die Interviewführung professionell und von erfahrenen und neutralen Experten durchführen zu lassen. Aus den Gesprächen mit Unterstützung kam ein qualitativ deutlich besserer Output, als aus den Gesprächen, die vom Außendienst oder Key Account alleine geführt wurden.
- Der Anreiz zum Besuch der Konzeptmesse hätte höher sein müssen. Das begeisterte Feedback der Teilnehmer zeigt, dass die Veranstaltung auch für die Kunden wertvoll ist, aber es ist ungewohnt für Kunden, für eine Produktpräsentation zum Lieferanten zu fahren.
  Je öfter so eine Konzeptmesse wiederholt wird, umso leichter wird es, die Teilnehmer zu akquirieren.

T. M. Schlaghecken Lassen Sie mich noch ergänzen: „Blaue Ozeane“, wie bei Eckes-granini, gibt es überall. In jedem Unternehmen, in jeder Branche. Doch nur selten sind sie sofort zu erkennen, sind sie offensichtlich. In fast jedem Unternehmen stoßen wir auf reichlich Ideen und immer sind einige davon bereits die Keimzellen für einen blauen Ozean. Doch diese zu identifizieren, zu erkennen, welche davon das „Blue-Ocean®-Potenzial“ haben, ist oft die Herausforderung.

Auch bei Eckes-granini existierten viele, über Jahre hinweg gesammelte Ideen zu den Ausschanksystemen. Einige davon wurden umgesetzt und führten zu einzelnen Verbesserungen, doch nur ganz wenige führten zu wirklichen Erfolgsprodukten. Die Blue-Ocean®-Logik aber ermöglicht es, die bestehenden und neue Ideen aus einer Perspektive zu betrachten, aus der heraus ihr Potenzial oder Nichtpotenzial schnell erkennbar wird. Mehr noch, mit einem trainierten „Blue-Ocean®-Denken“, entstehen durch erprobte Kreativprozesse, durch gekonntes Hineinhören in die Aussagen der Interviewteilnehmer, durch Kombination von bestehenden Ideen, neue Ansätze, aus denen sich mehr ergibt, als inkrementelle Verbesserungen, nämlich vielversprechende und erfolgreiche Geschäftskonzepte, wie das BIC-System eines ist.

Erfolgreiche Anwendung der Blue Ocean Strategy® im Mittelstand

9

Aida Causevic und Thomas Heupel

Inhaltsverzeichnis

9.1 Einleitung

Die Blue Ocean Strategy® ist als strategischer Ansatz allgemein anerkannt und kommt bereits in zahlreichen Unternehmen erfolgreich zum Einsatz. Dort, wo nachhaltiges Wachstum mit klassischen strategischen Initiativen kaum zu erreichen ist, kann die Blue Ocean Strategy® neue Perspektiven eröffnen.

A. Causevic (✉)
Bonn, Deutschland
E-Mail: aida.causevic@gmx.de

T. Heupel
Wilmsdorf, Deutschland
E-Mail: thomas.heupel@fom.de

T. Barsch et al. (Hrsg.), *Die Blue-Ocean-Strategie in Theorie und Praxis,* FOM-Edition,
https://doi.org/10.1007/978-3-658-15480-6_9

Die Relevanz, sich mit neuen strategischen Ansätzen auseinanderzusetzen, zeigt sich einerseits in der aktuellen Lage mittelständischer Unternehmen, die immer stärker von dem Marktwettbewerb betroffen sind und damit herausgefordert werden, das Wachstum und die langfristige Existenz des Unternehmens zu sichern. Andererseits spricht der mögliche Erfolg der Anwendung innovativer strategischer Ansätze wie der Blue Ocean Strategy® (BOS) für sich und gilt als Anreiz für mittelständische Unternehmen, sich auf strategisches Umdenken einzulassen, um beständigen Unternehmenserfolg zu sichern.

In der vorliegenden Arbeit wird ein besonderer Fokus auf die Anwendung der BOS im Mittelstand gelegt. Bezugnehmend auf den Beitrag von Heupel und Hoch in diesem Band werden Erfolgsstrategien von Hidden Champions explizit nachvollzogen. Die Blue Ocean Strategy® als weiterentwickelte „Supernische" und „weiche Diversifikation" (siehe hierzu den Beitrag von Heupel und Hoch in diesem Band) wird hier konkret nachvollziehbar.

Anhand verschiedener konkreter Unternehmensbeispiele soll eine Anwendung der BOS aufgezeigt werden. Abschließend werden die Herausforderungen bei der Implementierung und Anwendung erläutert.

9.2 Klassische Strategien in mittelständischen Unternehmen

Um im weiteren Vorgehen klare inhaltliche Merkmale der BOS im Unterschied zu konventionellen Strategien herausstellen zu können, wird eine Auswahl klassischer Strategien, die in mittelständischen Unternehmen Anwendung finden, erläutert.

Die Kernfrage strategischer Planung ist, in welchen Geschäftsfeldern das Unternehmen aktiv sein will und wie das Unternehmen den Wettbewerb in diesen Geschäftsfeldern bestreiten will (vgl. Steinmann und Schreyögg 2013, S. 160). Aus diesen Fragen leiten sich zwei grundsätzliche Strategieebenen ab: die Unternehmensstrategie (corporate strategy) und die Wettbewerbsstrategie (business strategy).

Mit der Unternehmensstrategie soll festgelegt werden, wo und in welchem Umfang das Unternehmen in Zukunft tätig sein soll und welche Geschäftsfelder aufgebaut, verlassen oder erschlossen werden sollen. Attraktive Geschäftsfelder lassen sich mittels Marktanalysen und Untersuchungen über Marktgröße, -struktur und -wachstum identifizieren (vgl. Bea und Haas 2015, S. 29). Für eigenständige organisatorische Geschäftsfelder, die auch strategische Geschäftseinheiten (SGE) genannt werden, lassen sich Normstrategien ableiten. Es kann eine Investitions-, Desinvestitions- oder Abschöpfungsstrategie in den SGE angewandt werden (vgl. Hungenberg 2011, S. 463). Das Marktwachstum-Marktanteil-Portfolio der Boston Consulting Group und das Marktattraktivität-Wettbewerbsvorteil-Portfolio von McKinsey sind bekannte Beispiele.

Die Wettbewerbsstrategie legt fest, wie der Wettbewerb in den einzelnen Geschäftsfeldern zu bestreiten ist. Ziel ist es, mit gezielter Positionierung der SGE einen Wettbewerbsvorteil zu generieren. Beispiele hierfür sind die generischen Wettbewerbsstrategien von Porter (2013, S. 73).

Eine weitere wichtige Unterscheidung bietet die nachfolgend betrachtete Differenzierung von market- und resource-based view.

9.2.1 Marktorientierte Strategie

Konzeptioneller Ansatz Der auf industrieökonomischen Erkenntnissen basierende marktorientierte Ansatz versucht den Zusammenhang zwischen Marktstruktur (structure), Wettbewerbsverhalten (conduct) und Markterfolg (performance) zu erklären.

Die Abb. 9.1 zeigt das sogenannte Structure-Conduct-Performance-Paradigma (SCP).

Das Paradigma zeigt das Verhältnis zwischen der Struktur eines Marktes, dem Verhalten der auf dem Markt agierenden Wettbewerber und dem erzielten Ergebnis. Die Rahmenbedingungen des Marktes oder auch Branchenstruktur (structure) haben direkten Einfluss auf das Verhalten der Unternehmungen in einer Branche (conduct) und dieses Verhalten wiederum beeinflusst mit der gewählten Wettbewerbsstrategie das Unternehmensergebnis (performance) (vgl. Welge und Al-Laham 2011, S. 77).

Konkret heißt dies, dass Unternehmen durch den Aufbau von Geschäften Branchenmärkte und strategische Gruppen wählen. Die Struktur dieser bestimmt die Möglichkeiten der Erfolgserzielung. Um die Möglichkeiten optimal zu nutzen, wählt das Unternehmen eine Wettbewerbsstrategie. Die Performance des Unternehmens ergibt sich folglich aus der Branchenattraktivität, der strategischen Gruppe sowie der gewählten Wettbewerbsstrategie (vgl. Kühn und Grüning 1998, S. 143). Auf einer vorgelagerten Ebene bestimmen politische Rahmenbedingungen (government policy) wie beispielsweise wirtschaftspolitische Rahmenbedingungen oder das Europäische Wettbewerbsrecht und grundlegende Branchenbedingungen (basic conditions) wie beispielsweise Infrastruktur und Produktionsbedingungen die Marktstruktur (vgl. Welge und Al-Laham 2011, S. 77).

Bei dem marktorientierten Ansatz spricht man von einer „Outside-in-Perspektive", da vornehmlich das externe Umfeld beobachtet und den internen Stärken und Schwächen nur wenig Beachtung geschenkt wird. Tools zur Bewertung der Marktattraktivität sind Porters Branchenstrukturanalyse sowie die generischen Wettbewerbsstrategien zur Schaffung von Wettbewerbsvorteilen (vgl. Becker und Fallgatter 2002, S. 37).

Abb. 9.1 SCP-Paradigma

Generische Wettbewerbsstrategien von Porter Um sich erfolgreich gegenüber den fünf Wettbewerbskräften zu behaupten, formuliert Porter offensive und defensive Maßnahmen, die unter der Bezeichnung generische Wettbewerbsstrategien bekannt wurden: die Kostenführerschaftsstrategie, die Differenzierungsstrategie und die Nischenstrategie (vgl. Porter 2013, S. 73).

Bei der Kostenführerschaftsstrategie wird die gesamte Wertschöpfungskette auf Einsparpotenziale hin untersucht, um die Produktionskosten zu senken und das Produkt oder die Dienstleistung zu einem günstigeren Preis anbieten zu können. Ziel ist es, einen umfassenden Kostenvorsprung gegenüber den anderen Wettbewerbern bei akzeptabler Qualität für den Kunden zu erreichen. Voraussetzung für den Erfolg dieser Strategie sind ein hoher Marktanteil und weitere Vorteile wie beispielsweise ein günstiger Zugang zu Ressourcen (vgl. Porter 2013, S. 74 ff.).

Eine weitere Strategie besteht in der Differenzierung des Angebotes. Bei gleichbleibender Kostenstruktur soll die Leistung verändert werden. Das Ziel liegt darin, bei allen Wettbewerbsfaktoren eine höhere Angebotsebene zu bieten als die Konkurrenz. Verbesserungspotenziale werden bei Technologie, Qualität, Design und im Kundenservice gesucht. Der Kunde soll durch den höheren Nutzen bereit sein, einen höheren Preis zu zahlen.

Bei der Nischenstrategie konzentrieren Unternehmen sich auf spezielle Marktsegmente, um gezielt auf die Bedürfnisse dieser Kunden einzugehen. Eine Segmentierung kann bei Produkten, Kundengruppen oder Regionen stattfinden. Durch ein kostengünstigeres oder differenzierteres Angebot kann das Unternehmen Wettbewerbsvorteile gegenüber branchenweit tätigen Konkurrenten aufbauen.

Laut Porter kann ein Unternehmen nicht gleichzeitig die Kostenführerschafts- und Differenzierungsstrategie verfolgen, da dies zu Koordinationsmängeln und Inkonsistenzen innerhalb der Wertschöpfungskette führt. Keine eindeutige strategische Positionierung birgt die Gefahr, dass das Unternehmen sich „zwischen den Stühlen" (stuck in the middle) befindet und sich der Herausforderung, bei geringen Gewinnen bestehen zu bleiben, stellen muss (vgl. Grünig und Kühn 2005, S. 273).

Der ressourcenorientierte Ansatz kritisiert die Unvollständigkeit des marktorientierten Ansatzes. Demnach orientieren sich Branchenstrukturanalyse und Strategiewahl ausschließlich an der Branchenrendite, eine Bewertung der Unternehmensangebote und Ressourcen findet nicht statt.

9.2.2 Ressourcenorientierte Strategie

Der marktorientierte Ansatz bleibt der Erklärung schuldig, wie Strategien in der Lage sind, neue Märkte zu schaffen. Diesen Gedanken greift der ressourcenorientierte Ansatz auf und betrachtet die Treiber des Markterfolgs aus einer „Inside-Out-Perspektive". Durch die Kritik an der Annahme einer exogen gegebenen Branchenstruktur im SCP-Paradigma entwickelte sich dieser neue Ansatz, der die unternehmenseigenen

Ressourcen und die Fähigkeit des Unternehmens, diese zu nutzen, integriert (Abb. 9.2) (vgl. Welge und Al-Laham 2011, S. 78 f.).

Das Wettbewerbsverhalten resultiert im ressourcenorienterten Ansatz aus den vorhandenen Ressourcen. Ressourcen im betriebswirtschaftlichen Sinne können materielle und immaterielle Güter, Fähigkeiten, Systeme und Organisationsprozesse, über die ein Unternehmen verfügt, sein (vgl. Barney 1991, S. 101 f.).

Strategische Vorteile entstehen zum einen dadurch, dass Unternehmen über strategisch wertvollere Ressourcen als die Konkurrenz verfügen; zum anderen dadurch, dass sie ihre Ressourcen besser nutzen (vgl. Grünig und Kühn 2005, S. 243). Wettbewerbsvorteile können durch physische, humankapitalbezogene sowie organisationale Ressourcen generiert werden, die sowohl materieller als auch immaterieller Natur sein können (vgl. Welge und Al-Laham 2011, S. 88). Der Aufbau und die Weiterentwicklung zu neuartigen Ressourcen sollen in technologische Innovationen münden.

9.2.3 Defizite klassischer Strategien

Reife Märkte sind durch permanente Überkapazitäten und Sättigungserscheinungen geprägt. Klassische Strategien betrachten diese Verschärfung der Konkurrenzsituation und die zunehmende Aggressivität des Verhaltens der Marktteilnehmer nicht. Sie gehen von einem gegebenen und begrenzten Markt aus, innerhalb welchem die Konkurrenten um Marktanteile kämpfen.

Die marktorientierte Ansicht vertritt eine eher reaktive und defensive Grundposition. Eine ausschließliche Ausrichtung am Markt führt dazu, dass das Unternehmen weniger innovativ ist, da es nur auf Marktänderungen hin reagiert. Der ressourcenorientierte Ansatz konzentriert sich sehr auf die unternehmensinternen Stärken und Schwächen, sodass die Betrachtung des Marktes vernachlässigt wird. Der Markt unterliegt in der globalisierten Umwelt einer starken Dynamik und lässt eine Betrachtung von Chancen und Risiken sinnvoll erscheinen. So könnte fälschlicherweise in Ressourcen investiert werden, die in Zukunft auf dem Markt nicht mehr nachgefragt werden.

Die Festlegung auf eine einzige strategische Richtung, wie es Porter empfiehlt, schränkt das Unternehmen in seiner Flexibilität und seinen Handlungsmöglichkeiten ein. Unternehmen, die sich eindeutig auf eine dieser strategischen Hauptrichtungen

Abb. 9.2 RCP-Paradigma

festlegen, laufen Gefahr, bei Änderungen der äußeren Rahmenbedingungen nicht schnell genug reagieren zu können. Verfolgen viele Unternehmen beispielsweise eine Kostenführerschaft, liegt die Folge in starken Preiskämpfen, die die Profitabilität der jeweiligen Unternehmen deutlich einschränken. Die Grundlagen einer Kostenführerschaft können sich durch neue Technologien kurzfristig erheblich ändern. Auch eine Differenzierung kann durch Nachahmung durch Wettbewerber und ungenügende Erhaltungsmaßnahmen schnell verloren gehen.

9.3 Anwendung der BOS in mittelständischen Unternehmen

In diesem Abschnitt soll die Möglichkeit einer Anwendung der BOS in mittelständischen Unternehmen anhand von Beispielen aufgezeigt werden. Dazu wird zuerst auf die in Abschn. 9.2 vorgestellten klassischen Strategien eingegangen und anschließend die Frage beantwortet, inwiefern sich die BOS zur Anwendung in mittelständischen Unternehmen eignet. Im Anschluss werden mögliche Schwierigkeiten bei der Anwendung erläutert.

9.3.1 Vergleich zwischen der BOS und klassischen Strategien

Um zu beurteilen, inwiefern die Anwendung der BOS im Mittelstand erfolgreich sein kann, ist eine vergleichende Beurteilung der BOS mit dem marktorientierten und ressourcenorientierten Ansatz erforderlich.

9.3.1.1 BOS vs. marktorientierter Ansatz

Grundlegende Unterschiede zwischen der BOS und einem marktorientierten Ansatz finden sich in der Strategieabsicht. So dient die Strategie laut marktorientiertem Verständnis dazu, sich im Wettbewerb bereits bestehender Märkte mithilfe einer vorteilhaften Positionierung gegenüber der Konkurrenz durchzusetzen. Im Gegensatz dazu hat die BOS die Absicht neue Märkte zu finden und dem bestehenden Wettbewerb auszuweichen. Der marktorientierte Ansatz führt zu einem wettbewerbsbasierten strategischen Denken mit der Konzentration auf die Konkurrenz im Markt. Ziel ist die Generierung eines möglichst hohen Marktanteils, der durch den Aufbau von Marktbarrieren gesichert werden soll. Die logische Konsequenz aus diesem Ansatz ist, dass der Gewinn eines Unternehmens in einem begrenzten Markt auf dem Verlust eines anderen Unternehmens basiert. Dieser Prämisse geht die BOS aus dem Weg, indem sie sich nicht auf die vorhandene Nachfrage fokussiert, sondern durch Erweiterung der Marktgrenzen eine neue Nachfrage schafft. Die Erweiterung der Marktgrenzen muss hierbei keineswegs dem Verlust eines Konkurrenten geschuldet sein.

Der marktorientierte Ansatz sieht die Marktstrukturen und -grenzen als fix an und unterscheidet von dieser Annahme ausgehend attraktive und unattraktive Branchen. Für

Unternehmen, die blaue Ozeane betrachten, ist eine derartige Unterteilung irrelevant. Für sie lässt sich die Attraktivität einer Branche vielmehr durch Umgestaltung verändern und eine beliebige Branche durch Schaffung von neuem Kundennutzen zu einer attraktiven Branche mit hohem Nachfragevolumen machen.

Im marktorientierten Ansatz werden die vorliegenden Wettbewerbskräfte im Markt untersucht und Handlungsempfehlungen abgeleitet, die bestimmte Wettbewerbsstrategien zuordnen. Hier ist ein reaktives und wenig gestalterisches Verhalten erkennbar, das im Gegensatz zur BOS steht. Zur Eroberung blauer Ozeane wird der Wettbewerb aktiv umgestaltet, um gegebene Wettbewerbskräfte außer Kraft zu setzen, indem sie als Chance für den Aufbau eines neuen Kundennutzens gesehen werden. Darüber hinaus bezieht die BOS zukünftige Trends mit ein und betrachtet nicht nur die gegenwärtige Struktur des Marktes, wie es mittels der Branchenstrukturanalyse der Fall ist.

Laut Porter können vorteilhafte Wettbewerbspositionen erzielt werden, wenn Unternehmen bessere oder aber kostengünstigere Leistungen anbieten. Die Strategie von Kim und Mauborgne setzt den Fokus darauf, ein gänzlich neues Leistungsangebot für den Kunden zu schaffen, welches einen neuartigen und für die Käufer besonderen Kundennutzen bietet. Im Gegensatz zur marktorientierten Strategie wird auf die Nachfrageseite anstatt auf die Angebotsseite gesetzt. Die marktorientierte Sichtweise geht von einer gegebenen Nachfrage aus und bedient sich theoretischer Ansätze, um die Wettbewerbskräfte zu erklären, ohne dabei die Käuferperspektive mit einzubeziehen. Beide Ansätze haben verschiedene Auffassungen bezüglich des Zusammenhangs von Kosten und Differenzierung. Laut Porter ist eine Differenzierung mit höheren Kosten verbunden, weshalb eine gleichzeitige Kostenführerschaft und Differenzierung sich ausschließen und es für das Unternehmen erforderlich ist, sich auf eine Richtung festzulegen.

Die BOS hebelt diesen Zusammenhang aus und vertritt die Position, dass eine Differenzierungsstrategie mit einer gleichzeitigen Kostenreduktion möglich ist.

Es bedarf näherer Erläuterungen bezüglich des Differenzierungsbegriffs, der in beiden Ansätzen unterschiedlich interpretiert wird. Die marktorientierte Ansicht sieht die Differenzierung innerhalb des bestehenden Marktes: Unternehmen erhöhen ihr Leistungsspektrum und zeichnen sich durch eine Qualitätsführerschaft aus. Die Differenzierung der BOS erfolgt durch eine neue Zusammensetzung des Leistungsangebotes. Sie findet folglich nicht ausschließlich im bestehenden Markt statt, sondern zielt darauf ab, sich von dem bestehenden Markt zu unterscheiden. Der Fokus liegt auf einzelnen Faktoren, in denen sich die Qualität besonders widerspiegeln soll.

Ein weiterer Unterschied liegt in dem Verständnis der Segmentierung des Marktes. So sieht der marktorientierte Ansatz die Konzentration auf Nischenmärkte als eine mögliche Strategie vor, während die BOS versucht, bei der Schaffung der blauen Ozeane ein breites Marktpotenzial auszuschöpfen und eine Masse an potenziellen Kunden zu erreichen, indem Gemeinsamkeiten der Kundenbedürfnisse untersucht werden. Eine Gemeinsamkeit beider Ansätze besteht in der „Outside-in-Perspektive“, die eine Marktanalyse voraussetzt, um bestimmte Handlungsempfehlungen abzuleiten und sich im Falle der BOS vom Markt zu lösen bzw. im Falle der marktorientierten Strategie eine

Kostenführerschafts- oder Differenzierungsstrategie einzuführen. Der Aufbau von Markteintrittsbarrieren führt in beiden Ansätzen dazu, dass der Markteintritt für Nachahmer durch Faktoren wie Kostenvorteile oder Kundenloyalität erschwert wird.

9.3.1.2 BOS vs. ressourcenorientierter Ansatz

Im Gegensatz zur BOS bedient der ressourcenorientierte Ansatz eine „Inside-out-Perspektive", die das Leistungsangebot von den internen Ressourcen des Unternehmens und nicht vom Markt abhängig macht. Der Aufbau von Kernkompetenzen steht hier im Fokus und setzt voraus, dass technisch verbesserte Produkte zwangsläufig den Kundennutzen erhöhen und damit Nachfrage erzeugen. Dieser Ansatz, der keine vorausgehende Marktanalyse nötig macht, setzt den Schwerpunkt auf den Aufbau unternehmensinterner Kompetenzen, die bei der BOS keine Rolle spielen. Beide strategischen Ansätze stellen die Einzigartigkeit in den Fokus. Die BOS versucht ein einzigartiges Leistungsangebot zu schaffen, der ressourcenorientierte Ansatz möchte einzigartige Kernkompetenzen nutzen. Es geht in beiden Strategien um neue Märkte, die durch die jeweiligen Ansätze erschlossen werden sollen. Die Herangehensweise dazu unterscheidet sich jedoch. So gibt der Kernkompetenzansatz keine konkreten Angaben, wie ein neuer Markt erschlossen werden kann. Vielmehr wird vorausgesetzt, dass durch die Nutzung von Kernkompetenzen automatisch ein neuer Markt entsteht. Die BOS begibt sich auf die Suche nach neuen Märkten und zeigt Instrumente und Werkzeuge auf, um diese Märkte zu erschließen. Eine neue Kombination existierender Technologien trägt bei der BOS zur Schaffung der neuen Märkte bei. Beim klassischen Ansatz sind es meistens weiterentwickelte Technologien, die zum Erfolg führen.

Beide Ansätze gehen nicht von festgesetzten Marktstrukturen aus, sondern betrachten die Marktgrenzen als variabel. So ist durch Kernkompetenzen oder neuartige Leistungsangebote eine proaktive Umgestaltung der Grenzen möglich und sinnvoll. Darüber hinaus sind beide Ansätze zukunftsorientiert. Sowohl der ressourcenorientierte Ansatz als auch die BOS legen großen Wert auf eine Fokussierung. Diese liegt beim ressourcenorientierten Ansatz im Aufbau der eigenen Kernkompetenzen und bei der BOS im Leistungsangebot. Der Anspruch besteht nicht darin, alle Bereiche, sondern vielmehr gezielt ausgewählte Bereiche zu optimieren. Das Streben nach Divergenz vereint die zwei Ansätze. Unternehmen, die den Kernkompetenzansatz nutzen, streben eine Differenzierung bezüglich ihrer Ressourcen an. Durch einmalige Kombinationen von Ressourcen sollen einzigartige Kompetenzen erschaffen werden. Auch die BOS hegt den Anspruch, in ihrem Leistungsangebot durch die Ausprägung verschiedener Faktoren einzigartig zu sein.

Die Verbindung von Differenzierung und niedrigen Kosten spiegelt sich im Kernkompetenzansatz wider. Eine Spezialisierung in bestimmten Bereichen ermöglicht oft eine Effizienzsteigerung und somit ein kostengünstigeres Angebot.

9.3.2 Warum eigenen sich Hidden Champions, um blaue Ozeane zu erobern?

Um die zentrale Frage dieser Arbeit zu beantworten, wird Simons Konzept einer weichen Diversifikation der Idee, neue Märkte zu schaffen, gegenübergestellt. Es werden Praxisbeispiele für weiche Diversifikationen und die Anwendung der BOS aufgezeigt. Abschließend wird auf die Stärken der Hidden Champions eingegangen und die Kernfrage beantwortet, inwiefern sich Hidden Champions eignen, blaue Ozeane zu erschaffen.

9.3.2.1 Weiche Diversifikation

Ein Bestehen und Wachsen im Markt stellt wegen der zunehmenden Konkurrenz eine große Herausforderung dar. Ein hoher Marktanteil gepaart mit einem geringen Marktwachstum bewegen Unternehmen dazu, auf andere Märkte oder Produkte auszuweichen (vgl. Simon 2012, S. 331). Simon spricht von einer sogenannten „weichen Diversifikation" der Hidden Champions.

Die Diversifikationsstrategie trägt den Leitgedanken der BOS in sich, mit einem neuen Leistungsangebot neue Märkte zu erobern. Während die BOS jedoch auf einen Markt abzielt, der bisher unergründet ist und keinen Wettbewerb aufweist, werden bei einer klassischen Diversifikation laut Ansoff bestehende Märkte als neu interpretiert, in denen das Unternehmen bisher noch nicht agiert hat. Dies schließt die vorherige Existenz dieser Märkte jedoch nicht aus.

Die Diversifikationsstrategie zielt sowohl auf für das Unternehmen neue Produkte als auch neue Märkte ab, wodurch das Unternehmen in gewisser Weise von seinen Kernkompetenzen abweichen muss. Simon sieht darin eine große Gefahr, da das Festhalten an Kernkompetenzen seiner Meinung nach essenziell ist (vgl. Simon 2012, S. 112). Er schlägt deshalb eine weiche Diversifikation vor.

Weiche Diversifikation bedeutet in diesem Zusammenhang, dass das neue Angebot auf den traditionellen Kernkompetenzen des Unternehmens aufbaut. Ein Motiv für die Anwendung der weichen Diversifikation ist eine breitere Ausschöpfung der vorhandenen Stärken, indem diese auf andere Geschäftsfelder oder Kundengruppen angewendet werden. Die meisten Hidden Champions bevorzugen es, nah bei ihren traditionellen Stammkompetenzen zu bleiben, um diese weiterhin nutzen zu können. Ziel ist es, das vorhandene Know-how ausgiebiger nutzen zu können und den wichtigsten Stärken, die das Unternehmen ausmachen, treu zu bleiben.

Weiche Diversifikation zu betreiben bedeutet keinen „Sprung in den blauen Ozean", vielmehr ist es ein Versuch des Ausbruchs aus den überfluteten roten Ozeanen. Es handelt sich im Sinne der BOS nicht um eine Schaffung eines neuen, bis dahin nicht existierenden Marktes mit neuen Kunden.

Als Beispiel für eine gelungene weiche Diversifikation dient das Unternehmen Hauni. Als Weltmarktführer für Zigarettenmaschinen mit einem Marktanteil von ca. 95 %

erkannte Hauni trotz seiner guten Stellung als einziger Komplettanbieter für Tabakverarbeitungsanlagen, dass der Zigarettenmarkt stark begrenzt ist und zukünftig stagnieren würde. Heute ist Hauni der weltweit führende Anbieter von Technologien, technischen Services und Beratungsleistungen für die internationale Tabakindustrie. Hauni bietet innovative Technologien rund um die Tabakaufbereitung, Produktion von Filtern und Zigaretten sowie abschließender Qualitätsmessungen (vgl. Hauni Maschinenbau AG). 1946 wurde das Unternehmen in Hamburg gegründet und konzentrierte sich auf die Reparatur von Zigarettenmaschinen und die Herstellung von Handtabakschneidern. 1970 erfolgte eine Diversifizierung in den Bereich Papiertechnik, 1978 der Einstieg in den Bereich Werkzeugmaschinen. Heute bietet Hauni durch seine einzigartigen Erfahrungen in der Tabakindustrie Beratungsleistungen an, die vor allem auf die Prozessoptimierung fokussiert sind (vgl. Hauni Maschinenbau AG). Damit hat das Unternehmen auf dem Weg zum Hidden Champion auf seine Kernkompetenzen gebaut.

Auffällig ist, dass das Unternehmen mit den neuen Geschäften nah an seinen Technologien und Zielgruppen bleibt: Aktuelle Produkte und Services bestehen in der Tabakaufbereitung, Zigarettenherstellung, Filterstabherstellung, Logistikkomponenten und dem Consulting (vgl. Hauni Maschinenbau AG). Hauni ist von dem 1946 aufgebauten Kerngeschäft bis heute nicht abgerückt. Der Fokus liegt seit seiner Gründung auf der Tabakaufbereitung und Reparatur sowie Produktion der zur Zigarettenherstellung erforderlichen Maschinen. Aus der Unternehmenshistorie wird ersichtlich, dass wiederholt der Versuch unternommen wurde, Wachstum zu erzielen. So nutze Hauni verschiedene Strategien. Nachdem erkannt wurde, dass eine weitere Marktdurchdringung in dem gesättigten Markt nur sehr schwer zu erreichen ist, strebte Hauni eine Produktentwicklung an. Hierzu wurden die Bedürfnisse ihres bestehenden Marktes mit neuen Produktvarianten befriedigt. So fokussierte sich der Mittelständler auf Papierverarbeitungsmaschinen, einen Bereich mit dem Hauni bis dahin nicht in Berührung kam. 1955 folgte die nächste Vergrößerung des Unternehmens, indem eine Marktentwicklung angestrebt wurde. Das Unternehmen stellte sich erstmals international auf und gründete ein Sales- und Service-Zentrum für Nordamerika, übernahm zu einem späteren Zeitpunkt ein französisches Unternehmen und erschloss schließlich den asiatischen Raum. Dieser Versuch, das bestehende Leistungsangebot auf neuen Märkten anzubieten, fruchtete und Hauni wuchs (vgl. Hauni Maschinenbau AG).

Einen nächsten Versuch, um seinen Markt auszuweiten, wagte Hauni durch das Angebot von Consultingleistungen. Durch individuelle Prozessplanung und Optimierung gepaart mit eigener Informations- und Produktionsmanagementsoftware konnte für Unternehmen im gleichen Geschäftsfeld eine neue Dienstleistung angeboten werden. Das Unternehmen blieb stets seinen Kernkompetenzen rund um die Herstellung von Tabakaufbereitungs- und Zigarettenproduktionsanlagen treu. Das breite Know-how und die Spezialisierung bezüglich Produktion und Aufbereitung von Tabak und Zigaretten soll ausgeschöpft werden, indem versucht wird, den Markt zu erweitern. Den Schritt durch das Fachwissen und die besonderen Skills, einen gänzlich neuen Markt durch eine Nutzeninnovation zu erschaffen, gelang Hauni nicht.

Ein weiteres Beispiel für eine weiche Diversifikation bietet die 1913 gegründete Firma Claas, die traditionell auf Erntemaschinen fokussiert ist. So wurden 1913 erstmals leistungsfähige Strohbinder produziert. 23 Jahre später ging der erste Mähdrescher in Serie und ist seitdem auf dem Markt erfolgreich. Claas ist heute Weltmarktführer bei Feldhäckslern und bei Mähdreschern, die Nummer 1 in Europa und weltweiter Technologieführer (vgl. Claas KGaA mbH). Da man früh erkannte, dass die Wachstumspotenziale in diesem Markt beschränkt sind, übernahm Claas 2003 das Traktorengeschäft von Renault mit dem Ziel einer vollen Integration (vgl. Claas KGaA mbH). Mit einer Vielzahl von modernen Traktoren im Vertriebsprogramm gelang dem Unternehmen ein Wachstumssprung. Da es sich um verwandte Produkte handelte, kann man von einer Produktentwicklung nach Ansoff sprechen. In den bestehenden Märkten konnte sich die neue Produktlinie einer großen Beliebtheit erfreuen. Weiteres Wachstumsbestreben ist in einer Marktentwicklung zu erkennen. So übernahm Claas 1997 ein Schneid- und Mähwerk in Ungarn und schuf eine Fabrik für Mähdrescher in den USA (vgl. Claas KGaA mbH). Heute werden Claas' Mähdrescher nicht nur in den USA produziert, sondern auch auf dem ganzen nordamerikanischen Markt verkauft. Auch den osteuropäischen Markt konnte das Unternehmen erobern, indem es in Russland in den Bau eines Mähdrescherwerks investierte und ein gutes Service- und Vertriebsnetz aufbaute. 2008 entstand eine neue Produktion in Indien. Mittels eines Ersatzteildepots und Vertriebsbüros wird seitdem von dort aus der indische Markt bedient.

Claas produzierte in Indien Mähdrescher, die auf Gummiraupen fahren und somit für feuchte Böden in Reisanbaugebieten geeignet sind. Märkte für diese Maschinen fand das Unternehmen in Südkorea, Thailand und afrikanischen Ländern. Mit der 2012 gegründeten chinesischen Claas Gesellschaft gelang dem Unternehmen die Erschließung des asiatischen Raums. Die zahlreichen erfolgreichen globalen Ausweitungen im Sinne einer Marktentwicklung konnten starkes Unternehmenswachstum generieren. Heute beschäftigt das Familienunternehmen rund 11.000 Mitarbeiter und konnte im Geschäftsjahr 2013 einen Umsatz von 3,8 Mrd. € erzielen (vgl. Claas KGaA mbH). Festzuhalten ist, dass ein Wachstum durch weiche Diversifikation erreicht werden konnte. Auch hier fokussierte man sich auf die Kernkompetenzen und brachte eine weiterentwickelte Produktlinie in internationale Märkte.

9.3.2.2 Hidden Champions in blauen Ozeanen

Laut Simon ist der „einfachste Weg, um einen Markt zu besitzen, [...], diesen Markt von Anfang an selbst zu schaffen“ (Simon 2007, S. 99). Dieser Gedanke, der mit der Idee der BOS korreliert, fand durch den erfolgreichen Hidden Champion Trumpf Anwendung. Die Firma Trumpf als führendes Technologieunternehmen bei Laserschneidemaschinen für Metalle ist ein seit 1923 tätiges Familienunternehmen, das Werkzeugmaschinen, Laser sowie Elektronik für industrielle Anwendungen entwickelt (vgl. Trumpf GmbH+Co. KG). Mit ca. 11.000 Mitarbeitern und einem Umsatz von 2,59 Mrd. € im Geschäftsjahr 2013/2014 handelt es sich um einen erfolgreichen Hidden Champion. Durch eine Erweiterung des Produktprogramms im Bereich der Blechbearbeitung durch Integration spezieller Verarbeitungsverfahren war Trumpf in der Lage, neue Geschäftsbereiche wie die Medizin- und Dentaltechnik zu erschließen. 1934 stellte Trumpf die erste motorbetriebene Handschere zum Schneiden von Blech her. Es folgte ein Produktprogramm an Elektro- und Druckluftwerkzeugen. 1979 steigt Trumpf in die Lasertechnik ein.

Der große Durchbruch in einen gänzlich neuen Markt gelang Trumpf mit dem neuen Geschäftsfeld Medizintechnik. Mit seinen ausgezeichneten Eigenschaften ist der Laser im medizinischen Bereich das Produktionswerkzeug erster Wahl zum Schweißen, Schneiden und Beschriften. Eine durch Trumpf speziell für die Medizintechnik entwickelte Lasertechnologie konnte vor allem bei der Herstellung von medizinischen Instrumenten, Endoskopen und Implantaten eingesetzt werden (vgl. Trumpf GmbH+Co. KG). Die für die Medizintechnik erforderliche Präzision und Qualität konnte erstmals geleistet werden. Laserschnitte ermöglichen glatte Oberflächen und minimale Grate, sodass keine Nacharbeit anfällt. Durch seine Flexibilität passt sich der Laser der Variantenvielfalt in der Medizintechnik an und stellte sich als optimales Werkzeug für diesen Bereich heraus. Ein neuer Kundennutzen wird geschaffen, indem eine bis dahin nicht vorhandene Genauigkeit eines Lasers in der Medizintechnik zum Einsatz kommt. Die Strategie Trumpfs kann als eine BOS bezeichnet werden, da der Fokus vom bestehenden Markt verlagert wurde und neue, bisher unentdeckte Geschäftsfelder erschlossen wurden, in denen Trumpf als alleiniger Anbieter großes Potenzial ausschöpfen konnte. Trumpf richtet sich nicht am aktuellen Wettbewerb aus, sondern konzentriert sich mit einem neuen Leistungsangebot auf den neu geschaffenen Markt.

Ein weiteres Beispiel für einen Hidden Champion, der sowohl ein neues Produkt entwickelt als auch auf einem neuen Markt mit neuen Kunden agiert hat, ist Herrenknecht. Das Unternehmen ist als Hersteller von Tunnelvortriebsmaschinen, die für komplexen Infrastrukturausbau wie Metro-, Eisenbahn-, Straßen- und Personentunnel benötigt werden, seit 1975 tätig (vgl. Herrenknecht AG). Diese Vortriebstechnik für Verkehrsinfrastruktur, die auch unter „Traffic Tunnelling" bekannt ist, hat angesichts überschaubarer Nachfrage kein großes Zukunftspotenzial. Auf diesem Markt mit deutlichen Wachstumsgrenzen sah sich Herrenknecht dazu gezwungen zu reagieren, um trotz bevorstehendem Nachfragerückgang den Bestand und Erfolg des Unternehmens zu sichern. Bei ihrer klassischen Vortriebstechnik wird horizontal bzw. mit leichten Steigungen gebohrt. Herrenknecht hat diese horizontale Technik zu einer vertikalen Bohrtechnologie transformiert und konnte somit eine Technologie für die Erschließung tiefer und oberflächennaher Geothermie sowie von Öl- und Gasvorkommen anbieten (vgl. Herrenknecht AG). Die Gewinnung von Wärme aus dem Erdinneren als neue Energiequelle ist aufgrund von Ressourcenknappheit zukünftig vielversprechend und ermöglicht Herrenknecht den Zugang zu einem bis dato nicht betretenen Markt. Die Produkte und Kunden haben sich im Vergleich zum Tunnelgeschäft grundlegend geändert.

9.3.2.3 Weiche Diversifikation oder BOS?

Eine vergleichende Betrachtung der vier Beispielunternehmen aus der Praxis zeigt die Unterschiede zwischen weicher Diversifikation und BOS deutlich auf. Hauni und Claas wuchsen durch weiche Diversifikation, Trumpf und Herrenknecht wandten eine BOS an.

Wie in Abb. 9.3 ersichtlich, halten alle vier vorgestellten Unternehmen an ihren Kernkompetenzen fest. Jedoch sind es nur zwei Unternehmen, Trumpf und Herrenknecht, die in der Lage sind, ihr branchenspezifisches Fachwissen optimal auszunutzen. Trumpf kann das Fach-Know-how in der Lasertechnik nutzen, um eine weiterentwickelte Technologie für die Medizintechnik zu entwickeln und anzuwenden. Herrenknecht kann sein breit gefächertes Wissen in Sachen Vortriebstechnik nutzen, um eine Technologie für Tiefbohrungen zu entwickeln. Dabei stoßen beide Unternehmen in einen neuen Markt vor, der bis dahin nicht existierte. So sind sie in der günstigen Lage, diesen neuen Markt alleine zu beherrschen und als Monopolisten eine einzigartige Position einzunehmen. Dies ist den beiden Unternehmen durch die Schaffung einer Nutzeninnovation gelungen, indem sie neue Elemente entwickelt haben, die in ihren jeweiligen Branchen bisher nicht geboten wurden.

Hauni und Claas waren nicht dazu in der Lage, einen neuen Markt zu schaffen. Sie erweiterten ihren Markt, indem sie sich international aufstellten und globale Märkte mit ihren bestehenden Produkten eroberten. Auslandsmärkte bieten sich für die Realisierung der Marktentwicklungsstrategie an, weil sich bisherige Erfahrungen mit einem Produkt auf einen neuen Markt übertragen lassen. Von Vorteil ist hierbei, wenn es sich um standardisierte Produkte handelt, die keinen zusätzlichen Entwicklungsaufwand für das Unternehmen bedeuten (Bea und Haas 2015, S. 177). Der Kundenstamm wurde um

Unternehmen / Merkmal	*Hauni*	*Claas*	*Trumpf*	*Herrenknecht*
Festhalten an Kernkompetenzen	✓	✓	✓	✓
Nutzung des Fach-Know-hows	o	o	✓	✓
Neuer Markt	o	o	✓	✓
Neuer Kundenstamm	o	o	✓	✓
Erweiterung bestehender Produkte	✓	✓	-	-
Neuartiges Leistungsangebot	-	-	✓	✓

Abb. 9.3 Hauni, Claas, Trumpf und Herrenknecht im Vergleich

zahlreiche neue Kunden aus anderen Erdteilen erweitert, es wurde jedoch kein gänzlich neuer Kundenstamm geschaffen.

Trumpf und Herrenknecht sprachen durch ihre einzigartigen Entwicklungen sowohl einen neu geschaffenen Markt als auch eine gänzlich neue Kundengruppe an. Hatte Trumpf bisher Kunden aus der Industrie, so kamen jetzt Kunden aus dem Medizinbereich dazu. Herrenknechts Kundschaft ging aus dem Infrastrukturgeschäftsfeld hervor und besteht nun zusätzlich aus Kunden, die rund um das Geschäftsfeld der neuen Energien aufgestellt sind. Diese Schaffung eines neuen Kundenstamms bot den beiden Unternehmen ein enormes, bis dahin nicht ausgeschöpftes Erschließungspotenzial.

Hauni und Claas erweiterten ihre Produktlinien. So bot Hauni schließlich nicht nur Maschinen zur Zigarettenherstellung und Tabakaufbereitung an, sondern fachspezifische Software und Beratungsdienstleistungen der Tabakindustrie. Durch Neuentwicklung von Produkten soll bei der Produktentwicklungsstrategie der bestehende Markt bedient werden (Bea und Haas 2015, S. 175). Auch Claas erweiterte die Produktlinie und ging vor allem auf asiatische Kundschaft ein, indem Maschinen für Reisanbaugebiete hergestellt wurden. Diese Produkterweiterungen führten zu Umsatzwachstum, waren jedoch keine gänzlich neuartigen Leistungsangebote. Trumpf und Herrenknecht brachten Nutzeninnovationen hervor, die den Kunden ein neues Leistungsangebot ermöglichten.

An diesen vier Praxisbeispielen erkennt man verschiedene Wachstumsstrategien. Auch Hauni und Claas als marktführende Unternehmen in ihrer Branche haben Potenzial, neue Märkte zu erschaffen. Sie nutzen ihre Stärken und Kompetenzen durch Marktentwicklung und Produktentwicklung, schaffen jedoch keinen Zugang zu neuen Märkten.

9.4 Warum Hidden Champions blaue Ozeane schaffen können

Simon empfiehlt eine weiche Diversifikation und Investition in das Kerngeschäft des Unternehmens (Simon 2007, S. 115). Er hält den Eintritt in neue Märkte für äußerst riskant und rät deshalb von einer Eroberung neuer Märkte, wie es die Idee der BOS impliziert, deutlich ab. Durch die Praxisbeispiele von Trumpf und Herrenknecht wurde deutlich, dass Mittelständler durchaus in der Lage sind, blaue Ozeane zu schaffen. Im Folgenden werden die Stärken der Hidden Champions betrachtet, die erklären, wieso Hidden Champions, entgegengesetzt zu Simons Sichtweise, zur Eroberung blauer Ozeane geeignet sind.

Abb. 9.4 zeigt die acht Lehren der Hidden Champions, die in drei konzentrischen Kreisen visualisiert sind. Die zentrale Stärke liegt in einer starken Führung, die sich durch ambitionierte Ziele zeigt. Gründer und Manager der Hidden Champions haben – unter anderem durch ihre Rolle als (ursprüngliche) Familienunternehmer – den Willen, ihre Ziele zu erreichen und bestmögliche Leistungen zu erbringen. Diese Ambition können sie bestenfalls auf ihre zuvor gut selektierten Mitarbeiter übertragen, indem sie diese motivieren. Motivation und Identifikation mit dem Unternehmen führen zu hoher Leistungsbereitschaft der Belegschaft und bilden die Voraussetzung für leistungswillige

Abb. 9.4 Drei Kreise und acht Lehren (The three circles of Hidden Champions). (Quelle: Simon 2007, S. 407)

Mitarbeiter. Die Wertschöpfungs- und Fertigungstiefe stellt ein weiteres Merkmal dar, das die Stärke der Hidden Champions zeigt (vgl. Simon 2007, S. 403). Dahinter verbirgt sich eine hohe Fertigungstiefe, eigene Herstellung und Stärke in Forschung und Entwicklung sowie die Fähigkeit, Innovationen hervorzubringen, die für die mittelständischen Unternehmen kennzeichnend sind. Die außerordentliche Innovationsleistung und Technologiekompetenz von Hidden Champions erkennt man an der hohen Anzahl der Patente, die jährlich angemeldet werden. Hidden Champions erreichen 31 Patentanmeldungen pro 1000 Mitarbeiter, bei den Großunternehmen sind es im Vergleich dazu lediglich sechs Patente pro 1000 Mitarbeiter (Simon 2012, S. 269). Innovationen der Hidden Champions betreffen nicht nur ihre Produkte, sondern auch ihre Prozesse und sollen dazu beitragen, sich im Wettbewerb bestmöglich zu behaupten.

In der Abbildung wird ersichtlich, dass die Merkmale im mittleren Kreis, bestehend aus selektierten und motivierten Mitarbeitern, kontinuierlicher Innovation und dem Vertrauen auf die eigenen Stärken, einen marktorientierten Ansatz zeigen. Die Innovationsfähigkeit, gepaart mit Fertigungstiefe sowie leistungsfähigen und -bereiten Mitarbeitern sind die unternehmensinternen Stärken, die die Hidden Champions nutzen, um eine gute Positionierung auf dem Markt zu erreichen. Der äußere Kreis der Abbildung besteht aus Fokussierung, Kundennähe, Wettbewerbsvorteilen und einer globalen Orientierung. Hidden Champions nutzen die Chancen, die die Globalisierung mit sich bringt, um zu wachsen. Die Kompetenzen der Unternehmen sollen in einer globalen Dimension auf einen engen Markt fokussiert sein. Wettbewerbsvorteile werden durch Kundennähe geschaffen. Insbesondere die Beziehung zu den Topkunden ist für die Unternehmen von großer Bedeutung (Simon 2007, S. 406).

Auffällig ist, dass nicht nur entweder ein markt- oder ein ressourcenbasierter Ansatz angewandt wird, sondern beide in Abschn. 9.3 vorgestellten, vermeintlich gegensätzlichen Ansätze kombiniert werden. Die Erkenntnis liegt darin, dass die Stärke der Hidden Champions über Simons Idee einer weichen Diversifikation hinausgeht und in der Kombination des markt- und ressourcenorientierten Ansatzes begründet ist. So wird sowohl eine „Inside-Out-Perspektive", als auch eine „Outside-In-Perspektive" angewandt, um die strategisch bestmögliche Aufstellung zu erreichen. Die Nutzung neuer Strategien ist eine Möglichkeit, um bestehende oder erwartete Wachstumsbarrieren zu überwinden. Durch die Praxisbeispiele und die Darstellung der beachtlichen Stärken der Hidden Champions ist deutlich geworden, dass die Unternehmen durch ihre einzigartigen Stärken durchaus Potenzial haben, ein neuartiges Leistungsangebot aufzubauen und gänzlich neue Märkte zu erschließen. Mit dem spezialisierten Fachwissen der Hidden Champions sind diese in der prädestinierten Lage, einen neuen Markt erschaffen zu können, weil sie einen Know-how-Vorsprung haben und die Kundenbedürfnisse besser kennen als jeder andere Wettbewerber und somit auch wissen, wo neue Märkte geschaffen werden können. Essenziell ist die Auseinandersetzung der Gründer und Unternehmensführer mit einem strategischen Umdenken, das sich von festgefahrenen Ansichten löst und offen für neue Ideen ist.

9.5 Fazit

„Are you true blue or bloody red?" fragen sich Kim und Mauborgne in ihrem Buch *„Der blaue Ozean als Strategie"*, wenn es darum geht, neue Märkte zu erobern (Kim und Mauborgne 2005). War in der Einleitung noch davon die Rede, mit dieser Arbeit lediglich zu beantworten, weshalb Hidden Champions prädestiniert sind, blaue Ozeane zu erobern, hat sich dies im Verlauf der Ausführungen erweitert. So stellen sich nun die Fragen: *Müssen* Mittelständler den Fokus auf blaue Ozeane legen, um erfolgreich zu sein? Sind blaue Ozeane das „Patentrezept" für den Erfolg der Hidden Champions? Welche Rolle spielen die roten Ozeane in Zukunft überhaupt noch?

Die zu Beginn des Beitrags vorgestellten Strategieansätze, die traditionell im Mittelstand eingesetzt werden, zeigen deutliche Schwächen bezüglich einer praxis- und prozessorientierten Anwendung auf. Es mangelt an konkreten Anregungen zur Strategieentwicklung und Umsetzung in der Realität. An diesem Defizit setzt die BOS an und gibt Ideen und Instrumente sowie klare strategische Handlungsempfehlungen, die einer Anwendbarkeit in der Praxis dienen können. In solch einem prozessorientierten Vorgehen scheint die große Popularität des BOS-Ansatzes begründet zu sein. Die unkomplizierte Anwendbarkeit der BOS macht den Ansatz einerseits für einen Großteil der Mittelständler praktikabel, verständlich und realisierbar. Andererseits beeinträchtigt die universelle Anwendbarkeit jedoch den Anspruch der Einzigartigkeit, den Kim und Mauborgne zum zentralen Aspekt der Eroberung blauer Ozeane machen und relativiert dadurch die signifikante Unterscheidung des Unternehmens von seiner Konkurrenz.

Wenn die Erschließung blauer Ozeane so simpel ist, wie in der Literatur dargestellt, ist eine BOS für alle Wettbewerber nachvollziehbar und folglich leicht imitierbar. Dies mündet im Verlust des Unternehmensanspruchs, ein langfristiges Monopol im blauen Ozean innezuhaben, und damit Alleinherrscher im neuen Markt zu sein sowie die Regeln des neuen Marktes autonom zu bestimmen.

Das Fazit dieser Arbeit ist, dass eine ausschließliche Konzentration der Mittelständler auf die Umsetzung einer BOS in ihren Unternehmen schier nicht sinnvoll ist. Es bedarf der Betrachtung von Hintergründen, Zusammenhängen sowie der aktuellen wirtschaftlichen Verhältnisse und Umstände innerhalb des mittelständischen Unternehmens, um die Frage, ob die Anwendung einer BOS sinnvoll und erfolgsversprechend ist, individuell zu beantworten. In jedem Fall birgt die BOS ein großes Potenzial für die stark aufgestellten Hidden Champions. Viele Hidden Champions weisen einzigartige Stärken auf. Sie setzen auf ihre internen Kompetenzen und externe Chancen, haben ein einzigartiges Know-how und sind hochinnovativ. Diese besondere Stellung ermöglicht es ausgewählten Hidden Champions durchaus in der Lage zu sein, die BOS erfolgreich anwenden zu können.

Generell sollten zukunftsorientierte und innovative Unternehmen offen für strategische Innovationen sein, um die Marktpotenziale voll ausschöpfen zu können. Beispiele zeigen, dass mittelständische Unternehmen es durch Anwendung der BOS zu Hidden Champions oder sogar Big Champions geschafft haben. Dies ist jedoch kein Beweis für eine Allgemeingültigkeit der BOS oder eine Erfolgsgarantie. Das Scheitern oder Gelingen der BOS hängt von multikausalen Faktoren ab, die es in jedem Fall zu berücksichtigen gilt.

Blaue Ozeane zu erschaffen kann äußerst lukrativ und strategisch richtig sein, der Großteil des Geschäfts spielt sich jedoch aktuell noch immer in roten Ozeanen ab.

Hidden Champions sollten versuchen, sich im bestehenden Wettbewerb, im roten Ozean, durchzusetzen und die traditionellen Maßnahmen und Strategien bestmöglich zu praktizieren. Der Aufbau von Kernkompetenzen und eine klare strategische Richtung sollten im roten Ozean genauso fokussiert werden wie die Generierung von Wettbewerbsvorteilen.

Literatur

Barney, J. B. (1991). Firm resources and sustained competitive Advantage. *Journal of Management, 17*(1), 99–120.

Bea, F. X., & Haas, J. (2015). *Strategisches Management* (7. Aufl.). Stuttgart: UTB.

Becker, F. G., & Fallgatter, M. J. (2002). *Unternehmensführung: Einführung in das strategische Management*. Bielefeld: Schmidt.

Claas KGaA mbH Unternehmenshomepage. http://www.claas-gruppe.com/gruppe/ueber_claas. Zugegriffen: 15. Sept. 2015.

Grünig, R., & Kühn, R. (2005) *Methodik der strategischen Planung – Ein prozessorientierter Ansatz für Strategieplanungsprojekte* (3. überarb. Aufl.). Bern: Haupt.

Hauni Maschinenbau AG Unternehmenshomepage. https://hauni.com/de/company.html. Zugegriffen: 15. Sept. 2015.

Herrenknecht AG Unternehmenshomepage. https://www.herrenknecht.com/de/unternehmen/konzern/geschaeftsfelder.html. https://www.herrenknecht.com/de/anwendungen/tunnelling/traffic-tunnelling.html. https://www.herrenknecht.com/de/anwendungen/exploration.html. Zugegriffen: 15. Sept. 2015.

Hungenberg, H. (2011). *Strategisches Management in Unternehmen: Ziele – Prozesse – Verfahren* (6. Aufl.). Wiesbaden: Springer Gabler.

Kim, W. C., & Mauborgne, R. (2005). *Der blaue Ozean als Strategie – Wie man neue Märkte schafft wo es keine Konkurrenz gibt*. München: Hanser.

Kühn, R., & Grünig, R. (1998). Grundlagen der strategischen Planung – Ein integraler Ansatz zur Beurteilung von Strategien. In J. Griese et al. (Hrsg.), *Praxishilfen für Unternehmungen* (Bd. 4). Bern: Haupt.

Porter, M. E. (2013). *Wettbewerbsstrategien, Methoden zur Analyse von Branchen und Konkurrenten* (12. aktualisierte und erweiterte Aufl.). Frankfurt a. M.: Campus.

Simon, H. (2007). *Hidden Champions des 21. Jahrhunderts – Die Erfolgsstrategien unbekannter Weltmarktführer*. Frankfurt a. M.: Campus.

Simon, H. (2012). *Hidden Champions – Aufbrauch nach Globalia, die Erfolgsstrategien unbekannter Weltmarktführer*. Frankfurt a. M.: Campus.

Steinmann, H., & Schreyögg, G. (2013). *Management – Grundlagen der Unternehmensführung. Konzepte – Funktionen – Fallstudien* (7., vollst. überarb. Aufl.). Wiesbaden: Springer Gabler.

Trumpf GmbH+Co. KG Unternehmenshomepage. http://www.de.trumpf.com/de/produkte/lasertechnik/loesungen/branchenloesungen/medizintechnik.html. http://www.trumpf.com/de/unternehmen/zahlen-und-fakten.html. Zugegriffen: 15. Sept. 2015.

Welge, M. K., & Al-Laham, A. (2011). *Strategisches Management, Grundlagen – Prozess – Implementierung* (6. Aufl.). Wiesbaden: Springer Gabler.

Teil IV
Dienstleistung

Innovationsfindung in der Prüfbranche 10

Ein Erfahrungsbericht der TÜV Rheinland AG mit Blue Ocean Strategy®

Michael Weppler

Inhaltsverzeichnis

10.1 Einleitung

„TÜV-geprüft“ steht traditionell für Sicherheit, Zuverlässigkeit und Qualität. Werte, die im genetischen Code von TÜV Rheinland fest verankert sind. Als unabhängiger Prüfdienstleister mit einer mehr als 140-jährigen Historie sorgt das Unternehmen für den sicheren und verantwortungsvollen Einsatz technischer Innovationen, Produkte und Anlagen. In der Welt der Normen und Regeln, der Akkreditierungen, Prüfungen und Zertifizierungen liegt dabei der Fokus naturgemäß eher darauf, Analysemethoden und Messverfahren immer weiter zu verfeinern. Weniger gefragt ist hingegen eine eigene ausgeprägte Innovationsorientierung. So hat TÜV Rheinland seine Geschäftsfelder bislang

M. Weppler (✉)
TÜV International GmbH, Köln, Deutschland
E-Mail: michael.weppler@de.tuv.com

T. Barsch et al. (Hrsg.), *Die Blue-Ocean-Strategie in Theorie und Praxis,* FOM-Edition,
https://doi.org/10.1007/978-3-658-15480-6_10

in erster Linie entlang der Markt- und Kundenanforderungen weiterentwickelt und seinen Aktionsradius auf diese Weise kontinuierlich ausgedehnt. Zunehmend gilt jedoch auch für die Prüfbranche: Mehr Wertschöpfung entsteht nicht allein dadurch, das Bestehende zu verbessern, sondern vor allem durch echte Innovationen. Trends frühzeitig aufgreifen, Kundenbedürfnisse antizipieren und das Geschäft immer wieder neu erfinden – dies sind heute und morgen wesentliche Erfolgsfaktoren im Wettbewerb.

10.2 Startschuss für das Projekt „Value Innovation"

Als die Führungsgesellschaft im Geschäftsbereich Systeme hat sich die TÜV Rheinland Cert auf die Auditierung von Managementsystemen spezialisiert. Neben der Überprüfung von Prozessen und Systemen nach international eingeführten Standards wie ISO und EN entwickelt das Unternehmen eigene Prüfstandards, die speziell auf einzelne Branchen zugeschnitten sind. Gerade im Segment solcher Customized Services bieten sich verstärkt Wachstumschancen durch Innovationen. Diese gezielt zu entwickeln und am Markt zu platzieren, zählt zu den zentralen Zukunftsaufgaben der TÜV Rheinland Cert. Doch wie lässt sich dieser Anspruch neben dem Daily Business realisieren? Die Leitung des Geschäftsbereiches entschied sich für einen systematischen Innovationsprozess. Anfang 2012 fiel der Startschuss für das Projekt „Value Innovation" (deutsch: Nutzeninnovation), das im Kern auf der Blue Ocean Strategy® basiert (Abb. 10.1). Die Methodik schien besonders geeignet, neue Märkte und Geschäftspotenziale zu erschließen und einen unverwechselbaren Mehrwert für bestehende und zukünftige Kunden zu bieten.

Für die TÜV Rheinland Cert liegt die besondere Stärke der Blue-Ocean-Strategy®-Methodik darin, dass sich damit ein klar strukturierter, systematischer Prozess

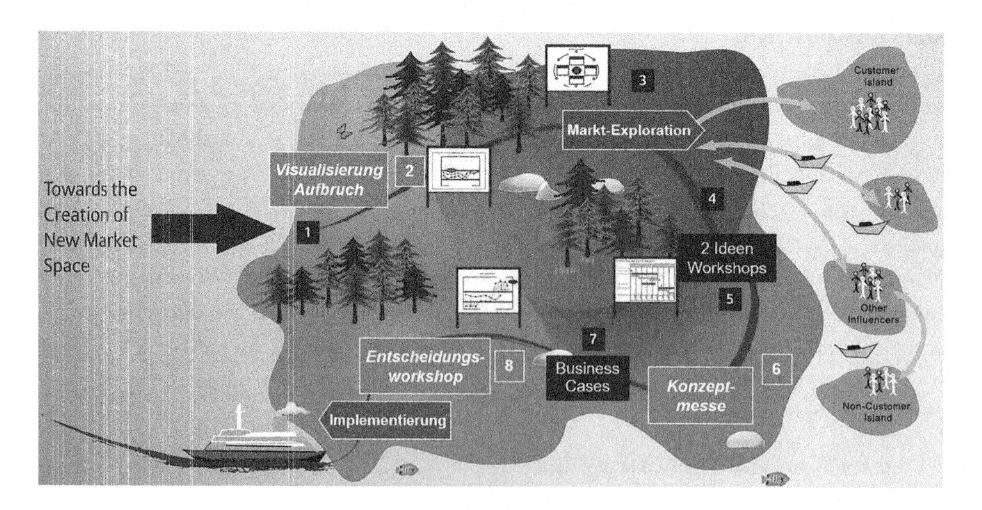

Abb. 10.1 Value Innovation Roadmap. (Quelle: Projektunterlagen)

aufsetzen lässt – denn das schafft Räume für Kreativität und Inspiration. Jenseits eingeschliffener Routinen und Erfahrungswerte ist es möglich, sich auf neue Denkweisen und Handlungsoptionen einzulassen. Nach dem Bottom-up-Prinzip entwickelt das Team selbst die Lösungsansätze, statt sie von oben verordnet zu bekommen. Das minimiert Umsetzungshürden und -risiken. Indem schließlich die Projektmitarbeiter die Bedürfnisse von Kunden und Nichtkunden gezielt berücksichtigen, erhöhen sich auch deren Erfolgschancen.

Am Anfang stand die Kick-off-Veranstaltung, in der das Blue-Ocean-Strategy®-Projekt vorgestellt wurde. Die anschließenden Workshops zur Ideenfindung fanden im Wechsel mit Interviews statt. So konnten die potenziellen Innovationen stets überprüft und entsprechend den Marktanforderungen weiterentwickelt werden. Den Höhepunkt des Projekts bildete die Konzeptmesse, auf der Kunden wie Nichtkunden als Juroren für die vielversprechendsten Produktideen votieren konnten.

10.3 Ein ambitionierter Projektfahrplan

Der Projektfahrplan, gemeinsam entwickelt mit einem auf die Anwendung von Blue Ocean Strategy® spezialisierten externen Expertenteam, gab ein ambitioniertes Timing vor. Das Ziel: binnen sechs Monaten von Februar bis Juli 2012 Ideen zu finden, am Markt zu testen und bis zur Umsetzungsentscheidung zu führen. Von strategischer Bedeutung waren insbesondere der interdisziplinäre Ansatz und die frühzeitige Einbindung von Innovationsmanagern aus anderen Geschäftsbereichen des TÜV Rheinland. Dabei verteilten sich die rund 20 Teilnehmer auf drei Teilprojekte, die den Fokus jeweils auf Produkte, Kunden und Vertrieb richteten. Die Herangehensweise, vom Status quo ausgehend Best Practices auszurollen und neue Ansätze zu entwickeln, ist besonders dazu geeignet, relevante Wachstumshebel zu identifizieren. Bereits beim ersten Ideenworkshop kamen so 25 spannende Geschäftsideen zusammen, die im weiteren Blue-Ocean®-Prozess ausgearbeitet, verdichtet und evaluiert wurden. Als außerordentlich effektives und zugleich pragmatisches Tool erwiesen sich dabei die Wertekurven, deren Anwendung nachfolgend näher beschrieben ist.

10.4 Standortbestimmung mit Wertekurven

Mithilfe des Blue-Ocean®-Instruments Wertekurven konnte das Projektteam ein gemeinsames Verständnis der aktuellen strategischen Positionierung des TÜV Rheinland herstellen und darauf aufbauend Stoßrichtungen für neues Wachstum ableiten. Dabei wurde die Perspektive eines Retail-Kunden eingenommen und das eigene Prüfangebot mit dem des Wettbewerbers SGS verglichen (Abb. 10.2).

Wie aus der Wertekurvenbetrachtung hervorgeht, hat sich der TÜV Rheinland in den Augen seiner Kunden eine Premiumpositionierung erarbeitet: Bei den Punkten „Spektrum

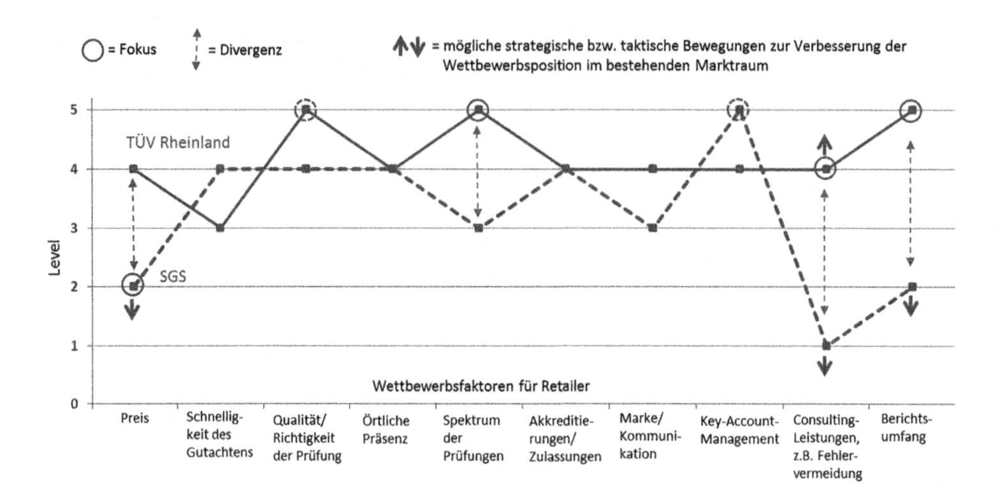

Abb. 10.2 Wertekurve zur Analyse der strategischen Ausgangssituation

der Prüfungen", „Consulting-Leistungen" und „Berichtsumfang" weist TÜV Rheinland eine Alleinstellung – oder anders ausgedrückt – „Fokus und Divergenz" gegenüber seinem Wettbewerber auf. Fokus bedeutet in diesem Zusammenhang, dass diese Punkte besonders stark ausgeprägt sind (das Angebotslevel ist „hoch" oder „sehr hoch"). Divergenz bedeutet, dass das Unternehmen in diesen Punkten darüber hinaus einen deutlichen Abstand zum Wettbewerb aufweist (mehr als ein Punkt).

Dem starken Qualitätsversprechen des TÜV Rheinland gegenüber steht der – verglichen mit SGS – deutlich höhere Preis. Damit spiegelt die Wertekurvenanalyse auch die aktuelle Marktsituation wider: TÜV Rheinland ist gut aufgestellter Branchenprimus und hat die Prüfung nahezu perfektioniert.

Die Analyse verdeutlicht aber auch, dass die Möglichkeiten für TÜV Rheinland, sich in diesem Markt weiter zu differenzieren, begrenzt sind. Wie mit den blauen Pfeilen in der Grafik dargestellt ist, bietet sich lediglich an, die starke Stellung mit Consulting-Services weiter auszubauen.

Um auf Ansätze für wirklich neue, innovative Geschäftsideen zu kommen, entschied sich das Projektteam, den nächsten Schritt im Blue-Ocean®-Prozess zu gehen und in die Welt von Kunden und Nichtkunden einzutauchen.

10.5 Das Highlight: die Marktexploration

Einen der größten Erkenntnisgewinne innerhalb des gesamten Blue-Ocean-Strategy®-Projekts brachte die sogenannte Marktexploration. Dabei wurden bestehende Kunden und Nichtkunden des TÜV Rheinland qualitativ befragt, um deren Wünsche,

Anforderungen und Probleme detailliert kennenzulernen und daraus relevante Erkenntnisse abzuleiten.

Der zugrundeliegende Gesprächs- und Dokumentationsleitfaden wurde speziell auf TÜV Rheinland zugeschnitten. In einem ersten rund 70-minütigen Interviewteil gaben die befragten Personen ausführlich Feedback zum bestehenden Zertifizierungsangebot der TÜV Rheinland Cert. Dabei zeigte sich grundsätzlich eine erfreulich hohe Akzeptanz für die Arbeit unseres Unternehmens. Gleichzeitig nahmen die Interviewteams zahlreiche Anregungen und Verbesserungsvorschläge aus den Gesprächen mit. So wurde unter anderem der Wunsch nach mehr Informationen über neue Standards und nach modular aufgebauten Komplettangeboten laut. Vielfach zogen die ausführlichen Interviews Folgegespräche nach sich, die zu zusätzlichem Geschäft führten.

Im zweiten Interviewteil diskutierten die TÜV Rheinland-Experten mit ihren Gesprächspartnern ohne Vorgabe über künftig denkbare Dienstleistungen, Produkte und Vertriebsstrategien. Abschließend wurden Kunden wie Nichtkunden gebeten, die im Vorfeld entwickelten Ideen zu bewerten. Was das Projektteam im Nachgang besonders beeindruckte, war die dynamische und effektive Durchführung der Marktexploration. Die professionell aufbereiteten Leitfäden erleichterten die Gesprächsführung, ohne einen starren Rahmen vorzugeben und die Teilnehmer in ihrem Gestaltungswillen einzuschränken. Jenseits klassischer Vertriebs- oder Akquisegespräche kam ein inspirierender Dialog in Gang, in dem die Gesprächspartner gemeinsam Marktpotenziale aufspürten und sich darüber intensiv austauschten.

10.6 Neue Dienstleistungen mit Zukunftspotenzial

Im wechselseitigen Austausch zwischen Ideenworkshops und Interviewphasen, zwischen internen und externen Bewertungen, kristallisierten sich aus der Vielzahl von Vorschlägen zehn Ideen heraus, die auf einer abschließenden Konzeptmesse präsentiert wurden. Am Ende machten die Zertifizierungsprodukte „Ausgezeichneter Arbeitgeber“ und „Nachhaltige Unternehmensführung“ das Rennen – Geschäftsmodelle, die mit Blick auf die demografischen und ökologischen Herausforderungen der Zukunft als besonders vielversprechend angesehen wurden.

10.7 Was nach der Konzeptmesse geschah …

Die beiden auf der Konzeptmesse von Kunden und Nichtkunden gewählten Siegerideen wurden im Nachgang zur Umsetzung durch das TÜV Rheinland-Management freigegeben. Danach wurden für „Ausgezeichneter Arbeitgeber“ und „Nachhaltige Unternehmensführung“ vom Projektteam Businesspläne ausgearbeitet und gemeinsam mit den Kollegen aus der Linie zertifizierungsfähige Standards entwickelt.

Nachfolgend werden beide Produkte näher beschrieben.

10.7.1 Ein Arbeitgeber-Siegel mit Substanz

Fachkräftemangel, demografischer Wandel, Erwartungen der Generation Y: Der neue TÜV Rheinland-Standard „Ausgezeichneter Arbeitgeber" wird den zunehmenden Anforderungen an Personalabteilungen gerecht. Der Standard ermöglicht es Unternehmen und Organisationen jeder Größenordnung, ihr Personalwesen bewerten und zertifizieren zu lassen. Im Gegensatz zu meist subjektiven Erhebungen des Status quo über Mitarbeiterbefragungen bietet das Siegel eine systematische Prüfung und liefert fundierte Hinweise dazu, wie sich interne Prozesse auf der Basis externer Audits optimieren lassen. Durch die Kooperation von TÜV Rheinland mit dem Recruiting-Portal monster.de können die Kunden das Prüfzeichen zudem gezielt vermarkten; es trägt so zur Stärkung von Firmenimage und Arbeitgebermarke bei.

Der Standard „Ausgezeichneter Arbeitgeber" umfasst ein Grundmodul sowie optionale Zusatzmodule. Im Rahmen des Grundmoduls wird vor Ort beim Personalmanagement systematisch beleuchtet, ob Werte und Ziele definiert, ganzheitliche Konzepte und Methoden zur Umsetzung etabliert sind. Die Zusatzmodule zu einzelnen HR-Themen runden den Standard ab und ermöglichen es Arbeitgebern, sich als zukunftsfähig und innovativ zu positionieren (Abb. 10.3).

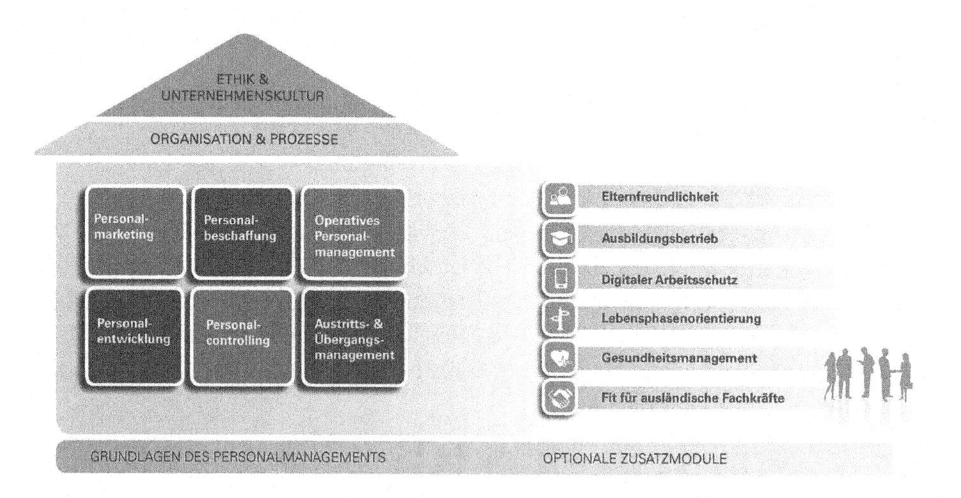

Abb. 10.3 Aufbau des Standards „Ausgezeichneter Arbeitgeber"

10.7.2 Zertifikat für Nachhaltige Unternehmensführung

Mit dem Standard für Nachhaltige Unternehmensführung kann die TÜV Rheinland Cert ebenfalls ein bisher nicht besetztes Marktsegment erschließen. So stehen zwar auf nationaler, europäischer und internationaler Ebene zahlreiche Leitfäden und Kodizes für nachhaltiges Handeln zur Verfügung – ein ganzheitliches Zertifizierungssystem fehlte jedoch bislang. Die Interviews bekräftigten den Bedarf nach einem einheitlichen TÜV-zertifizierten Nachhaltigkeitsstandard. Das auf dieser Basis von TÜV Rheinland-Spezialisten entwickelte Zertifikat für Nachhaltige Unternehmensführung integriert die wichtigsten internationalen Nachhaltigkeitsrichtlinien (GRI, ISO 26000) sowie Qualitäts- und Umweltstandards (ISO 9001, ISO 14001) und verbindet diese zu einem branchenunabhängigen, seriösen Prüfsystem.

In der Markteinführungsphase signalisierten viele Unternehmen ihr Interesse an dieser ganzheitlichen Lösung, erste Unternehmen haben sich bereits zertifizieren lassen. Dabei zeigten sich jedoch zugleich die Herausforderungen eines übergreifendenden, anspruchsvollen Standards: So ist die Mehrzahl der Unternehmen zwar in einigen nachhaltigkeitsrelevanten Bereichen gut aufgestellt, in anderen wiederum besteht Handlungsbedarf.

Aufbauend auf dem Drei-Säulen-Modell der Nachhaltigkeit – Ökologie, Ökonomie und soziale Aspekte – hat TÜV Rheinland den einheitlichen, branchenübergreifenden Standard „Nachhaltige Unternehmensführung" entwickelt.

Abb. 10.4 Aufbau des Standards „Nachhaltige Unternehmensführung"

Er definiert Rahmenbedingungen, vereinheitlicht das Nachhaltigkeitsverständnis von Unternehmen und Organisationen und macht ihre Aktivitäten im Bereich Nachhaltigkeit messbar, vergleichbar und kommunizierbar. Dabei werden umweltbezogene, wirtschaftliche sowie soziale Anforderungen an die Unternehmen gestellt, überprüft und anhand eines Prozessreifegradmodells bewertet. Die im Standard verankerten rund 100 Prüfkriterien orientieren sich an sieben übergeordneten Nachhaltigkeitsthemen (s. Abb. 10.4).

10.8 Quantensprung in eine neue Dimension

Die erfolgreich lancierten Produktinnovationen belegen die nachhaltige Wirkung des Blue-Ocean-Strategy®-Innovationsprojekts. Auch drei Jahre nach Projektstart ist der Spirit, der von dieser Initiative ausging, bei der TÜV Rheinland Cert spürbar. Im Kern auf Risikovermeidung und Beständigkeit ausgerichtet, ist das Unternehmen gleichwohl deutlich beweglicher und innovationsfreudiger geworden. Das den Prüfexperten immanente Sicherheitsdenken konnte um neue Sichtweisen und Zukunftsperspektiven erweitert werden. Im Zuge dieser Neuausrichtung wurden im Nachgang des Projekts komplett neue Angebote entwickelt und erfolgreich umgesetzt, wie beispielsweise Dienstleistungen im Bereich des Sicherheitsmanagements von Veranstaltungen. Dass es sich bei den im Projekt neu erschlossenen Geschäftsfeldern nicht immer um originäre „Blaue Ozeane", sondern eher um „Blaue Lagunen" handelt, ist nicht als Nachteil zu bewerten. Vielmehr musste dem Unternehmen im gesamten Innovationsprozess daran gelegen sein, sich nicht zu weit vom Markenkern zu entfernen. So kamen zahlreiche der im Blue-Ocean®-Prozess entwickelten Ideen, etwa der Einstieg in den Markt der Kinderbetreuung, angesichts des klar umrissenen Tätigkeitsfelds der TÜV Rheinland Cert nicht infrage. Hier wäre es sinnvoll gewesen, stärker abteilungsübergreifend zu arbeiten und die Innovationsmanager aus den übrigen TÜV Rheinland-Geschäftsbereichen während des gesamten Prozesses einzubeziehen.

Als weitere Herausforderung stellte sich der äußerst straffe Zeitplan heraus, der das Projektteam auch mit Blick auf den hohen Qualitätsanspruch mitunter an die Grenzen der Belastbarkeit brachte. In künftigen Projekten dieser Art sollte zumindest das Kernteam für einen gewissen Zeitraum vom Tagesgeschäft freigestellt werden. Dem engen Zeitkorsett war auch geschuldet, dass das Kundenfeedback zum bestehenden Zertifizierungsangebot nicht ebenso strukturiert ausgewertet wurde wie die neuen Produktideen.

In der Gesamtbewertung überwiegen jedoch eindeutig die Erfolgsmomente und Pluspunkte. So werden zahlreiche Elemente der Blue Ocean Strategy® regelmäßig weiter angewendet. Insbesondere die Interviewtechnik wurde in die alltägliche Vertriebstätigkeit integriert. Sich aus dem Tagesgeschäft zu lösen und mit Kunden über Marktperspektiven auszutauschen, öffnet den Blick für neue Horizonte. Nicht selten treten in den ergebnisoffenen Gesprächen fast beiläufig Kundenerwartungen und -bedürfnisse zutage, die in der Folge zu konkreten Aufträgen führen.

Managementsysteme auf dem Prüfstand
Die Leistungen von TÜV Rheinland sind in sechs Geschäftsbereichen zusammengefasst: Industrie Service, Mobilität, Produkte, Academy & Life Care, Digital Transformation & Cybersecurity sowie Systeme. Die TÜV Rheinland Cert GmbH unter dem Dach des Geschäftsbereichs Systeme hat in Deutschland die Aufgabe, Managementsysteme sowie Prozesse, spezielle Dienstleistungen oder ganze Unternehmen als unabhängiger Dritter zu prüfen und bei positiven Ergebnissen zu bestätigen, dass die zuvor definierten Standards systematisch eingehalten werden. Dazu zählen insbesondere Qualitätsmanagementsysteme (z. B. ISO 9001) oder Umweltmanagementsysteme (ISO 14001 und das europäische System EMAS), aber auch Servicequalität, Compliance Management oder Energiemanagement.

Neue Wege in der Begleitung bei Demenz

11

Betrachtung einer Nürnberger Erfolgsgeschichte aus der Blue-Ocean-Strategy®-Perspektive

Susanne Barsch

Inhaltsverzeichnis

11.1 Einleitung

Ausgangssituation und Problemstellung Der demografische Wandel ist eine wesentliche Herausforderung im Gesundheitswesen. Bis zum Jahre 2030 erwartet das Statistische Bundesamt rund 58 % mehr Pflegefälle. Es handelt sich dabei um einen Anstieg der Pflegebedürftigen von derzeit 2,1 Mio. auf 3,4 Mio. (Statista 2016b). Viele dieser pflegebedürftigen Menschen leiden an Demenz. In Deutschland sind derzeit etwa 1,2 Mio.

S. Barsch (✉)
Pionierfabrik GmbH, Illingen, Deutschland
E-Mail: susanne.barsch@pionierfabrik.de

T. Barsch et al. (Hrsg.), *Die Blue-Ocean-Strategie in Theorie und Praxis*, FOM-Edition,
https://doi.org/10.1007/978-3-658-15480-6_11

Menschen an Demenz erkrankt. Ca. 300.000 Demenzerkrankungen werden jedes Jahr neu diagnostiziert. Experten gehen davon aus, dass die Zahl der Demenzerkrankungen bis zum Jahre 2030 auf über 2,5 Mio. ansteigt (Hausprospekt des Kompetenzzentrums für Menschen mit Demenz).

Des Weiteren wird der medizinisch-technische Fortschritt in Zukunft Veränderungen herbeiführen. Auch wird der hohe Kostendruck dem Gesundheitssystem neue Aufgaben stellen, um in den kommenden Jahrzehnten bestehen zu können. Der Wettbewerb zwischen den Leistungserbringern wird sich ebenfalls erhöhen und die Suche nach neuen Lösungsmöglichkeiten erforderlich machen (vgl. Lehmann 2009, S. 11).

Dieser Strukturwandel, in dem sich das deutsche Gesundheitswesen derzeit befindet, birgt nicht nur Risiken, sondern auch neue Marktchancen (vgl. Buchmann und Lüthy 2009, S. 5).

Gerade in Zeiten, in denen Kostensenkungspotenziale weitgehend ausgeschöpft sind, bieten Innovationen eine Chance, sich vom Wettbewerb abzugrenzen (vgl. Value Innovation Network 2016). Eine klare strategische Ausrichtung sowie eine deutliche Abgrenzung von den Wettbewerbern werden für Einrichtungen des Gesundheitswesens immer wichtiger, um sich Marktanteile zu sichern. Es wird daher notwendig, die angebotenen Leistungen an den Wünschen der Zielgruppen, also den Patienten und deren Angehörigen, auszurichten (vgl. Gesundheitswesen heute 2016). Pflegeeinrichtungen könnten z. B. Serviceangebote steigern oder neu kreieren (vgl. Keilich 2009, S. 15).

11.2 Neue Wege am Kompetenzzentrum für Menschen mit Demenz in Nürnberg

Die Diakonie Neuendettelsau hat frühzeitig auf die ansteigenden Demenzerkrankungen reagiert und mit dem Kompetenzzentrum für Menschen mit Demenz in Nürnberg (nachfolgend „Kompetenzzentrum") ein innovatives Projekt realisiert, das neue Wege in der Betreuung und Pflege dieser Patienten geht. Das architektonische Konzept, auf das nachfolgend näher eingegangen wird, ist speziell auf die Bedürfnisse und Fähigkeiten von Menschen mit Demenz ausgerichtet. In Deutschland bisher einmalig reagierte das Kompetenzzentrum auf die aktuellen Entwicklungen bezüglich der prognostizierten Demenzneuerkrankungen und auf die Problematik, dass auch die Angehörigen demenzkranker Menschen unterstützt werden müssen. Laut eigener Aussage hat das Kompetenzzentrum „die Situation von demenziell erkrankten Menschen und ihren Angehörigen in Nürnberg erheblich verbessert" und geht „neue Wege in der Begleitung, Betreuung und Pflege dieser Menschen" (Diakonie Neuendettelsau 2016a).

11.2.1 Architektur

Die Architektur des Kompetenzzentrums berücksichtigt die menschlichen Grundbedürfnisse nach „Privatsphäre und Intimität, nach Rückzug und Schutz, genauso wie das nach

Offenheit, Gemeinschaft und Kommunikation" (vgl. Lüdtke 2007, S. 22). Das Haus selbst gestaltet sich vielfältig, sodass die Bewohner für jede Gefühlslage einen passenden Platz für sich finden. Dies ist besonders wichtig, da Demenzkranke ihre Umwelt nicht mehr durch den Verstand wahrnehmen können, sondern nur noch über den Körper. Demenzkranke fühlen sich so in Räumen wohl, deren architektonische Gestalt sie begreifen können. So gibt es z. B. die „Bauernstube", die mit einer gemütlichen Eckbank ausgestattet ist. Von dieser Eckbank blickt man in den Raum. So können sich die Bewohner gut im Raum orientieren. Da sich die Wand im Rücken befindet, wird zudem ein Gefühl von Sicherheit verliehen. Im Kompetenzzentrum gibt es drei Arten von Wohngemeinschaften, die sich sowohl baulich als auch durch ihre Ausgestaltung unterscheiden. Das Bad ist in allen Wohngemeinschaften ein „sinnlicher Raum" statt „ein Ort klinischer Hygiene" (vgl. Lüdtke 2007, S. 24).

11.2.2 Garten mit Hochbeeten

Nicht nur die Architektur des Hauses ist auf demenzkranke Menschen ausgerichtet, sondern auch der Garten des Kompetenzzentrums. Er gibt Anregungen und mit seinen Hochbeeten unterstützt er Menschen mit veränderter Wahrnehmung. Gerade unter ergotherapeutischen Gesichtspunkten ist der Garten für die Bewohner wichtig (vgl. Hausprospekt des Kompetenzzentrums für Menschen mit Demenz).

11.2.3 Wohngemeinschaften

Das Kompetenzzentrum ist mit acht Wohngemeinschaften ausgestattet, in denen jeweils zwölf Menschen zusammenleben. Das Zentrum jeder Wohngemeinschaft bildet die offen gestaltete Küche. Hier findet der gemeinsame Alltag statt. Die Wohngemeinschaften verfügen über Einzelzimmer, die mit persönlichen Einrichtungsgegenständen ausgestattet sind. Die familienähnliche Atmosphäre in den Wohngruppen vermittelt den Menschen Halt und Geborgenheit (vgl. Hausprospekt des Kompetenzzentrums für Menschen mit Demenz).

11.2.4 Gemeinsamer Alltag in den Wohngemeinschaften

Bei einer Gruppengröße von zwölf Personen ist der gemeinsame Alltag in den Wohngemeinschaften überschaubar und leichter zu bewältigen. Gemeinsame Aktivitäten wie z. B. Musizieren, Lesen, Gärtnern und Kochen helfen Menschen mit Demenz, ihre noch vorhandenen Fähigkeiten und Interessen möglichst lange zu erhalten (vgl. Hausprospekt des Kompetenzzentrums für Menschen mit Demenz).

11.2.5 Kurzzeitpflege

Für Patienten ist auch eine Kurzzeitpflege in allen Wohngemeinschaften möglich. Es ist ein Angebot für Menschen, die vorübergehend nicht zu Hause gepflegt werden können (vgl. Hausprospekt des Kompetenzzentrums für Menschen mit Demenz).

11.3 Werkzeuge für die Analyse

11.3.1 ERSK-Quadrat

Bezogen auf das ERSK-Quadrat wurden im Kompetenzzentrum fast alle typischen Merkmale konventioneller Pflegeheime, wie z. B. Mehrbettzimmer, eliminiert. Stattdessen wurde unter anderem ein Nachtcafé für Demenzkranke kreiert, die das Zeitgefühl verloren haben und nachtaktiv sind. Die Wohngruppen vermitteln den Bewohnern nicht nur eine familienähnliche Atmosphäre, sondern ermöglichen ihnen auch eine gegenseitige Unterstützung im Alltag. Dadurch konnte der Pflegeaufwand und somit auch das Pflegepersonal im Kompetenzzentrum reduziert werden (Abb. 11.1).

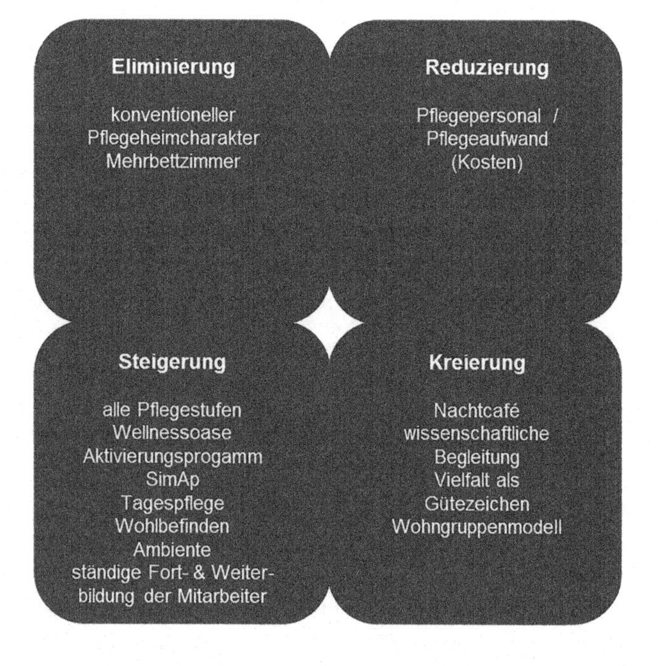

Abb. 11.1 ERSK-Quadrat des Kompetenzzentrums für Menschen mit Demenz

11.3.2 Strategisches Profil

Im Kompetenzzentrum wurden neue Versorgungsformen für an Demenz erkrankte Menschen entwickelt. Das strategische Profil zeigt, dass das Kompetenzzentrum auf demenzkranke Menschen fokussiert ist. Es ist erkennbar, dass das Kompetenzzentrum seine Bemühungen nicht gleichmäßig auf alle Schlüsselfaktoren des Wettbewerbs verteilt. Die Form der Nutzenkurve divergiert von der der Konkurrenz, da es nicht die Konkurrenz zum Maßstab nimmt. Der Slogan des strategischen Profils ist deutlich: „Vielfalt als Gütezeichen" (vgl. Lüdtke 2007, S. 22). Da die Kennzeichen „Fokus", „Divergenz" und „Slogan" vorhanden sind, ist der erste Prüfstein für die Tragfähigkeit einer Blue-Ocean®-Strategie erfüllt.

Würde die Nutzenkurve keine Fokussierung aufweisen, so könnte das Geschäftsmodell möglicherweise schwer anzuwenden und umzusetzen sein. Auch bestünde die Gefahr einer sehr hohen Kostenstruktur. Würde es dem strategischen Profil an Divergenz mangeln, so könnte es sich bei der Strategie um eine Nachahmung handeln. Wäre der überzeugende Slogan „Vielfalt als Gütezeichen" nicht vorhanden, würden die Patienten nicht direkt angesprochen und die Patientenwünsche nicht beachtet werden. Doch all dies ist bei dem Kompetenzzentrum nicht der Fall. Auf eine neue Nutzeninnovation sollte man sich deshalb noch nicht einlassen, sondern den Gewinnfluss durch geografische Expansion verlängern. So wurden von der Diakonie Neuendettelsau zwei weitere Kompetenzzentren nach Nürnberger Vorbild in München und in Forchheim/Oberfranken geplant. Der Beginn der Bauarbeiten war im Frühjahr 2012 (vgl. Wiesentbote 2016). Von Dauer wird dieses Wachstum aber nur sein, wenn – sobald die Nutzenkurve mit der Konkurrenz konvergiert – dem Kompetenzzentrum eine weitere Nutzeninnovation gelingt.

Kim und Mauborgne werfen die Frage auf, ob es sich bei der Profitabilität niederschlägt, wenn die Nutzenkurve zeigt, dass bei allen Faktoren ein hohes Niveau erreicht wird. In diesem Fall könnte die Gefahr eines Überangebots bestehen, wenn den Kunden mehr geboten wird, als sie benötigen (vgl. Kim und Mauborgne 2005, S. 39). Diese Denkweise ist auf das Kompetenzzentrum nicht übertragbar. Es wird zwar bei fast allen Faktoren ein sehr hohes Niveau erreicht, von einem Überangebot kann man aber nicht ausgehen, da all diese Faktoren von den Patienten, in diesem Fall von den Demenzkranken, benötigt und in Anspruch genommen werden (Abb. 11.2).

Bezüglich des Preises für einen Pflegeplatz im Kompetenzzentrum konnte Folgendes festgestellt werden: Gemäß einer Studie von MLP aus dem Jahre 2011 betragen die durchschnittlichen monatlichen Kosten eines Pflegeplatzes der Pflegestufe I 2300 EUR, der Pflegestufe II 2700 EUR und der Pflegestufe III 3200 EUR (vgl. Statista 2016a). Der Preis für einen Pflegeplatz der Pflegestufe I liegt im Kompetenzzentrum bei 74,35 EUR täglich. Der Preis für Pflegestufe II beträgt 86,61 EUR und für Pflegestufe III 92,44 EUR (vgl. AOK 2016). Daraus ergeben sich monatliche Preise für einen Pflegeplatz der Pflegestufe I von 2230,50 EUR, für Pflegestufe II von 2598,30 EUR und für Pflegestufe III von

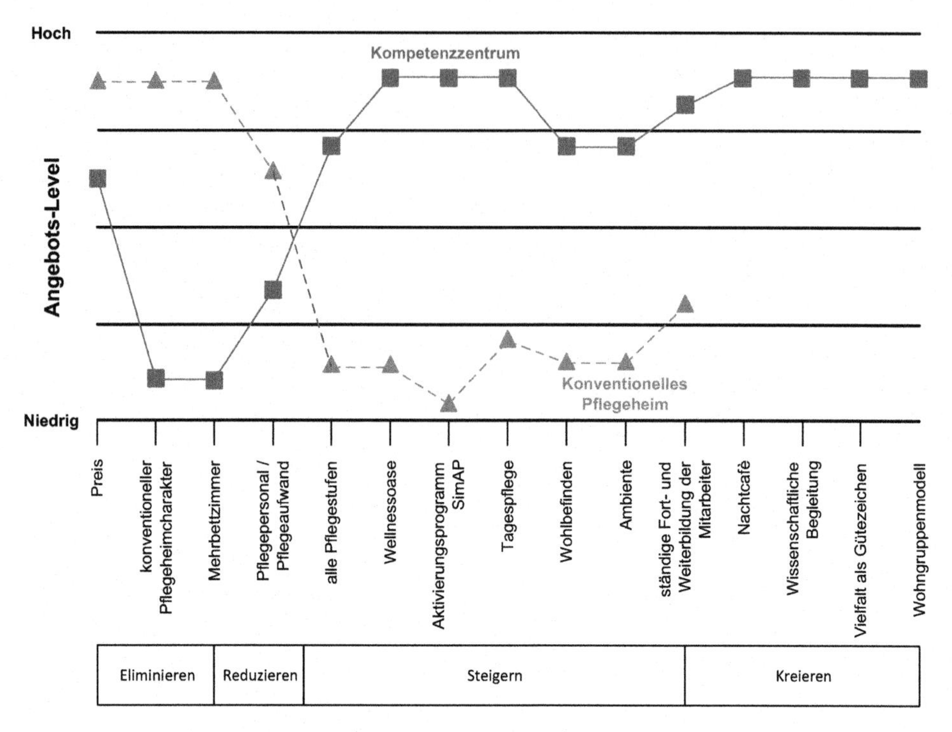

Abb. 11.2 Strategisches Profil des Kompetenzzentrums für Menschen mit Demenz

2773,20 EUR[1]. Damit liegt das Kompetenzzentrum im Raum Nürnberg im Mittelfeld, aber deutschlandweit betrachtet unter dem Durchschnitt. Die These von Porter ist somit widerlegt, dass Differenzierung gleichzeitig zu höheren Preisen führt (vgl. Porter 2000, S. 46). Denn die Blue-Ocean®-Strategie widerspricht dem Grundsatz konventioneller Strategie, dass es einen Zielkonflikt zwischen Kundennutzen und Kosten gäbe. Das Kompetenzzentrum hat einen hohen Kundennutzen geschaffen, ohne dabei die Pflegekosten zu erhöhen und die Pflegeplätze zu einem überdurchschnittlich hohen Pflegepreis anzubieten (Abb. 11.3).

11.3.3 Anwendung der sechs Suchpfade

Im Anschluss an das ERSK-Quadrat und das strategische Profil sollen nun die sechs Suchpfade für das Kompetenzzentrum analysiert werden (Abb. 11.4).

[1]Bei der Berechnung von 30 Monatstagen ausgegangen.

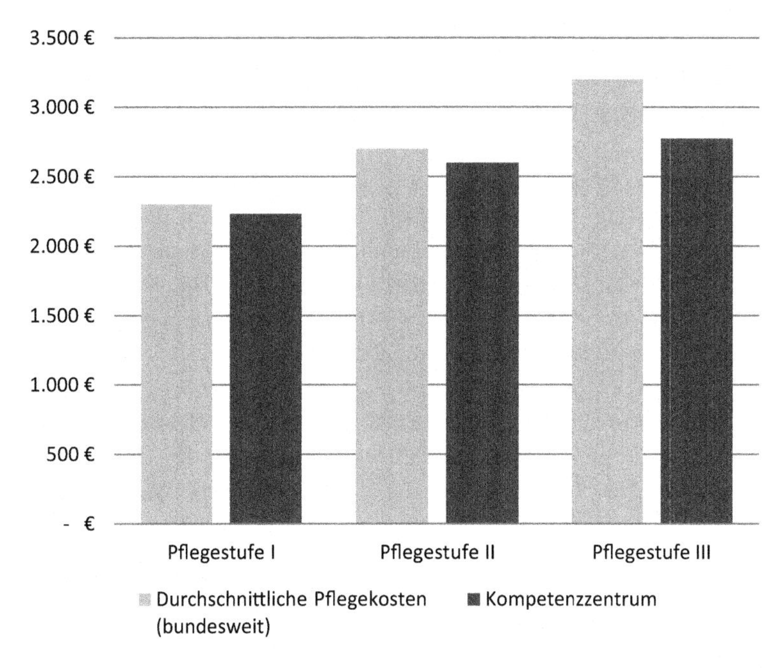

Abb. 11.3 Durchschnittliche Pflegekosten und Pflegekosten des Kompetenzzentrums für Menschen mit Demenz im Vergleich. (Quelle: in Anlehnung an Statista 2016a)

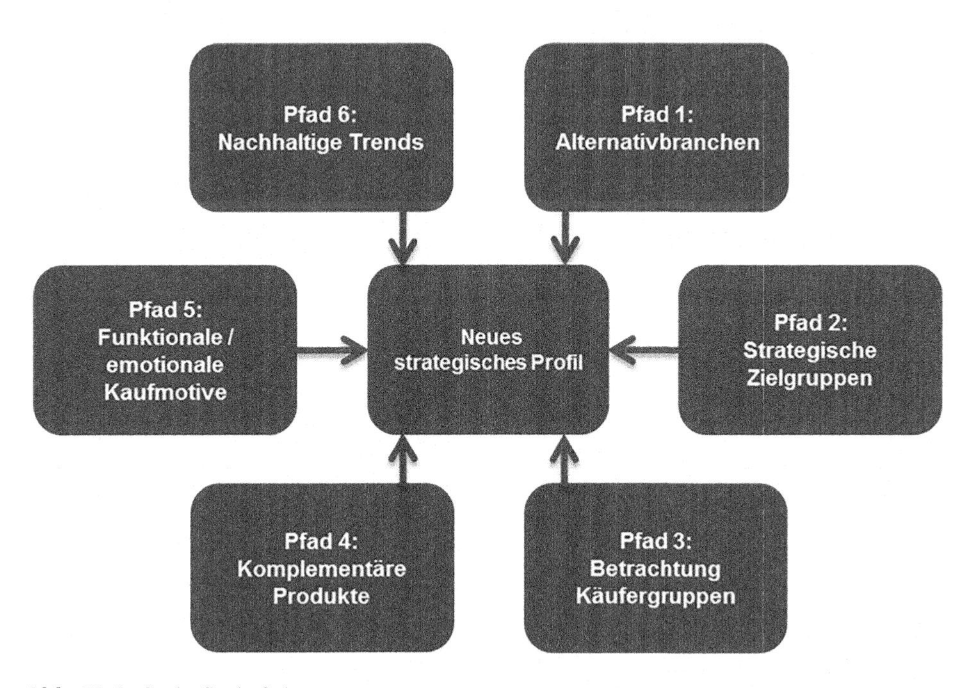

Abb. 11.4 Sechs Suchpfade

Suchpfad 1: Betrachtung der Alternativbranchen
Die Diakonie Neuendettelsau hatte sich bei der Umsetzung des Suchpfades 1 nicht nur in der eigenen Branche umgesehen, sondern sich auch an ähnlichen Dienstleistungen orientiert, wie z. B. an Hotels und der Wellnessbranche. Wie in Hotels werden die Bewohner herzlich willkommen geheißen, sie werden gerne bedient und der Kunde (Patient) ist dort tatsächlich König. Dies belegen auch die Einzelzimmer, da in konventionellen Pflegeeinrichtungen überwiegend Mehrbettzimmer angeboten werden. So sind auch die Badezimmer als Wellnessoasen gestaltet, statt Orte klinischer Hygiene zu sein. Mit dieser Anlehnung an die Wohlfühlfaktoren ist das Kompetenzzentrum der Konkurrenz ausgewichen, indem es den Pflegeheimcharakter eliminiert hat.

Suchpfad 2: Betrachtung der strategischen Gruppen in der Branche
Um einen neuen Markt zu schaffen, wurden von der Diakonie Neuendettelsau die strategischen Gruppen in der Branche betrachtet. Dabei hat sie die Wettbewerber und die Leistungsangebote für die Patienten analysiert und die Faktoren ausgemacht, die zu einer Bevorzugung für das Kompetenzzentrum führen. Als strategische Gruppen wurden konventionelle Pflegeheime, Demenzwohngemeinschaften[2], betreutes Wohnen, mobile Pflegedienste und die Pflege zu Hause durch Angehörige betrachtet. Das Kompetenzzentrum betreut Patienten aller Pflegestufen. Es bietet zudem eine Tagespflege wie auch ein Nachtcafé an. Eine bessere medizinische Betreuung ist durch das Aktivierungsprogramm SimA-P und die direkte wissenschaftliche Begleitung durch die Uni Nürnberg-Erlangen sichergestellt.

Suchpfad 3: Betrachtung der Entscheider im Kaufprozess
In Bezug auf den Suchpfad 3 musste die Diakonie Neuendettelsau als erstes in Erfahrung bringen, wer ihre Käufergruppen sind und welche Bedürfnisse diese haben. Die Diakonie Neuendettelsau hat sich mit dem Kompetenzzentrum auf die demenzkranken Menschen und deren Angehörige spezialisiert. Im Sinne der Blue-Ocean®-Strategie haben sich die Verantwortlichen überlegt, welche Wünsche die Patienten und Angehörigen haben und wie diese optimal erfüllt werden können. Der Patient bzw. der Angehörige wird zum Kunden, der die Pflegeeinrichtung auswählt, die seinen Bedürfnissen und Ansprüchen am besten entspricht.

Neben den Patienten und Angehörigen werden auch zuweisende Ärzte und die Krankenkassen als strategisch wichtige Zielgruppe identifiziert und entsprechend betreut.

---

[2]Demenzwohngemeinschaften sind private Wohngemeinschaften von Demenzkranken. Die Organisation wird von den Demenzkranken selbst und/oder den Angehörigen durchgeführt (vgl. Alzheimerforum 2016).

Suchpfad 4: Betrachtung der komplementären Produkte und Dienstleistungen
Die Verantwortlichen der Diakonie Neuendettelsau haben sich überlegt, welche zusätzlichen Leistungen angeboten werden könnten, die über das Kerngeschäft hinausgehen. Dabei geht es insbesondere um Leistungen, die den Patienten und Angehörigen einen Zusatznutzen bieten. Da demenzkranke Menschen das Zeitgefühl verloren haben und deshalb oft nachtaktiv sind, wurde ein Nachtcafé errichtet. Durch dieses Nachtcafé ist eine Betreuung gewährleistet, die so zu Hause durch pflegende Angehörige nicht möglich wäre. Des Weiteren werden die pflegenden Angehörigen durch die angebotene Tagespflege unterstützt. Durch Kooperation mit dem Verein „Angehörigenberatung Nürnberg e. V." wird den Betroffenen und Angehörigen eine Anlaufstelle geboten. Eine neurologische Facharztpraxis bietet eine Gedächtnissprechstunde an. Außerdem wird das Aktivierungsprogramm SimA-P zur Förderung des Kurzzeit- und Langzeitgedächtnisses angeboten. Diese Leistungen werden von den anderen strategischen Gruppen nicht oder nur teilweise zur Verfügung gestellt.

Suchpfad 5: Betrachtung der funktionalen oder emotionalen Nutzen
Das Kompetenzzentrum differenziert sich vom Wettbewerb nicht nur durch die funktionalen Kaufmotive, sondern im Wesentlichen über die entscheidungsauslösenden emotionalen Kaufmotive. So wird neben einer optimalen Betreuung (=funktionales Kaufmotiv) auch die emotionale Ebene angesprochen. Neben der Intimität im Einzelzimmer gibt es Wohngruppen für die Erfüllung sozialer Bedürfnisse und die Vermittlung eines familienähnlichen Geborgenheitsgefühls. Vertrauen und Wohlbefinden werden so bewusst in den Vordergrund gestellt.

Suchpfad 6: Betrachtung von Trends
Die Diakonie Neuendettelsau hat den demografischen Wandel erkannt und sofort in ihrer neuen Strategie umgesetzt. Immer weniger junge Menschen werden in Zukunft für die Pflege älterer Menschen zur Verfügung stehen. Die Gesundheitskosten in Deutschland werden weiter steigen, da die Menschen immer älter werden und es immer weniger erwerbstätige Menschen gibt, die das Gesundheitssystem finanzieren. Der Bedarf an einer Betreuung im Alter wird zunehmen. Im speziellen Fall der Demenzkranken wird von derzeit 1,2 Mio. Menschen ein Anstieg bis zum Jahr 2030 auf 2,5 Mio. prognostiziert, wenn es keine neuen medizinischen Erkenntnisse und Therapien gibt. Bei rechtzeitiger Diagnose durch den Hausarzt kann der Verlauf der Demenz verlangsamt werden. Die Kosten für die monatliche Tablettenration liegen dabei bei durchschnittlich 1800 EUR (vgl. Nordbayern 2016) im Gegensatz zu den Kosten im leichten Krankheitsstadium von 15.000 EUR und im schweren Demenzfall von 42.000 EUR (vgl. Ärzteblatt 2016).

11.4 Fazit und Ausblick

Die Sicherung von Marktanteilen wird zukünftig besonders denjenigen Pflegeeinrichtungen gelingen, die wie das Kompetenzzentrum bisher unbesetzte Märkte, sogenannte „blaue Ozeane", aufspüren. Dies gelingt dann, wenn sie gezielt ihren Mitbewerbern ausweichen und eine neue Nachfrage erschließen.

Im Sinne der Blue-Ocean®-Strategie müssen Pflegeeinrichtungen neue Märkte schaffen und nicht nur mit dem Wettbewerb mithalten. Das bedeutet, dass das Kopieren von Konzepten anderer Pflegeeinrichtungen nicht zum Erfolg führen wird. Ein weiterer Ansatzpunkt für eine erfolgreich geführte Pflegeeinrichtung sind motivierte Mitarbeiter, die es langfristig zu binden gilt. Dies könnte eine Herausforderung werden, da die Fachkräftelücke zukünftig noch weiter anwachsen wird. Auch ist das konventionelle Pflegeheim ein Auslaufmodell. Neue flexible Wohn- und Pflegeformen entstehen. Insbesondere stellen Spezialstationen in Pflegeheimen für Demenzpatienten ein markantes Unterscheidungsmerkmal im Wettbewerb dar. Pflegeeinrichtungen werden den Kunden entdecken und sich zum nachfrageorientierten Pflegezentrum entwickeln, das die Bedürfnisse der Patienten in den Mittelpunkt rücken wird. Dies kann unter anderem durch eine ansprechende Architektur und ein angenehmes Umfeld geschehen.

Kritisch betrachtet könnte man behaupten, dass das Kompetenzzentrum kein reiner blauer Ozean ist, da der Preis nicht – wie in einem blauen Ozean gefordert – signifikant günstiger ist. Die Nutzeninnovationen sind jedoch gegeben. Das Kompetenzzentrum bedient auch keinen Massenmarkt, sondern stellt lediglich ca. 100 Pflegeplätze zur Verfügung. Wenn man jedoch das Kompetenzzentrum als Pilotprojekt betrachtet und die zurzeit laufenden Aktivitäten in München in weiteren Demenzzentren ausbaut, so kann man sich vorstellen, dass durch eine bundesweite Flächendeckung ein hohes Wachstum bevorstehen wird.

Dennoch ist es dem Kompetenzzentrum gelungen, einen blauen Ozean zu erobern, indem ein medizinisches und soziales Leistungsangebot kreiert wurde, für das es eine hohe Nachfrage gibt, aber bisher noch keine Wettbewerber. Viele Leistungsangebote sind mit denen konventioneller Pflegeheime zwar verwandt, aber andererseits hat das Kompetenzzentrum bisher unerfüllte Wünsche von Patienten und deren Angehörigen erkannt und kundenorientiert erfüllt.

Literatur

Monografien

Buchmann, U., & Lüthy, A. (2009). *Marketing als Strategie im Krankenhaus*. Stuttgart: Kohlhammer.

Kim, W. C., & Mauborgne, R. (2005). *Der blaue Ozean als Strategie – Wie man neue Märkte schafft, wo es keine Konkurrenz gibt*. München: Hanser.

Lehmann, J. C. (2009). *Mehr Wettbewerb im Gesundheitswesen? Selektives Kontrahieren und die Zukunft der Krankenhausversorgung nach der Konvergenzphase 2009*. Hamburg: Igel.
Porter, M. E. (2000). *Wettbewerbsvorteile – Spitzenleistungen erreichen und behaupten* (6. Aufl.). Frankfurt a. M.: Campus.

Zeitschriften

Hausprospekt des Kompetenzzentrums für Menschen mit Demenz.
Keilich, M. (2009). Erschließung neuer Märkte im Gesundheitswesen. *Berlin Medical, 2009*(03.09), 14–15.
Lüdtke, I. (2007). Das architektonische Konzept: Vielfalt als Gütezeichen. *Altenheim, 2007*(10), 22–24.

Internetquellen

Ärzteblatt. (2016). Demenz kann jährliche Kosten von mehr als 40.000 Euro verursachen. http://www.aerzteblatt.de/nachrichten/47162/. Zugegriffen: 16. Juni 2016.
Alzheimerforum. (2016). Konzeptvorstellung „Die WOGE" Wohngemeinschaften für Menschen mit Demenz e. V. http://www.alzheimerforum.de/3/1/6/18/Die_Woge_Konzept.pdf. Zugegriffen: 16. Juni 2016.
AOK. (2016). Pflege-Navigator. http://www.aok-pflegeheimnavigator.de/?module=nursinghome&action=list&city=&zip=90431&ambit=10&type=1&focus=1&sort=distance&order=asc. Zugegriffen: 16. Juni 2016.
Diakonie Neuendettelsau. (2016a). Innovatives Konzept. http://www.diakonieneuendettelsau.de/service-fuer-menschen/aeltere-menschen/unsere-standorte/nuernberg/kompetenzzentrum-demenz/innovatives-konzept/. Zugegriffen: 16. Juni 2016.
Gesundheitswesen heute. (2016). Besser an den Patientenwünschen orientieren. http://www.gesundheitswesen-heute.de/patientenwuensche. Zugegriffen: 16. Juni 2016.
Nordbayern. (2016). Demenz: Abwiegeln ist falsch. http://www.nordbayern.de/region/erlangen/demenz-abwiegeln-ist-falsch-1.1522773. Zugegriffen: 16. Juni 2016.
Statista. (2016a). Durchschnittliche monatliche Pflegekosten (in Euro) für die vollstationäre Versorgung eines Pflegefalls nach Pflegestufen (Stand: 2007). http://de.statista.com/statistik/daten/studie/73156/umfrage/durchschnittliche-kosten-fuer-einen-pflegefall-pro-monat/. Zugegriffen: 16. Juni 2016 (die Studie bezieht sich auf das Jahr 2007).
Statista. (2016b). Prognose zur Anzahl der Pflegebedürftigen in Deutschland bis 2030. http://de.statista.com/statistik/daten/studie/157217/umfrage/prognose-zur-anzahl-der-pflegebeduerftigen-in-deutschland-bis-2030/. Zugegriffen: 16. Juni 2016.
Value Innovation Network. (2016). Value Innovation: Wachstum durch erfolgreiche Innovationen. http://www.vi-network.de/files/2005_05_Wachstum_durch_erfolgreiche_Innovationen.pdf. Zugegriffen: 16. Juni 2016.
Wiesentbote. (2016). Diakonie erwirbt Grundstück für Kompetenzzentrum in Forchheim. http://www.wiesentbote.de/2011/05/03/diakonie-erwirbt-grundstueck-fuer-kompetenzzentrum-in-forchheim/. Zugegriffen: 16. Juni 2016.

AXA Pflegewelt

12

Wie ein Versicherungskonzern mit der Blue Ocean Strategy® einen neuen Markt erobert

Hans-Josef Schmitz

Menschen wünschen sich flexible und individuell gestaltbare Absicherungen sowie vor allem eine Unterstützung im Ernstfall. Hier sind die Versicherer gefordert geeignete Lösungen zu schaffen, die für die Kunden klar und nachvollziehbar sind.
(Leiter Geschäfts- und Produktpolitik AXA Krankenversicherung)

Inhaltsverzeichnis

Da der Pflegebereich künftig ein immer wichtigerer Bestandteil der privaten Vorsorge sein wird, hat der Versicherungskonzern AXA eine eigene Welt für diese Thematik ins Leben gerufen: die AXA Pflegewelt. Das Internetportal liefert Informationen und

H.-J. Schmitz (✉)
AXA Krankenversicherung AG, Köln, Deutschland
E-Mail: hajo.schmitz@axa.de

T. Barsch et al. (Hrsg.), *Die Blue-Ocean-Strategie in Theorie und Praxis,* FOM-Edition,
https://doi.org/10.1007/978-3-658-15480-6_12

Angebote rund um die Pflege und ist Ratgeber und Helfer in diesem sensiblen Bereich. Bereits 2010 wurde dieses Vorreitermodell ins Leben gerufen und AXA setzt seitdem komplett auf eine umfassende Content Marketing Strategy – ohne explizit auf den Produktverkauf abzuzielen, was für einen Versicherer völlig ungewöhnlich ist.

Unter www.axa-pflegewelt.de lassen sich verschiedene Themengebiete abrufen – von der richtigen Vorsorge mit einer gesunden Ernährung und regelmäßiger Bewegung über Pflegeformen und Varianten der gesetzlichen Pflegeversicherung bis hin zu einem Ratgeberteil mit Tipps und weiterführenden Links (AXA 2015a). Die neue AXA Pflegewelt versteht sich als integrierte Informationsplattform rund um das Thema Pflegebedürftigkeit und bietet Zugang zu ca. 150 Seiten Internetinhalt. *„Mit dem neuen Online-Pflegeportal haben unsere Kunden sowie die breite Öffentlichkeit Zugang zu leicht verständlichen und umfassenden Informationen. Im Vordergrund steht der praktische Nutzen der Informationen für Pflegebedürftige, pflegende Angehörige und Menschen, die sich vorsorglich mit dem Thema vertraut machen möchten"* (Vorstand der AXA Krankenversicherung).

Das Portal www.axa-pflegewelt.de bietet auf der Startseite drei Schwerpunktthemen an: „**Erste Schritte** im Pflegefall", „Pflege**TIPP**" und „Bleiben Sie **gesund**". Persönlich gestaltete Videoelemente führen durch die Website. Es gibt hilfreiche Tipps zu präventiven Maßnahmen, wichtigen rechtlichen Aspekten und möglichen Wohnformen.

Pflegende Angehörige können sich über die verschiedenen Arten der Pflege, Pflegeschulungen, wichtige Anlaufstellen oder Selbsthilfegruppen zum Austausch mit anderen Betroffenen informieren. Zudem beinhaltet die Pflegewelt von AXA allgemeinverständliche Darstellungen der Pflegereform, Pflegepflichtversicherung sowie der verschiedenen Arten der Pflegezusatzversicherung. Forschungsergebnisse und die zehn goldenen Regeln für ein gesundes Älterwerden runden die Inhalte der AXA Pflegewelt ab (Versicherung2 2015).

Auch zu den Fragen „Wie lässt sich eine Wohnung mit einfachen Mitteln pflegegerechter gestalten?", „Und welche Kriterien helfen dabei zu entscheiden, ob ein hilfsbedürftiger Mensch auch zu Hause gepflegt werden kann?" finden pflegende Angehörige, Fachpersonal, Pflegebedürftige und alle Interessierten Antworten im Pflegeforum. Dabei können sie nicht nur auf die persönlichen Erfahrungen vieler weiterer Nutzer zurückgreifen, sondern sich auch auf AXA als kompetenten Gesprächspartner verlassen. Die Moderatorenrolle wird wie folgt erklärt: „Wir werden in unserem Pflegeforum nicht nur konkrete Nutzerfragen beantworten, sondern auch selbst Diskussionen mit eigenen Beiträgen anregen". Auch kritische Anmerkungen seien durchaus erwünscht, „denn dadurch kommen fruchtbare Diskussionen rund um die Themen Pflege und Pflegeversicherung zustande, die uns helfen, die Betroffenen noch besser zu verstehen und zu unterstützen" (My Experten 2015).

Die positive Entwicklung der AXA Pflegewelt spiegelt sich auch in den Website-Besuchern (Unique Visitors) und in den Seitenaufrufen wider. In der Abb. 12.1 ist der Zeitraum der Jahre 2010 bis 2014 dargestellt.

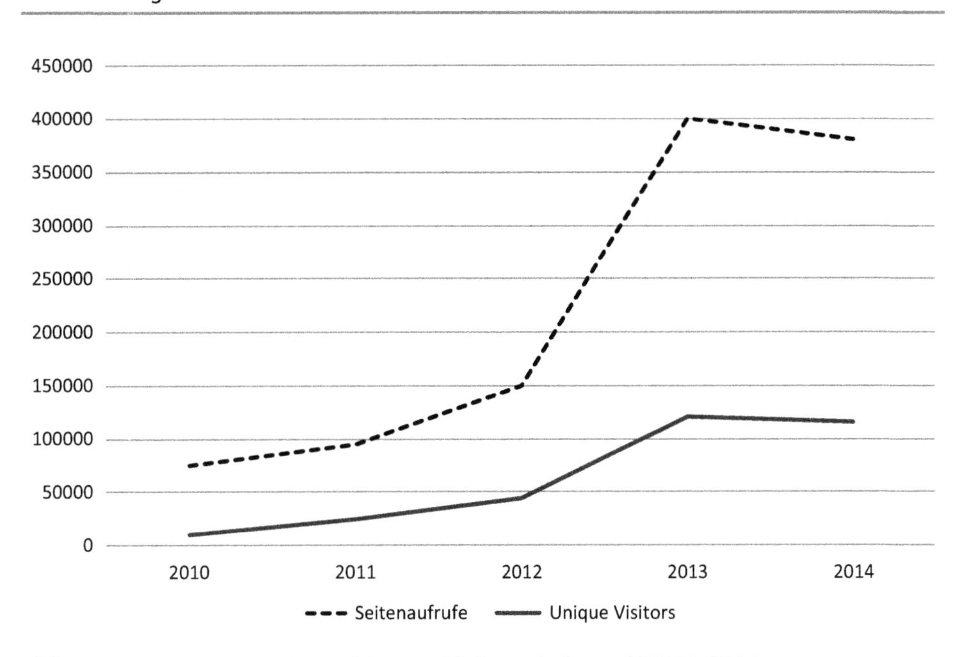

Abb. 12.1 Entwicklung Unique Visitors und Seitenaufrufe von 2010 bis 2014

Doch nun erst einmal zurück zur Ausgangssituation und was sich alles durch Anwendung der Blue Ocean Strategy® bei AXA im Bereich der Pflegezusatzversicherung, neben der zuvor genannten sehr erfolgreichen Content-Marketing-Strategie, verändert hat und wie AXA durch das konsequente Durcharbeiten der verschiedenen Methodenbausteine letztendlich einen Blue Ocean® kreiert und gefunden hat.

12.1 Ausgangssituation

Aggressive Konkurrenz, komplexe Produkte, sich verändernde Kundenwünsche und steigende regulatorische Anforderungen. So zeichnet sich der Markt für Versicherungen aus. Als Versicherungskonzern muss man sich frühzeitig mit einem differenzierten Angebot von der Konkurrenz absetzen – dies gilt für etablierte wie auch für neu entstehende Produktmärkte. Einer dieser neuen Märkte entstand vor einigen Jahren durch die private Pflegezusatzversicherung.

12.1.1 Unterschied Pflegeversicherung/Pflegezusatzversicherung

Nach der Kranken-, Unfall-, Renten- und Arbeitslosenversicherung ist die im Jahr 1995 eingeführte Pflegeversicherung die fünfte Säule des Sozialversicherungssystems (Ärztezeitung 2015).

Die Inhalte der Pflegeversicherung sind im 11. Buch des Sozialgesetzbuches geregelt. Der Beitragssatz beträgt 1,7 % (Kinderlose zahlen einen Aufschlag von 0,25 Prozentpunkten) (Ärztezeitung 2015). Im Jahr 2007 lagen die Ausgaben bei etwa 17,45 Mrd. EUR[1] (Abb. 12.2).

Das Gesetz sieht vor, dass jeder Bürger in Deutschland eine Pflegeversicherung besitzt. Die meisten Menschen sind über die Gesetzliche Pflegeversicherung abgesichert. Versicherte mit einer Privaten Krankenversicherung hingegen sind nicht in der Gesetzlichen Pflegeversicherung, sondern müssen dafür die Pflegepflichtversicherung abschließen. Von den Leistungen her sind die Gesetzliche und Private Pflegeversicherung aber identisch.

Da die Leistungen der Pflichtversicherung oder Gesetzlichen Versicherung nicht ausreichen, kann eine Pflegezusatzversicherung abgeschlossen werden. Diese leistet zusätzlich zu der Pflegeversicherung und ergänzt diese. Diese Pflegezusatzversicherungen bieten ein pauschales Monatsgeld, welches dann frei zur Verfügung steht. So können Versicherte bzw. Angehörige entscheiden, wie das Geld verwendet werden soll (Versicherungsmagazin 2015).

Bei der Pflegezusatzversicherung handelt es sich also um ein sinnvolles, aber zum damaligen Zeitpunkt recht komplexes und damit für Privatkunden wenig attraktives Angebot. Doch mit einer alternden Gesellschaft wird auch das Thema der Pflege immer wichtiger, der Markt wächst.

12.1.2 Herausforderungen im Pflegezusatzversicherungsmarkt

AXA hatte sich 2009 zum Ziel gesetzt, die Marktführerschaft im Bereich der privaten Pflegezusatzversicherungen zu erreichen. Um dieses ambitionierte Ziel zu realisieren, setzte der Versicherungskonzern – mit Unterstützung des Anwendungsspezialisten Holger Trautmann und seinem Team – die Blue-Ocean-Strategy®-Methode ein.

Bevor das Vorgehen im Rahmen des Projektes auf den nächsten Seiten näher beschrieben wird, soll zunächst ein kurzer Überblick über die Herausforderungen gegeben werden, welchen sich das Projektteam stellte.

1. Die Produkte von AXA sind im Vergleich zum Hauptwettbewerber nahezu identisch und generell recht komplex und schwer verkäuflich (s. Abschn. 12.2.1 „Ist-Wertekurve“).
   Die Gesundheitsprüfung zum Abschluss einer Pflegezusatzversicherung ist aus Sicht des Vertriebs die größte Barriere bei der Kundenansprache und gleichzeitig ein hoher Kostenfaktor (s. Abschn. 12.2.2 „4-Aktionen-Raster“).

[1]StBA, Ausgaben für Gesundheit nach Einrichtungen und Ausgabenträgern nach der Gesundheitsausgabenrechnung 2007 für Deutschland, Daten des Gesundheitswesens 2009.

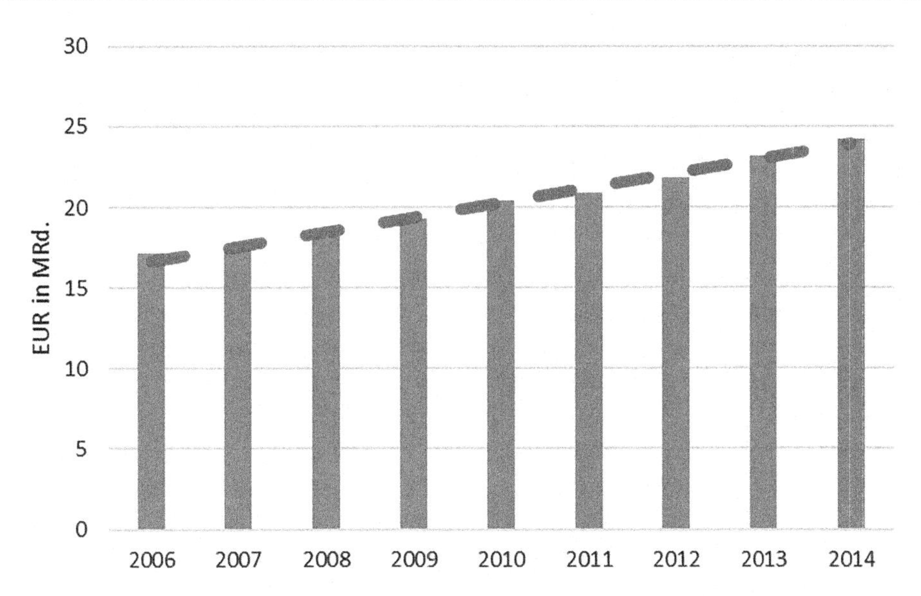

Abb. 12.2 Ausgabenentwicklung der Pflegeversicherung von 2006 bis 2014. (In Anlehnung an BMG 2015)

2. Die Aufwände für den Verkauf einer Pflegezusatzversicherung sind im Vergleich zum übrigen Portfolio sehr hoch bei oftmals geringer Abschlussquote. Die Bereitschaft zum Verkauf von Pflegezusatzversicherungen war daher im Vertrieb (eigene Vermittler und auch Makler) sehr gering ausgeprägt. Es galt daher, nicht nur die Kunden mit neuen Lösungen zu überzeugen, sondern auch die Vertriebler als erste „Abnehmer" (s. Abschn. 12.2.3 „Day-in-the-life-of" [DILO]).
3. Die Produkte sind besonders für junge Menschen unattraktiv, da eine Pflegebedürftigkeit gedanklich in weiter Ferne liegt und mit einem hohen Alter verbunden wird. Des Weiteren ist das Thema der Pflegebedürftigkeit für Unternehmen bisher irrelevant (s. Abschn. 12.2.4 „Erschließen von Nichtkunden").

12.2 Methoden und Ergebnisse

Bei der Entwicklung einer Blue Ocean Strategy® (BOS) mit dem Ziel, die Marktführerschaft bei privaten Pflegezusatzversicherungen zu erreichen, kamen die BOS-Instrumente zum Einsatz: So wurde die Marktpositionierung im Vergleich zum Hauptwettbewerber mithilfe von Ist-Wertekurven analysiert und erste strategische Handlungsfelder abgeleitet. Zusätzlich wurden neue Insights und Ideenansätze generiert, unter anderem mit der DILO-Interviewtechnik im Rahmen der Marktexploration und dem „4-Aktionen-Raster".

Insights ist aus dem Englischen und heißt übersetzt „Einblick" bzw. „Erkenntnis". Insights werden in der Marketingwelt als neue und ungeahnte Perspektiven bzw. eine Interpretation von

Charakteristiken, Präferenzen, Verhaltensweisen, Ansichten, Prozessen und Bedürfnissen verwendet. Sie basieren auf Beobachtungen und/oder Auswertungen von qualitativem und quantitativem Datenmaterial in der Marktforschung (Pluspedia 2015).

12.2.1 Die Ist-Wertekurve

Die Ist-Wertekurven-Analyse macht die strategische Ausgangssituation deutlich: Es existiert praktisch keine Differenzierung vom Hauptwettbewerber! Die strategischen Profile der Anbieter überlappen – es gibt austauschbare Angebote, keine Fokus- oder Divergenzpunkte (Abb. 12.3). Ein roter Ozean in einem noch jungen Markt!

Fokuspunkte zeichnen sich dadurch aus, dass ein Unternehmen bei diesem Wettbewerbsfaktor besonders gut ist. Gleichzeitig ist es wichtig, dass sich ein Unternehmen auf einige wenige Wettbewerbsfaktoren als Fokuspunkte konzentriert, um die Vorzüge auch entsprechend kommunizieren zu können.

Divergenzpunkte auf der anderen Seite zeigen die Abstände zum Hauptwettbewerber. Hier haben Unternehmen die Chance, sich vom Wettbewerb zu differenzieren. Eine Divergenz entsteht immer dann, wenn ein Unternehmen bei den Wettbewerbsfaktoren besonders gut ist, bei denen der Wettbewerb eher schwächelt. Gleichzeitig gilt es aber auch, bewusst zu Schwächen zu stehen. Oftmals haben sich bestimmte Wettbewerbsfaktoren als Branchenstandards etabliert, ohne dass sie beim Kunden einen besonderen Stellenwert genießen. Hier gilt es, mit den Branchenstandards bewusst zu brechen, um

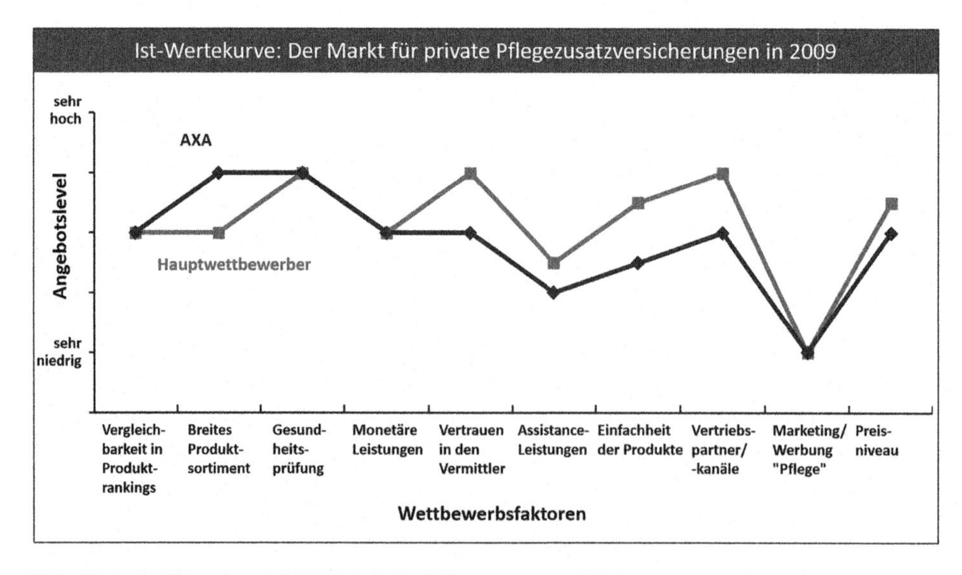

Abb. 12.3 Ist-Wertekurve im Bereich der Pflegezusatzversicherung

Komplexität zu reduzieren, und die eigentlichen Wertetreiber aus Kundenperspektive hingegen bewusst auszubauen.

So wurden daher besondere Werte- und Kostentreiber identifiziert. Sie helfen dabei, die Fokus- und Divergenzpunkte zu entwickeln.

12.2.2 Das „Vier-Aktionen-Raster"

Schnell zeigte sich, dass die extrem detaillierte Gesundheitsprüfung eine der größten Barrieren bei der Kundenansprache ist und gleichzeitig einen hohen Kostenfaktor darstellt. Die Gesundheitsprüfung umfasste bis dato 17 Fragen, die aber nicht alle herangezogen werden konnten, um die Wahrscheinlichkeit eines zukünftigen Pflegefalls wirklich berechnen zu können. Sie wurden vielmehr aus dem bereits bewährten Katalog der privaten Krankenversicherung übernommen.

Zudem empfanden die Kunden den Prozess der Gesundheitsprüfung als unangenehm sowie langwierig und zu komplex. Für den Vertrieb stand der Aufwand meist nicht in einem positiven Verhältnis zum Nutzen. So wurden zwar vermeintlich bessere Versicherungsnehmer aufgenommen, bei vielen potenziellen Kunden kam es aber aufgrund der Gesundheitsfragen erst gar nicht zu einem Antrag. Zusätzlich musste eine ganze Abteilung zur Prüfung der Gesundheitsfragen unterhalten werden. Im Gegensatz zur Krankenversicherung ist eine derart detaillierte Prüfung des Gesundheitszustandes bei Pflegeversicherungen aber gar nicht nötig, sondern hatte sich zu einem nicht hinterfragten Branchenstandard entwickelt.

Durch Expertengespräche, unter anderem mit Professoren der Charité Berlin, wurde herausgefunden, dass die Prüfung des Gesundheitszustandes bei Pflegeversicherungen in dieser Form nicht zielführend ist, da Gesundheitsaspekte (wie z. B. Sehschwäche, Rückenbeschwerden) abgefragt wurden, die keinerlei Indikation für eine mögliche spätere Pflegebedürftigkeit haben.

Hier wurde nun massiv optimiert: Die neue Gesundheitsprüfung umfasste statt 17 Fragen nur noch zwei Fragen – für Kunden und Vertrieb eine massive Nutzensteigerung und intern eine nachhaltige Komplexitäts- bzw. Kostenreduktion im Policierungs-Prozess, da die Versicherung nun zum Festpreis angeboten wird und im Vertriebsinnendienst somit keine Kalkulation mehr notwendig war (Abb. 12.4).

12.2.3 „Day-in-the-life-of"-Interviewtechnik (DILO)

Auch hier wurde der Pfad der klassischen Wettbewerbsstrategien verlassen. Stattdessen ging man mit Kunden und Nichtkunden in einen Dialog (DILO) und erforschte bis dahin unbefriedigte und dem Unternehmen unbekannte Bedürfnisse. Man interviewte Menschen, die einen Pflegefall in der Familie haben und fragte, wie diese die Situation erlebt haben, als der Pflegefall eintrat und fand dabei heraus, dass den Kunden alles, was vor und nach der eigentlichen Leistung – dem Bezahlen des Pflegegeldes – anstand, meist wichtiger war (Abb. 12.5).

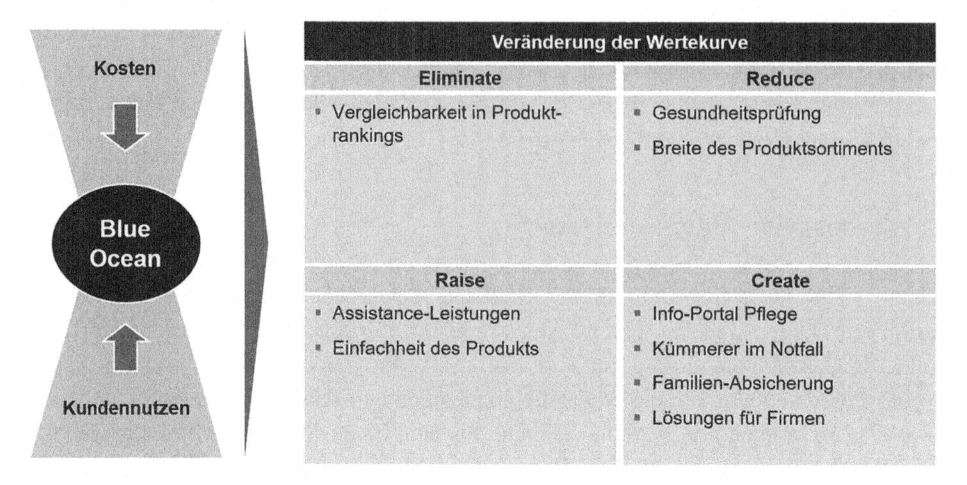

Abb. 12.4 VIer-Aktionen-Raster angewandt auf das Pflegezusatzversicherungsprojekt

Abb. 12.5 Ausgewählte Zitate im Rahmen der „Day-in-the-life-of"-Interviews

Viele Kunden sagten: *„Das Geld ist zunächst zweitrangig, wichtig ist die Hilfe im Notfall – dass sich jemand kümmert.“*

Die Kunden wünschten sich z. B. Unterstützung beim Ausfüllen der Anträge und beim Einsatz des Geldes. So wurde eine Zusatzoption zur klassischen Pflegezusatzversicherung entwickelt, mit der die Kunden Zugriff auf eine Art **„Pflege-ADAC“** haben, der beim Eintritt des Pflegefalls da ist und unterstützt.

12.2.4 Erschließen von Nichtkunden

Unternehmen sind als Zielgruppe in der Versicherungsbranche keine Seltenheit, bei der privaten Pflegezusatzversicherung standen jedoch ausschließlich Endkunden im Fokus.

Die Nichtkunden-Gruppe der Unternehmen ist aufgrund des großen Marktpotenzials jedoch überaus attraktiv und so wurden die Bedürfnisse von Unternehmen als potenzielle Kunden einer privaten Pflegezusatzversicherung untersucht. Im Ergebnis wurde ein neues Pflegeprodukt für Unternehmen entwickelt, das ansetzt, wenn Mitarbeiter vom Unternehmen freigestellt werden müssen, wenn sie sich in der häuslichen Pflege um Angehörige kümmern möchten (Familienpflegezeitgesetz). Hier entstehen mehrere Vorteile für das Unternehmen Abb. 12.6:

1. Ein Unternehmen kann sich als Arbeitgeber differenzieren und (potenziellen) Mitarbeitern ein Extra bieten, welches das Unternehmen wenig kostet, den Mitarbeitern aber einen großen Nutzen bietet. Vor allem beim Eintritt eines Pflegefalls werden Mitarbeiter die Unterstützung durch den Arbeitgeber sehr schätzen.
2. In Deutschland haben Arbeitnehmer, die einen nahen Angehörigen pflegen wollen, seit dem 1. Juli 2008 nach dem Familienpflegezeitgesetz (Artikel 3 des Gesetzes zur strukturellen Weiterentwicklung der Pflegeversicherung, BGBl. I S. 874, 896) unter bestimmten Voraussetzungen einen Rechtsanspruch, bis zu zehn Tage der Arbeit fernzubleiben und zusätzlich für eine bis zu sechs Monate dauernde Pflegezeit freigestellt zu werden. Dementsprechend ist auch dem Unternehmen daran gelegen, den Mitarbeiter optimal beim Einrichten der Pflegesituation zu unterstützen. So können nicht nur dem Mitarbeiter Sorgen genommen, sondern auch ein baldiges Rückkehren an den Arbeitsplatz gewährleistet werden.

Mit der **Nichtkunden-Analyse** konnten Unternehmen als eine neue Zielgruppe identifiziert werden, die bis dahin nicht im Fokus für private Pflegezusatzversicherungen standen. Mit der Ansprache von Unternehmen sollte es gelingen, eine völlig neue Zielgruppe durch den Vertrieb aufwandsarm anzusprechen, ohne sich dem üblichen Preiskampf auszusetzen.

Im Sinne der Nichtkundenorientierung sollten nicht nur Unternehmen als Kunden gewonnen werden, sondern auch jüngere Zielgruppen zum Beispiel mit der Pflegevorsorge **Flex.** Dies ist ein vollflexibler, online abschließbarer und günstiger Pflegetarif,

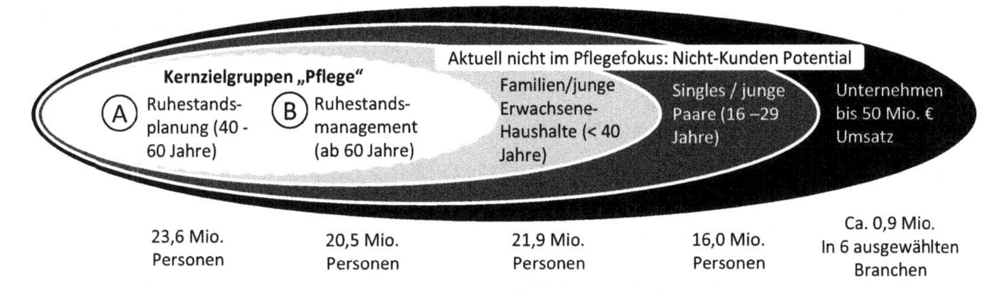

Abb. 12.6 Darstellung der Kernzielgruppen sowie Nichtkunden Gruppen für Pflegezusatzversicherungen. (Quelle: in Anlehnung an Statistisches Bundesamt 2006; AXA Präsentation „Marktforschung und Segmentierung"; AXA Präsentation „IFK Marktvermessung")

der sich insbesondere an jüngere Zielgruppen richtet (Megatrend Digitalisierung). Dieser Tarif ist ideal für all jene, die zwar vorsorgen, dabei aber flexibel bleiben möchten. Mit Flex bietet AXA die bislang noch seltene Möglichkeit, jede Pflegestufe einzeln nach persönlichem Wunsch mit einem unterschiedlichen monatlichen Pflegegeld zu versichern. Wer zunächst nur Pflegestufe III absichern möchte, hat nach Ablauf von fünf Jahren die Möglichkeit, ohne erneute Gesundheitsprüfung auch die Pflegestufen I und II abzudecken.

Des Weiteren entstand das Angebot **FamilyFit,** das generationsübergreifend einen Pflegeschutz für die gesamte Familie bietet – von den Großeltern über die Eltern bis zu den Kindern – weil Pflegebedürftigkeit immer die ganze Familie betrifft. Erstmals auf dem Versicherungsmarkt damit ein Pflegeergänzungsprodukt geschaffen, bei dem die Familie als Ganzes berücksichtigt und in einer Versicherungslösung gemeinsam abgesichert wird.

Dabei kann jedes versicherte Familienmitglied nach dem individuellen Bedarf entscheiden, in welcher Höhe das monatliche Pflegegeld vereinbart wird. Es gilt gleichermaßen für alle drei Pflegestufen. Kommt es zum Pflegefall, wird das vereinbarte Pflegegeld in vollem Umfang ohne Kostennachweise gezahlt. Die zu pflegende Person ist von den Beitragszahlungen befreit. Kinder sind bis zum Alter von 15 Jahren über ihre Eltern beitragsfrei für eine monatliche Leistung in Höhe von 500 EUR mitversichert.

Als Ergänzung für die Produkte Pflegevorsorge FamilyFit und Flex bietet sich Pflegevorsorge **Akut** an (Presseportal 2015). Denn neben der finanziellen Unterstützung, die bei Eintritt eines Pflegefalls benötigt wird, wünschen sich viele Versicherungsnehmer auch praktische Soforthilfe. Gerade in der Anfangszeit, wenn die Pflegesituation noch neu ist, muss viel organisiert und entschieden werden. Folgende Fragen müssen im Ernstfall beantwortet werden: „Welche Umbauten stehen nun für die eigenen vier Wände an? Wie beantrage ich die Einstufung in eine Pflegestufe? Wer übernimmt die Pflege?“.

Damit sich Betroffene nicht allein gelassen fühlen, bietet AXA mit Pflegevorsorge Akut eine Tag und Nacht erreichbare Hotline für dringende Fragen. Darüber hinaus kümmert sich AXA auf Wunsch um die Vermittlung eines Pflegeheimplatzes oder Pflegedienstes innerhalb von 24 h. Da es mitunter einige Wochen dauern kann, bis die Pflegestufe festgestellt wird, erhält der Versicherte während der ersten drei Monate nach Feststellung der Pflegebedürftigkeit durch den Hausarzt auch praktische Alltagshilfen. Bis zu einem Betrag von insgesamt 2500 EUR übernimmt AXA die Kosten für Dienstleistungen wie Essen auf Rädern, einen Fahrdienst oder eine Nachtwache (AXA 2015b).

12.2.5 Raus aus dem roten Ozean mit der AXA Pflegewelt

Hier schließt sich der Kreis. Mit dem Internetportal AXA Pflegewelt, welches zu Beginn des Kapitels detailliert beschrieben wurde, ist ein wichtiger erster Baustein für einen blauen Ozean geschaffen worden, der komplett auf Positionierung als Experte durch Content und nicht auf Verkauf fokussiert und damit einzigartig ist. Gleichzeitig ist dies ein Ausbruch aus dem Branchenstandard und eine klare Differenzierung zu den Wettbewerbern wie aus der sogenannten Soll-Wertekurve zu ersehen ist (Abb. 12.7).

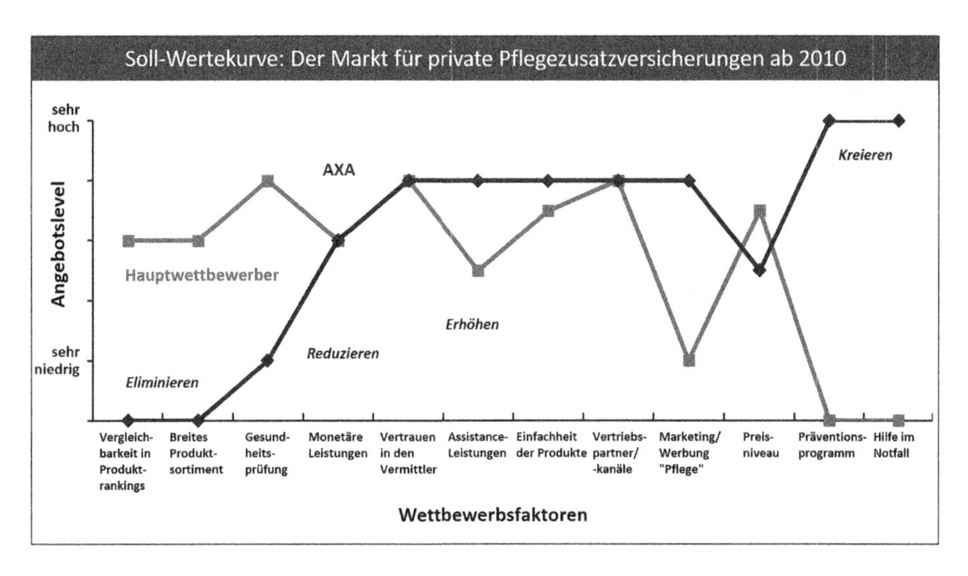

Abb. 12.7 Soll-Wertekurve

12.2.6 Erfolge und Lessons Learned

Mithilfe der Blue Ocean Strategy® konnte bereits 2009/2010 dieser junge, hart umkämpfte Markt innovativ erobert werden. Alle zuvor angewandten klassischen Wettbewerbsstrategien griffen zu kurz. Ausschließlich das Pflegeergänzungsprodukt „Family-Fit" scheint für diesen Markt noch zu innovativ zu sein. Zu „innovativ" bedeutet in diesem Fall, dass die Zeit für dieses Produkt noch nicht reif ist, da es im Gegensatz zu anderen Produkten pflegestufenunabhängig ist.

Die Anwendung der Blue Ocean Strategy® und das konsequente Durchlaufen des Prozesses hat die Innovationskultur von AXA in der neuen Art, Märkte zu betrachten und Angebote zu entwickeln, sehr positiv beeinflusst. AXA konnte aus dem Branchenstandard mit komplizierten, schwer verkäuflichen Produkten ausbrechen und sich hin zu hoch innovativen neuen Angeboten entwickeln. Gleichzeitig konnten zudem die Kosten durch neue Prozesse in der Vertragsabwicklung sowie durch deutlich vereinfachte Produktmodelle signifikant reduziert werden.

Die Komplexität in diesem hochdynamischen Wettbewerbsumfeld wurde erfolgreich reduziert und neue Geschäftsmodelle konnten entwickelt werden. Branchenübliche Prozesse (auch in anderen Bereichen des Unternehmens) werden seitdem systematisch hinterfragt. Das Kriterium „Blue Ocean®" wurde in die Bewertungsschemata anstehender Projektvorhaben aufgenommen.

Durch die konsequente Weiterentwicklung des Angebots mithilfe der Blue Ocean Strategy® gelang es AXA, die Marktgrenzen für diesen noch jungen Markt der Pflegezusatzversicherung frühzeitig für sich neu zu definieren, doppelt so schnell zu wachsen wie der Markt und neue Kunden im sechsstelligen Bereich zu gewinnen.

Literatur

Ärztezeitung. (2015). Pflegeversicherung. http://www.aerztezeitung.de/politik_gesellschaft/gp_specials/abc_gesundheitswesen/article/564721/pflegeversicherung.html. Zugegriffen: 15. Juni 2015.

AXA. (2015a). Pflegewelt. https://pflegewelt.axa.de/. Zugegriffen: 4. Nov. 2015.

AXA. (2015b). Die Pflegevorsorge von AXA setzt neue Maßstäbe im Markt. https://www.axa.de/presse/die-pflegevorsorge-von-axa-setzt-neue-massstaebe-im-markt. Zugegriffen: 5. Juni 2015.

BMG. (2015). Zahlen und Fakten zur Pflegeversicherung. http://www.bmg.bund.de/themen/pflege/zahlen-und-fakten-zur-pflegeversicherung.html. Zugegriffen: 8. Dez. 2015.

My Experten. (2015). http://www.my-experten.de/upload/exp12pdf00007520.pdf. Zugegriffen: 4. Juni 2015.

Pluspedia. (2015). Marketing Insights. http://de.pluspedia.org/wiki/Marketing_Insights. Zugegriffen: 16. Juni 2015.

Presseportal. (2015). Selbständig bis ins hohe Alter. http://www.presseportal.de/pm/53273/2239275. Zugegriffen: 15. Juni 2015.

Statistisches Bundesamt. (2006). *Bevölkerungsfortschreibung, Fachserie 1, Reihe 1.3*. Wiesbaden: Statistisches Bundesamt.

Versicherung2. (2015). AXA stellt neues Online Pflegeportal vor. http://www.versicherung-2.de/axa-stellt-neues-online-pflegeportal-vor/. Zugegriffen: 4. Juni 2015.

Versicherungsmagazin. (2015). Unterschied Pflegezusatzversicherung und private Pflegeversicherung. http://www.versicherungsmagazin.net/fragen/wo-unterscheiden-sich-eine-pflegezusatzversicherung-und-eine-private-pflegeversicherung. Zugegriffen: 16. Juni 2015.

13 Wie das Energieversorgungsunternehmen ENTEGA AG neue Wege geht und Kommunen befähigt, unser Klima zu schonen

Caroline Will, Christoph Hain und Steffen Frischat

Sei du selbst die Veränderung, die du dir wünschst für diese Welt.
Mahatma Gandhi

Inhaltsverzeichnis

C. Will (✉)
Bischofsheim, Deutschland
E-Mail: carolinewill90@gmail.com

C. Hain
Darmstadt, Deutschland
E-Mail: christoph.hain@googlemail.com

S. Frischat
Neuried, Deutschland
E-Mail: steffen@frischat.de

T. Barsch et al. (Hrsg.), *Die Blue-Ocean-Strategie in Theorie und Praxis*, FOM-Edition,
https://doi.org/10.1007/978-3-658-15480-6_13

13.1 Ausgangssituation

In vielen Teilen der Erde steigen die Temperaturen und extreme Wetterereignisse häufen sich. Angesichts der enormen Risiken durch die globale Erderwärmung, hat die Bundesregierung das Eindämmen des Klimawandels zu einer gesamtgesellschaftlich zentralen Herausforderung erklärt. Eine der beschlossenen Maßnahmen ist dabei, dass die Treibhausgasemissionen in Deutschland bis zum Jahr 2020 um 40 % und bis zum Jahr 2050 sogar um 85–90 % gesenkt werden sollen.

Außerdem beschloss die EU-Kommission im März 2011 ihren Energieeffizienzplan, welcher maßgeblich zur Erreichung des in der Wachstumsstrategie Europa 2020 festgeschriebenen 20 %-Ziels zur Reduzierung der CO_2-Emissionen bis zum Jahr 2020 beitragen soll (vgl. IHK Nürnberg für Mittelfranken 2014). Um diese CO_2-Ziele zu erreichen, müssen in den nächsten Jahren sämtliche gesellschaftlichen Akteure motiviert und mobilisiert werden.

Einen maßgeblichen Anteil daran, die Klimaziele zu erreichen, haben die Kommunen. Denn sie sind ein zentraler Bestandteil der Gesellschaft: Ca. 28 % der öffentlichen Bediensteten arbeiten bei Kommunen und ca. 54 % der staatlichen Investitionen werden von ihnen getätigt. Weiter nehmen Kommunen im Klimaschutz eine tragende Rolle ein, da es nahezu kein kommunales Tätigkeitsfeld gibt, welches nicht auf das Volumen der Treibhausgasemissionen Einfluss hat. Seien es direkte Emissionen durch die Kommune oder indirekte Emissionen vermieden oder verursacht durch Entscheidungen auf kommunaler Ebene (vgl. FiFo Köln 2011, S. 24).

Das größte Potenzial zur Steigerung der Energieeffizienz und Energieeinsparung wird von der EU im Gebäudesektor gesehen (vgl. IHK Nürnberg für Mittelfranken 2014). Hierbei sind Kommunen maßgeblich beteiligt: In Deutschland sind mehr als 170.000 Liegenschaften im Besitz von Kommunen und etwa zwei Drittel des Energieverbrauchs durch Kommunen fallen in Gebäuden an. Dies entspricht CO_2-Emissionen von 23,5 Mio. t pro Jahr (vgl. Difu 2011, S. 359).

Aus einer Studie des Bundesministeriums für Verkehr, Bau und Stadtentwicklung geht hervor, dass 81 % der Kommunen Beteiligungen an Wohnungsunternehmen besitzen oder über Wohnungen in unmittelbarem kommunalem Eigentum verfügen. Die kommunalen Bestände umfassen somit im Durchschnitt (in den betroffenen Kommunen) jede zehnte Wohnung (vgl. BMVBS 2011). Maßnahmen sind hier umso wichtiger, denn durch Baumaßnahmen, beispielsweise im Bereich der Energieeffizienz, lässt sich in kurzer Zeit der Haushalt entlasten. Darüber hat die Kommune für Bürger eine Vorbildfunktion und nimmt auch gleichzeitig die Rolle eines Multiplikators ein (vgl. Difu 2011, S. 359).

Klimaschutz ist aktuell eine freiwillige Aufgabe der Kommunen und setzt immer auch einen entsprechenden finanziellen Rahmen voraus. Das Haupthemmnis für die Durchführung von Maßnahmen liegt in dem Fehlen von Finanzmitteln und finanziellen Anreizen. Gleichzeitig existieren oft Motivations- und Informationsdefizite: Viele Kommunen fühlen sich überfordert, ohne die entsprechende Unterstützung Energiesparmaßnahmen für kommunalen Liegenschaften zu planen und umzusetzen (vgl. Difu 2011, S. 359).

Betrachten wir die aktuelle Situation der Energiewirtschaft, bzw. der Energieversorger: Wie positionieren sie sich in der aktuellen Klimaschutzpolitik, was droht ihnen in diesem Zusammenhang und wie können sie darauf reagieren? Der Energiebranche steht ein Umbruch bevor, denn es besteht ein großer Nachholbedarf bei der Individualisierung und Flexibilisierung ihrer Produkte (vgl. Dütsch 2014).

Für die ENTEGA AG (nachfolgend ENTEGA), ein zukunftsorientiertes Energieversorgungsunternehmen mit Sitz in Darmstadt, war dies Anlass, sich intensiver mit der Thematik auseinanderzusetzen. Als erster Schritt wurde eine „Analyse möglicher Handlungsfelder und Optimierungspotenziale in der Interaktion zwischen Energieversorger und Kommune" in Form einer Masterarbeit erarbeitet. Die Kommunen im Umfeld der ENTEGA wurden dabei qualitativ und wissenschaftlich analysiert, um mögliche Potenziale und Schwachstellen in der Zusammenarbeit mit den örtlichen Kommunen abzuleiten.

13.2 Wissenschaftliche Erkenntnisse

Eine Kooperation einer Kommune mit einem lokalen Energieversorgungsunternehmen stellt in der Regel eine Erfolgsbedingung für den Klimaschutz dar, da sie ein umfassendes energiewirtschaftliches und technisches Know-how für die Planung und Umsetzung von Klimaschutzprojekten mit sich bringt. Um eine reibungslose Kooperation zu gewährleisten, gilt es auch hier im Vorfeld konkurrierende Interessen und die Wettbewerbsorientierung auszuloten (vgl. Difu 2011, S. 139).

Energieversorger haben eigene Interessen in Bezug auf den bestmöglichen Verkauf von Energie und Energiedienstleistungen, und ihr Handeln orientiert sich an dem Ziel der Gewinnmaximierung (vgl. IZT 2007, S. 29). Eine tragfähige Zusammenarbeit haben Kommunen mit eigenen Stadtwerken, insbesondere dann, wenn sie zu 100 % in kommunaler Hand liegen. Hier hat die Kommune direkte Einflussmöglichkeiten durch Investitionen in effiziente, klimaschonende Maßnahmen. Wichtige Handlungsfelder für das Energieversorgungsunternehmen sind: Ausbau von Erneuerbaren Energien, Ausbau der Kraft-Wärme-Kopplung (KWK), Erarbeitung von Energiekonzepten sowie die Entwicklung und Vermarktung von Dienstleistungen für eine sparsame und rationelle Energienutzung (vgl. Difu 2011, S. 139).

Zur qualitativen Analyse der Kommunen im Bestandsgebiet der ENTEGA wurden unterschiedliche Methoden verwendet. Zur Ermittlung der Bedarfsseite wurden Experteninterviews in Kommunen geführt, um die Bedürfnisse und Handlungsmöglichkeiten zu analysieren. Auf der Angebotsseite wurde ein Katalog erstellt, der alle Produkte des ENTEGA Konzerns für die Zielgruppe Kommunen abbildet.

In einem zweiten Schritt wurde aus den Ergebnissen der Experteninterviews und den Erfahrungen im Unternehmen eine detaillierte SWOT-Analyse mit Trends und

Trendstärken erstellt. Weiter wurde ein Modell erstellt, um die Kommune detaillierter zu analysieren und die erstellten Produkte zugeschnitten auf die jeweiligen Gegebenheiten zu verteilen.

Die externe Marktanalyse, sowie der interne Performance-Check zeigten im Ergebnis auf, dass im Kundensegment der Kommunen noch ungenutztes Geschäftspotenzial schlummert. Doch wie sollte dieses Potenzial erschlossen werden, wenn es in der Vergangenheit mit klassischen Marktbearbeitungsansätzen noch nicht umfassend gelang? An diesem Punkt entschied sich ENTEGA für einen unkonventionellen Weg: die Durchführung einer Blue-Ocean-Strategy®-Initiative begleitet durch ein externes Blue-Ocean-Strategy®-Expertenteam.

13.3 Start der Blue-Ocean-Strategy®-Initiative

Aufgabe der Initiative war die Entwicklung neuer Geschäftsideen im Segment der Kommunen. Als Auftakt wurde dazu ein Blue-Ocean®-Workshop im multifunktionalen Team durchgeführt.

Das erste Ziel des Workshops war dabei, innerhalb der Projektgruppe ein gemeinsames Verständnis zur aktuellen strategischen Positionierung der ENTEGA im Kundensegment Kommunen herzustellen. Diese Analyse der aktuellen Ist-Situation diente dann als Grundlage, um in einem zweiten Schritt die strategischen Stoßrichtungen für die ENTEGA abzuleiten und darauf aufbauend gezielt neue Wachstumsideen zu generieren. Das dritte Ziel des Workshops war, allen Projektteilnehmern den Blue-OceanStrategy®-Denkrahmen zu vermitteln und als Rüstzeug, nicht nur für den Workshop, sondern auch für zukünftige strategische Herausforderungen an die Hand zu geben.

Um die zuvor erwähnte strategische Positionierung der ENTEGA herauszuarbeiten, wurde das Blue-Ocean®-Instrument „Wertekurve" verwendet. Die Wertekurve erlaubt eine anschauliche Analyse der Wettbewerbsposition. Dabei wird die Kundenperspektive eingenommen und das eigene Angebot mit dem eines definierten Wettbewerbers verglichen. Im Workshop wurden zwei Wertekurven erstellt:

a) Für den Produktbereich „dezentrale Erzeugung" (das heißt Produkte wie Blockheizkraftwerke) wurde das Angebot der ENTEGA dem eines örtlichen Handwerkers gegenübergestellt.
b) Außerdem wurde das gesamte ENTEGA-Produktangebot im Kontext der Versorgung mit einem anderen lokalen Stadtwerk verglichen.

Die Erstellung der Ist-Wertekurven und deren Interpretation ist in Abschn. 13.4 beschrieben.

13.4 Analyse der aktuellen strategischen Positionierung der ENTEGA im Kundensegment Kommunen

13.4.1 Produktbereich „dezentrale Erzeugung" vs. Handwerker

Als erstes haben sich die Projektteilnehmer in die Lage einer Kommune versetzt und darüber diskutiert, welches die wichtigsten Faktoren bei der Kaufentscheidung für ein dezentrales Erzeugungsprodukt sind. Diese sogenannten Wettbewerbsfaktoren wurden auf die x-Achse der Wertekurve eingetragen. Anschließend wurde für jeden Wettbewerbsfaktor das Angebotslevel der beiden Wettbewerber definiert (sehr gering bis sehr hoch).

Für das Kundensegment Kommunen besteht für fast alle Leistungen eine Ausschreibepflicht und damit einhergehend ein hoher Grad an Austauschbarkeit. Bei anderen „nicht-Produkt-bezogenen" Wettbewerbsfaktoren, die in der Wertekurve dargestellt sind, unterscheiden sich ENTEGA und Handwerker jedoch vergleichsweise stark. Die markantesten Stärken der beiden Wettbewerber werden als Fokus- und Divergenzpunkte bezeichnet.

Fokus entsteht, wenn ein Unternehmen in einigen wenigen Faktoren ein besonders stark ausgeprägtes Angebotslevel verfügt (in der Wertekurve hoch oder sehr hoch). Verfügt das Unternehmen in diesem Punkt darüber hinaus einen deutlichen Abstand zum Wettbewerb (mindestens 1,5 Punkte), hat es in diesem Faktor nicht nur Fokus, sondern auch Divergenz.

Aus Abb. 13.1 ist zu erkennen, dass ENTEGA vier Fokus- und Divergenzpunkte verfügt (blaue Kreise). Diese liegen im Image des Konzerns, der effizienten Technik inklusive des Vorteils der Herstellerunabhängigkeit, der ganzheitlichen Abwicklung inklusive der Möglichkeit, Contracting-Lösungen anzubieten sowie in dem hohen Level der Serviceleistungen (z. B. 24-Stunden-Notdienst).

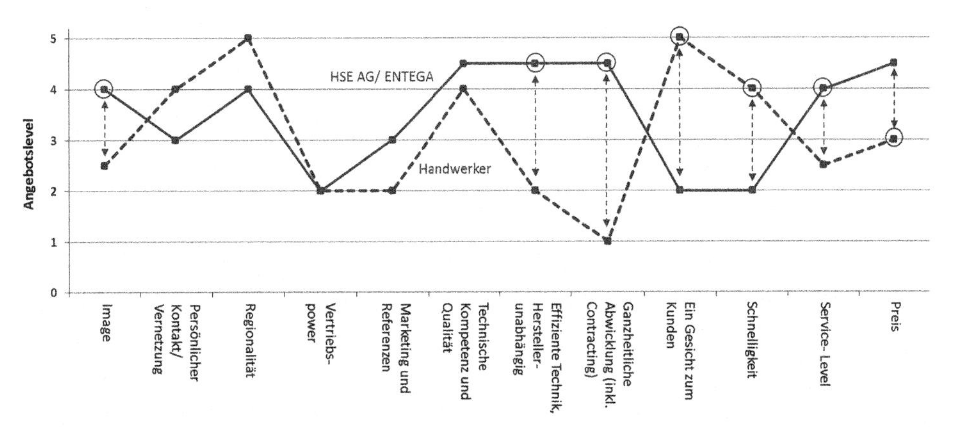

Abb. 13.1 Wertekurve „dezentrale Erzeugung"

Die lokalen Handwerker haben in drei Wettbewerbsfaktoren Fokus und Divergenz (rote Kreise): ein Gesicht zum Kunden (das heißt ein einziger Ansprechpartner), Schnelligkeit des Prozesses und Preis.

13.4.2 Bereich „alle Produkte im Kontext Versorgung" vs. anderer regionaler Energieversorger

In Abb. 13.2 ist die Ist-Wertekurve für den Themenkomplex „Alle Produkte im Kontext Versorgung" dargestellt. ENTEGA wird hier einem anderen regionalen Energieversorger gegenübergestellt.

Wie unschwer zu erkennen ist, unterscheiden sich die Angebote der beiden Versorger in den Augen der Kommunen kaum. ENTEGA befindet sich hier also in einem klassischen roten Ozean, der Austauschbarkeit. Empfundene Nachteile der ENTEGA liegen im Service sowie in der Geschwindigkeit der Prozesse. Vorteile hat die ENTEGA in der vertrieblichen Betreuung/persönlichen Beratung durch die Regionalität und Nähe zum Kunden, sowie in Marketing und Werbung durch ein starkes Engagement im Sponsoring bekannter Sportvereine. Ein weiterer Nachteil des Konzerns liegt in dem hohen Preisniveau der eigenen Produkte.

Der Konkurrent hat hier klar Fokus und Divergenz bei dem Thema „Alles aus einer Hand/1 Ansprechpartner/Servicequalität". Hier sind einzelne regionale Wettbewerber anscheinend besser aufgestellt als die ENTEGA. Dasselbe gilt für den Preis, auch hier wurde der Konkurrent in den Interviews als günstiger benannt. Für die ENTEGA ergibt sich in der Analyse Fokus und Divergenz nur im Wettbewerbsfaktor „Mehrwert/Sponsoring Werbung".

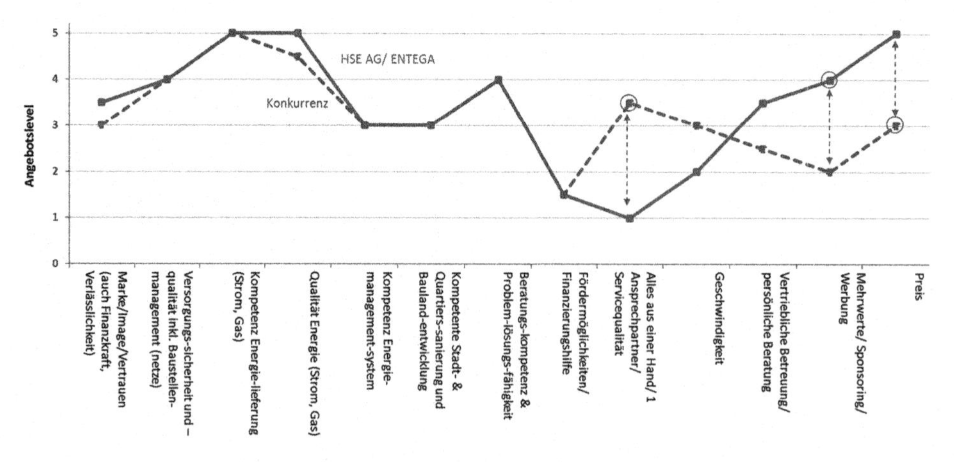

Abb. 13.2 Wertekurven „Alle Produkte im Kontext Versorgung"

Auch die Analyse der strategischen Positionierung der ENTEGA in diesem Bereich zeigt ganz deutlich, dass es sehr schwer ist, sich mit konventionellen Mitteln vom Wettbewerb abzugrenzen und dem roten Ozean zu entkommen.

13.5 Neue Ideen aus dem Blue-Ocean®-Workshop

Im letzten Teil dieses Workshops haben die Teilnehmer neue Ideen entwickelt. Dafür wurden einerseits die Erkenntnisse aus den Wertekurven genutzt und andererseits Kreativitätsmethoden und ausgewählte Impulsmaterialien, z. B. inspirierende Geschäftsmodelle aus anderen Industrien, Megatrends oder Zielgruppenprofile von Kunden und Nichtkunden.

Um die Ideen miteinander vergleichen zu können, wurden sie in einem standardisierten Format ausformuliert (s. Abb. 13.3). Im Anschluss haben alle Teilnehmer über ein Punktesystem bewertet. Das dadurch entstandene Ranking dient dabei der Priorisierung der Ideen und als Entscheidungsgrundlage welche Idee weiterverfolgt werden soll. Die besten Ideen werden nachfolgend vorgestellt.

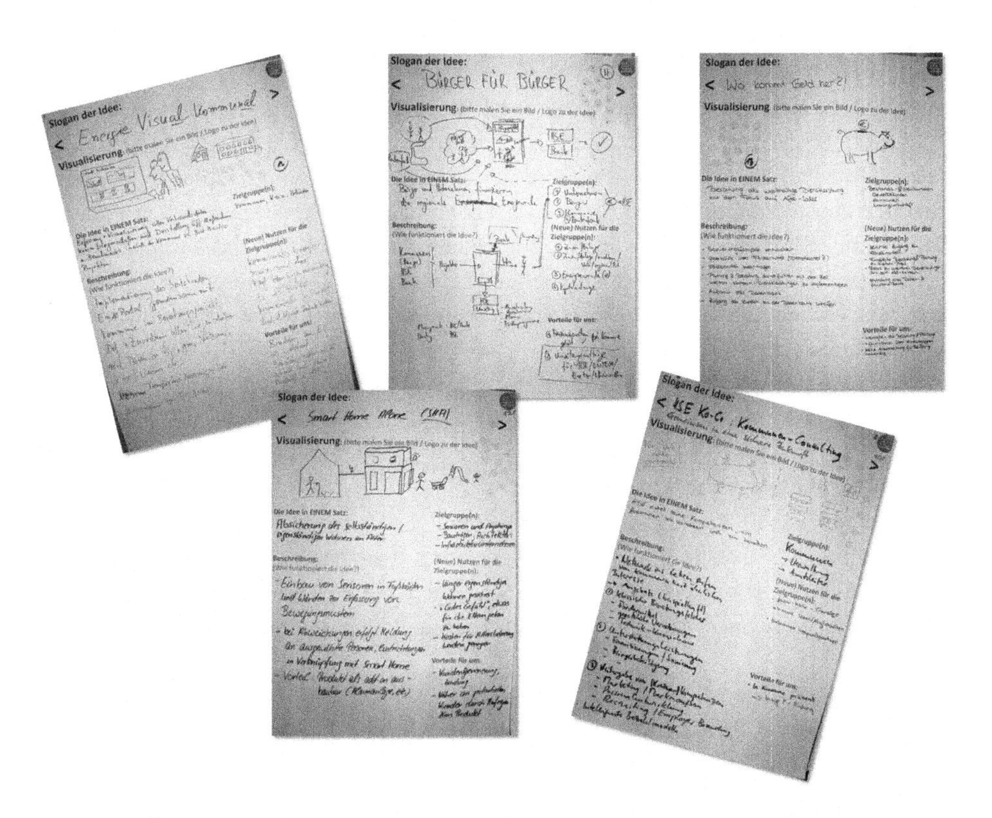

Abb. 13.3 Übersicht ausgewählter Ideen aus dem Workshop

Idee: „Energie Visual Kommunal“
Diese Idee beinhaltet die Erfassung und Visualisierung aller Verbrauchsdaten kommunaler Liegenschaften und die Darstellung von Effizienzmaßnahmen im Vergleich (Benchmark) innerhalb der Kommune zu bestmöglichen Methoden oder Projekten.

Die Kommunen bekommen ein webbasiertes kommunales Energiemanagementsystem, um so bei Projekten eine bessere Kostenkontrolle der Einsparungen zu ermöglichen.

Der Energieversorger bindet sich längerfristig als Energielieferant und kann zusätzlich durch Beratungsleistungen in Zukunft regelmäßige Deckungsbeiträge erzielen.

Idee: „Bürger für Bürger“
Die Idee ist, dass Bürger und Energieversorgungsunternehmen gemeinsam über „Bürgerprojekte“ die regionale Energiewende finanzieren.

Die Kommunen werden bei der Erreichung ihrer Klimaschutzziele und der Energiewende unterstützt. Gleichzeitig bekommen die Bürger einen direkten Zugang und eine emotionale Bindung zu den umgesetzten Maßnahmen und ein besseres Verständnis zur Regionalität.

Das Energieversorgungsunternehmen „umgeht“ den Finanzierungsstau der Kommunen und erlangt Umsetzungsaufträge für den Konzern und die Tochtergesellschaften.

Idee: „Wo kommt Geld her?!“
Dieser Ansatz zielt auf die Beratung als werthaltige Dienstleistung mit dem Fokus auf Verkaufserfolge (After Sales – nach erfolgreichem Geschäftsabschluss den Kunden noch weiter zu binden) ab, beispielsweise durch die Entwicklung von Sanierungsfahrplänen, Überblick über Fördermittel und ihre Beantragung oder die Durchführung von Planung und Beratung mit dem Ziel der weiteren Implementierung von Konzerndienstleistungen.

Die Kommunen bekommen einen leichteren Zugang zu Fördermitteln, erhalten eine fundierte Beratung und Planung zu kleinem Preis und erlangen eine Basis für weitere Dienstleistungen der ENTEGA.

Für den Konzern erhöht sich die Wertigkeit der Beratungs- und Planungsleistung. Zudem erhält er weitere Informationen über die Kundengruppe Kommune.

Idee: „Smart Home Alone“
Dies ist eine Idee zur Absicherung des selbstständigen und eigenständigen Wohnens im Alter. Durch den Einbau von Sensoren in Böden und Wänden können Bewegungsmuster erstellt werden. So können einerseits Jalousien oder Lampen automatisch gesteuert werden, andererseits können bei Abweichungen Warnmeldungen an ausgewählte Personen erfolgen.

Es erlaubt in einer Kommune (Wohnbaugesellschaft) ein längeres eigenständiges Wohnen der älteren Bevölkerung, gleichzeitig sinken hier die Kosten für die Altersbetreuung.

Der Energieversorger kann für sich eine neue Kundengruppe generieren und darüber hinaus für die Zukunft binden.

Idee: „Kommunen-Consulting"

Der Energieversorger nutzt seine Kompetenz, um Kommunen zu vernetzen und zu beraten, beispielsweise durch ein Netzwerk für Kommunen mit ähnlichen Interessen. Hier können alle Felder abgedeckt werden von der klassischen Beratungsebene (Fördermittel oder gesetzliche Verordnungen) über Unterstützungsleistungen (Finanzierung, Sanierung oder Bürgerbeteiligung) bis hin zur Weitergabe von Konzernkompetenzen (Marketing oder Personalentwicklung).

Die Kommunen profitieren vom angebotenen Wissensaustausch und können neue Ideen und Möglichkeiten ergreifen. Darüber hinaus bekommen sie einen festen Ansprechpartner.

Das Energieversorgungsunternehmen ist in der Kommune präsent, was zu einer Steigerung des Images und einer engeren Kundenbindung führt.

Idee: „Crowdfunding in der Kommune"

Aus dem Workshop stammt auch die Idee „Crowdfunding in der Kommune". Hierbei geht es darum, Kommunen zu befähigen, ihre Bürgerinnen und Bürger bei Projekten zur Energiewende einzubinden. Im Folgenden wird diese Idee konkretisiert.

Für einen Pilotversuch wird ein Projekt der Stadt Groß-Umstadt zur Errichtung einer Elektroladesäule herangezogen. Das Produktportfolio von ENTEGA umfasst einerseits Ladesäulen für Elektrofahrzeuge, andererseits auch solche für Elektrofahrräder und Elektroroller. Das entwickelte Pilotkonzept für Groß-Umstadt sieht in diesem Zusammenhang ein größeres Potenzial bei der Realisierung von Ladesäulen für Elektrofahrräder sowie Elektroroller. Dies ist auf die örtlichen Gegebenheiten in Verbindung mit den Erkenntnissen einer durchgeführten Potenzialanalyse zurückzuführen. Demnach ist das projektbezogene Bürgerinteresse von der persönlichen Betroffenheit der Bürger abhängig. Vor dem Hintergrund, dass in Groß-Umstadt eine größere Anzahl an Elektrofahrrädern sowie Elektrorollern im Vergleich zu den Elektrofahrzeugen vorhanden ist, lässt sich ein größeres Bürgerinteresse bei einer solchen Ladesäule annehmen. Dieser Ansatz wurde im Gespräch mit der Kommune gefestigt, die dieser Argumentation folgte. Als Ergebnis hieraus wurde die Elektroladesäule als Finanzierungsgegenstand des Pilotkonzeptes in Groß-Umstadt ausgewählt. Gekennzeichnet ist die Ladesäule dadurch, dass diese mit einer eigenen Photovoltaikzelle sowie einem integrierten Stromspeicher ausgestattet ist und sich somit bei ausreichend Sonneneinstrahlung selbstständig auflädt und als autarkes System funktioniert. Hierdurch wird den Bürgern ein unentgeltliches Aufladen von bis zu vier Elektrofahrrädern oder Elektrorollern gleichzeitig ermöglicht. Darüber hinaus ist die Ladesäule räumlich flexibel einsetzbar, da kein fester Stromanschluss gelegt werden muss. Durch einen vielfältigen Einsatz der Säule im Gemeindegebiet kann die Säule somit als variable Attraktivitätssteigerung verwendet werden. Weiterhin sieht das Pilotkonzept vor, eine möglichst niedrige Schwelle für die einzelnen Unterstützungsleistungen festzulegen. So sollen die Bürger bereits ab einem geringen Betrag die Realisierung der Ladesäule unterstützen können.

Crowdfunding besteht grundsätzlich aus drei verschiedenen Akteuren. Der Projektinitiator ist derjenige, welcher sein Projekt mittels des Crowdfundings finanzieren lassen möchte. Er fungiert als Angebotsseite und verfolgt das Ziel, aus einer im Vorfeld nicht näher definierten Gruppe Fremdkapital zur Realisierung seines Projektes zu generieren. Empfänger der erzielten Kapitalbeträge ist der Projektinitiator. Dieser stellt den Projektunterstützern im Gegenzug für die Fremdkapitalbereitstellung eine zu spezifizierende Gegenleistung bereit. Auf der Nachfrageseite stehen die Projektunterstützer. Diese sind bereit, einzelne Kapitalbeträge zur Realisierung des Projektes zur Verfügung zu stellen. Die Verbindung zwischen Angebot und Nachfrage stellt ein Dienstleister mit dem Betreiben einer virtuellen Plattform dar. Dieser fungiert als Intermediär zwischen Angebots- und Nachfrageseite, indem er beide Seiten effektiv zusammenführt. So können die Projektinitiatoren einerseits ihre Projekte auf der Plattform anbieten, andererseits wird den Projektunterstützern hierdurch eine Gelegenheit gegeben, um sich über vorhandene Projekte inklusive entsprechender Rahmendaten zu informieren. Neben der beschriebenen Informations- und Bündelungsfunktion kommt dem Dienstleister darüber hinaus eine Koordinationsfunktion zu. Dieser überwacht den ordnungsgemäßen Ablauf des Prozesses und ist Bindeglied zwischen den involvierten Parteien. Ist das Crowdfunding nicht erfolgreich verlaufen, bekommen alle Beteiligte nach dem Alles-oder-nichts-Prinzip, die jeweils geleisteten Unterstützungsleistungen zurück. Somit wird ausgeschlossen, dass die gezahlten Beträge verloren gehen. Die Rolle der ENTEGA AG besteht aus den Tätigkeiten rund um die Verwaltung und Koordination des Projektes. So fungiert die ENTEGA AG als Vermittler zwischen der Kommune und dem Plattformbetreiber. Dieses Aufgabenfeld ist einerseits darauf zurückzuführen, dass den Kommunen mit der Crowdfunding-Lösung ein möglichst eleganter Weg zur Fremdkapitalbeschaffung ohne große Mehrbelastung der Verwaltung aufgezeigt werden soll.

13.6 Umsetzung der Blue-Ocean®-Ideen

Im Nachgang des Workshops hat das ENTEGA-Projektteam die Idee mit der höchsten Bewertung – Arbeitstitel: „Energie Visual Kommunal" – weiterentwickelt. Entstanden ist ein kommunales Geschäfts- und Industriekundennetzwerk, das sich bereits in der Umsetzung befindet.

Dieses Netzwerk setzt sich vor allem aus zwei sich ergänzenden Bausteinen zusammen: Den Energieeffizienzaudits und deren Visualisierung durch ein Energiemanagementsystem, die in Abschn. 13.6.1 kurz beschrieben werden.

13.6.1 Kurzbeschreibung des Bausteins: Energieeffizienzaudits

ENTEGA positioniert sich hierbei als zuverlässiger Partner für die Optimierung des Energieverbrauches von Kommunen und deren regional ansässigen Geschäftskunden.

Eine effiziente Energienutzung erfordert die genaue Kenntnis der Gebäudeinfrastruktur sowie die Analyse der internen Produktions- und Energieprozesse. Erfahrene Auditoren von ENTEGA führen daher Untersuchungen von Liegenschaften, Industrie- und Gewerbeanlagen durch, um eine nachhaltige Senkung des Strom-, Wärme-, Kälte- und Druckluftbedarfs – und damit der Kosten und CO_2-Emissionen – zu erreichen. Dabei werden alle Energiearten integriert betrachtet und die Ergebnisse in Form eines Berichts zur Verfügung gestellt. Auf Wunsch können vorab auch Schwerpunkte definiert werden. Das Audit endet in der Regel mit einem Auditbericht, welcher – je nach Kundenanforderung – einem definierten Normstandard entsprechen kann.

Kleinere Kunden des produzierenden Gewerbes profitieren dank eines Energieaudits von attraktiven Steuerentlastungen. Größere Kunden (sogenannte „Nicht-KMU") sowohl des produzierenden als auch des nicht-produzierenden Gewerbes erfüllen dank eines Energieaudits das novellierte Energiedienstleistungs-Gesetz (EDL-G).

13.6.2 Kurzbeschreibung des Bausteins: Energiemanagementsystem

Mit dem Energiemanagementsystem können die aus dem Audit erarbeiteten Analysen aufbereitet und visualisiert werden (Abb. 13.4).

Der Energieverbraucher legt dabei – unterstützt durch den Berater – seine Energiepolitik und darauf aufbauend die Energieziele selbst fest, die es von Jahr zu Jahr zu erreichen gilt. So wird der spezifische Energieverbrauch gesenkt, die Energieeffizienz nachhaltig gesteigert und dies für Dritte überprüfbar dokumentiert. Die Bewertung und

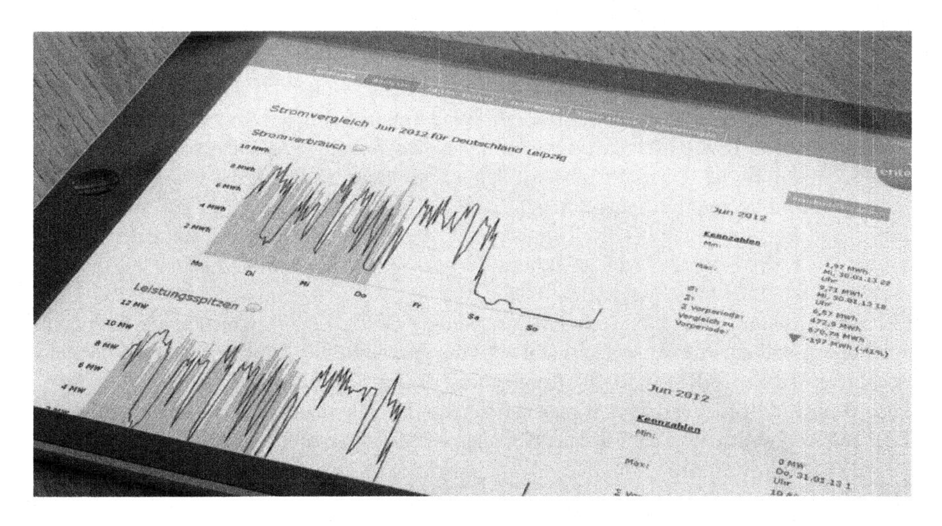

Abb. 13.4 Oberfläche des ENTEGA-Energiemanagementsystems. (Quelle: Welotec GmbH 2014)

die anschließende Realisierung von Potenzialen erfolgt in einem Spannungsdreieck von betriebswirtschaftlicher Notwendigkeit, technischen Möglichkeiten und volkswirtschaftlich sinnvollem Handeln.

Um die Beratung noch attraktiver zu gestalten, nutzt ENTEGA auch ein Netzwerkformat zur Betreuung kommunaler Kunden. Hier werden Kommunen oder Eigenbetriebe gemeinsam durch die Energieeffizienz-Auditierung begleitet. Christoph Barth, der Leiter des ENTEGA Beratungsteams fasst die Vorteile eines Beratungsnetzwerkes wie folgt zusammen:

> Netzwerke sind ein sehr effektiver Weg für unsere Kunden, sich mit Energieeffizienz zu beschäftigen. Durch die gemeinsame Arbeit mehrerer Firmen entstehen nicht nur Kostenvorteile, sondern vor allem ein sehr positiver Team-Spirit. Die Teilnehmer entwickeln im direkten Vergleich geradezu Ehrgeiz, ihre Energieverwendung zu verbessern. Auch das direkte Gespräch der Energiebeauftragten verschiedener Firmen wird als sehr befruchtend empfunden. In der Summe ein tolles Format!

Literatur

Bundesministerium für Verkehr, Bau und Stadtentwicklung (BMVBS). (2011). Strategien der Kommunen für ihre kommunalen Wohnungsbestände – Ergebnisse der Fallstudien und Gesamtergebnis, Berlin. http://www.bbsr.bund.de/BBSR/DE/Veroeffentlichungen/BMVBS/Forschungen/2011/Heft151.html. Zugegriffen: 22. Apr. 2018.

Deutsches Institut für Urbanistik gGmbH (Difu). (Hrsg.). (2011). Klimaschutz in Kommunen – Praxisleitfaden, Berlin. https://leitfaden.kommunalerklimaschutz.de/. Zugegriffen: 18. Okt. 2014.

Dütsch, G. (2014). Kampf gegen Windmühlen? Wie Energieversorger sich behaupten können. *Energiewirtschaftliche Tagesfragen, 2014*(7), Essen. http://www.et-energie-online.de/AktuellesHeft/Topthema/tabid/70/NewsId/1051/Kampf-gegen-Windmuumlhlen-Wie-Energieversorger-sich-behaupten-koumlnnen.aspx. Zugegriffen: 22. Apr. 2018.

Finanzwissenschaftliches Forschungsinstitut an der Universität zu Köln (FiFo Köln). (2011). Kommunaler Klimaschutz bei knappen Kassen. In Bundesministerium für Umwelt, Naturschutz und Reaktorsicherheit (BMU) (Hrsg.), *Kommunaler Klimaschutz – Möglichkeiten für die Kommunen* (S. 24–26). Berlin: Finanzwissenschaftliches Forschungsinstitut an der Universität zu Köln. http://www.fifo-koeln.org/images/stories/fifo%20dp_14-01.pdf. Zugegriffen: 22. Apr. 2018.

Industrie- und Handelskammer (IHK) Nürnberg für Mittelfranken. (2014). Lexikon der Nachhaltigkeit. EU Energieeffizienzplan 2011. https://www.nachhaltigkeit.info/artikel/eu_energieeffizienzplan_2011_1523.htm. Zugegriffen: 1. Juli 2014.

Institut für Zukunftsstudien und Technologiebewertung (IZT). (2007). Erneuerbare Energien in Kommunen optimal nutzen – Denkanstöße für die Praxis, Berlin. https://www.izt.de/fileadmin/downloads/pdf/SKEP/SKEP_EE_in_Kommunen.pdf. Zugegriffen: 18. Nov. 2014.

Welotec GmbH. (2014). Energiemanagementsysteme – Energie und Kosten nachhaltig einsparen, Laer. https://www.welotec.com/de/energiemanagement. Zugegriffen: 22. Apr. 2018.

RPR1. vereinsleben.de: Das neue Community-Geschäftsmodell

14

Kristian Kropp

Inhaltsverzeichnis

14.1 Ausgangssituation der Medienbranche

Trotz vergleichbarer Reichweiten bei Lesern, Zuschauern und Radiohörern verdienen klassische Medienunternehmen wie Zeitungs- und Zeitschriftenverlage, private TV-Sender und Radiosender im Netz kaum Geld mit ihren Inhalten. Gleichzeitig hat sich eine neue digitale Elite um Apple, Google Facebook und Amazon etabliert, die mit Werbung und dem Verkauf von digitalen Contents Milliarden umsetzt. Doch anstatt sich auf die neuen Technologien einzulassen, fragmentieren die traditionellen Medienunternehmen ihre Offlineangebote im Print, TV und Radio oder scheitern bei dem Versuch, ihre althergebrachten Geschäftsmodelle auf das neue Medium Internet zu übertragen. Doch das könnte sich bald rächen, denn mittlerweile drängen diese neuen Wettbewerber immer aggressiver in die Kernmärkte im TV-, Print- und Radiogeschäft vor.

K. Kropp (✉)
RPR Unternehmensgruppe, Ludwigshafen, Deutschland
E-Mail: kristian.kropp@rpr1.de

T. Barsch et al. (Hrsg.), *Die Blue-Ocean-Strategie in Theorie und Praxis,* FOM-Edition,
https://doi.org/10.1007/978-3-658-15480-6_14

In dem Buch „The Innovators Dilemma“ analysiert der Harvard-Professor Clayton Christensen die Folgen solcher technologischer Entwickungen und nennt sie Tsunamiwellen in Form von disruptiven Innovationen (Christensen 1997).

Warum versagen großartige Unternehmen im Wettbewerb um Innovationen, obwohl sie alles richtig machen? Sie beobachten ihren Wettbewerb, befragen ihre Kunden oder verfügen über stattliche Forschungs- und Entwicklungsbudgets. Trotzdem verlieren sie ihre Marktführerschaft, sobald Veränderungen in Form von disruptiven Technologien auftreten (Christensen et al. 2011).

Christensen präsentierte die Ergebnisse seiner Forschung bereits 1997 – zu einer Zeit also, als das Internet noch in den Kinderschuhen steckte. Und zur Veranschaulichung geht er sogar noch weiter zurück bis zur Entwicklung von Dampfschiffen zu Beginn des 19. Jahrhunderts. Trotzdem lassen sich seine Forschungsergebnisse auch auf die aktuellen Veränderungen auf den Medienmärkten anwenden. Denn genau wie der Dampfantrieb, der durch die neuartige mobile Verfügbarkeit von Energie zu einer Wachstumsgrundlage weiterer Innovationen wurde, führt die seit Beginn der 1990er-Jahre einsetzende Digitalisierung zu einem Paradigmenwechsel in der Industriegeschichte.

Die fast vollständige Digitalisierung der weltweit gespeicherten Informationsmenge vollzog sich in weniger als zehn Jahren. Im Jahr 1993 waren nur drei Prozent aller Informationen digital gespeichert, 2007 waren es bereits 94 % (Thierse 2003). Damit steht die „Digitale Revolution“ auf einer Stufe mit der Industriellen Revolution 200 Jahre zuvor (Kondratieff 1926, S. 56 f.). Mit ihr vollzieht sich der Übergang von der beinahe unbegrenzten Verfügbarkeit von Energie zur beinahe unbegrenzten Verfügbarkeit von Informationen, häufig auch als der „5. Kondratieff-Zyklus“ bezeichnet (Glotz und Meyer-Lucht 2004, S. 11 ff.).

Das Internet wirkt dabei wie ein Katalysator, der die Umbruchsgeschwindigkeit beschleunigt – und auf die Medienbranche mit ihren vollständig digitalisierbaren und über Onlineplattformen distribuierbaren Inhalten hat diese Entwicklung einen besonders starken Einfluss (Abb. 14.1). Bereits im Jahr 2004 hatte der inzwischen verstorbene Publizist Peter Glotz, SPD-Politiker und Professor für Medien und Gesellschaft am Institut für Medien- und Kommunikationsmanagement der Universität St. Gallen, kritisiert, dass sich Medienmanager jahrzehntelang mit dem Rieplschen Gesetz getröstet hätten, wenn es um die Konsequenzen der Digitalisierung für ihre Branche ging.

Glotz warnte vor den Folgen eines grundlegenden Strukturwandels, der auch vor den bisher geltenden Grundregeln nicht haltmachen würde (Riepl 1913, S. 5). Kurz vor dem Ersten Weltkrieg hatte der Altphilologe und Journalist Wolfgang Riepl 1913 in seiner Dissertation seine bis heute populäre Hypothese formuliert. Im Kern besagt diese, dass neue Medien alte Kommunikationsmittel nicht verdrängen, wenn diese sich einmal bewährt haben.

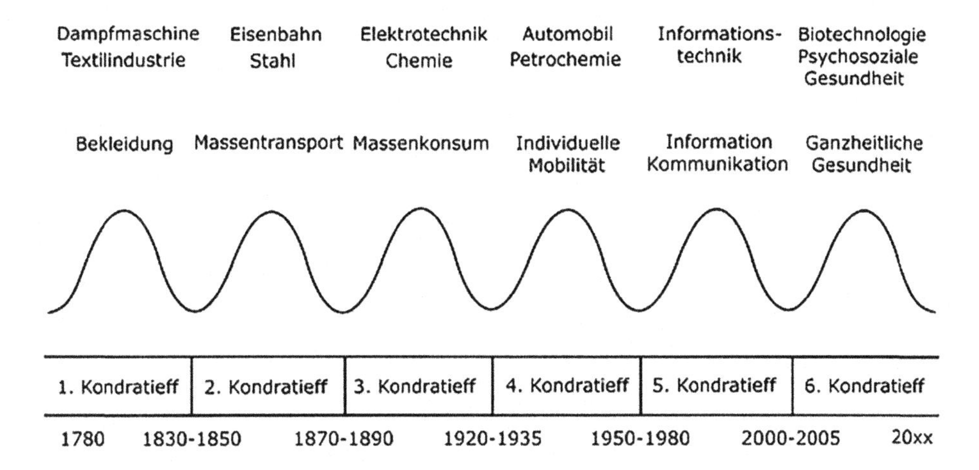

Abb. 14.1 Kondratieff-Zyklen im Zeitverlauf. (Quelle: Nefiodow und Nefiodow 2014)

> Es ergibt sich gewissermaßen als Grundsatz der Entwicklung des Nachrichtenwesens, daß die einfachsten Mittel, Formen und Methoden, wenn sie nur einmal eingebürgert und brauchbar befunden worden sind, auch von den vollkommensten und höchst entwickelten niemals wieder gänzlich und dauernd verdrängt und außer Gebrauch gesetzt werden können, sondern sich neben diesen erhalten, nur daß sie genötigt werden können, andere Aufgaben und Verwertungsgebiete aufzusuchen (Glotz und Meyer-Lucht 2004, S. 12).

Zusammenfassend kann man sagen: „Kein neues höher entwickeltes Medium substituiert ein Altes.“ (Tomorrow Focus AG 2012).

Bei der Einführung der privaten Fernsehsender in Deutschland in den 1980er-Jahren hatte sich das Rieplsche Gesetz noch bewahrheitet. Der folgende Mehrkonsum an Fernsehminuten ging nicht zulasten der Printnutzung. Lieber verzichteten die Menschen auf andere Freizeitaktivitäten, um mehr Fernsehen zu können, als ihre Zeitungs- oder Zeitschriftenlektüre zu opfern.

Mit der Erfindung des Internets scheint das Gesetz seine Gültigkeit jedoch verloren zu haben. Zwar stieg die für die Mediennutzung aufgebrachte Zeit auch mit der Einführung des Internets insgesamt an (Abb. 14.2). Aber das neue Medium wächst auch auf Kosten der Zeitbudgets, die bislang für Print, TV und Radio reserviert schienen. Betrachtet man die Entwicklung der Mediennutzung seit dem Jahr 2000, wird deutlich, dass die TV-Nutzungskurve abflacht, die Printnutzung zurückgeht, während die Onlinenutzung stark zunimmt. Die Einführung des Internets führt also zu einer zeitlichen Verlagerung innerhalb der Mediengattungen.

Das Konsumentverhalten verändert sich – so erfährt auch das Musik-Streaming seit 2013 eine starke Dynamik. Anbieter wie Spotify, Deezer und Napster werden

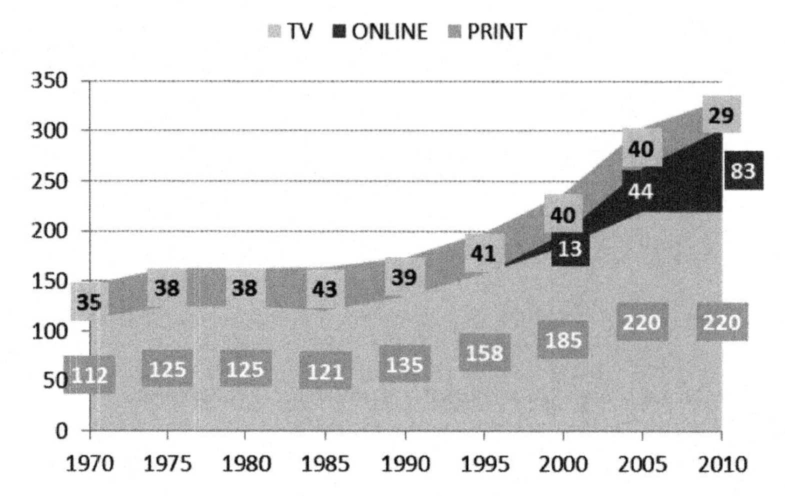

Abb. 14.2 Mediennutzung pro Tag in Minuten 1970–2010 (ab 14 Jahren). (Quelle: ARD/ZDF 2010)

mittlerweile von elf Prozent aller Onliner wöchentlich genutzt. In den Jahren 2013 und 2014 waren es noch fünf Prozent bzw. sechs Prozent. In der jungen Zielgruppe mit ihrer generationstypisch hohen Musikaffinität sind die wöchentlichen Reichweiten der Musik-Streamingdienste in den zwei Jahren seit Einführung der Abfrage in der ARD/ZDF-Onlinestudie stark gestiegen: Von elf Prozent 2013 über 18 % 2014 auf nunmehr 29 %. Damit erreichen Streamingdienste fast ein Drittel der unter 30-Jährigen wöchentlich oder öfter.

Das Live-Hören von Radioprogrammen über das Internet kommt in der Gesamtbevölkerung derzeit auf eine vergleichsweise überschaubare tägliche Nutzung von vier Prozent, gleichauf mit der Nutzung von Musikdateien über das Internet und den Musikstreaming-Diensten. Wenn man diese „Tagesreichweiten" auf die Gesamtbevölkerung von 70,5 Mio. deutschsprachigen Menschen in der Grundgesamtheit hochrechnet, nutzen jeweils rund drei Mio. Menschen täglich Radio-Livestreams, Musikdateien aus dem Internet oder Streamingdienste. Für eine monatliche Gebühr von in der Regel zehn Euro stehen viele Millionen Titel und Alben aus allen Phasen der Musikgeschichte, auch zum Offlinehören, zur Verfügung. Diese Verfügbarkeit ist für viele Musikliebhaber verlockend und wird wahrscheinlich noch zu weiteren Steigerungen der Nutzerzahlen führen (vgl. Koch und Schröter 2015).

Das Investitionsverhalten der Werbekunden hin zum Online-Marketing wird nicht zu stoppen sein. Was die Abb. 14.3 sehr eindruckvoll veranschaulicht. Die gute alte Reichweite hat ausgedient und wird durch messbare Abrechungsmodelle (pay per click, pay per sales etc.) abgelöst.

Um den anhaltenden Werteverlust im klassischen Geschäft zu kompensieren, sind die Radiosender heute mehr denn je gefordert, neue Erlös- und Geschäftsmodelle zu kreieren.

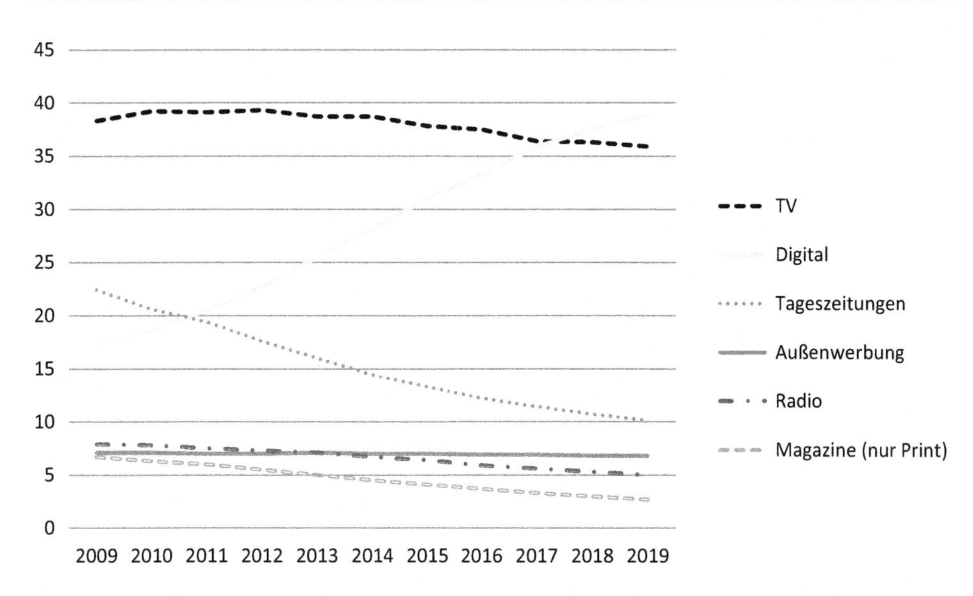

Abb. 14.3 Aufteilung des globalen Werbemarktes [in %]. (Quelle: McKinsey Global Media Report 2015)

14.2 Ausgangssituation des Radiosenders RPR1.

Vor diesem Hintergrund hat RPR1., der erste private landesweite Radiosender in Deutschland, im Jahr 2014 eine Innovationsoffensive gestartet. Mit einer technischen Reichweite von über 14 Mio. Menschen im Gebiet von Köln bis Baden-Baden, von Frankfurt bis Luxemburg schaltet fast jeder dritte Rheinland-Pfälzer täglich ein. Das Durchschnittsalter der RPR1.-Hörer beträgt 40 Jahre. Die Programmschwerpunkte liegen auf Musik, Nachrichten und regionalen Informationen. Neben dem Radioangebot stehen im Fokus der Aktivitäten weit über 400 Events im Sendegebiet und das Internetportal www.rpr1.de wie auch die Recruiting-Plattform www.bigkarriere.de (Radiozentrale).. Dies zeigt die Innovationskraft, die in RPR1. steckt. Kristian Kropp, Geschäftsführer von bigFM und von RPR1., setzt ganz auf neue Kommunikation. So ging er als erster eine Partnerschaft mit Spotify ein. „Spotify ist der perfekte Multiplikator für unsere Shows, unsere Playlisten. Wir erreichen über Spotify Nicht-Hörer von Radio. Das ist wirklich perfekt", so Kristian Kropp (Radiowoche 2015). Des Weiteren hat RPR1. eine personalisierte Stau-App („Waze") gestartet (Radiowoche 2015). Waze ist eine Applikation für den Verkehr. Der Dienst liefert unter anderem Informationen zu Staus. Um die Reichweite in Deutschland zu steigern, ist man die Partnerschaft mit RPR1. eingegangen. RPR1. bekommt Informationen von Waze und bietet einen 24-Stunden-Verkehrsservice mithilfe der mobilen Community an. Durch die prominente Werbung im Radio sollen so mehr Nutzer zu Waze gelockt werden und sich bei dem Dienst anmelden (Mobiflip 2015).

Unterstützt wurde das RPR1.-Team dabei durch die externen Berater rund um Mitherausgeber Holger Trautmann und Autor dieses Artikels, Daniel Kutschenko. Startpunkt der Initiative war ein zweitägiger Blue-Ocean-Strategy®-Workshop mit der Geschäftsführung des Radiosenders im Sommer 2014.

Zunächst haben die RPR1.-Manager ein gemeinsames Verständnis zur strategischen Ausgangssituation ihres Senders erarbeitet. Dafür wurde das Blue-Ocean®-Instrument „Wertekurven" eingesetzt. Anhand dieser Ausgangssituation konnte abgeleitet werden, wie RPR1. aktuell im Markt positioniert ist und wie sich der Sender von seinen Wettbewerbern differenzieren kann.

Auf einen Blick wurde deutlich, dass sich RPR1. im Wettbewerb um Hörer und Werbekunden in einer herausfordernden Situation befindet. Dabei haben die Teilnehmer des Workshops herausgearbeitet, dass die ins Visier genommenen Wettbewerber ihre Stärken im klassischen Radiogeschäft haben (s. die in Abb. 14.4 links dargestellten Faktoren). Ein Aufschließen zu den Wettbewerbern bei diesen Faktoren würde RPR1. viele Ressourcen kosten und das Angebot nur noch austauschbarer machen.

Sehr viel potenzialträchtiger unter Blue-Ocean-Strategy®-Gesichtspunkten ist die *konsequente Erschließung neuer, zukunftsfähiger Geschäftsfelder.* Dabei verdeutlicht die Wertekurvenanalyse, dass es Wettbewerbsfaktoren gibt, die sowohl für Hörer wie auch für Werbekunden relevant sind (s. die in der Abb. 14.4 mittig dargestellten Faktoren). Zudem werden diese Wettbewerbsfaktoren aktuell noch von keinem Medienunternehmen konsequent besetzt. Diese zukunftsfähigen Geschäftsfelder mit neuen Lösungen zu erschließen, stellt für Medienunternehmen demnach ein massives Potenzial jenseits des klassischen Radiogeschäfts dar.

Aufbauend auf der Erkenntnis, welche neuen Geschäftsfelder es zu erschließen gilt, haben sich die RPR1.-Manager in mehreren Projektteams organisiert, um jeweils an

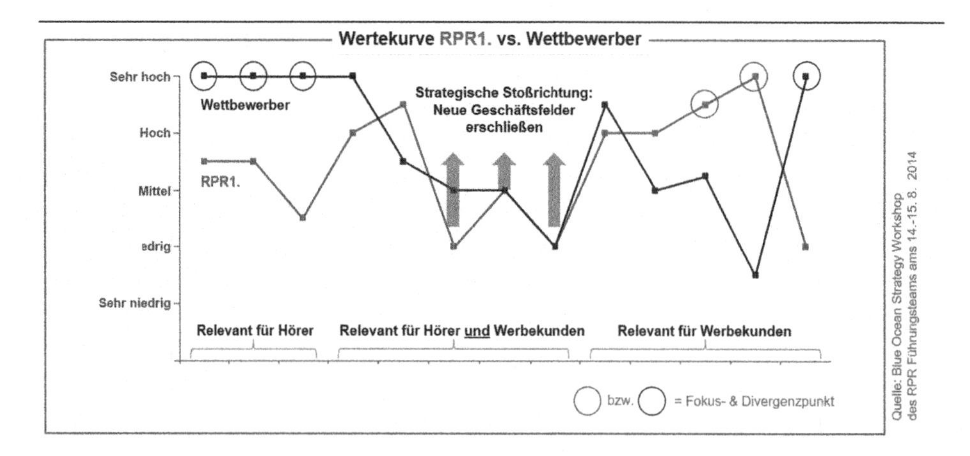

Abb. 14.4 Wertekurve RPR1. vs. ausgewählte Wettbewerber. (Quelle: Blue-Ocean-Strategy®-Workshop des RPR Führungsteams am 14. + 15.08.2014)

einem neuen Geschäftsmodell zu arbeiten. Aus Gründen der Vertraulichkeit können diese Projekte im Einzelnen nicht alle genannt werden. Der vorliegende Beitrag fokussiert sich aber auf ein in diesem Rahmen bereits realisiertes, besonders spannendes Projekt: das neue Community-Geschäftsmodell „vereinsleben.de".

14.3 Die Wurzeln von „vereinsleben.de"

Um vereinsleben.de zu erläutern, ist ein Sprung in die Vergangenheit sinnvoll. Im Jahr 2011 kam RPR1. erstmals die Idee, eine Plattform für Sportvereine namens „Vereins-Community" ins Leben zu rufen. Die Zielgruppe waren dabei sowohl Sportvereine aus dem Südwesten Deutschlands, Sportinteressierte wie auch aktive Sportler. Zur Gewinnung von Nutzern wurden zwei Direktmarketingmaßnahmen mit dem Landessportbund Rheinland-Pfalz und seinen Sportbünden durchgeführt. Aber man verzeichnete noch keinen Durchbruch – die Zeit schien noch nicht reif für eine solche Plattform.

Drei Jahre später dann identifizierte das RPR1.-Team – im bereits beschriebenen Blue-Ocean-Strategy®-Workshop – die Erschließung von „Communities" eindeutig als potenzialträchtiges Geschäftsfeld. Damit einhergehend untersuchte das Projektteam die Option, „VereinsCommunity" wiederzubeleben. Für derartige Untersuchungen ist das Blue-Ocean-Strategy®-Instrument „Sechs-Pfade-Analyse" (s. Abb. 14.5) äußert hilfreich.

Die „Sechs-Pfade-Analyse" kann zum einen für die systematische Ideengenerierung eingesetzt werden. Das Instrument strukturiert den Blick über den Tellerrand der eigenen

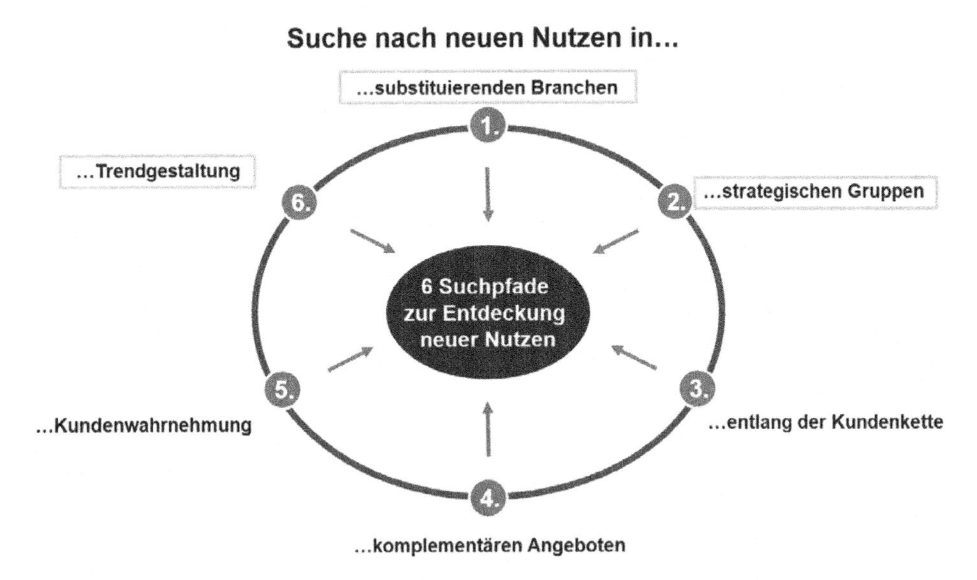

Abb. 14.5 Blue Ocean Strategy® „Sechs-Pfade-Analyse"

Branche und ermöglicht so, gezielt neue, unentdeckte Nutzen zu finden und in das eigene Angebot einzubauen. Im vorliegenden Fall untermauert die Analyse, dass es sich bei VereinsCommunity um einen außergewöhnlichen Ansatz handelt: Die Plattform für Vereine bedient sich gleich mehrerer Nutzen jenseits des klassischen Radiogeschäfts (s. nachfolgende Erklärungen).

Damit entschied sich das RPR1.-Management, VereinsCommunity unter dem neuen Namen „vereinsleben.de" zu relaunchen und zu einem eigenständigen Geschäftsmodell auszubauen.

1. **Suche nach neuen Nutzen in substituierenden Branchen:** Hier geht es darum, relevante Alternativen zum Radiohören zu finden und die Nutzen dieser Alternativen in das eigene Angebot zu integrieren. Wie schon zu Beginn des Beitrags beschrieben, sind das Surfen, das sich Informieren und der soziale Austausch im Internet eine heute nicht mehr wegzudenkende Alternative zum Radiohören. Mit der Plattform VereinsCommunity greift RPR1. die Möglichkeiten des Internets auf und nutzt diese Möglichkeiten für sich.
2. **Suche nach neuen Nutzen in strategischen Gruppen:** Beim näheren Betrachten der relevanten strategischen Gruppen im Internet fallen Info- und Community-Portale auf. Hierbei gibt es für die unterschiedlichsten Lebensbereiche und Interessensgruppen eigene, sehr erfolgreiche Plattformen (Facebook, XING etc.). Es fällt jedoch auf, dass es im Bereich Sport noch kein sportartunabhängiges Community-Portal gibt: Eine ideale Positionierung für vereinsleben.de (Abb. 14.6).

Pfade 3 bis 5 liefern keine konkreten Ansatzpunkte für die Weiterentwicklung von vereinsleben.de.

3. **Suche nach neuen Nutzen in Trendgestaltung:** Bei der Betrachtung von relevanten Trends innerhalb und außerhalb des Mediengeschäfts wird schnell deutlich,

	sportartspezifisch	sportartunabhängig
Community-Portale	wir-lieben-pferde.de Tennis.de Handball Zone schoenen-dunk.de	vereinsleben.de
Info-Portale	Fussball.de Handball.de Reiten.de Hockey.de	sport.de sport1 sportal.de Sport Bild spox.com

vereinsleben.de als sport-unabhängiges Community-Portal für Vereine jeglicher Art mit einzigartiger Positionierung im Wettbewerb der Sport-Portale

Abb. 14.6 Positionierung im Kontext Sportportale. (Quelle: Internes Dokument RPR1.)

dass RPR1. mit vereinsleben.de am Puls der Zeit ist. Die Plattform für Sportvereine kombiniert dabei die Trends Digitalisierung und die in Deutschland ungebrochene Begeisterung, sich in Vereinen in der Region zu engagieren.

14.4 Die Umsetzung von „vereinsleben.de"

Die Mehrwerte von vereinsleben.de werden nachfolgend detailliert für die verschiedenen Stakeholder erläutert, jeweils unterteilt in die Zielgruppen „Vereine" und „Unternehmen/Werbekunden".

Für die Zielgruppe **Vereine** bietet man eine sehr wertige und attraktive Außendarstellung. So kann ein kostenloses, mit zahlreichen Funktionen ausgestattetes Profil angelegt werden. Jeder Verein kommt so in den Genuss, eigene Veranstaltungen on Air und online kostenlos zu bewerben. Außerdem hat man die Möglichkeit, Podcasts (O-Töne) der Vereine schnell zu hinterlegen und die Vereine authentisch zu bewerben, um neue Mitglieder zu gewinnen. Durch eine suchmaschinenoptimierte Seite ist eine gute Auffindbarkeit bei Google für den einzelnen Verein sichergestellt. Des Weiteren profitieren alle Beteiligten von der hohen Anzahl der registrierten Vereine und Partner. Entscheidend wirken sich aber die großen Zugriffszahlen der Mitglieder auf der Seite aus. Dies bedeutet eine steigende Sichtbarkeit und Relevanz bei Google und in weiteren Suchmaschinen.

Alles in allem bietet vereinsleben.de einen professionellen und optimierten Webauftritt, bei dem auch die Wartung und die Aktualität sichergestellt sind. Im Problemfall kann sich der Verein an einen Backoffice-Support wenden.

Im Vordergrund steht die Vernetzung. Jeder Verein kann eigene Sponsoren auf dem Vereinsprofil einbinden. Durch den Plattformeffekt können Mitgliederakquise und Mitgliederbindung erfolgen. Kooperationsmöglichkeiten mit Partnern eröffnen weitere Vorteile wie z. B. Rabatte auf Trikots etc. Alle registrierten Vereine profitieren auch von Aktionen (Sonderwerbeformen), die auf der gesamten Plattform vereinsleben.de stattfinden. Die Vereinsführung erhält zudem Tipps und Tricks von Partnern für das Sportmanagement.

Für die Zielgruppe **Unternehmen/Werbekunden** bedeutet die Kooperation eine Imageaufwertung und Positionierung als „Partner des Vereinssports". Es hebt sich daher deutlich vom klassischen Sportsponsoring ab und kommt dem gesellschaftlichen Auftrag zur Unterstützung von Vereinen und dem Breitensport nach.

Es wird des Weiteren eine moderne Kommunikation mit einer attraktiven Zielgruppe ermöglicht. Durch die direkte Ansprache ergeben sich geringe Streuverluste. Der Unternehmer und Werbekunde erhält mannigfaltige Werbemöglichkeiten wie das Schalten von Online-Bannern, den Einsatz von Social Media, Eventpromotion sowie die Werbemöglichkeit in einem Newsletter in Kombination mit den Sonderwerbeformen. Die Community kann weiterhin hervorragend zur Nutzung von Crowd Intelligence in der Marktforschung für Produkttests und Produktdesign herangezogen werden.

Die attraktive Plattform eignet sich ausgezeichnet für die Darstellung der eigenen Leistungen („Angebots-Button") und bietet so Chancen für Neugeschäfte. Shop-in-Shop-Lösungen bieten in Zukunft neue Möglichkeiten für Aktionsgeschäfte mit Preisvorteilen. Diese Mehrwerte werden mehr und mehr weitere Unternehmen und Kooperationspartner anziehen und die Community weiter vorantreiben.

Mit dem Relaunch Mitte 2015 wurde das Portal professionalisiert und durch neue Inhalte und Interaktionsmöglichkeiten deutlich attraktiver für die Zielgruppen. Zielgruppen sind Sportvereine und deren Mitglieder sowie Unternehmen als Werbepartner. Um einerseits neue Vereine zu gewinnen und andererseits die über 1733 bereits registrierten Vereine (Stand 16.12.2015) zu aktiven Nutzern zu machen, waren folgende Maßnahmen entscheidend:

1. Reichweite durch Google-optimierten Content erhöhen und
2. Vereinsmitglieder durch Interaktion und relevante Mehrwerte aktivieren (z. B. professionelle Darstellungsformen und passende Angebote).

vereinsleben.de ist Deutschlands erste interaktive und digitale Sportvereinsliste. Das langfristige Ziel ist es, das beste Suchportal mit der einfachsten Navigation für Sportvereine zu werden. vereinsleben.de hat drei Dimensionen:

1. vereinsleben.de hilft Menschen in ihrer Stadt und ihrer Region, den für sie besten und passenden Sportverein auf angenehme und unterhaltsame Weise zu finden.
2. vereinsleben.de hilft Sportvereinen, den massiven Mitgliederschwund der letzten Jahre zu stoppen. Die Vereine können durch ihr Engagement die Position auf der Vereinsranking-Liste selbst positiv beeinflussen. Ein interaktives Voting-Modul (Vereinsliebe-Barometer) macht es den bestehenden Mitgliedern möglich, die Vereinsliebe authentisch zu zeigen.
3. vereinsleben.de bietet den Werbetreibenden einen exklusiven Zugang in das digitale Community-Marketing. Alle digitalen Werbeformen können in Echtzeit durch ein einzigartiges Buchungssystem abgebildet werden.

vereinsleben.de ist also die größte deutsche Online-Plattform für Sportvereine, deren Mitglieder und für Unternehmen/Sponsoren/Förderer als Partner des Vereinssports. vereinsleben.de leistet zudem einen wichtigen Beitrag zur Zukunftssicherung des Vereinssports durch zeitgemäße, attraktive Darstellung, Förderung des alltäglichen Vereinslebens sowie Vernetzung untereinander, mit Mitgliedern und Partnern und ermöglicht es Unternehmen, sich als Partner des Vereinssports zu positionieren, mit Vereinen zu interagieren und neue Vermarktungschancen zu realisieren.

Für die Wertekurve von vereinsleben.de wurde eine besondere, individuelle Darstellungsform mit allen Interessengruppen (Sportinteressierte, Unternehmen und Vereine) gewählt (Abb. 14.7). Aus Gründen der Vertraulichkeit können in diesem Beitrag dabei die einzelnen Wettbewerbsfaktoren nicht aufgelistet werden. Dennoch wird

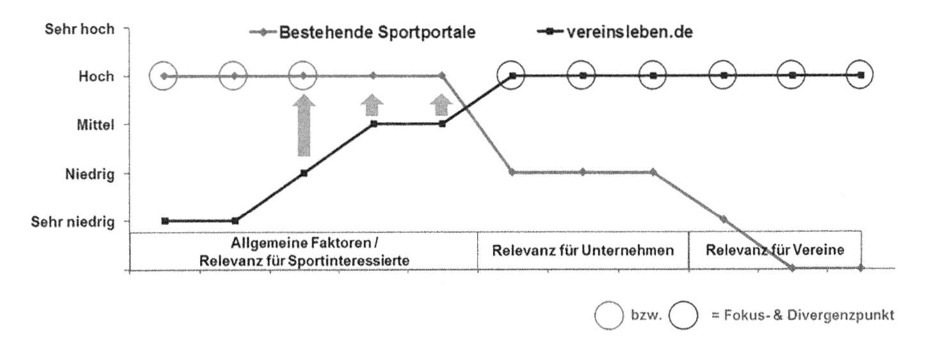

Abb. 14.7 Wertekurve vereinsleben.de. (Quelle: Internes Dokument RPR1.)

durch die Grafik klar ersichtlich, dass man mit vereinsleben.de keinesfalls ein weiteres Sportportal auf den Markt bringen wollte, sondern eine komplett neue und Erfolg versprechende Ausrichtung verfolgt. Die Bekanntheit kann aufgrund der Zugehörigkeit zu RPR1. natürlich durch das Einstreuen in verschiedenen Programmteilen erhöht und gesteigert werden. Insgesamt betrachtet ergibt dies eine hervorragende Ausgangslage für Multichannel-Marketingaktionen. Durch die zu erwartende hohe Besucher- bzw. Mitgliederanzahl gibt es zudem eine attraktive Werbeplattform für Unternehmen und deren Produkte sowie Dienstleistungen. Für die Interessengruppe Vereine bietet vereinsleben.de eine attraktive Plattform zur kostenlosen Außendarstellung und für die Kommunikation unter den Mitgliedern. Durch die Funktionen des Web 2.0 bieten sich des Weiteren ganz neue Möglichkeiten der Mitgliedergewinnung, was im Interesse eines jeden Vereins steht, da die öffentlichen Zuschüsse an die Mitgliederzahlen geknüpft sind.

Zusammenfassend lässt sich feststellen, dass mit vereinsleben.de ambitionierte Ziele verfolgt werden, um einen signifikanten Beitrag zur Zukunftssicherung der RPR-Unternehmensgruppe zu leisten. Die ehrgeizigen Ziele für 2015 wurden bei Weitem übertroffen und geben eine gute Ausgangslage für die vielen noch vorhandenen Ideen zur weiteren Steigerung der Attraktivität aller Interessengruppen.

Denn durch die Kombination eines Community-Portals mit dem Aspekt, alle Vereine sportartunabhängig in einem Sport-Netzwerk bzw. Sport-Branchenverzeichnis anzusprechen, wird eine einzigartige strategische Positionierung im Wettbewerb der (vielen) Sportportale erreicht.

Das Geschäftsmodell lebt von den Mehrwerten aller Anspruchsgruppen und bietet daher eine sehr gute Ausgangssituation für ein profitables Wachstum. Die bisherige Erfahrung hat gezeigt, dass Firmen grundsätzlich bereit sind, in dieses Modell zu investieren.

Auch die Optimierung zusätzlicher Features wird – zusammen mit einer bereits ausgewählten, leistungsfähigen Agentur – in drei Stufen bis Ende 2016 vollzogen sein.

Die RPR-Unternehmensgruppe sieht im Community-Modell für sich einen Schlüsselansatz, das analoge Radiogeschäftsmodell in die Digitalisierung zu führen. Das Ziel ist es, die Erfolgsstory vereinsleben.de auf andere Zielgruppen und Branchen auszuweiten und sich so weitere Erlössäulen zu erschließen. Mit der „Mobilitäts-Community" steht das nächste Projekt in den Startlöchern.

Literatur

ARD/ZDF-Langzeitstudie Massenkommunikation. (2010).

Christensen, C. M. (1997). *The innovator's dilemma: When new technologies cause great firms to fail.* Boston: Harvard Business Review Press.

Christensen, C. M., Eichen, S. F. von den, & Matzler K. (2011). *The Innovators Dilemma: Warum etablierte Unternehmen den Wettbewerb um bahnbrechende Innovationen verlieren.* München: Vahlen.

Glotz, P., & Meyer-Lucht, R. (2004). *Online gegen Print* (S. 11 ff.) Konstanz: UVK.

Koch, W., & Schröter, C. (2015). Audio, Musik und Radio bei Onlinern im Aufwind. *Media Perspektiven, 9,* 392.

Kondratieff, N. D. (1926). Die langen Wellen der Konjunktur. *Archiv für Sozialwissenschaft und Sozialpolitik, 56,* 573–609.

McKinsey Global Media Report. (2015).

Nefiodow, L., & Nefiodow, S. (2014). *Der sechste Kondratieff.* Sankt Augustin: Rhein-Sieg.

Riepl, W. (1913). *Das Nachrichtenwesen des Altertums mit besonderer Rücksicht auf die Römer* (S. 5). Leipzig: Teubner.

Thierse, W. (2003). *Vortrag Traditionswahrung und Modernisierung – Sozialdemokratie in der Entscheidung.* Leipzig: Friedrich-Ebert-Stiftung.

Tomorrow Focus AG. (2012). Geschäftsbericht.

Internetquellen

Mobiflip. (2015). http://www.mobiflip.de/radio-rpr1-waze-google-kooperation/. Zugegriffen: 16. Sept. 2015.

Radiowoche. (2015). http://www.radiowoche.de/bigfm-und-rpr1-geschaeftsfuehrer-kristian-kropp-im-interview-von-wegen-mein-liebster-feind-was-radio-von-spotify-lernen-kann/. Zugegriffen: 17. Dez. 2015.

RPR1. http://www.radiozentrale.de/nc/senderprofil/list/59/RPR1./. Zugegriffen: 17. Dez. 2015.

Teil V
E-Mobility

Evaluation alternativer Automotive-Innovationen 15

Vom SUV zur E-Mobilität – Blue Ocean® oder Entwicklungsgrab?

Steffen Schmenn und Thomas Heupel

Inhaltsverzeichnis

15.1 Einleitung

Die heutige Mobilität befindet sich in einem Wandel. Aufgrund der restriktiven Ölvorkommen und den verschiedensten Anforderungen und Herausforderungen bei der Förderung von Rohöl ist unter anderem die Automobilindustrie gefordert, neue Mobilitätskonzepte und Antriebsvarianten für Automobile zu erfinden, zu schaffen und umzusetzen. Die Entwicklung des Automobils wurde in den Jahren seit seiner Erfindung immer wieder vorangetrieben und forciert. Die verschiedensten Entwicklungsstufen – weg von der Kutsche mit Motorantrieb hin zu Automobilen mit festen Karosserien und

S. Schmenn (✉)
Burbach, Deutschland
E-Mail: steffen_schmenn@web.de

T. Heupel
Wilmsdorf, Deutschland
E-Mail: thomas.heupel@fom.de

T. Barsch et al. (Hrsg.), *Die Blue-Ocean-Strategie in Theorie und Praxis,* FOM-Edition,
https://doi.org/10.1007/978-3-658-15480-6_15

Türen oder die Weiterentwicklung von Sportwagen und ähnlichen Fahrzeugen – zeigen, dass die Entwicklung der Automobilindustrie nie stillgestanden hat. Für fast jedes Einsatzgebiet und fast jedes Bedürfnis der Kunden der Fahrzeughersteller wurde in irgendeiner Form eine Lösung gefunden bzw. umgesetzt. So verfügt die heutige Automobilindustrie über eine Vielzahl an Modellen und Fahrzeugtypen für die unterschiedlichsten Nutzer in der unterschiedlichsten Form, Farbe und Leistungsklasse.

Die Betrachtung der ausgewählten Fahrzeugkategorien Im folgenden Kapitel dieses Beitrags werden ausgewählte Fahrzeugkategorien betrachtet und auf die Ansätze der Blue-Ocean®-Theorie untersucht. Dabei wird das ERSK-Quadrat für jede einzelne Kategorie erarbeitet und analysiert. Im Anschluss wird eine Einordnung als Top oder Flop bezüglich dessen Erfolgs am Markt erfolgen. Beginnen wird die Betrachtung der Fahrzeugkategorien mit Sport Utility Vehicles (SUV) (GDV 2011) und enden mit Elektrofahrzeugen.

15.2 SUV

Die Abkürzung SUV leitet sich von dem Namen Sport Utility Vehicle ab und bezeichnet eine Kategorie von Fahrzeugen, die mit Personenkraftwagen ähnlichem Fahrverhalten und einer erhöhten Geländetauglichkeit im Vergleich zu normalen Pkws ausgestattet sind (vgl. Auto-Motor Sport o. J. a). Zudem besitzen diese Fahrzeuge oftmals eine an Geländewagen angelehnte Karosserieform. SUVs wurden zunächst auf dem amerikanischen Automobilmarkt eingeführt und gelangten in den 1990er-Jahren, z. B. mit dem Modell Toyota RAV4, nach Europa (vgl. Auto-Motor Sport o. J. a).

Die Geländeeigenschaft dieser Fahrzeuge ist, im Vergleich zu der Kategorie der konventionellen Geländewagen, eingeschränkt, denn SUVs verfügen nicht immer über Allradantrieb und Differenzialtechnik, was die Geländeeinsatzmöglichkeit erheblich schmälert (vgl. Auto-Motor Sport o. J. a). In puncto Übersichtlichkeit besitzen diese Fahrzeuge ebenfalls ein Manko, da sie mit langen Überhängen und zumeist unübersichtlichen Karosserieformen nicht leicht für jeden Fahrer zu überblicken sind (vgl. Hucko 2014). Ein weiterer belastender Faktor im Rahmen einer Bewertung dieser Fahrzeuge ist die Umweltverträglichkeit. Aufgrund der Karosserieform und Bauweisen sind diese Fahrzeuge mit einem erhöhten Strömungswiderstandskoeffizienten behaftet. Sie besitzen oftmals schwerere Karosserien als ein vergleichbarer Personenkraftwagen; sie verbrauchen somit mehr Energie und stoßen mehr CO_2 aus (vgl. Automobilwoche 2015). Die Alltagstauglichkeit dieser Fahrzeuge ist auf einem erhöhten Niveau, da diese Fahrzeugkategorie nicht nur für Senioren – mit dem erleichterten Einstieg durch die erhöhte Karosserie – sehr geeignet sind. Sie bieten auch einen besseren Überblick über die Straße aufgrund der erhöhten Sitzposition (vgl. Automobilwoche 2015; Hucko 2014) und, verbunden mit dem Faktor der Variabilität im Innenraum, einige Möglichkeiten für den Nutzer, die z. B. eine Limousine nicht bieten kann. So ist es möglich, SUVs mit bis zu sieben Sitzen zu erhalten. Zudem ist die Lademöglichkeit aufgrund der Karosserieform höher als z. B. die einer Limousine, da die Karosserie anders gestaltet ist und so im Innenraum andere Möglichkeiten bietet (vgl. Hucko 2014). Zum Leistungsfaktor der Alltagstauglichkeit ist allerdings die oftmals erschwerte Parkplatzsuche aufgrund der Größe der Fahrzeuge zu beachten (vgl. Automobilwoche 2015). Der letzte Faktor, die Sicherheit, spiegelt zum einen das Gefühl der Sicherheit wider, das diese Fahrzeug ihren Nutzern vermitteln, aber zum anderen auch die Vorteile, die diese Fahrzeugkategorie aufgrund ihrer Form, Größe und Höhe besitzt (vgl. Hucko 2014).

Die Abb. 15.1 des ERSK-Quadrates für die Kategorie der SUVs verdeutlicht die zuvor gekennzeichneten Veränderungen, die bei der Kreierung der SUV-Kategorie von den Automobilherstellern vorgenommen wurden, und welche Details wie verändert, angepasst oder eliminiert wurden.

Aus der Sicht eines Offroad-Anwenders ist ein SUV kein Geländewagen, da die für den Einsatz im anspruchsvollen Gelände benötigten Eigenschaften entweder komplett eliminiert wurden oder aber nur in einer reduzierten Form zu erhalten sind. Den aktuellen Verkaufs- und Zulassungszahlen zufolge ist diese Fahrzeugkategorie mit all ihren Derivaten erfolgreich am Markt etabliert (vgl. KBA o. J. a). Im Jahr 2015 wurden insgesamt 340.097 Fahrzeugneuzulassungen in diesem Fahrzeugsegment durch das Kraftfahrtbundesamt registriert (vgl. KBA 2015). Im Vergleich zum Vorjahr wurden somit 15,2 % mehr SUVs zugelassen und der Marktanteil der SUVs betrug damit 10,6 % des gesamten deutschen Automobilmarktes (vgl. KBA 2015). Dieser Anteil am Automobilmarkt bleibt auch den Herstellern nicht verborgen. So haben die Automobilhersteller mittlerweile oftmals mehrere SUVs in ihrem Produktportfolio und entwickeln stetig neue Modelle in den unterschiedlichsten Fahrzeuggrößen. Auch wenn die SUVs und deren Eigenschaften nur im Entferntesten etwas mit Geländewagen und deren Einsatzmöglichkeiten zu tun haben,

Abb. 15.1 ERSK-Quadrat SUV

Eliminierung: ⊖	**Steigerung:** ↑
• Niedrige, nicht seniorengerechte Sitzposition • Fahreigenschaften eines Geländewagens • Geländewagentypische Rahmensysteme	• Sicherheit • Variabilität im Innenraum • Fahrkomfort • Alltagstauglichkeit
Reduzierung: ↓	**Kreierung:** +
• Differenzialtechnik • Allradantrieb • Einsatzmöglichkeit im Gelände • Kraftstoffverbrauch gegenüber Geländewagen	• Übersichtlichkeit • Fahrkomfort • Platzangebot im Innenraum • Image

so kann man anhand der stetig steigenden Zulassungszahlen und der immer größer werdenden Modellpalette, die die Automobilhersteller ihren Kunden zur Verfügung stellt, erkennen, dass diese Fahrzeugkategorie erfolgreich ist.

Die Kreierung eines blauen Ozeans ist für den Markt der SUVs gelungen und die Ausdehnung des Marktes, bis an die Grenzen des blauen Ozeans, wird mithilfe der aktuellen Trends und Modellvariationen vorgenommen.

15.3 BMW C1

Mit dem C1 begann der Automobilhersteller BMW im Jahre 2000 den Verkauf eines überdachten Motorrollers (vgl. Auto-Bild 2005). Ein erstes Konzept wurde bereits 1992 auf der IAA in Frankfurt gezeigt und die Produktion des C1 wurde im Jahr 1999 begonnen. Mit dem C1 wollte BMW die Wendigkeit eines Motorrads mit der Sicherheit eines Autos verbinden (vgl. Die Welt 2009). Der BMW C1 verfügt über eine Sicherheitszelle, die den Fahrer vor Verletzungen bei Stürzen schützen soll (vgl. Eirich 2010). Mit der Verbundglasscheibe und dem Dach sollte zudem ein Schutz vor Wind und Wetter gewährleistet werden (vgl. Eirich 2010). Zusätzlich sind noch Features, wie z. B. ABS, Sitzheizung oder Griffheizung, bei einer Bestellung möglich.

Der BMW C1 grenzt sich deutlich von einem Motorrad anhand seines Aussehens, seines Dachs und der serienmäßigen Anschnallgurte, die es ermöglichen, dieses Fahrzeug ohne Helm zu bewegen, ab (vgl. Die Welt 2009). Die Unterschiede zu einem herkömmlichen Pkw sind unter anderem das Vorhandensein von lediglich zwei Rädern und die fehlenden Türen (vgl. Eirich 2010).

Das Fahrverhalten des Rollers kann als eingeschränkt gelten. Dies liegt unter anderem in seinem relativ hohen Gewicht begründet. Mit über 200 kg ist dieses Fahrzeug deutlich schwerer als vergleichbare Motorroller konventioneller Bauart (vgl. Eirich 2010). So kann ein Wendemanöver nicht immer leicht durchgeführt werden und das Gewicht beeinträchtigt das Fahrverhalten, den Antritt des Fahrzeugs beim Start und auch das Anhalten z. B. an einer Ampel (vgl. Eirich 2010). Zudem lässt sich das Fahrzeug im Vergleich zu einem herkömmlichen Motorrad in Kurvenfahrt nicht so leicht und weit neigen. Dies findet seinen Grund sowohl in dem Gewicht des Fahrzeugs als auch in dem hohen Schwerpunkt, der dafür sorgt, dass das Fahrverhalten und die Handhabung des Fahrzeugs nicht mit einem Motorrad zu vergleichen sind (vgl. Eirich 2010). So ist z. B. ein Mechanismus unter dem Lenker des Fahrzeugs angebracht, um den BMW C1 auf seinen Hauptständer beim Abstellen des Fahrzeugs zu manövrieren (vgl. Die Welt 2009).

Die Sicherheit des BMW C1 kann deutlich besser bewertet werden, da das Fahrzeug mit seiner Sicherheitszelle, den zwei überkreuzlaufenden Anschnallgurten und der Konstruktion des Fahrzeugs, inkl. der Einsatzmöglichkeit von ABS, ein hohes Maß an Sicherheit und Komfort bot (vgl. Motorradonline o. J.). So muss der Fahrer in den meisten europäischen Ländern keinen Helm beim Führen dieses Fahrzeugs tragen, was den Faktor der Helmpflicht sehr positiv beeinflusste. Lediglich der Sozius, der außerhalb der

Sicherheitszelle Platz nimmt, ist zum Tragen eines Helms verpflichtet. Das Konzept des Dachs und der Schutz vor dem Fahrtwind verhelfen dem Faktor des Wetterschutzes zu einer vergleichsweise hohen Bewertung gegenüber einem herkömmlichen Motorrad. So ist der Fahrer im BMW C1 nicht ganz so vor Wind und Wetter geschützt wie in einem Pkw, allerdings ist der Schutz wesentlich umfangreicher als der eines Motorrads (vgl. Eirich 2010).

Der Faktor Preis war beim BMW C1 im Vergleich zu anderen Fahrzeugen dieser Bauart als relativ hoch zu kennzeichnen. Die Zielgruppe sollten junge Menschen sein, die das Fahrzeug als Einstiegsfahrzeug nutzen. Leider mussten die Personen oftmals noch einen zusätzlichen Motorradführerschein machen, der ebenfalls mit Kosten zu Buche schlägt (vgl. Auto-Bild 2005). Je nach Ausstattung kostete das Fahrzeug bis zu 6240 EUR. Für diesen Betrag waren im Jahr 2003 auch junge Gebrauchtfahrzeuge zu erhalten (vgl. Auto-Bild 2005). Das Design des BMW C1 war in dieser Form noch nicht vorhanden und sorgt noch heute dafür, dass sich Passanten nach dem Fahrzeug umschauen, wenn sie dieses auf der Straße an ihnen vorbeifahren sehen. Allerdings wurde dieses Design nicht nur positiv, sondern auch negativ gewürdigt. So z. B. durch die Aussage, es sei „ein halber Smart" (vgl. Böhringer 2010).

An Abb. 15.2 wird das ERSK-Quadrat für den BMW C1 betrachtet.

Der BMW C1 konnte keinen blauen Ozean für diese neue Fahrzeugkategorie eröffnen und gestalten, denn bereits im Jahr 2003 wurde die Produktion des BMW C1 von BMW wieder eingestellt (vgl. Auto-Bild 2005). Bis dahin verkaufte BMW etwas mehr als

Eliminierung: ⊖	**Steigerung:** ↑
• Helmpflicht für Fahrer • Türen • zwei Räder im Gegensatz zum Pkw	• Sicherheit • Frontaufprallschutz • Wetterschutz im Vergleich zum Motorrad • Windschutz im Vergleich zum Motorrad • Ausstattungsmöglichkeiten, ABS, Sitzheizung usw.
Reduzierung: ↓	**Kreierung:** +
• Wendekreis im Vergleich zum Pkw • Platzverbrauch im Vergleich zum Pkw • Kraftstoffverbrauch • Verletzungsgefahr bei Sturz	• Sicherheitszelle • Ständersystem • Fahrwerkseigenschaften • neues Fahrzeugkonzept zwischen Pkw und Motorrad • zwei Sicherheitsgurte

Abb. 15.2 ERSK-Quadrat BMW C1

33.000 Exemplare dieses Fahrzeugtyps und konnte den Absatz nicht weiter steigern (vgl. Böhringer 2010).

Das neuartige Konzept des BMW C1 und dessen strategische Nutzenkurve hätten einen blauen Ozean eröffnen können, jedoch waren sowohl die Motorrad- als auch die Autofahrer skeptisch bei diesem Fahrzeug. Für Motorradfahrer waren die Scheibe und das nicht motorradtypische Gefühl des fehlenden Fahrtwinds z. B. ein Grund, dieses Fahrzeug nicht zu erwerben (vgl. Die Welt 2009). Bei den Autofahrern war z. B. die fehlende Wintertauglichkeit auf Schnee und Eis ein Grund (vgl. Die Welt 2009). So wurde das Konzept von den Käufergruppen zum einen nicht erkannt und zum anderen sprachen die verschiedensten Gründe gegen den Erwerb. Die von BMW benannten Zielgruppen waren zudem teilweise nicht in der Lage, dieses Fahrzeug zu erwerben (s. Beispiel Fahranfänger) oder wollten dieses Fahrzeug nicht erwerben, da sie für sich den individuellen Mehrwert nicht erkennen konnten. Aufgrund dessen und der Tatsache, dass der BMW C1 im Jahr 2007 als größter Flop (vgl. Henniges und Niewrzol 2007) von den Leserinnen und Lesern der Motorradzeitung „Motorrad" gewählt wurde und die Produktion bereits drei Jahre nach dem Start, seitens des Herstellers, eingestellt wurde, kann dieses Fahrzeug nicht als der Beginn eines blauen Ozeans bezeichnet werden.

15.4 Amphibienfahrzeug

Die Fahrzeugkategorie des Amphibienfahrzeugs umfasst verschiedenste Fahrzeugkonzepte. Der Begriff der Amphibienfahrzeuge beschreibt Fahrzeuge, die sich sowohl an Land als auch an Wasser fortbewegen können (vgl. Die Welt 2012). Für die Fortbewegung an Land wird zumeist ein herkömmlicher Motor inkl. Kraftübertragung per Räder genutzt. Im Wasser variieren die Antriebe zwischen einem Jet-Antrieb und Schiffsschraubenkonstruktionen (vgl. Der Tagesspiegel 2015; Auto-Bild o. J.; Geiger 2014). Die Karosserien der Fahrzeuge werden so konstruiert und gebaut, dass diese sowohl schwimmfähig als auch wasserdicht sind, bzw. die Fahrzeuge werden mit Pumpen ausgestattet, die etwaiges Wasser aus dem Innerraum absaugen und so dafür sorgen, dass das Fahrzeug nicht sinkt (vgl. Der Tagesspiegel 2015).

Die Einsatzbereiche von Amphibienfahrzeugen beschränken sich allerdings nicht nur auf den privaten Gebrauch, sondern diese Fahrzeuge wurden ebenfalls für das Militär, Rettungs- und Hilfsdienste konstruiert (vgl. Euler 2010, S. 28 ff.; Der Tagesspiegel 2015).

So wurden solche Fahrzeuge bereits im Zweiten Weltkrieg gefertigt und eingesetzt. Ein Beispiel ist der VW-Schwimmwagen, der von Porsche entwickelt und von Volkswagen gebaut wurde (vgl. Euler 2010, S. 28 ff.).

Wie bereits in den vorstehenden Betrachtungen werden auch hier wieder ausgewählte Aspekte zur Bewertung des Blue-Ocean®-Potenzials herangezogen. Die Betrachtung des Nutzenniveaus der Amphibienfahrzeuge ergibt aufgrund der verbauten Technik für die beiden Antriebsvarianten zu Land und zu Wasser und die mit den beiden Einsatzgebieten verbundenen Änderungen an der Karosserie ein Fahrverhalten zu Land, das nicht auf dem Niveau eines herkömmlichen Pkws liegt. So ist z. B. die Höchstgeschwindigkeit an Land oftmals wesentlich geringer. Ein Amphicar, das in den Jahren 1960–1965 in Deutschland gebaut wurde, erreichte an Land eine Höchstgeschwindigkeit von ca. 120 km/h und auf dem Wasser etwa 12 km/h (vgl. Der Tagesspiegel 2015). Ein aktuelleres Fahrzeug, das Watercar Panther, erreicht etwa 130 km/h an Land und etwa 70 km/h auf dem Wasser (vgl. Geiger 2014). So bedingt die Konstruktion der Karosserie und der Antriebe einen Nachteil im Fahrverhalten.

Das Schwimmverhalten und die Fahrten auf dem Wasser liegen auf einem hohen Nutzenniveau, denn die Konstruktion der Fahrzeuge betrachtet dieses Verhalten sehr genau. Der Kompromiss zwischen Landfahrzeug und Wasserfahrzeug bedingt auch hier einige Abzüge, jedoch sind die Fahrzeuge für den Einsatz auf dem Wasser gebaut und getestet. Bei der Produktion des Amphicars in Deutschland wurde jedes Fahrzeug einer Probefahrt auf dem Wasser ausgesetzt, bevor es ausgeliefert bzw. von der Produktion als fertiggebaut gemeldet wurde (vgl. Der Tagesspiegel 2015). Die Anschaffungskosten dieser Fahrzeuge liegen oberhalb der Anschaffungskosten für vergleichbare Pkws, denn sowohl der Mehraufwand an Technik als auch die geänderte Produktion und Konstruktion lassen den Preis steigen. In den Produktionsjahren des Amphicars kostete dieses Fahrzeug bis zu 11.200 DM (vgl. Der Tagesspiegel 2015), das WaterCar wird heute für bis zu 155.000 US$ verkauft (vgl. WaterCar o. J.) und liegt damit über den Kosten für einen vergleichbaren Pkw, der nicht auf dem Wasser fahren kann.

Die Anforderungen an den Fahrer und dessen Kenntnisse hängen von dem jeweiligen Land ab, in dem das Fahrzeug bewegt werden soll. So muss ein Fahrer, der in Deutschland ein Amphibienfahrzeug auch im Wasser bewegen will, nicht nur eine Fahrerlaubnis für einen Pkw besitzen, sondern auch einen Bootsführerschein (vgl. Auto-Bild o. J.). Somit steigen die Anforderungen an den Fahrer des Fahrzeugs je nach Einsatzland und Einsatzort. Und nicht nur die Anforderungen, sondern auch die Kosten für den Fahrer steigen, denn sowohl der Bootsführerschein als auch die Fahrerlaubnis für einen Pkw sind in Deutschland kostenpflichtig.

Auf der anderen Seite kann der Fahrer sich sowohl an Land als auch zu Wasser fortbewegen, ohne dass ein Umsteigen oder Ähnliches erforderlich wird. Die Fahrzeuge können, je nach Hersteller, sowohl im Süßwasser als auch im Salzwasser genutzt werden und besitzen somit keine Einschränkungen für den Fahrzeuglenker (vgl. Auto-Bild o. J.). Weiterhin ist bei diesem Fahrzeug ein höheres Maß an Individualität gegeben. So bieten diese Fahrzeuge dem Besitzer ein Höchstmaß an Unabhängigkeit vom Untergrund – ob Land oder Wasser. Der Fahrer kann das Fahrzeug sowohl für sein Hobby, wie z. B. Angeln oder Wasserskifahren, als auch für eine Einkaufsfahrt zum nächsten Supermarkt nutzen (vgl. Auto-Bild o. J.). Die Betrachtung der Alltagstauglichkeit dieser Fahrzeuge zeigt jedoch einige Einschränkungen, wie z. B. die Höchstgeschwindigkeit der Fahrzeuge, der oftmals geringe Platz im Innenraum (vgl. Der Tagesspiegel 2015) oder aber auch die Anforderungen an den Fahrer nach dem Einsatz im Wasser. So musste das in Deutschland produzierte Amphicar regelmäßig an den verschiedensten Punkten abgeschmiert und mit neuem Fett versorgt werden (vgl. Der Tagesspiegel 2015). Das Watercar sollte nach dem Einsatz im Salzwasser gründlich mit Süßwasser abgespritzt und gereinigt werden, um einen Angriff der Karosserie durch das Salzwasser und der damit verbundenen Korrosion vorzubeugen (vgl. Auto-Bild o. J.). Somit ist die Alltagstauglichkeit gegenüber einem Fahrzeug, das lediglich für den Einsatz auf der Straße konstruiert wurde, eingeschränkt.

Die Abb. 15.3 zeigt das ERSK-Quadrat von Amphibienfahrzeugen und deren Auswirkungen. Im Anschluss findet eine Betrachtung statt, ob das Amphibienfahrzeug einen blauen Ozean beschreitet oder nicht.

Die Gattung der Amphibienfahrzeuge konnte leider keinen blauen Ozean eröffnen. Wie bereits zuvor beschrieben, wurde die Produktion des deutschen Amphicars bereits nach kurzer Zeit eingestellt. Der Hersteller konnte nicht die von ihm geplante Menge an Fahrzeugen verkaufen, obwohl nicht nur der deutsche Markt für diese Fahrzeuge betrachtet wurde, sondern auch der US-Markt (vgl. Der Tagesspiegel 2015). Wie bereits beschrieben, sind auch heute noch Fahrzeughersteller zu finden, die diese Fahrzeuge bauen, jedoch sind dies zumeist geringe Stückzahlen. Beim Watercar liegt die jährliche Produktionsmenge im zweistelligen Bereich (vgl. Auto.de o. J.). Diese Fahrzeuge sind für Individualisten und besondere Einsatzgebiete, wie z. B. das Militär, von Interesse, jedoch eröffnet dies allein keinen blauen Ozean. Darüber hinaus ist die Versorgung der Kundschaft z. B. mit Werkstätten oder Ähnlichem ebenfalls nicht gegeben, da es kein Werkstattnetz für diese Fahrzeuge gibt (vgl. Auto.de o. J.) und auch, z. B. für das Amphicar, nicht gab (vgl. Der Tagesspiegel 2015). Somit ist die Konstruktion der Fahrzeuge, die sowohl an Land als auch zu Wasser fahrtüchtig und einsetzbar sind, kein blauer Ozean, der mit Erfolg und Ausweitung gekrönt ist.

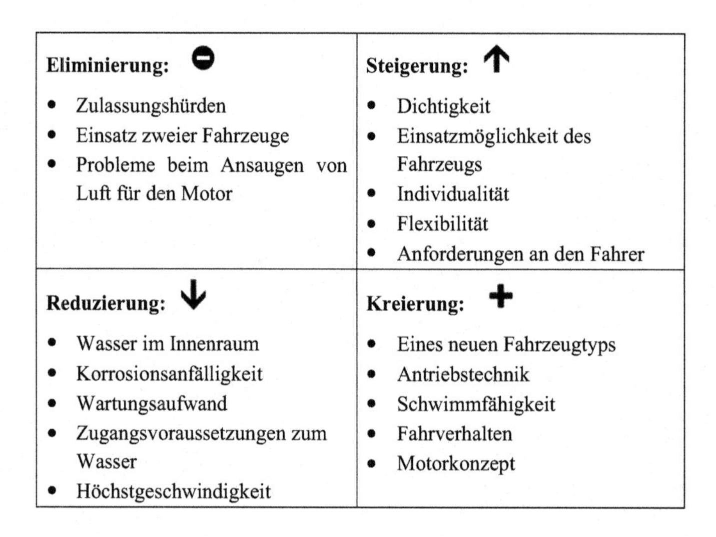

Eliminierung:	**Steigerung:**
• Zulassungshürden • Einsatz zweier Fahrzeuge • Probleme beim Ansaugen von Luft für den Motor	• Dichtigkeit • Einsatzmöglichkeit des Fahrzeugs • Individualität • Flexibilität • Anforderungen an den Fahrer
Reduzierung:	**Kreierung:**
• Wasser im Innenraum • Korrosionsanfälligkeit • Wartungsaufwand • Zugangsvoraussetzungen zum Wasser • Höchstgeschwindigkeit	• Eines neuen Fahrzeugtyps • Antriebstechnik • Schwimmfähigkeit • Fahrverhalten • Motorkonzept

Abb. 15.3 ERSK-Quadrat Amphibienfahrzeug

15.5 Elektro-Fahrzeug

In der Kategorie der Elektro-Fahrzeuge können verschiedenste Konzepte und Antriebsarten zusammengefasst werden. So können dies sowohl Hybridfahrzeuge, die durch zwei Antriebskonzepte – den Otto- oder Dieselmotor und einen elektrischen Antrieb – betrieben werden (vgl. Bertram und Bongard 2014, S. 10), als auch die Fahrzeuge, die ausschließlich durch einen elektrischen Antrieb (vgl. Hybrid-Elektrofahrzeuge o. J.) betrieben werden, sein. Für die vorliegende Betrachtung soll sich allerdings auf den reinen elektrischen Antrieb, ohne jeglichen Zusatz, beschränkt werden. Alle Betrachtungen werden auf Fahrzeugen und Konzepten aufgebaut, die über einen 100 %-igen elektrischen Antrieb verfügen.

Der Antrieb von Fahrzeugen mittels Elektromotor ist bereits vor dem 20. Jahrhundert realisiert worden. Das erste Elektroauto wurde 1881 in Frankreich bewegt (vgl. Schnettler et al. 2013, S. 6 ff.). In der Anfangszeit des Automobils wurde nicht nur mit Dampf, Benzin oder Dieselmotor für die Bewegung der Fahrzeuge gesorgt, sondern auch mittels Elektrizität (vgl. Schnettler et al. 2013, S. 6 ff.). In den Anfangsjahren des Automobils setzte sich kein Antriebskonzept konsequent durch. Es wurde sowohl an Elektroantrieben als auch Verbrennungsmotoren weitergearbeitet, verbessert und optimiert (vgl. Schnettler et al. 2013, S. 6 ff.). Jedoch entwickelte sich die Antriebstechnik des Verbrennungsmotors schneller weiter und übertraf die Fahrleistungen des Elektromotors. Somit wurde der Marktanteil der Elektrofahrzeuge stetig geringer und die Masse der Weiterentwicklungen konzentrierte sich auf den Verbrennungsmotor und dessen Optimierung (vgl. Schnettler et al. 2013, S. 6 ff.). In den folgenden Jahren wurde die Entwicklung von Elektrofahrzeugen nie komplett aufgegeben, jedoch trat sie nicht mehr ins direkte Erscheinungsbild. Erst ab den 1990er-Jahren, infolge des Golfkriegs und der Ölkrise, wurden Elektrofahrzeuge wieder vermehrt betrachtet und die Entwicklung wurde vorangetrieben (vgl. Schnettler et al. 2013, S. 6 ff.).

Zur Bewertung im ERSK-Diagramm kann unter anderem auch die Geräuschentwicklung der Fahrzeuge herangezogen werden. Von einem Elektrofahrzeug gehen fast keine Geräusche aus, bis auf die Abrollgeräusche der Reifen und die Windgeräusche beim Fahren. Es entsteht kein Geräusch vom Motor und dem Schalldämpfer (vgl. Schnettler et al. 2013, S. 6 ff.). Aufgrund dessen ist die Lärmbelästigung von Passanten oder anderen Verkehrsteilnehmern sehr gering im Vergleich zu herkömmlichen Fahrzeugen und deren Geräuschen (vgl. Schnettler et al. 2013, S. 6 ff.). Allerdings kommen Elektrofahrzeuge nicht ganz ohne Geräusche aus, denn die übrigen Verkehrsteilnehmer sind an die Geräusche eines Fahrzeugs gewöhnt und reagieren oftmals nur, wenn sie ein Geräusch hören. Aus diesem Grund werden Elektrofahrzeuge zum Schutz mit Geräuschgeneratoren ausgestattet (vgl. Schönherr 2015).

Die Reichweite der Fahrzeuge ist auf die Ladekapazität und die Belastung des Fahrzeugs durch den Fahrer beschränkt. So kann aktuell noch nicht jedes Elektrofahrzeug ohne eine weitere Ladung mehrere Hundert Kilometer zurücklegen und ohne Stopp z. B.

von Kiel nach München fahren (vgl. Manager Magazin 2016). Je stärker das jeweilige Fahrzeug belastet wird, durch z. B. eine Fahrt mit hoher Geschwindigkeit oder eine hohe Zuladung, umso geringer wird die jeweilige Reichweite, da dies einen erhöhten Energieverbrauch des Elektromotors zur Folge hat (vgl. E-Auto.TV 2013). Die Reichweite eines Volkswagen E-Golf liegt laut Herstellerangaben aktuell bei 190 km (vgl. Volkswagen 2018). Bei einem Tesla Modell S variiert diese aktuell zwischen 470 km und 557 km laut Herstellerangaben, je nach Ausstattung (vgl. Tesla o. J.). Ein BMW I3 liegt laut den Herstellerangaben mit dem E-Golf auf Augenhöhe in Sachen Reichweite – auch hier ist die Angabe von 190 km (vgl. BMW.de o. J.) zu finden.

Ein weiteres Kriterium der Bewertung ist der Kaufpreis der Fahrzeuge. Dieser liegt aktuell noch über dem Kaufpreis für vergleichbare Fahrzeuge mit Verbrennungsmotoren und deren Anschaffungskosten (vgl. ADAC 2014). Elektrofahrzeuge werden oftmals von Regierungen bezuschusst, wie z. B. durch Sonderprämien oder Steuerbefreiung, dies kann aber die Differenz der Anschaffungskosten nicht komplett kompensieren (vgl. ADAC 2014). Das Drehmoment von Elektrofahrzeugen ist aufgrund des Antriebskonzepts mit einem Elektromotor höher als das Drehmoment eines Verbrennungsmotors (vgl. Zahoransky et al. 2013, S. 197 ff.). Die technischen Details sollen nicht Teil dieser Ausarbeitung sein, jedoch lässt sich vereinfacht darstellen, dass die Kraft des Elektromotors ab dem ersten Moment und ohne Abfall vorhanden ist. Dies ist bei einem Verbrennungsmotor nicht der Fall, da sich bei diesem Motorenkonzept die Kraft gemeinsam mit einer steigenden Drehzahl entwickelt (vgl. Zahoransky et al. 2013, S. 197 ff.).

Zu den gewichtigen Entscheidungsfaktoren für den Kunden zählt die Geschwindigkeit des Fahrzeugs. Aktuelle Elektrofahrzeuge erreichen ähnliche Geschwindigkeiten wie Fahrzeuge mit Verbrennungsmotoren, jedoch können die aktuellen Elektrofahrzeuge diese Geschwindigkeit nicht so lange halten wie Fahrzeuge mit Verbrennungsmotoren, da dies das System des Fahrzeugs überbeanspruchen kann und einen Reichweitenverlust zur Folge hat (vgl. E-Auto.TV 2013).

Das Gewicht von Elektrofahrzeugen ist heutzutage, im Vergleich zu Fahrzeugen mit Verbrennungsmotoren, erhöht, da die im Fahrzeug verbauten Speicher bzw. Akkus ein erhebliches Gewicht besitzen (vgl. Schwarzer 2015). Im Vergleich zu älteren Elektrofahrzeugen ist das Gewicht jedoch gesunken, da eine Weiterentwicklung der Akkus, der Energieeffizienz und der Einbautechnik stattgefunden hat (vgl. Schwarzer 2015). So liegt die Differenz zwischen einem viertürigen Golf mit 110 PS Dieselmotor und einem E-Golf bei fast 260 kg im Leergewicht (vgl. Volkswagen 2016a, b).

Auch die Alltagstauglichkeit ist ein wesentlicher Punkt. Diese ist bei Elektrofahrzeugen, je nach Nutzer und dessen Ansprüchen, gegeben. Die Variabilität und der Platz im Innenraum der Fahrzeuge sind auf dem gleichen Niveau wie die eines Fahrzeugs mit Verbrennungsmotor (vgl. Auto-Motor-Sport o. J. b). Allerdings können den Nutzer die Reichweite einer Akkuladung und das noch nicht vollkommene Netz der Ladestationen, je nach Einsatzprämisse, vor Herausforderungen stellen und erschweren so den Einsatz für jedermann im Alltag. So kann z. B. ein Außendienstmitarbeiter, der am Tag mehrere

Hundert Kilometer fährt, aktuell von noch keinem Elektrofahrzeug Gebrauch machen, ohne Einschränkungen hinzunehmen.

Als letzter Punkt ist die Umweltverträglichkeit der Elektrofahrzeuge zu betrachten, die keinerlei Emissionen direkt ausstoßen (vgl. Walter 2012). Jedoch muss der Strom, der zur Ladung genutzt wird, ebenfalls erzeugt werden. Dies ist auf verschiedenste Arten möglich, welche unterschiedlich hohe Emissionen erzeugen. Zudem fallen noch Emissionen in der Produktionskette dieser Fahrzeuge an (vgl. Walter 2012). Des Weiteren kann die Entsorgung des Akkus am Ende des Fahrzeuglebens ebenfalls die Umwelt belasten. Dies ist in die Betrachtung mit einzubeziehen.

Die Abb. 15.4 zeigt das ERSK-Quadrat für aktuelle Elektrofahrzeuge und deren Abgrenzung zu den Details anderer Antriebskonzepte. Die einzelnen Punkte wurden bereits zuvor beschrieben bzw. ergeben sich aus dem Konzept der Elektrofahrzeuge und werden im ERSK-Quadrat gesammelt aufgeführt und veranschaulicht.

Wie in dem ERSK-Quadrat zu sehen ist, wurden für die heutigen Elektrofahrzeuge einige Details geändert, verbessert oder auch optimiert im Vergleich zu den aktuellen Fahrzeugen mit Verbrennungsmotor. Jedoch können die aktuellen Elektrofahrzeuge nicht in allen Punkten mit den vergleichbaren Fahrzeugen mit Verbrennungsmotor mithalten. So kommt die Einsatzmöglichkeit eines Elektrofahrzeugs immer noch auf die Restriktionen an, die der Nutzer des Fahrzeugs mitbringt, wie z. B. die erforderliche Reichweite – siehe Beispiel Außendienstmitarbeiter. Trotzdem wachsen der Markt und der Absatz von Fahrzeugen mit Elektroantrieb. Die Zulassungszahlen der Elektrofahrzeuge stiegen im Jahr 2015 um 45,1 % im Vergleich zu 2014 bei den neu zugelassenen Pkws (vgl. KBA o. J. b).

Abb. 15.4 ERSK-Quadrat aktueller Elektrofahrzeuge

Eliminierung: ⊖	**Steigerung:** ↑
• Außengeräusche • direkte Emissionen • Zusatzmotoren • Luftwiderstand	• Reichweite • Drehmoment • Alltagstauglichkeit • Höchstgeschwindigkeit • Platzangebot
Reduzierung: ↓	**Kreierung:** +
• Ladezeiten (vgl. Elektroauto o. J.) • Kaufpreis • Gewicht • Platzverlust im Innenraum durch Einbau der Akkus • Komplexität der Systeme	• Umweltfreundlichkeit • weiterentwickeltes Antriebskonzept • Benutzerfreundlichkeit • Energiemanagement • Energiespeicherkapazitäten

Mit Blick auf die Veränderungen bei den Zulassungszahlen und die wachsende Angebotstiefe bei den jeweiligen Automobilherstellern lässt sich ein Trend feststellen. Der blaue Ozean der Elektromobilität wurde eröffnet und die Gestaltung der Nutzenkurve findet mit den aktuellen Fahrzeugen statt.

Literatur

ADAC (o. V.). (2014). Von Rentabilität noch weit entfernt – was Elektroautos den Verbraucher kosten. https://presse.adac.de/meldungen/technik/autokostenvergleich-elektroautos.html. Stand 29.05.2016.

Auto-Bild (o. V.). (2005). BMW C1. http://www.autobild.de/artikel/bmw-c1-2000-2002–49996.html. Stand 25.05.2016.

Auto-Bild (o. V.). (o. J.). Panther WaterCar: Das kostet das Amphibienfahrzeug. http://www.autobild.de/bilder/panther-watercar-das-kostet-das-amphibienfahrzeug-4255261.html. Stand 25.05.2016.

Auto.de (o. V.). (o. J.). Panorama: Watercar – Eine Seefahrt, die ist lustig. http://www.auto.de/magazin/panorama-watercar-eine-seefahrt-die-ist-lustig/. Stand 25.05.2016.

Auto-Motor-Sport (o. V.). (o. J. a). SUV. http://www.auto-motor-und-sport.de/suv-sport-utility-vehicle-1817272.html?p=5. Stand 29.05.2016.

Auto-Motor-Sport (o. V.). (o. J. b). Elektroautos 6 Modelle im Härtetest. http://www.auto-motor-und-sport.de/vergleichstest/elektroautos-6-modelle-im-haertetest-8498096.html. Stand 29.05.2016.

Automobilwoche (o. V.). (2015). IAA: Die Gründe für den Erfolg der SUVs. http://www.automobilwoche.de/article/20150916/AGENTURMELDUNGEN/309169888/iaa-die-grunde-fur-den-erfolg-der-suvs#.VqM-I87SnIU. Stand 29.05.2016.

Bertram, M., & Bongard, S. (2014). *Elektromobilität im motorisierten Individualverkehr Grundlagen, Einflussfaktoren und Wirtschaftlichkeitsvergleich* (1. Aufl.). Wiesbaden: Springer Vieweg.

BMW.de (o. V.). (o. J.). I 3 Reichweite & Laden. http://www.bmw.de/de/neufahrzeuge/bmw-i/i3/2015/reichweite-laden.html. Stand 25.05.2016.

Böhringer, M. (2010). BMW-Roller C1. http://www.sueddeutsche.de/auto/bmw-roller-c-ins-abseits-gerollt-1.155744. Stand 25.05.2016.

Der Tagesspiegel (o. V.). (2015). Das schwimmende Cabrio Amphicar. http://www.tagesspiegel.de/mobil/oldtimer/das-schwimmende-cabrio-amphicar-auto-ahoi/11837790.html. Stand 25.05.2016.

Die Welt (o. V.). (2009). Scooter-Comeback. http://www.welt.de/motor/article4752326/BMW-gibt-erfolglosem-Roller-C1-eine-zweite-Chance.html. Stand 25.05.2016.

Die Welt (o. V.). (2012). Zwitter-Autos. http://www.welt.de/motor/article110504850/Die-zehn-besten-Amphibienfahrzeuge.html. Stand 25.05.2016.

E-Auto.TV. (o. V.). (2013). Reichweite-Variablen im Elektroauto. http://e-auto.tv/reichweite-variablen-im-elektroauto.html. Stand 29.05.2016.

Eirich, G. (2010). Youngtimer-Test: Dachroller BMW C1. http://www.motorradonline.de/einzeltest/youngtimer-test-bmw-c1/286333. Stand 25.05.2016.

Euler, C. (2010). *Porsche und Volkswagen: Zwei Konzerne zwei Familien – eine Leidenschaft* (1. Aufl). Weinheim: Wiley.

GDV (o. V.). (2011). Sportliche Geländewagen (SUV) im Unfallgeschehen unauffällig – Kollisionen aber schwerer durch Masse und Bauweise. http://www.gdv.de/2011/09/unfallforschung-der-versicherer-sportliche-gelaendewagen-suv-im-unfallgeschehen-unauffaellig-kollisionen-aber-schwerer-durch-masse-und-bauweise-bessere-crashkompatibilitaet-und-automatische-bremssyste/. Stand 29.05.2016.

Geiger, T. (2014). Mit Vollgas übers Wasser. http://www.manager-magazin.de/lifestyle/auto/watercar-das-schnellste-amphibien-auto-der-welt-a-960794.html. Stand 25.05.2016.

Henniges, R., & Niewrzol, S. (2007). Die 20 größten Motorrad-Flops. http://www.motorrad-online.de/motorraeder/die-20-groessten-motorrad-flops-original-artikel-aus-motorrad-222007/101697?seite=2. Stand 25.05.2016.

Hucko, M. (2014). SUV-Kunden-Typologie: Wer die dicken Dinger fährt. http://www.spiegel.de/auto/fahrkultur/suv-boom-wer-faehrt-die-teuren-stadt-gelaendewagen-a-965785.html. Stand 29.05.2016.

Hybrid-Elektrofahrzeuge o. V. (o. J.). http://www.hybrid-elektrofahrzeuge.de/hybridautos/. Stand 29.05.2016.

KBA (o. V.). (2015). Neuzulassungen von Personenkraftwagen im Dezember 2015 nach Segmenten und Modellreihen. http://www.kba.de/SharedDocs/Publikationen/DE/Statistik/Fahrzeuge/FZ/2015_monatlich/FZ11/fz11_2015_12_pdf.pdf?__blob=publicationFile&v=2. Stand 29.05.2016.

KBA (o. V.). (o. J. a). Jahresbilanz der Neuzulassungen 2015. http://www.kba.de/DE/Statistik/Fahrzeuge/Neuzulassungen/n_jahresbilanz.html?nn=644522. Stand 29.05.2016.

KBA (o. V.). (o. J. b). Neuzulassungsbarometer im Dezember 2015. http://www.kba.de/DE/Statistik/Fahrzeuge/Neuzulassungen/MonatlicheNeuzulassungen/2015/201512GV1monatlich/201512_nzbarometer/201512_n_barometer.html?nn=1129994. Stand 25.05.2016.

Manager Magazin (o. V.). (2016). Aktuelles Reichweiten-Ranking: Soweit kommen die Elektroautos. http://www.manager-magazin.de/fotostrecke/reichweiten-ranking-so-weit-fahren-verfuegbare-elektroautos-fotostrecke-133435-2.html. Stand 29.05.2016.

Motorradonline (o. V.). (o. J.). BMW C1. http://www.motorradonline.de/bmw-c1/3470. Stand 25.05.2016.

Schnettler, A. (Hrsg.), Kampker, A., & Vallée, D. (2013). *Elektromobilität Grundlagen einer Zukunftstechnologie* (1. Aufl.). Heidelberg: Springer Vieweg.

Schönherr, M. (2015). Elektroautos. http://www.deutschlandfunk.de/elektroautos-mehr-sicherheit-durch-kuenstlichen-sound.676.de.html?dram:article_id=315522. Stand 25.05.2016.

Schwarzer, M. S. (2015). Bosch kündigt die Batterie-Revolution an. http://www.zeit.de/mobilitaet/2015-02/elektroauto-bosch-batterie. Stand 29.05.2016.

Tesla (o. V.). (o. J.). Model S. https://www.teslamotors.com/de_DE/models. Stand 25.05.2016.

Volkswagen. (2016a). E-Golf Technik und Preise.

Volkswagen. (2016b). Golf Technik und Preise.

Walter, C. (2012). Elektroautos und ihre versteckten CO2-Emissionen. http://www.abendblatt.de/wirtschaft/article107759209/Elektroautos-und-ihre-versteckten-CO2-Emissionen.html. Stand 29.05.2016.

WaterCar (o. V.). (o. J.). Pricing. https://www.watercar.com/pricing. Stand 25.05.2016.

Zahoransky, R. (Hrsg.), Allelein, H.-J., Bollin, E., Oehler, H., Schelling, H., & Schwarz, H. (2013). *Elektrotechnik Systeme zur Energieumwandlung. Kompaktwissen für Studium und Beruf* (6. Aufl.). Wiesbaden: Springer Vieweg.

Blaue Ozeane auch in grauen Bergen?

16

Elektrisch betriebene Panoramafahrzeuge als neue Erlebnisattraktion für touristisch attraktive Gebirgsregionen

Lars Buche

Inhaltsverzeichnis

16.1 Einleitung

Als blaue Ozeane werden bisher noch nicht erschlossene Märkte bezeichnet, in denen eine starke Nachfrage erzeugt wird und die Aussicht auf profitables Wachstum besteht. In diesen Märkten spielt der Wettbewerb noch eine untergeordnete Rolle, da die „Spielregeln" erst noch definiert werden müssen (Kim und Mauborgne 2005, S. 4). Um solch eine Innovation geht es auch in diesem Beitrag. Der gesättigte Markt in der Automobilzulieferindustrie führt zunehmend zu einer Suche nach neuen Absatzmärkten und zwingt die Akteure dabei immer häufiger, kreative und unkonventionelle Wege zu gehen. Zeitgleich ist die Tourismusindustrie ebenfalls auf der Suche nach neuen Attraktionen für ihre Kunden. Am Wettbewerb führt mittlerweile aber auch für Kommunen kein Weg

L. Buche (✉)
Donaueschingen, Deutschland

T. Barsch et al. (Hrsg.), *Die Blue-Ocean-Strategie in Theorie und Praxis,* FOM-Edition,
https://doi.org/10.1007/978-3-658-15480-6_16

Abb. 16.1 Das Panoramafahrzeug als Zweisitzervariante

vorbei. Auch sie müssen sich gegenüber anderen Kommunen durchsetzen, wenn es beispielsweise um die Entwicklung neuer Standortvorteile geht. Aus diesen drei völlig unterschiedlichen Akteuren mit ihren spezifischen Herausforderungen bildete sich eine neue Allianz. Deren strategischer Zusammenschluss mag für den Leser auf den ersten Blick keinen Sinn ergeben, führte jedoch zur Entwicklung eines neuartigen Produktes, einem elektrisch betriebenen Panoramafahrzeug (s. Abb. 16.1) auf Basis eines Golfcarts, für den Einsatz in touristisch frequentierten Gebirgsregionen besonders industrie- und damit einkommensschwacher Kommunen.

Statt sich bei der Umsetzung auf die Erstellung eines umfassenden Geschäftsplans mit Zahlen und operativen Details zu konzentrieren, wurde bei diesem Vorhaben zunächst eine experimentelle Vorgehensweise gewählt, um die Erfolgschancen des Vorhabens zu erhöhen. Diese Vorgehensweise ist besonders für unsichere Märkte mit hohem Innovationspotenzial geeignet. Das Projekt dieser ungewöhnlichen Allianz basierte dabei auf einer bewussten Umgestaltung der konventionellen Marktgrenzen. Diese Neuausrichtung wird im Rahmen der Strategie blauer Ozeane auch als Entwicklung von neuen strategischen Konturen oder Suchpfaden beschrieben. Zusammen mit den gezielt durchgeführten Marktexperimenten ergibt sich so ein deutlich reduziertes Planungsrisiko bei einer späteren Unternehmensgründung.

Die technischen Hürden in Gebirgsregionen sind für Elektrofahrzeuge vergleichsweise hoch. Dies stellt jedoch gleichzeitig einen möglicherweise attraktiven Nischenmarkt dar, da dort vergleichbare Wettbewerber fehlen. Als Testmarkt für das Panoramafahrzeug wurde daher eine touristisch attraktive Gebirgsregion an der kroatischen Küste, die Makarska Riviera ausgewählt.

Dieser Beitrag beschreibt das unkonventionelle oder auch nichtlineare Vorhaben, den aktuellen Projektstand, sowie die Herausforderungen und die weitere Vorgehensweise nach Abschluss der Experimente.

16.2 Nichtlineare Ideen erfordern nichtlineare Ansätze

Geschäftsideen, die der Beschreibung eines blauen Ozeans entsprechen, weisen nicht selten ein hohes Disruptionspotenzial[1] auf und sind prädestiniert dafür, sich zu einer Innovation zu entwickeln. Besonders für etablierte Unternehmen ist die Umsetzung jedoch mit vielen Hürden verbunden. Einer der Gründe liegt darin, dass etablierte Unternehmen häufig zu stark auf die Bedürfnisse ihrer Stammkunden achten. Dadurch neigen sie dazu, revolutionäre Neuheiten mit Geschäftspotenzial zu übersehen oder als uninteressant abzutun. So hatte etwa die Firma Kodak, einst Pionier der Fotografie, die digitale Revolution verpasst. Von diesem Fehler hat sich der Konzern nie wieder erholt. Im Umkehrschluss stellen blaue Ozeane aber auch eine Chance für Newcomer dar, die diesen oft neuen und zunächst kleinen aber lukrativen Markt schnell besetzen können (Christensen und Bower 2008, S. 128).

Die Umsetzung neuer Geschäftsideen orientierte sich lange Zeit an linearen Prozessmodellen mit einem sequenziellen Ablauf der einzelnen Gründungsphasen (Müller-Prothmann und Dörr 2009, S. 28). Dieser Ansatz bildete oft die erste planerische Grundlage der künftigen Unternehmensgründung, etwa in Form eines Geschäftsplans. Wie jedoch neuere Untersuchungen zeigten, scheitern trotz dieser Vorgehensweise viele dieser Vorhaben (Blank 2013, S. 2). Neuere Ansätze in der Innovationsforschung setzen hingegen schnelles und gezieltes Experimentieren vor eine umfassende Geschäftsplanerstellung. Insbesondere bei potenziellen disruptiven Innovationen in unsicheren Märkten ist der experimentelle Ansatz der bessere Weg. Unternehmen erhöhen dadurch ihre Erfolgschance, indem sie möglichst früh und schnell Fehler begehen, wenn diese noch nicht gravierend sind, daraus wichtige Erkenntnisse ziehen und Verbesserungen initiieren (Kelley 2004, S. 232). Schnelles und kontinuierliches Lernen aus begangenen Fehlern bekommt so einen hohen Stellenwert, der für den späteren Geschäftserfolg entscheidend ist. Fach- und Führungskräfte in Unternehmen sind für diese experimentelle Vorgehensweise jedoch oft unzureichend ausgebildet, da sie durch ihre klassische Managementausbildung an lineare Geschäftsprozesse gewöhnt wurden. Zudem erschwert eine nicht wandlungsfähige Unternehmenskultur die Veränderung von strategischen Denkweisen

[1]Eine disruptive Innovation hat das Potenzial, ein bestehendes Produkt oder eine Dienstleistung vollständig vom Markt zu verdrängen. Dieser neue Markt entsteht für etablierte Anbieter meist unerwartet und wird häufig aufgrund des zunächst kleinen Volumens vernachlässigt. Mit der Zeit haben disruptive Innovationen aber das Potenzial, stark zu wachsen und einen bestehenden Markt „auf den Kopf zu stellen".

zusätzlich. Werden die Manager innerhalb ihres Unternehmens mit revolutionären Neuheiten betraut, fehlen ihnen für diese Aufgaben neben einer „Entdecker-Mentalität" auch nicht selten die richtigen Methoden zur Umsetzung. Die Strategien und Pläne der Manager sollten sich bei innovativen Vorhaben in erster Linie also am Lernen und Entdecken orientieren und nicht am „bisher gewohnten Ausführen von Tätigkeiten" (Christensen 2003, S. 165 ff.), denn im Kern ist eine potenzielle Innovation eine Entdeckungsreise, die andere Anforderungen an das Personal stellt als ein etabliertes Kerngeschäft (Furr und Dyer 2015, S. 51). Diese Entdeckungsreise ist im Grunde eine Pionierarbeit und Pionierarbeiten sind ein wesentliches Charakteristikum der Strategie zur Entdeckung blauer Ozeane (Kim und Mauborgne 2005, S. 89). Für die Fortbildung von Fach- und Führungskräften kann die hier beschriebene „entdeckungsgetriebene Expedition ins Unbekannte" (Christensen 2003, S. 182; McGrath und MacMillan 2009, S. 211 ff.) daher eine wichtige Ergänzung zu ihrem eigentlichen Ausbildungshintergrund darstellen. Dieser experimentelle Ansatz wurde am Panoramafahrzeug erprobt und ist im folgenden Text beschrieben.

16.3 Panoramafahrten in Urlaubsgebieten als neue touristische Attraktivität

Die Elektromobilität hält in immer mehr Lebensbereiche Einzug. Dieser Trend ist mittlerweile auch im Tourismus zu beobachten. Während Elektrofahrräder, Segways und Co. zunehmend an Selbstfahrer zur stundenweisen Vermietung angeboten werden, sind vierrädrige Elektrofahrzeuge als touristische Attraktion jedoch noch kaum im öffentlichen Straßenbild wahrnehmbar. Dies trifft besonders auf die durch Touristen stark frequentierten hügeligen und warmen Küstenregionen Süd- und Südosteuropas zu, wie etwa Kroatien.

Die touristischen Regionen Europas sind landschaftlich sehr attraktiv und wurden bisher meistens mit konventionellen benzinbetriebenen Fahrzeugen befahren. Fahrten mit konventionellen Fahrzeugen sind mit vielen technischen Herausforderungen verbunden. Die geringe Spurbreite vieler Passstraßen im Gebirge führt beispielsweise häufig zu einem Rückstau bei vorhandenem Gegenverkehr. Gerade in den hochfrequentierten Sommermonaten ist dies mit erhöhten Stresssituationen der Fahrer sowie Unfällen verbunden. Das Fahren bei hohen Sommertemperaturen ist eine zusätzliche Belastung für Mensch und Maschine. Eine Fahrt im hier beschriebenen Panoramafahrzeug wird sich hingegen, so die derzeitige Hypothese, durch einen hohen Erlebniswert auszeichnen. Trotz Sicherheitszelle werden die Panoramafahrzeuge aufgrund ihrer offenen Bauweise sowie einer erhöhten Sitzposition über eine ideale Rundumsicht nach allen Seiten verfügen. Kein Motorenlärm, eine deutlich geringere Fahrzeugbreite sowie keine störenden Abgase wie etwa bei benzinbetriebenen Quads erhöhen den Erlebnisfaktor. Trotz der offenen Bauweise besteht keine Helmpflicht. Das landschaftliche Panorama wird durch dieses Elektrofahrzeug viel intensiver wahrgenommen, daher auch der Begriff „Panoramafahrzeug".

Als Testmarkt für das Panoramafahrzeug wurde die mitteldalmatinische Küstenregion in Kroatien gewählt. Einerseits ist diese Region vom Wohnort des Autors in Stuttgart aus relativ gut per Autobahn oder Direktflug zu erreichen, andererseits sind die dortige Topografie und die klimatischen Verhältnisse anderen potenziellen Zielmärkten in Süd- und Südosteuropa recht ähnlich. Dies sollen die generierten Erkenntnisse aus den Testfahrten somit auch auf andere Märkte übertragbar machen. Die gute Vernetzung des Autors mit lokalen Tourismusorganisationen, die Unterstützung durch die Gespanschaft Split-Dalmatien und Vertreter der Stadt Makarska sowie gute Sprachkenntnisse des Autors waren weitere Entscheidungsgründe für Kroatien.

Dalmatien ist eine geografische Küstenregion im Westen des Landes. Sie liegt an der Adriaküste. Bei der Region handelt es sich um eine bergige Küstenlandschaft mit vielen vorgelagerten Inseln. Die Region ist zerklüftet und verkarstet. Parallel zur Küste von Nord nach Süd verläuft das markante und mächtige Biokovo-Massiv. Es ist der höchste Gebirgszug Kroatiens. Die großen Höhenunterschiede vom Meer im Westen in das östlich gelegene Biokovo-Massiv führen zu vielen steilen serpentinenartigen Straßenverläufen. Diese Straßenzüge sind für das Überwinden großer Höhenunterschiede auch in anderen südeuropäischen Ländern sehr charakteristisch. Dalmatien verfügt über mildes Mittelmeerklima. Die Winter sind selten frostig, der Sommer ist warm und trocken. Dalmatien ist eine industrieschwache Region. Die Infrastruktur an der dalmatinischen Küste ist jedoch sehr gut ausgebaut, denn die Touristenzentren von Dubrovnik bis Split präsentieren sich als boomende Parallelwelten, die sich vom Rest des Landes deutlich abheben. Selbst die europäische Wirtschaftskrise änderte wenig an der touristischen Magnetwirkung Kroatiens. Seit 2013 werden zudem touristische Dienstleistungen statt mit 25 % nur noch mit 13 % Mehrwertsteuer belastet (Fuster 2013, S. 1). Kroatien ist seit dem Sommer 2014 Mitglied der Europäischen Union.

Als Testregion wurde die Umgebung der mitteldalmatinischen Stadt Makarska ausgewählt. Diese Gegend ist gerade unter Touristen sehr beliebt. Aufgrund der Steigungen stellen viele der bereits erwähnten serpentinenartigen Straßen für die Elektromobilität im Allgemeinen eine besonders hohe technische Belastung dar. Die hohen Temperaturen im Sommer können zudem die Energiespeicher an ihre Leistungsgrenzen bringen. Auf der anderen Seite stellt das hier beschriebene Einsatzszenario in bergigen Tourismusgebieten möglicherweise eine attraktive Nische dar, die bisher noch von kaum einem Elektromobilitätsanbieter erkannt wurde. Eine Reihe von fokussierten und günstigen Experimenten sollte daher Klarheit darüber bringen, ob sich aus dieser Geschäftsidee ein nachhaltiges Geschäftsmodell entwickeln ließe. Zu diesem Zweck wurde ein vierstufiges Experiment nach Furr und Dyer durchgeführt (Furr und Dyer 2015, S. 48–57), sowie sechs strategische Konturen der Blue Ocean Strategy® identifiziert (s. Abb. 16.2) und in den vier Experimenten angewendet. Die Experimentstufen und die strategischen Konturen werden im folgenden Text beschrieben.

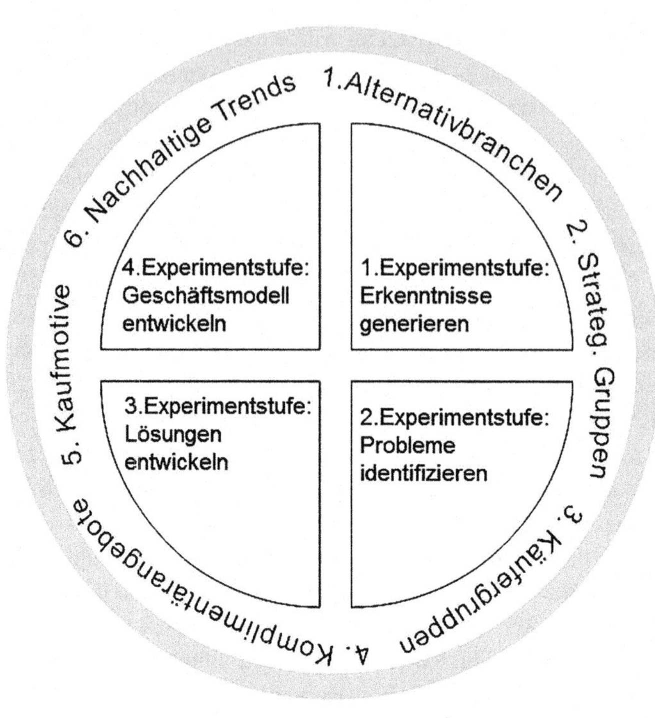

Abb. 16.2 Vier Experimentierstufen, sechs strategische Konturen

16.3.1 1. Experimentstufe – Erkenntnisse generieren

Befragungen, Beobachtungen und Networking vor Ort sind wesentliche Bestandteile der experimentellen Vorgehensweise, um wichtige Erkenntnisse im Vorfeld eines Vorhabens zu generieren. Aus diesen werden dann Kundenbedürfnisse bzw. Probleme abgeleitet sowie anschließend mögliche Lösungen identifiziert.

Aus ersten **Befragungen** unter potenziellen Nutzern in Dalmatien zeigte sich, dass ein Mietmarkt für gebirgstaugliche Fahrzeuge vorhanden sein könnte. Touristen schätzten insbesondere offene Bauweisen, die Beibehaltung gewohnter Fahreigenschaften sowie eine möglichst leise und sichere Fortbewegung und die Möglichkeit einer flexiblen stundenweisen Anmietung von Freizeitfahrzeugen.

Aus **Beobachtungen** vor Ort bestätigte sich zudem, dass zu wenige Innovationen im dalmatinischen Tourismus zu finden sind. Gerade im Mobilitätssektor gibt es neben benzinbetriebenen Quads und Motorrollern kaum weitere Fahrzeuge mit Freizeitcharakter. Es zeigte sich zudem, dass der steile Anstieg vieler dalmatinischer Straßen selbst für benzinbetriebene Fahrzeuge besonders in den heißen Sommermonaten eine technische Herausforderung darstellt. Die Gebirgsstraßen in örtlichen Parks (etwa dem Naturpark Biokovo, Anm. d. Autors) sind zudem sehr schmal und daher für breitere Fahrzeuge wie etwa Pkws, bei auftretendem Gegenverkehr nur erschwert passierbar. Panoramafahrzeuge in Parks würden hingegen aufgrund ihrer geringeren Fahrzeugbreite einen deutlich flüssigeren Verkehr ermöglichen.

Weitere Beobachtungen möglicher Wettbewerber zeichneten ein eindeutiges Bild. Im Rahmen einer internationalen Marktrecherche wurden etwa 160 Freizeitfahrzeuge gefunden, jedoch wies keines dieser Fahrzeuge Merkmale einer Gebirgstauglichkeit mit rein elektrischem Antrieb auf, wie es etwa für das Panoramafahrzeug charakteristisch ist.

Networking ist ein weiterer Bestandteil zur Generierung von Erkenntnissen. Der Aufbau und die Pflege eines Beziehungsnetzwerks sind im dalmatinischen Umfeld elementar. Persönliche Beziehungen zur Geschäftsentwicklung sind dort kulturell stark verankert. Kontakte zu Mittlern wie etwa örtliche Reisebüros, Parkverwaltungen, Zollmitarbeitern sowie Hotel- und Gaststättenbesitzern sind für den Erfolg des Panoramafahrzeugkonzeptes ebenfalls wichtig. Diese wurden bereits identifiziert und kontaktiert. Neben der Generierung von Erkenntnissen werden nun auch die strategischen Konturen der Blue Ocean Strategy® am Beispiel des Panoramafahrzeugs beleuchtet.

Die erste strategische Kontur – Betrachtung der Alternativbranchen

Gemäß der Strategie zur Eroberung blauer Ozeane zeigt sich in diesem Abschnitt bereits die erste **strategische Kontur** für die Automobilzulieferindustrie: die Entdeckung der Tourismusbranche als neuer Absatzmarkt. Hier wird also ein neuer Absatzmarkt betrachtet, der in dieser Form bisher noch nicht beachtet wurde.

Die zweite strategische Kontur – Betrachtung der strategischen Gruppe

Viele Fahrzeugvermietungen verfolgen in Urlaubsgebieten einander stark ähnliche Geschäftsmodelle. Sie konzentrierten sich seit Jahrzehnten überwiegend auf die tageweise Vermietung konventioneller Pkws zur reinen Fortbewegung von A nach B. Durch die Betrachtung der Mietunternehmen als **strategische Gruppe** wurde klar, dass der Schlüssel zur Eroberung eines blauen Ozeans darin besteht, diesen engen Tunnelblick aufzugeben und dem Kunden mehr Flexibilität zu bieten. Statt also primär auf eine tageweise Nutzung von Mietfahrzeugen zu setzen, eignet sich das Panoramafahrzeug zur stundenweisen Vermietung mit deutlich höherem Erlebnischarakter und verschafft künftigen Fahrzeugvermietungen somit eine neue Einnahmequelle.

Im folgenden Abschnitt wird nun die zweite Experimentstufe beschrieben. Dort werden die aus der ersten Stufe gewonnenen Erkenntnisse in neue Kundenbedürfnisse abgeleitet sowie die dritte strategische Kontur beschrieben.

16.3.2 2. Experimentierstufe – Probleme identifizieren

Kundenbedürfnisse zeigen sich oft als ungelöste Probleme. Diese gilt es zu identifizieren. Fahrten durchs Gelände haben sich in der dalmatinischen Landschaft als Attraktion bereits bewährt. Dabei sind jedoch auch eine Reihe von Problemen aufgetreten.

Bei Fahrten durch die Natur ist es insbesondere das laute Motorengeräusch von offenen benzinbetriebenen Fahrzeugen wie beispielsweise Quads oder auch Motorrollern, das von Fahrgästen als störend empfunden wird. Die hohe Unfallquote sowie die sehr gewöhnungsbedürftige Lenkgeometrie dieser Fahrzeuge stellen weitere Akzeptanzprobleme dar. Die Wartungs- und Zulassungskosten benzinbetriebener Fahrzeuge sind außerdem deutlich höher als beim rein elektrischen Panoramafahrzeug, ebenso der Verschleiß der Motorenkomponenten. Die Mitnahme von Gepäck, insbesondere bei längeren Touren, ist bei diesen offenen benzinbetriebenen Vergleichsfahrzeugen meistens nur sehr eingeschränkt gegeben. Ein weiteres ungestilltes soziales Bedürfnis sind familien- und kleingruppentaugliche Fahrzeugvarianten mit bis zu fünf Sitzen, was die erwähnten Vergleichsfahrzeuge nicht bieten.

Durch direkte Beobachtungen und Gespräche mit einer örtlichen Parkverwaltung ergab sich das Problem, dass Pkws in den Naturparks erhebliche Rückstaus verursachen. Dieses wird verursacht durch die relativ schmalen Gebirgsstraßen, die ungefähr nur 1,5 Fahrzeugbreiten eines Pkws entsprechen. Ein flüssiger Gegenverkehr ist daher in diesen Regionen oft nicht möglich. Zudem spielt die Lärm- und Abgasbelästigung in den Parks eine immer größere Rolle bei der Suche nach Alternativen.

Die dritte strategische Kontur – Betrachtung der Käufergruppen

In vielen Branchen definieren die Konkurrenten den Zielkäufer ganz ähnlich. In Wirklichkeit gibt es jedoch mehrere Gruppen von „Käufern", die direkt oder indirekt an der Kaufentscheidung beteiligt sind (Kim und Mauborgne 2005, S. 56). Die Käufer, die das Panoramafahrzeug später einmal bezahlen werden, müssen nicht unbedingt die tatsächlichen Benutzer sein. So wurde etwa für das Fahrzeug ein neues Geldanlagekonzept zusammen mit der Breithaupt Finanzmakler GmbH entwickelt: Investoren finanzieren das Fahrzeug als Geldanlage und sind damit dessen Eigentümer. Sie stellen es über einen Überlassungsvertrag einer Mietstation zur Verfügung, die das Fahrzeug dann stundenweise an Touristen vermietet. Durch die generierten Mieteinnahmen finanziert die Mietstation ihre Kosten, ohne die Anschaffungskosten eines Fuhrparks selber tragen zu müssen und zahlt dem Anleger eine definierte Jahresrendite aus. Diese Rendite wird zusammen mit den laufenden Kosten aus den erwirtschafteten Mieteinnahmen generiert. Der Anleger übernimmt somit einen Teil des Geschäftsrisikos, erhält aber im Gegenzug die vollen Eigentumsrechte am Fahrzeug, was ihm eine zusätzliche Sicherheit gewährt. So entsteht eine Win-win-Situation für beide Seiten.

Die dritte Experimentierstufe beschreibt die Entwicklung von Lösungen für identifizierte Kundenprobleme. Zudem wird die vierte strategische Kontur beschrieben.

16.3.3 3. Experimentierstufe – Lösungen entwickeln

Auf Grundlage der zuvor identifizierten Kundenprobleme ergab sich somit ein erstes Anforderungsprofil für einen theoretischen Prototyp. Als also feststand, welche

Anforderungen das Panoramafahrzeug zu erfüllen hatte, wurde ein minimal funktionsfähiger Prototyp aufgebaut und in Kroatien getestet. Dieser Prototyp war die einfachste und schnellste physische Version eines Panoramafahrzeugs und ermöglichte eine unterbrechungsfreie Fahrt von bis zu 60 min im gebirgigen dalmatinischen Straßenprofil. Die Fahrzeit war jedoch unzureichend, die Ausweitung auf bis zu vier Stunden dringend notwendig, wenn das Fahrzeug eine ernste Chance am Markt bekommen sollte. Technische Veränderungen am Prototyp führten zu deutlichen Performancesteigerungen. Durch neuartige Batteriesysteme wurde etwa neben einer Reichweitenverdopplung das Zellengewicht um 120 kg reduziert sowie die Ladezeit der Zellen um ca. 50 % verkürzt.

Die vierte strategische Kontur – Betrachtung der komplementären Produkte und Dienstleistungen

Nur wenige Produkte und Dienstleistungen werden einzeln verwendet. Im Allgemeinen wird der Nutzen durch andere Produkte und Dienstleistungen beeinflusst. Um ihn zu erschließen, muss man eine Gesamtlösung definieren, die die Käufer suchen, wenn sie sich beispielsweise für ein Produkt entscheiden (Kim und Mauborgne 2005, S. 59–60). Ein Shuttleservice von Hotels zu Parks und anderen Einsatzorten des Panoramafahrzeugs, wo die Mietfahrzeuge einmal stehen werden, sowie die Einbeziehung von Restaurants mit Ladestationen entlang der Fahrstrecken bilden zusätzliche Dienstleistungen und damit weitere Einnahmequellen neben der eigentlichen Fahrzeugvermietung. Den künftigen Mietstationen wird zudem ein Rundum-sorglos-Paket durch eine Vertragswerkstatt angeboten. Die Vertragswerkstatt garantiert die technische Funktionsfähigkeit der Fahrzeuge durch regelmäßige Wartungs- und Kontrollzyklen während der saisonalen Vermietung, sodass sich der Mietstationsbetreiber ganz auf sein Kerngeschäft, die Vermietung konzentrieren kann und sich nicht mit der Lösung auftretender technischer Probleme beschäftigen muss.

Auf Grundlage des minimal funktionsfähigen Prototyps wurde daraufhin begonnen, ein Geschäftsmodell zu entwickeln. Dabei orientiert sich das zukünftige Geschäftsmodell an drei maßgeblichen Kriterien disruptiver Innovationen: der Ausrichtung auf mehrere strategische Disziplinen, der Vermarktung in allen wichtigen Kundensegmenten gleichzeitig sowie der Suche nach weiteren innovativen Merkmalen über schnelle und günstige Experimente auf beliebten und bewährten Plattformen. Diese Vorgehensweise bricht mit der etablierten Denkweise über Strategie, Marketing und Innovation, weist jedoch wesentlich mehr Flexibilität bei der Umsetzung sowie ein geringeres finanzielles Risiko auf, wie im Folgeabschnitt beschrieben wird. Im Folgeabschnitt werden auch die beiden letzten strategischen Konturen beschrieben.

16.3.4 4. Experimentierstufe – Das Geschäftsmodell entwickeln

Ein Geschäftsmodell ist eine modellhafte Darstellung der logischen Zusammenhänge, wie ein Unternehmen einen Mehrwert für seine Kunden erzeugt und so einen Ertrag für sich selber generieren kann (Springer Gabler o. J.).

Beim Panoramafahrzeug spielt die gleichzeitige Ausrichtung auf mehrere strategische Disziplinen eine maßgebliche Rolle. Für Führungskräfte, die traditionelle Vorgehensweisen gewohnt sind, mag dieser Weg sehr ungewohnt erscheinen, denn gemäß ursprünglichem Lehrbuchwissen über Wettbewerbsstrategien ist es üblich, sich nur auf eine von drei Wertdisziplinen auszurichten: geringe Kosten („operative Exzellenz"), ständige Innovation („Produktführerschaft") oder maßgeschneiderte Angebote („Kundennähe") (Treacy und Wiersema 1997). Wie neuere Untersuchungen jedoch zeigten, haben disruptive Produkt- und Dienstleistungsinnovationen das Potenzial, in allen drei Wertdisziplinen gleichzeitig zu konkurrieren (Downes und Nunes 2013). Da das Panoramafahrzeug bei einem durchgeführten Test mit einem Innovationsbarometer bereits eine hohe Punktzahl erzielte, wird die Ausrichtung auf mehrere Wertdisziplinen gleichzeitig in der späteren Geschäftsmodellentwicklung angewendet werden (Der Leser kann das Innovationsbarometer auch zur Bewertung der eigenen Ideen verwenden und beim Autor kostenlos beziehen, Anm. d. Autors).

Die Identifizierung aller wichtigen Kundensegmente sowie deren zeitgleicher Vermarktung, ist somit ein weiterer Schritt zur Entwicklung des künftigen Geschäftsmodells. Statt sich zunächst nur auf eine kleine Gruppe von Erstanwendern im Tourismus zu fokussieren, wird das Panoramafahrzeug auch in anderen Märkten vermarktet werden. Alle Kundensegmente gleichzeitig anzugehen, kann eine schnelle Expansion oder aber auch einen Ausstieg aus dem Vorhaben bedeuten, falls sich kein Potenzial bestätigt. Dies ist eine mögliche Hürde bei der weiteren Umsetzung.

Die Suche nach weiteren innovativen Merkmalen über schnelle und günstige Experimente auf beliebten Plattformen ist ein weiterer Aspekt dieser Vorgehensweise. Für die Zukunft dieses Vorhabens bedeutet dies, dass weitere Innovationen rund um das Fahrzeugkonzept entwickelt und experimentell getestet werden müssen. Zudem muss sichergestellt werden, dass die Plattform des Panoramafahrzeugs für leichte Erweiterungen und Experimente geeignet sein wird, sodass sich Veränderungen schnell umsetzen und im Erfolgsfall skalieren lassen. Zum Redaktionsschluss lagen noch keine abschließenden Ergebnisse vor, sodass eine finale Bewertung zum kommerziellen Erfolg des Vorhabens noch nicht möglich war.

Die fünfte strategische Kontur – Betrachtung der emotionalen Kaufmotive
In manchen Branchen beruht der Wettbewerb vor allem auf Gefühlen. Die Käufer werden dabei auf emotionaler Ebene angesprochen (Kim und Mauborgne 2005, S. 64). Wie sich beim Panoramafahrzeug bereits zeigte, beruht der Wettbewerbsvorteil des Fahrzeugs gegenüber konventionellen Fahrzeugen stark auf einer emotionalen Anziehung, sodass die Kaufmotive der künftigen Kunden nicht nur rein funktional zu betrachten sind.

Die sechste strategische Kontur – Betrachtung nachhaltiger Trends
Viele Branchen sind externen Trends unterworfen, die ein Geschäft im Laufe der Zeit beeinflussen (Kim und Mauborgne 2005, S. 69).

Die zunehmende Bedeutung des Umweltschutzes ist solch ein Trend, der im Tourismus eine immer stärkere Bedeutung gewinnt. Der „Elektrotourismus" ist demzufolge noch recht unbekannt, wird aber im Zuge eines gesteigerten Umweltbewusstseins von Touristen noch stärker an Bedeutung gewinnen. Somit ist das Panoramafahrzeug prädestiniert, um im Freizeitmarkt eine wichtige Rolle zu spielen.

16.4 Schlusswort

In diesem Beitrag wurde ein potenzieller blauer Ozean beschrieben, also ein Markt, in dem der Wettbewerb noch eine untergeordnete Rolle spielt, da die „Spielregeln" erst noch definiert werden müssen. Dieser mögliche blaue Ozean entstand aus einer strategischen Allianz von drei unterschiedlichen Partnern: den Automobilzulieferern, der Touristikbranche und kommunalen Vertretern Kroatiens. Diese drei Akteure bildeten aufgrund eines sich ständig verschärfenden Wettbewerbs ein strategisches Bündnis zur Entwicklung neuer Geschäftsideen und erweiterten damit ihre konventionellen Marktgrenzen. Daraus ergab sich ein elektrisch betriebenes Panoramafahrzeug zur stundenweisen Vermietung in touristisch attraktiven Regionen.

Statt bei der praktischen Umsetzung einem linearen Geschäftsplan zu folgen, wurde eine experimentelle Vorgehensweise gewählt, die sich an vier verschiedenen Experimentierstufen und sechs strategischen Suchpfaden orientierte, mit dem Ziel, validere Daten sowie eine deutliche Risikominimierung bei der Umsetzung gegenüber einer konventionellen Geschäftsplanentwicklung zu erreichen. Im Rahmen des Vorhabens wurden somit experimentell ermittelte Fragen schnell und günstig direkt am Markt getestet. Die Geschäftsidee wurde somit bereits in einer frühen Phase durch wichtige Erkenntnisse breit abgestützt. Das Fahrzeug wurde an der kroatischen Küste getestet, da die dortige Topografie sowie die dortigen klimatischen Verhältnisse anderen potenziellen Zielmärkten in Süd- und Südosteuropa ähnlich sind. Dies ist erfolgsentscheidend für eine spätere Skalierung des Vorhabens über Kroatien hinaus.

Die wichtigste zusammenfassende Erkenntnis aus dieser experimentellen Vorgehensweise war die unerwartet starke Überhitzung der Motorenkomponenten, die allen ursprünglichen Theorien und Vermutungen zum Trotz selbst bei Testfahrten im Sommer 2016 noch nicht vollständig behoben werden konnte. Dies verdeutlicht erneut die Wichtigkeit gezielter Experimente mit einem minimaltauglichen Prototyp.

Die zukünftigen Herausforderungen bestehen nun in der Entwicklung eines auf den experimentell generierten Erkenntnissen aufbauenden Geschäftsplans als vierter Schritt der beschriebenen Vorgehensweise sowie im Durchführen von weiteren Tests mit dem

Panoramafahrzeug. Diese Schritte stehen noch aus. Ein Rest an Unsicherheiten bleibt, jedoch bestehen bei einer weiteren systematischen Vorgehensweise gute Aussichten auf Erfolg.

Literatur

Blank, S. (2013). Why the lean start-up changes everything. Harvard Business Review. https://hbr.org/2013/05/why-the-lean-start-up-changes-everything. Zugegriffen: 8. Juni 2015.

Christensen, C. M. (2003). *The innovators dilemma*. New York: Harper Collins.

Christensen, C. M., & Bower, J. L. (2008). Wie Sie die Chancen disruptive Technologien nutzen. *Harvard Business Manager, 2008*(April), 128.

Downes, L., & Nunes, P. (2013). Big-bang disruption. *Harvard Business Manager, 2013*(März), 70–71.

Furr, N., & Dyer, J. H. (2015). Expedition ins Unbekannte. *Harvard Business Manager, 2015*(März), 51.

Fuster, T. (2013). Krisenresistenter Tourismus in Kroatien, Neue Züricher Zeitung. http://www.nzz.ch/wirtschaft/tourismus-als-lichtblick/kurz-aber-fein-1.18145433. Zugegriffen: 29. Juli 2015.

Kelley, T. (2004). *The art of innovation*. London: Harper Collins.

Kim, C. W., & Mauborgne, R. (2005). *Der Blaue Ozean als Strategie*. München: Hanser.

McGrath, R. G., & MacMillan, I. (2009). *Discovery driven growth*. Boston: Harvard Business Press.

Müller-Prothmann, T., & Dörr, N. (2009). *Innovationsmanagement*. München: Hanser.

Springer Gabler Verlag (Hrsg.). (o. J.). Gabler Wirtschaftslexikon, Stichwort: Geschäftsmodell. http://wirtschaftslexikon.gabler.de/Archiv/154125/geschaeftsmodell-v10.html. Zugegriffen: 8. Juli 2015.

Treacy, M., & Wiersema, F. (1997). *The discipline of market leaders*. Cambridge: Basic Books.

Evaluierung alternativer Konzepte von elektrischen Kraftfahrzeugen zur Verbesserung der Umweltbilanz in Megacitys mithilfe der Blue Ocean Strategy®

17

Alexander M. Seidler und Thomas Heupel

Inhaltsverzeichnis

17.1 Einleitung

Ziel dieses Beitrags ist es, mithilfe der Blue Ocean Strategy® die Einführung von elektrischen Kraftfahrzeugen in Megacitys zu evaluieren und das benzinbetriebene

A. M. Seidler (✉)
Hürth, Deutschland
E-Mail: seidleralex@gmx.de

T. Heupel
Wilnsdorf, Deutschland
E-Mail: thomas.heupel@fom.de

T. Barsch et al. (Hrsg.), *Die Blue-Ocean-Strategie in Theorie und Praxis,* FOM-Edition,
https://doi.org/10.1007/978-3-658-15480-6_17

Auto als Hauptbeförderungsmittel in Megacitys als konventionelle Lösung infrage zu stellen.

Das Wachstum der Weltbevölkerung und dessen Bedeutung für die Planung und den Ausbau von Megacitys wird erläutert. Insbesondere die zunehmende Verkehrsproblematik aufgrund der Urbanisierung und der damit verbundenen Umweltbelastung und Umweltverschmutzung werden fokussiert. Anhand der Millionenstädte London und Tokio werden alternative Mobilitätskonzepte erläutert und innovative Transportmöglichkeiten dargestellt. Mithilfe einer Nutzwertanalyse werden das konventionelle Auto und das Elektroauto in einer strategischen Kontur miteinander verglichen und Gemeinsamkeiten und Unterschiede grafisch dargestellt. Mittels einer subjektiv verfassten Sollkonzeption werden die idealen Rahmenbedingungen zusammenfassend formuliert, die für die Einführung von Elektrofahrzeugen in Megacitys von Relevanz sind. Die Sollkonzeption bildet das Grundgerüst für die Gegenüberstellung der generischen Strategien der Automobilhersteller bei der Einführung von Elektroautos. Bei den drei elektrischen Fahrzeugen handelt es sich um den Renault Fluence aus der Kooperation zwischen Renault-Nissan und Better Place, das Model S von Tesla Motors und den i3 von BMW (Wikipedia o. J.). In der Gegenüberstellung werden die spezifischen Stärken und Schwächen der Elektrofahrzeuge für das Fahren in einer Megacity identifiziert und mit den Kriterien aus der Sollkonzeption mittels Blue Ocean Strategy® verglichen und analysiert.

17.2 Die Zukunft der Städte – Megacitys

Die Weltbevölkerung ist durch die Globalisierung und Liberalisierung der Märkte in den letzten Jahrzehnten unablässig gewachsen und Prognosen von Experten lassen darauf schließen, dass sich dieser Trend bis zum Ende des 21. Jahrhunderts fortsetzen wird. Abb. 17.1 veranschaulicht die Entwicklung der Weltbevölkerung von 1950 bis 2015. Lebten im Jahre 1950 2,5 Mrd. Menschen auf der Erde, sind es nach neuesten Erhebungen des Department of Economics and Social Affairs der United Nations im Jahre 2013 mittlerweile über 7,2 Mrd. Menschen. Dies entspricht einem Wachstum von annähernd 290 % (vgl. United Nations, Department of Economic and Social Affairs 2013, S. 15(xv)).

Den Untersuchungen der United Nations zur Folge wird sich der Bevölkerungsanteil bis zum Jahre 2050 in den Industrieländern bei 1,3 Mrd. stabilisieren. Ein gegenläufiger Trend ist in den Entwicklungsländern abzusehen. In diesen wird mit einem Anstieg der Bevölkerung von 5,9 Mrd. in 2013 auf 8,3 Mrd. in 2050 gerechnet (vgl. United Nations, Department of Economic and Social Affairs 2012). In der Konsequenz wird die Kluft zwischen den Industrie- und Entwicklungsländern weiter steigen.

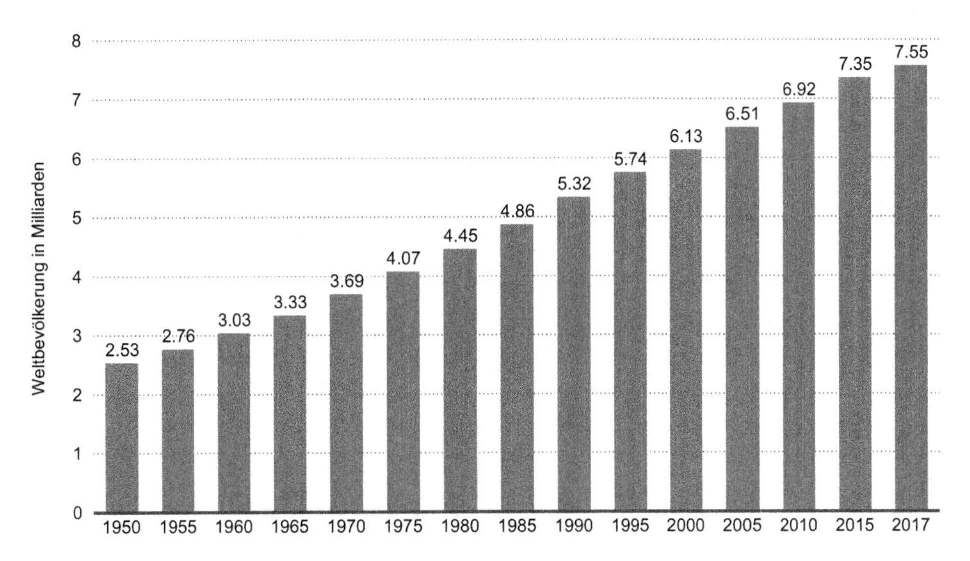

Abb. 17.1 Weltbevölkerung von 1950–2015. (Quelle: Statista 2015a)

17.2.1 Urbanisierung

In Zeiten der globalen Vernetzung ist ein deutlicher Trend erkennbar. Immer mehr Menschen ziehen aufgrund besserer Grundversorgung, Infrastruktur, Arbeit etc. aus ländlichen Regionen in Stadtzentren.

> The process of urbanization historically has been associated with other important economic and social transformations, which have brought greater geographic mobility, lower fertility, longer life expectancy and population ageing. Cities are important drivers of development and poverty reduction in both urban and rural areas, as they concentrate much of the national economic activity, government, commerce and transportation, and provide crucial links with rural areas, between cities, and across international borders (United Nations, Department of Economic and Social Affairs 2014, S. 3).

Heute lebt bereits mehr als die Hälfte der Menschheit (54 %) in Städten. Diese Zahl wird in den nächsten Jahrzehnten weiter stiegen. Experten rechnen damit, dass bereits im Jahre 2050 66 % der Menschheit in Städten leben wird (vgl. United Nations, Department of Economic and Social Affairs 2014, S. 2–3).

Mit der Urbanisierung taucht ein neues Phänomen auf: Megacitys (Megastädte). Es gibt keine einheitliche Definition für den Begriff Megacitys.

Unterschiedlichen Definitionen zufolge werden Megastädte nach rein quantitativer Abgrenzung als diejenigen Metropolen der Welt bezeichnet, die eine Bevölkerung von mehr als 5 Mio., mehr als 8 Mio. oder mehr als 10 Mio. Einwohner aufweisen. Zwei Drittel aller Megacitys weltweit befinden sich in Entwicklungsländern oder im asiatischen Raum, unter anderem die Millionenstädte Tokio, Shanghai, Peking, Mumbai, Delhi etc. (vgl. Kraas und Nitschke 2006, S. 18).

In dieser Ausarbeitung wird der Hauptfokus auf die Verkehrsproblematik in Megacitys gerichtet und alternative Mobilitätskonzepte in anderen Großstädten zur Lösung verglichen. Analog zu den schnell wachsenden Großstädten haben sich im Zuge der Urbanisierung auch das Verkehrsaufkommen und die Motorisierung stark erhöht (Arndt 2014, S. 12). In China, dem Land mit den meisten Millionenstädten auf der Welt, wurden im Jahre 2005 etwa 3.971.000 Personenkraftfahrzeuge neu zugelassen. 2014 registrierte die OICA bereits über 19.700.000 Neuzulassungen in China. Im Vergleich hat sich in Deutschland die Anzahl der Pkw-Neuzulassungen in den letzten zehn Jahren in die entgegengesetzte Richtung entwickelt. Wurden im Jahre 2005 noch über 3.319.000 neu angemeldet, hat sich diese Zahl im Jahre 2014 auf 3.036.000 reduziert (vgl. OICA 2014).

Ein begleitender Faktor des hohen Verkehrsaufkommens ist die sich vergrößernde Umweltbelastung und Umweltverschmutzung. Aber es werden auch weitere Probleme offensichtlich. Schon heute leben große Teile der Bevölkerung auf engstem Raum, ein Ausbau der Infrastruktur zur Erweiterung des Pkw-Straßensystems ist in diesen Zeiten schwer umsetzbar. Infolgedessen stehen die Menschen lange im Stau, um z. B. zum Arbeitsplatz zu kommen. Dort angekommen ist die Parkplatzsuche oft ein weiterer zeit- und nervenaufreibender Vorgang. Die Einführung alternativer Mobilitätskonzepte ist ein notwendiger Schritt, um die Mobilität in Großstädten zu gewährleisten. Im nächsten Abschnitt werden die Alternativkonzepte der Städte London und Tokyo beschrieben und analysiert.

17.2.2 London versus Tokyo: Beschreibung alternativer Mobilitätskonzepte

London

In der britischen Hauptstadt, der bevölkerungsreichsten innerhalb der Europäischen Union, lebten 2013 über 8,4 Mio. Menschen (vgl. Office for National Statistics 2012). Die Einwohnerzahl wird Schätzungen des Office for National Statistics zufolge im Jahre 2030 sogar über 10,1 Mio. betragen (vgl. Office for National Statistics 2012). Um dem Anstieg der Bevölkerungszahl gewachsen zu sein, hat die Regierung angefangen, das Infrastrukturnetz zu sanieren und zentrale Knotenpunkte auszubauen. Im öffentlichen Nahverkehr Londons benutzen über vier Mio. Reisende täglich und über eine Mrd. Reisende jährlich die Londoner U-Bahn, die als die älteste der Welt gilt. Mit einer Länge von 402 km, 270 Stationen und elf Linien gehört das U-Bahn-Liniensystem zu den größten weltweit (vgl. Transport for London 2013/2014, S. 9 ff.). Ziel der Regierung Londons ist es, das Schienennetz und die Stationen zu sanieren und zu modifizieren, sodass diese in der Lage sind, die steigende Nachfrage in den kommenden Jahren zu bewältigen. Um die Bevölkerung mehr dazu zu bewegen, öffentliche Verkehrsmittel wie z. B. U-Bahn, Busse und Taxen zu benutzen, wurde am 17. Februar 2003 nach 18-monatiger Vorbereitungszeit die Innenstadt zwischen Tower Bridge und Hyde Park Corner als Maut-Zone ausgewiesen. Wer tagsüber zwischen 7.00 Uhr und 18.30 Uhr in diese Zone einfährt, muss eine „Congestion Charge" (Staugebühr) von acht Pfund bezahlen.

Dies führte zu einer 20-prozentigen Verkehrsabnahme und einer Erhöhung der Durchschnittsgeschwindigkeit von 15 km/h auf 30 km/h. Als Nebeneffekt verbesserte sich die Luftqualität in London (vgl. Löffler 2015).

Tokio

Auf der japanischen Hauptinsel Honshū in der Kantō-Region liegt die Hauptstadt Japans, Tokio. Die Einwohnerzahl ist in den letzten 100 Jahren kontinuierlich gestiegen. Von 3,7 Mio. Einwohnern 1920 wuchs die Bevölkerung auf 10,8 Mio. 1965 und erreichte im Jahr 2013 mit 13,3 Mio. Einwohnern ihren vorläufigen Höhepunkt (vgl. Statistics Division 2013). Die logistische Herausforderung, all diese Menschen zu ihren Arbeitsstätten zu befördern, ist enorm. Die am häufigsten genutzten Verkehrsmittel in Tokio sind Züge. 2010 wurden in Tokio 40,7 Mio. Passagiere durchschnittlich an einem Tag gezählt. Das ist das Zehnfache der Passagiere, die in der Weltstadt London an einem normalen Tag mit der U-Bahn reisen. Damit dies möglich ist, gibt es insgesamt neun private und staatliche Gesellschaften, die den Schienenverkehr betreiben. Mit täglich durchschnittlich 8,5 Mio. Reisenden gehört die private Tokyo Metro zu den wichtigsten Betreibern. Trotz dieser Größenordnung sind die Züge zuverlässig. Dazu trägt auch das Fahrkartensystem bei. Bei der Fahrkarte „Suica" handelt es sich um eine berührungslose, wieder aufladbare Karte in Form einer Kreditkarte. Dadurch, dass der Kunde beim Einsteigen nicht mehr seine Karte aus dem Portemonnaie herausholen muss, werden Schlangenbildungen vermieden (vgl. Rehn 2012). Die Verbesserung des U-Bahnnetzes soll in den kommenden Jahren vorangetrieben werden. Dabei wird aus Kostengründen nur ein kleiner Teil des Streckensystems ausgebaut. Hauptfokus der Behörden ist es, die meistgenutzten Streckenabschnitte und Bahnverbindungen noch effizienter zu gestalten. Neben dem Schienennetz verfügt Tokio über ein ausgedehntes Stadtautobahnnetz mit einer Länge von 300 km, von denen 80 % Hochstraßen sind. Weitere Überlegungen der Verkehrsbehörden sind, die Autobahn unter die Erde zu verlagern. Kritiker bemängeln, dass die Milliardenkosten des Projekts nicht zur Verfügung stehen. Kraftfahrzeugen, die den festgelegten Emissionsgrenzwert überschreiten, ist es nicht erlaubt, im Stadtgebiet zu fahren. Diese sollen perspektivisch von Kraftfahrzeugen ersetzt werden, die den vorgegebenen Grenzwert einhalten (vgl. Hegenauer 2012).

17.2.3 Entwicklung einer Sollkonzeption für die E-Mobilität in Megacitys

Untersuchungen der World Health Organisation im Jahre 2008 ergaben, dass es zwischen den Ländern und deren Megacitys große Differenzen in der Nutzung von Transportmöglichkeiten gibt. „Today, nearly 92 percent of downtown Tokyo travellers commute by rail, and the Japanese do only 55 percent of their travelling by car. Western Europeans now use public transport for 10 percent of all urban trips, and Canadians for 7 percent, compared with United States of America (USA) citizens at 2 percent" (United States Energy Information Administration 2007).

17.2.4 Vergleich Benzin- vs. Elektrofahrzeug mit Nutzwertanalyse

Um das Benzin- und Elektroauto besser miteinander vergleichen zu können, sind vier Oberkriterien gebildet worden: Daten und Messwerte, Preis, Funktionalität und Transportkapazität. Diese werden in 16 weitere Unterblöcke unterteilt, damit die Gewichtung der einzelnen Kriterien (in Prozent) für den Leser einfacher nachvollziehbar ist. Der Nutzen des Benzin-Pkw (A1) bzw. des Elektro-Pkw (A2) wird mit den Punkten eins bis zehn bewertet. Durch Multiplizieren der beiden Faktoren (Gewichtung und Nutzen) entsteht der gewichtete Nutzen (Abb. 17.2).

Das erste Oberkriterium, Daten und Messwerte, besteht aus den Unterpunkten CO_2-Ausstoß im Hinblick auf den Verbrauch pro 100 km (Strom [kWh]) und Reichweite in km. In der dritten Unterkategorie wird die Entfernung zur nächsten Tankstelle bzw. Aufladungsstation für den jeweiligen Fahrzeugtyp untersucht und welcher Aufwand damit verbunden ist, dort hinzugelangen. Durchschnittlich verbraucht ein konventioneller Pkw laut Umweltbundesamt 0,56 kWh pro Personenkilometer und ist damit das energetisch ineffizienteste Verkehrsmittel. Im Gegensatz dazu ist der Verbrauch bei einem Elektroauto um ein Vielfaches geringer. Der ADAC ermittelte in seinen Autotests beim Nissan Leaf einen Verbrauch von 19,9 kWh und beim BMW I3 einen Testverbrauch von 16,7 kWh (vgl. ADAC 2013b). Bei der Reichweite ist das Benzinauto dem Elektroauto technologisch noch ein gutes Stück voraus. So sind Distanzen von bis zu 1000 km ohne Tankstopp keine Seltenheit für einen Standardverbrennungsmotor (Efler 2007). Die Elektroautos haben deutlich geringere Reichweiten. Sie sind zurzeit in der Lage, Entfernungen von durchschnittlich 150–200 km ohne erneutes Aufladen der Batterie zurückzulegen (Elektroautonews 2014). Aufgrund von Innovationen und der Weiterentwicklung der Batteriepakete und Batterien werden die Reichweiten in den nächsten Jahren aber weiter wachsen. Mit einem Nutzenunterschied von sechs Punkten beherrscht das Benzinauto auch die letzte Kategorie im ersten Oberkriterium. Das Tankstellennetz wurde in den letzten Jahrzehnten immer weiter ausgebaut. So betrug die Anzahl der Tankstellen in Deutschland 2015 über 14.500 (vgl. Statista 2015b). Die Anzahl

Oberkriterien	Gewichtung	Unterkriterien	Gewichtung	Nutzen Benzin-PKW A1	Nutzen Elektro-PKW A2	gewichteter Nutzen A1	gewichteter Nutzen A2
Daten und Messwerte	20%	CO2-Ausstoß	6%	3	9	0,18	0,54
		Reichtweite in km	8%	9	4	0,72	0,32
		Distanz zur nächsten Tankstelle	6%	9	3	0,54	0,18
Preis	25%	Grundpreis	11%	6	3	0,66	0,33
		Mtl. Folgekosten (Reparatur, Wartung)	9%	3	5	0,27	0,45
		Mtl. Wertverlust	5%	6	3	0,30	0,15
Funktionalität	40%	Ausstattung	5%	6	6	0,30	0,30
		Fahrzeugdesign	7%	8	6	0,56	0,42
		Motor/Antrieb	10%	7	5	0,70	0,50
		Sicherheit	6%	8	8	0,48	0,48
		Fahrverhalten	4%	6	6	0,24	0,24
		Car-Service	3%	5	4	0,15	0,12
		Haltbarkeit	5%	7	7	0,35	0,35
Transportkapazität	15%	Karosserie	5%	6	4	0,30	0,20
		Raumangebot	5%	5	5	0,25	0,25
		Kofferraumvolumen	5%	7	3	0,35	0,15
			100%			Nutzwert A1: **6,35**	Nutzwert A2: **4,98**

Abb. 17.2 Nutzwertanalyse: Vergleich Benzin- vs. Elektrofahrzeug

der öffentlich zugänglichen Elektroladesäulen betrug hingegen nur 4800 im Jahr 2014 nach Angaben des Fortschrittsberichts der Nationalen Plattform Elektromobilität (vgl. Deutscher Bundestag 2015).

Das zweite Oberkriterium ist der Preis. Er wird in die Unterpunkte einmaliger Grundpreis, monatliche Folgekosten und monatlicher Wertverlust aufgeteilt. Mit einer Gewichtung von insgesamt 25 % bei drei Kriterien hat der Preis einen entscheidenden Einfluss beim Kauf eines Pkw für den Verbraucher. Dem Kaufpreis (elf Prozent) wird hierbei eine etwas höhere Bedeutung als den Folgekosten (neun Prozent) und dem Wertverlust (fünf Prozent) zugeordnet. Beim Vergleich der beiden Modelle werden dem Käufer die sehr hohen Kosten für den Erwerb eines Elektrofahrzeugs bewusst, obwohl die Eigenschaften mit denen eines Benzinfahrzeuges identisch sind.

Bei den Folgekosten schneiden die Elektroautos besser ab, da das Aufladen der Batterie mit Strom in Zukunft im Vergleich immer günstiger wird als das Tanken mit Benzin. „Der reale Erdölpreis steigt im Betrachtungszeitraum weiter an und liegt im Jahr 2030 bei 124 US$/bbl, 2050 sind es 128 US$/bbl“ (Schlesinger et al. 2014, S. 70). Außerdem sind die Reparatur- und Wartungskosten aufgrund der hohen Zuverlässigkeit der Batterien geringer. Hier punktet das Elektroauto mit fünf Punkten gegenüber dem Benziner mit drei Punkten.

Der monatliche Wertverlust ist bei den Elektroautos deutlich höher. Dies liegt vor allem an den Batterien. Aufgrund von Innovationen und Weiterentwicklungen der Batterien wird die Leistungsfähigkeit der Batterien in den nächsten Jahren weiter zunehmen. Dieser Technologiefortschritt sorgt dafür, dass die Batterien, die heute in den Autos verwendet werden, einen höheren Wertverlust erleiden. Das Nutzenverhältnis beträgt sechs zu drei zugunsten des Benzinfahrzeuges.

Das Oberkriterium Funktionalität wird durch die sieben Faktoren Ausstattung, Fahrzeugdesign, Motor/Antrieb, Sicherheit, Fahreigenschaften, Car-Service und Haltbarkeit abgebildet. Mit einer Gesamtgewichtung von 40 % ist dieses Kriterium bei der Entscheidung für ein Benzin- oder Elektroauto das Kriterium mit dem größten Einfluss.

In der Kategorie Ausstattung und Technik sind beide Fahrzeugtypen auf demselben Stand (Punktzahl sechs). Das Fahrzeugdesign ist für viele Kunden ein wichtiges Entscheidungskriterium. In diesem Unterkriterium sind viele der Elektroautos gegenüber den Benzinautos nicht konkurrenzfähig. Dies liegt oft am zu langweiligen oder zu futuristischen Design. Um den generellen Verkauf von Elektroautos anzukurbeln, müssen sich die EVs stärker auf den zeitgemäßen Geschmack der Kunden fokussieren. Das Punkteverhältnis ist acht zu sechs für das Benzinfahrzeug.

Die Leistungsfähigkeit des Motors in Hinsicht auf Beschleunigung und Höchstgeschwindigkeit hat mit zehn Prozent Gewichtung die größte Gewichtung in der Kategorie. Obwohl Hersteller von Elektroautos wie Tesla mit dem Model S oder BMW mit dem I8 die Leistungsfähigkeit des Motors ihrer Vorzeigemodelle deutlich gesteigert haben, sind diese Leistungssteigerungen in den Serienklassen Kleinwagen und Kompaktwagen noch nicht umgesetzt worden.

In den Kriterien Sicherheit und Fahreigenschaften fließen Eigenschaften wie das Fahrverhalten beim Unter- und Übersteuern im Grenzbereich ein oder das Bremsen in Extremsituationen. Hier liegen die beiden Fahrzeuge auf demselben Niveau. Auch in den beiden letzten Unterkategorien Car-Service und Haltbarkeit unterscheiden sich die Fahrzeugklassen nur minimal voneinander.

Die vierte und letzte Kategorie ist die Transportkapazität. Hierbei wird genauer untersucht, inwieweit das Benzin- bzw. Elektroauto dem Fahrer einen höheren Nutzen im Transportieren von Personen oder Gütern bringt. Unterteilt wird sie in die Unterkriterien Karosserie, Raumangebot und Kofferraumvolumen. Alle drei Kriterien werden mit fünf Prozent gewichtet. Das Elektroauto benötigt einen erheblichen Anteil der Karosserie für den Einbau der großen und schweren Batteriepakete. Umso schwerer das EV jedoch ist, umso mehr Batterien benötigt es zum Fahren. Aus diesem Grund liegt der Fokus zurzeit auf der Entwicklung von Klein- und Kompaktwagen mit weniger Gewicht für den Einsatz der Elektrotechnologie. Beim Einbau der Batterie wird also mehr Platz als beim Einbau eines Benzinmotors benötigt. Die meisten Automobilhersteller priorisieren das Raumangebot und reduzieren das Kofferraumvolumen. Der Komfort für den Fahrer und die Mitfahrer ist von höherer Bedeutung als die Verstauung von Einkaufsgegenständen. Mit 18 zu 12 Punkten in dem Kriterium Transportkapazität erreicht das Benzinfahrzeug den größeren Nutzen.

Insgesamt erreicht das Benzinauto in der Gesamtbetrachtung eine Punktzahl von 6,35 und bietet damit nach den subjektiv gewichteten und bewerteten Kriterien in der

Nutzwertanalyse dem Käufer einen höheren Nutzen als das Elektrofahrzeug mit 4,98 Punkten im allgemeinen Vergleich.

Strategische Kontur

Die strategische Kontur stellt die Faktoren dar, auf denen der Wettbewerb in der Branche beruht und in die investiert wird. Bei den Faktoren handelt es sich um die Kategorien, die in der Nutzwertanalyse ausgewählt wurden (Abb. 17.3).

17.2.5 Sollkonzeption für das Elektrofahrzeug in Megacitys

Um die Einführung von elektrischen Kraftfahrzeugen in Megacitys erfolgreich durchzuführen, muss der vorstehende Vergleich deutlich angepasst werden. Der Nutzwert für den Stadtgebrauch muss durch weitere spezifische Messkriterien einbezogen werden. Ziel ist es, eine Sollkonzeption zu entwickeln, indem die perfekten Rahmenbedingungen und Voraussetzungen für die Einführung des Elektrofahrzeugs in Megacitys herausgearbeitet werden. Insbesondere auf die Vorteile und Nachteile gegenüber Benzinautos wird näher eingegangen (Abb. 17.4).

Zusätzlich zu den bisherigen drei Kriterien Messwerte, Preis und Funktionalität werden die Kategorien staatliche Regulierung und Maßnahmen der Megacity für EV

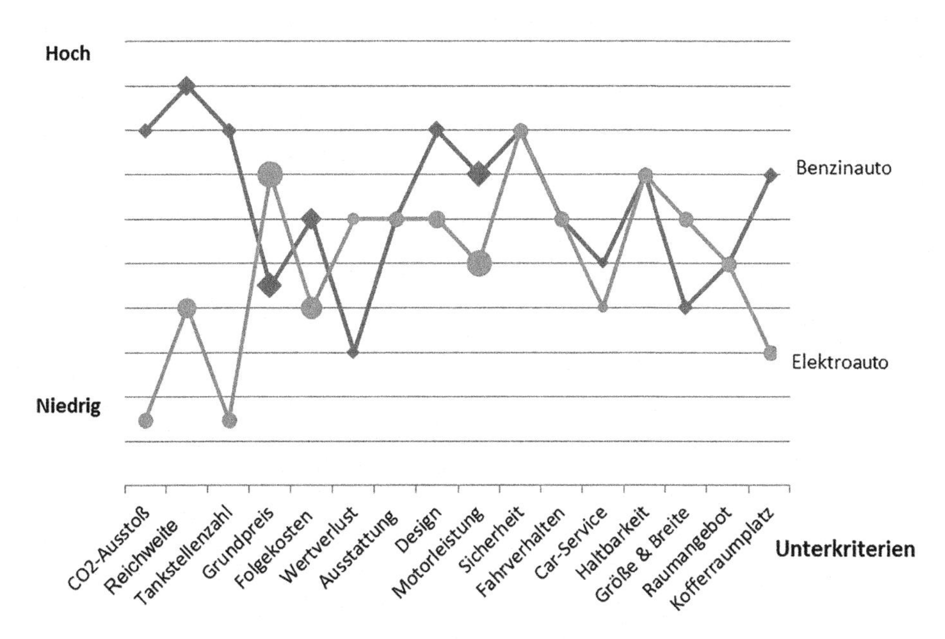

Abb. 17.3 Strategische Kontur von Benzin- & Elektroautos

Oberkriterien	Gewichtun	Unterkriterie	Gewichtun	Nutzen Benzin-PKW A	Nutzen Elektro-PKW A	gewichteter Nutzen A1	gewichteter Nutzen A2
Messwert	20	CO2-Ausstoß	20	2	9	0,4	1,8
Preis	17	Kosten	17	6	6	1,02	1,02
Funktionalität	13	Größe/Breite	7%	5	6,5	0,35	0,46
		Features (z. B. integriertes Navi)	6%	4	7	0,24	0,42
staatlich Regulierung	22	Steuerersparnis bei Kauf	10	2	7	0,2	0,7
		"Strafgebühr	8%	1	9	0,08	0,72
		Versicherun	4%	4	6	0,16	0,24
Maßnahme der Megacity nur für EV	28	freie Parkplätze	8%	3,5	7	0,28	0,56
		kostenlose Parkplätze	6%	2	6	0,12	0,36
		extra Aufladestationen	7%	1	5	0,07	0,35
		extra Fahrbahnspuren	7%	1	4	0,07	0,28
	100%		100%			Nutzwert A1: **2,92**	Nutzwert A2: **6,56**

Abb. 17.4 Nutzwertanalyse: Vergleich Benzin- vs. Elektrofahrzeug in einer Megacity

gebildet. Die fünf Oberkriterien werden in elf Unterkriterien gegliedert und subjektiv der Reihe nach gewichtet.

Unter dem ersten Oberkriterium Messwerte wird der CO_2-Ausstoß analysiert. Die Regierungen sind bemüht, den Schadstoffausstoß in Megacitys innerhalb der nächsten Jahrzehnte kontinuierlich zu senken. Mit Einführung des Elektroautos als eines der zukünftigen Hauptbeförderungsmittel soll die Feinstaubbelastung reduziert werden. Mit 20 % Gewichtung hat der CO_2-Ausstoß eine immense Bedeutung für umweltfreundliche Kunden und zählt zu den Hauptargumenten, Elektroautos (neun Punkte) statt Benzinautos (zwei Punkte) einzusetzen. Die Reichweite ist nicht mehr von übergeordneter Bedeutung. Kurze Arbeitswege von 50 bis 80 km sind bereits heute für ein EV mühelos zu bewältigen. Elektrische Kraftfahrzeuge, die in der Lage sind, 150 bis 175 km am Stück zurückzulegen, sind vollkommen ausreichend.

Das dritte Oberkriterium Funktionalität hat in der Sollkonzeption der Megacitys mit 13 % deutlich weniger Gewichtung als in der allgemeinen Nutzwertanalyse mit 40 %. Die Konzeption eines Elektroautos sollte zwei Hauptmerkmale konsequent berücksichtigen: Den begrenzten Parkraum effizient nutzen und die kurzen Strecken schnell und umweltschonend zurücklegen. Ein Kleinstwagen in der Größe eines Smart mit einer Fahrzeuglänge von ca. 2,7 m und einer Breite von ca. 1,66 m ist das ideale Fahrzeug, um schnell und bequem durch die Stadt zu kommen und problemlos in kleinere Parkplätze zu gelangen (vgl. Smart 2015).

Die vorletzte Kategorie ist die staatliche Regulierung (22 % Gewichtung). Unterteilt wird dieses Kriterium in die Rubriken Steuerersparnis bei Kauf, Befreiung von Strafgebühren, die durch Fahren innerhalb der Stadt entstehen und Versicherungsnachlass.

Die letzte Kategorie „Maßnahmen der Megacity nur für EV" ist mit einer Gesamtgewichtung von 28 % die entscheidende im Vergleich Elektroauto vs. Benzinauto. Sie wird in die vier folgenden Unterkriterien aufgeteilt: freie und kostenlose Parkplätze (14 %), Aufladungsstationen (sieben Prozent) und extra Fahrbahnspuren (sieben Prozent). In der Sollkonzeption zur Einführung von Elektroautos in Megacitys sind diese vier Faktoren wegweisend. Mit der Schaffung von neuen Parkplätzen für EV, die im Idealfall auch noch kostenlos genutzt werden, fällt die zeitintensive und nervenaufreibende Parkplatzsuche in Großstädten weg. Die Verbraucher wissen bereits bei Fahrtbeginn, an welchem Ort sie ihren Wagen kostenlos parken werden. Der Stressfaktor wird gesenkt und der Fahrer ist zufrieden. Der erhöhte Nutzen wird im Punkteverhältnis mit 3,5 zu sieben und zwei zu sechs zugunsten des EV klar widergespiegelt.

Eine weitere Grundbedingung für den Verbraucher ist die räumliche Distanz bis zur nächsten Aufladungsstation oder Tankstelle. In der Regel lädt der Besitzer sein Fahrzeug über Nacht in seiner Garage/Stellplatz auf. Hier herrscht kein Zeitdruck, denn der Fahrer benötigt das aufgeladene Fahrzeug erst am Morgen wieder. Für den Fall, dass das Auto über Nacht nicht aufgeladen werden konnte oder der Kunde keine eigene Auflademöglichkeit besitzt, sind Aufladungsstationen an den zentralen Verkehrspunkten in der Stadt installiert. Im Idealfall liegen diese nur wenige Kilometer (drei bis fünf Kilometer) auseinander und gewähren dem Fahrer des Fahrzeugs ein hohes Maß an Flexibilität und Sicherheit. Eine der Grundbedingungen für den Erfolg von Kraftfahrzeugen mit Elektromotoren ist die richtige Positionierung der Ladestationen im Stadtzentrum. Gerade an zentralen Knotenpunkten wie z. B. großen Unternehmenszentralen, Einkaufszentren, Restaurants oder viel befahrenen Straßenkreuzungen muss das Angebot erweitert werden, um eine zügige Aufladung zu gewährleisten. Die Aufladungsdauer variiert je nach Aufladungsort. An extra eingerichteten Ladestationen sollte sie im optimalen Fall zwischen zehn bis 20 min dauern und damit nur minimal länger als ein normaler Tankstopp sein. Gegenwärtig gibt es Ladegeräte, die die Fahrzeugbatterie mit bis zu 120 kW Gleichstrom aufladen können. Die Nutzung von extra Fahrbahnen für EV ist ein weiterer Vorteil für den Kunden von Elektroautos (ein zu vier Punkten) und die letzte Unterkategorie. In dem Entwurf werden Busfahrlinien und Seitenstreifen von Elektroautos mitbenutzt und es kommt zum Bau von extra Fahrbahnlinien für Elektroautos. Dadurch erreichen die Verbraucher schneller ihren Zielort und vermeiden lange Wartezeiten im Stau oder im Stadtverkehr. Werden die in der Sollkonzeption entwickelten Kriterien bei der Einführung von Elektroautos in einer Megacity beachtet, ergibt sich ein höherer Nutzen für das elektrische Kraftfahrzeug gegenüber dem Benzinfahrzeug und es kommt zu einer erhöhten Nachfrage nach nachhaltigeren EV. Das Punkteverhältnis liegt mit 2,92 zu 6,56 deutlich zugunsten des EV (Abb. 17.5).

> Der Schlüssel zur Eroberung eines blauen Ozeans über die existierenden strategischen Gruppen hinweg besteht darin, diesen engen Tunnelblick aufzugeben und sich klar zu machen, aufgrund welcher Faktoren die Kunden aus einer Gruppe in eine andere wechseln (Kim und Mauborgne 2015, S. 51).

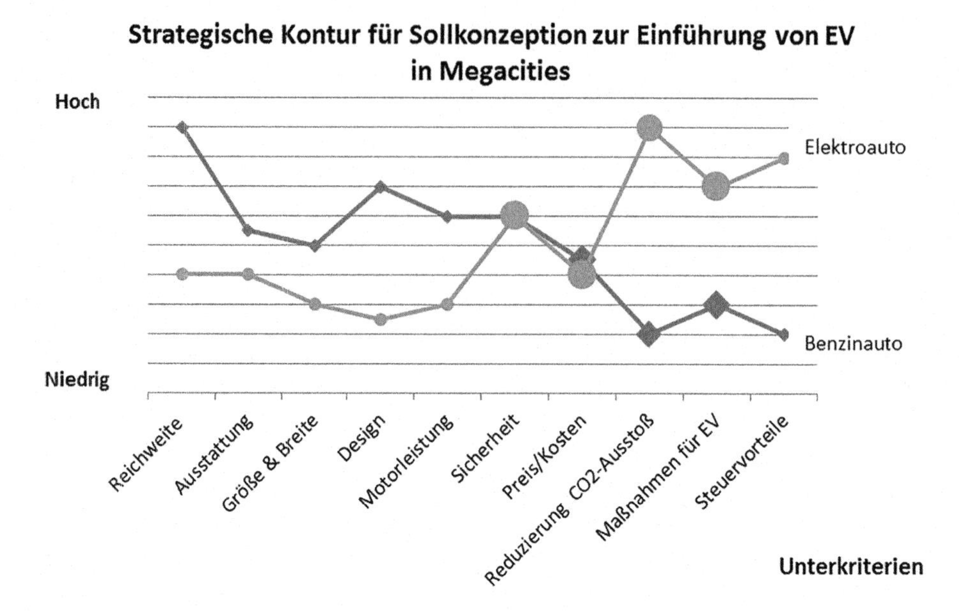

Abb. 17.5 Strategische Kontur für Sollkonzeption zur Einführung von EV in Megacitys

ERSK Quadrat für Sollkonzeption EV

Eliminierung	***Steigerung***
• CO_2-Ausstoß	• Features wie integriertes Navi • mehr Elektroladestationen
Reduzierung	***Kreierung***
• Reichweite • Ausstattung • Design • Motorleistung • Transportkapazität • Grundpreis	• Kommunale/städtische Maßnahmen • staatliche Steuervorteile

Abb. 17.6 ERSK-Quadrat für Sollkonzeption EV

Im nachfolgenden ERSK-Quadrat (Abb. 17.6) werden die Faktoren analysiert, die entweder reduziert, eliminiert, gesteigert oder kreiert werden müssen, um eine neue Nutzenkurve zu erschaffen. Die Implementierung ist in der strategischen Kontur grafisch dargestellt.

ERSK Quadrat für Sollkonzeption EV
Kunden, die zur Reduzierung der Umweltbelastung beitragen wollen, wird infolge ein emissionsarmes, durch Steuervergünstigungen preislich bezahlbares Auto angeboten, das Vorteile durch zusätzlich geschaffene Parkplätze oder Fahrbahnen geboten bekommt. Das Resultat ist die Entstehung einer Nutzeninnovation. Durch die Umsetzung der im ERSK-Quadrat angewandten Faktoren kommt es zur Eroberung eines blauen Ozeans.

17.3 Gegenüberstellung der generischen Strategien der Automobilhersteller bei der Einführung der Elektroautos

17.3.1 Renault-Nissan-Allianz

Die Partnerschaft zwischen Renault und Nissan wurde 1999 geschlossen und zählt mit über acht Mio. produzierten Fahrzeugen und einem globalen Marktanteil von zehn Prozent zu den vier größten Automobilherstellern der Welt. Mit einem weltweit dominierenden Marktanteil bei elektrisch betriebenen Wagen von 64 % liegt die Zukunft von Renault und Nissan im Elektrofahrzeug (vgl. Renault Deutschland 2013).

In der strategischen Kontur wird die Sollkonzeption bei der Einführung von EV in Megacitys mit der Ist-Konzeption der Renault-Nissan-Allianz im Staat Israel zum Zeitpunkt 2008/2009 verglichen. Durch die Analyse der Gemeinsamkeiten und Unterschiede der Nutzenkurve der RNA EV mit der Sollkonzeption EV soll herausgefunden werden, welche Ausschlusskriterien dazu führten, dass das Projekt in Israel scheiterte. Die drei beteiligten Parteien waren die Renault-Nissan-Allianz, das amerikanische Unternehmen Better Place und der Staat Israel (Abb. 17.7).

Nach Herstellerangaben erreichte der Renault Fluence eine Reichweite von 160 km. Damit ist der Wagen für das Fahren für kurze Streckenentfernungen konzipiert und eignet sich perfekt im Staat Israel. Die Ausstattung beinhaltete die serienmäßigen Komponenten wie Klimaanlage, ESP etc. und bot keine innovativen Neuerungen. Es handelte sich um einen Kompaktwagen mit einem Leergewicht von 1605 kg. Mit einer Länge von ca. 4,8 m und einer Breite von ca. 1,8 m wies der Fluence große Disparitäten zu einem Kleinwagen wie in der Sollkonzeption vorgeschlagen auf. Es hatte nicht die Vorteile eines Kleinwagens in einer Megacity wie z. B. dynamisches und effizientes Fahren durch den Stadtverkehr oder einfachere Parkplatzsuche. Im Design setzte Renault-Nissan keine neuen Maßstäbe, das auf dem Modell des Renault Mégane III basierte. Indem nicht extra ein neues futuristischeres Modell entwickelt wurde, konnten hohe Entwicklungskosten eingespart werden. Renault und Nissan hatten die Prioritäten in andere Eigenschaften gesetzt (vgl. Renz 2010). Der elektrische Motor schafft eine Höchstgeschwindigkeit von 135 km/h und bietet eine dynamische Beschleunigung. In der Stadt wird die Höchstgeschwindigkeit von 135 km/h selten erreicht, der Schwerpunkt wird auf flüssiges Fahren gelegt. Spitzengeschwindigkeiten von 100 bis 120 km/h genügen. Laut Euro-NCAP-Crashtest zählte der Fluence 2008

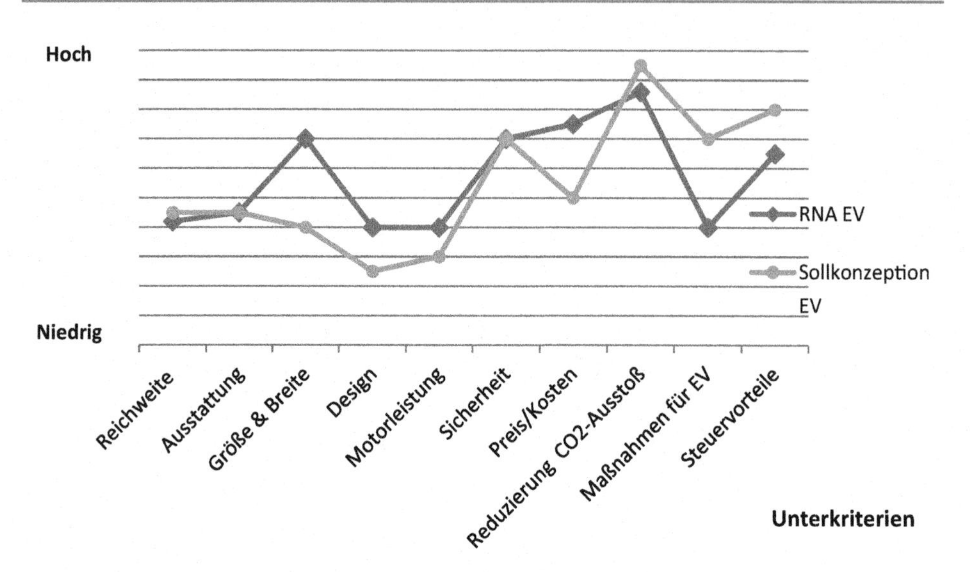

Abb. 17.7 Vergleich strategische Kontur RNA EV & Sollkonzeption EV

mit fünf von fünf Sternen zu den sichersten Autos im Straßenverkehr und stimmt mit der Leitidee der Sollkonzeption überein. Alle bis dato sechs beschriebenen Kriterien Reichweite, Ausstattung, Größe und Breite, Design, Motorleistung und Sicherheit haben eine geringe Relevanz bei der Entscheidung für den Kauf eines EV und bilden die traditionellen Faktoren der Nutzenkurve ab, also die Faktoren, auf denen der Wettbewerb beruht. Die nachfolgenden vier Kriterien sind die elementaren Faktoren, die zur Eroberung eines blauen Ozeans führen.

In der Sollkonzeption erreicht die Nutzenkurve eine Preissenkung und schafft gleichzeitig einen höheren Nutzen für den Kunden, indem sie die Faktoren für die Reduzierung des CO_2-Ausstoßes, Maßnahmen der Megacity für die Einführung von EV und Steuervorteile kreiert. Die Nutzenkurve der strategischen Kontur von der Renault-Nissan-Allianz weist beim ersten wichtigen Kernpunkt, dem Grundpreis, eine Differenz zur Nutzenkurve der Sollkonzeption auf. Angestrebt war es, einen Grundpreis von 20.000–23.000 EUR anzubieten. Mit einem Grundpreis ab 26.000 EUR ist die Elektrovariante der Partnerschaft etwas teurer gewesen. Inwieweit der Nutzen für den Käufer beim Angebot vorteilhaft ausgebaut wurde, wird bei Betrachtung der drei Faktoren analysiert. Der CO_2-Ausstoß wurde erfolgreich reduziert und lag bei 0 g/km. Der erzeugte Strom sollte grundsätzlich von umweltfreundlichen Anlagen wie Windkraftanlagen oder Solarkraftwerken geliefert werden (vgl. Fehrenbacher 2008). Damit erfüllte der Fluence eine der wichtigsten Kategorien in vollem Umfang und schaffte einen erhöhten Nutzen für Autofahrer, denen ein emissionsfreies Kraftfahrzeug zum Umweltschutz wichtig war.

Die Maßnahmen vonseiten des Unternehmens Better Place und des Staates Israel schafften nicht die erhoffte Nutzensteigerung, und das, obwohl Better Place ein innovatives Konzept zum Aufladen der Batterien entwickelt hatte. Das alternative Konzept war, anstatt wie bisher die Batterien an Elektroladesäulen klassisch aufzuladen, würden die leeren Batterien gegen vollaufgeladene Batterien ausgetauscht werden. Dadurch sollte das vorher viel Zeit in Anspruch nehmende Aufladen innerhalb weniger Minuten erledigt werden. Gerade für lange Strecken schien das Konzept ideal zu sein. „Project Better Place plans to deploy an extensive network of 500,000 battery charging spots in Israel, eliminating concerns about driving range" (Green Car Congress 2008). Zusätzlich sollten Hunderte vollautomatische Akkumulator-Wechselstationen zum Austausch der Batterien gebaut werden. Für eine monatliche Gebühr von ca. 350 US$ konnten die Aufladestationen genutzt werden. Das überteuerte Konzept wurde von den Einwohnern Israels nicht angenommen.

Better Place hatte zwei falsche Schlussfolgerungen gezogen. Obwohl der Wechsel der Batterie eine Revolution in der Automobilbranche darstellte, war der Akt schlussendlich irrelevant. Das Konzept in der Sollkonzeption ist, dass der Fahrer sein Auto bequem über Nacht zu Hause auflädt und nur in wenigen Fällen Ladestationen oder Batteriewechselstationen benötigt. Better Place hingegen hatte das Aufladen von zu Hause aus für zweitrangig erklärt. Mit Kosten von 500.000 US$ pro Stück waren die Akkumulator-Wechselstationen ein immenser Kostenfaktor, der nicht benötigt wurde.

Des Weiteren wurden grobe Fehler in der Planung offensichtlich. Die Kosten für die Ladestationen und Akkumulator-Wechselstationen waren deutlich höher als prognostiziert. Zudem dauerten die Lade- und Batteriewechselprozesse viel länger als kalkuliert. „'Everything we needed to go right went wrong,' says one former employee. 'Every cost on our spreadsheet wound up being double, every time factor took twice as long.' There was profligacy, marketing problems, hiring problems, problems with every conceivable part of the business" (Chafkin 2014). Den Ausgaben von 850 Mio. US$ standen auf der Gegenseite nur die Einnahmen von 1500 verkauften Elektroautos entgegen (vgl. Wunker 2013).

Der Plan, zusätzlich befahrbare Fahrbahnen oder Parkplätze für Elektrokraftfahrzeuge zu bauen, wurde nicht umgesetzt, sodass der Anreiz für Käufer, die den Umweltschutz nicht als Primärziel hatten, nicht erhöht wurde. Der israelische Staat unterstützte die Käufer anhand von Steuervorteilen und wollte damit mehr Verbraucher zum Kauf eines Elektroautos bewegen. „The Israeli government recently extended a tax incentive on the purchase of any zero-emissions vehicle until 2019, making them more affordable" (Nissan 2008). Durch den Erlass weiterer Begünstigungen beim Kauf eines Elektrowagens hätte der Verkauf weiter angetrieben werden können. Eine Strafgebühr bei zu hohem Schadstoffausstoß wäre eine weitere Alternative gewesen und hätte ein Umdenken in der Gesellschaft erzeugen können. Die staatlich ergriffenen Maßnahmen reichten nicht aus, um die Nutzenkurve der RNA EV auf das Level der Sollkonzeption zu bringen.

17.3.2 Tesla Motors, Inc.

Das im Jahre 2003 von den Ingenieuren Martin Eberhard und Marc Tarpenning gegründete Unternehmen Tesla Motors Inc. verwirklicht unter der Leitung des CEO Elon Musk die Vision, Fahrzeuge, die nur mit Elektrizität betrieben werden, als Hauptbeförderungsmittel Nummer eins auf der Welt zu etablieren. Tesla Motors expandiert rapide, um internationale Märkte zu erobern. Insbesondere in China plant das Unternehmen die Verkaufszahlen deutlich steigern zu können. Im Gegensatz zu der Renault-Nissan-Allianz, die die Entwicklung und Konstruktion von Aufladestationen an Better Place outsourcte, entwickelt und produziert Tesla seine Elektroladesäulen selbst. Das langfristige Ziel des Unternehmens aus Silicon Valley ist es, im Jahr 2025 ein Volumen von einer Million Elektroautos weltweit zu verkaufen. In 2015 plant das Unternehmen den Verkauf von 55.000 Elektroautos, dies entspricht einer Volumensteigerung von 68 % im Vergleich zum Jahre 2014 mit 32.733 verkauften Elektroautos.

In der strategischen Kontur wird die Sollkonzeption bei der Einführung von EV in Megacitys mit der Ist-Konzeption von Tesla Motors (und hier dem Modell S) verglichen. Anhand des Vergleichs der beiden Nutzenkurven soll herausgefunden werden, ob das Model S von Tesla dafür geeignet ist, das Benzinauto als Hauptbeförderungsmittel in Megacitys zu ersetzen (Abb. 17.8). Beim Model S handelt es sich um eine Premium-Elektrolimousine, die in 2013 mit 18.000 verkauften Stück vor der Mercedes S-Klasse (13.303) und BMW 7er-Serie (10.932) die mit Abstand meistverkaufte Luxuslimousine in den USA war (vgl. Rogwosky 2014).

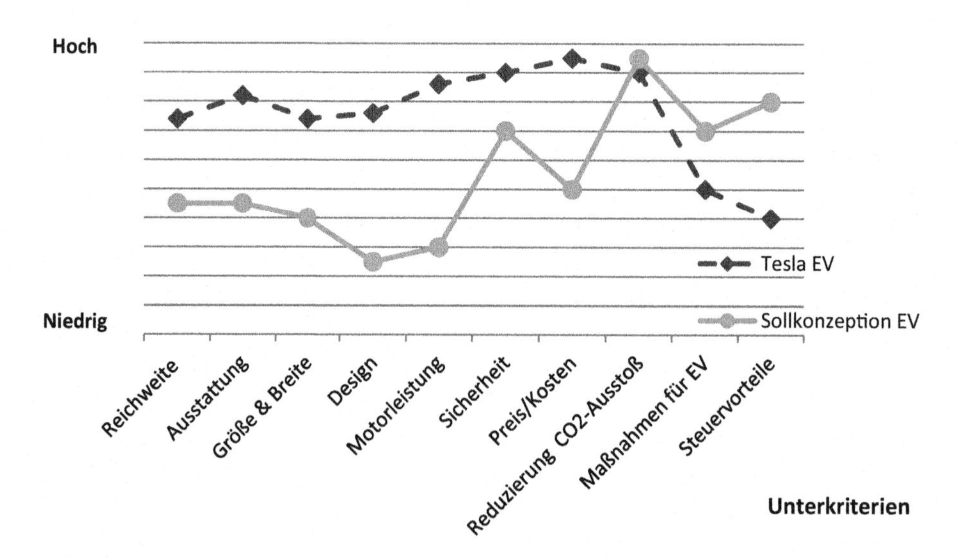

Abb. 17.8 Vergleich strategische Kontur Tesla EV & Sollkonzeption EV

Mit einer Reichweite von über 400 km im ADAC Auto Test hat das Model S neue Maßstäbe gesetzt (vgl. ADAC 2013a). Angetrieben wird es in der Standardvariante von einer 70 kWh Batterie mit Allradantrieb in Form von Lithium-Ionen-Akkus, die eine höhere Reichweite ermöglichen. Für den Stadtverkehr sind solche Reichweiten vernachlässigbar, denn in der Regel benötigt der Fahrer zwischen 60 bis 80 km zur Arbeitsstrecke und zurück. In der Sollkonzeption für Megacitys sind Reichweiten zwischen 150 bis 175 km angemessen. Tesla schafft in diesem Kriterium durch den Einsatz von teuren Batteriepaketen einen erhöhten Nutzen, der beim Fahren in Megacitys nicht benötigt wird. Serienmäßig sind in der Ausstattung ein 17-Zoll-Touchscreen mit digitalem Kombinationsinstrument, HD-Rückfahrkamera (360-Grad-Kamera), Parksensoren und beheizte, elektrisch einklappbare Außenspiegel enthalten. Ein weiteres Ausstattungsmerkmal ist die kostenlose Model S-App, die unter anderem den Akkustand der Batterien und den Weg zur nächsten Ladestation auf dem Smartphone anzeigt. Im Vergleich zur Sollkonzeption übertrifft das Model S mit den zahlreichen technischen Komponenten das Elektroauto der Sollkonzeption.

Die Limousine ist mit einer Länge von 4,97 m und einer Breite von 2,19 m für lange Fahrten gedacht, bietet jedoch keinen Vorteil im dichten und dynamischen Stadtverkehr. Dies gilt ebenso für das Design. Es besticht optisch sowohl von außen als auch von innen durch die Verwendung von exquisiten Materialien wie z. B. beleuchteten Türgriffen, Ambientebeleuchtung, 19-Zoll-Felgen und Nappaleder.

In puncto Motorleistung hat das Model S einen weiteren Meilenstein erfolgreich überschritten. Das leistungsstärkste Model sprintet in 3,3 s von 0 auf 100 km/h. Ab einer Höchstgeschwindigkeit von 250 km/h setzt die elektrische Abriegelung ein (vgl. Tesla Motors 2015a). Beide Messdaten zeigen das Potenzial, das in dem Elektroauto steckt. Aber auch in diesem Fall wird beim Vergleich der beiden Nutzenkurven deutlich, dass diese Kriterien in der Sollkonzeption irrelevant sind. So sind sowohl die kraftvolle Beschleunigung als auch die hohe Höchstgeschwindigkeit beim alltäglichen Fahren in der Stadt von geringer Bedeutung, weil sie den Nutzen für den Fahrer nicht steigern.

Von elementarer Bedeutung bei der Einführung von Elektroautos in Megacitys sind die vier Kernpunkte Preis, Reduzierung des CO_2-Ausstoßes, Maßnahmen der Megacity zur Einführung von EV und Steuervorteile vonseiten des Staates. Mit einem Grundpreis von 95.900 EUR ist das Model S ein Luxusgut, das sich der Großteil der Bevölkerung nicht mehr leisten kann (vgl. ADAC 2013b). In der Sollkonzeption wird angestrebt, einen Kleinwagen zu konstruieren, der mit einem Kaufpreis von ca. 23.000 EUR für die Allgemeinheit bezahlbar ist.

Der dritte Punkt sind die Maßnahmen der Megacity zur Einführung von EV. Inwieweit beschließt die Stadtverwaltung den Bau von zusätzlichen Parkplätzen, Fahrbahnlinien und Tesla-Superchargern und schafft dadurch zusätzliche Anreize zum Kauf eines Elektrofahrzeugs. Im Gegensatz zur Allianz vom Automobilhersteller Renault-Nissan und Better Place, die die Einführung von EV im Staat Israel planten, ist Tesla Motors an der globalen Einführung von EV interessiert und will den Markt für Elektroautos weltweit erobern. Um die Stromversorgung zu garantieren, hat Tesla weltweit 453 Supercharger-Stationen mit 2519 Supercharger-Ladeplätzen erbaut und will das Netz kontinuierlich ausbauen (vgl. Tesla Motors 2015b). Der gezielte Bau von Elektroladesäulen in Megacitys ist zurzeit nicht geplant, vielmehr ist das Ziel, das Streckennetz mit Aufladestationen zu versorgen, um große Distanzen am Stück zurücklegen zu können. In der Sollkonzeption ist die Überbrückung von großen Reichweiten mithilfe von Elektroladesäulen nicht notwendig. Die täglichen Fahrten zur Arbeit oder in Einkaufszentren in Megacitys sind in kurzer Entfernung von 60 bis 80 km zurückzulegen. Zusätzliche Vorteile wie kostenlose Parkplätze oder die Nutzung von Busfahrbahnstreifen werden nicht geschaffen, da Tesla Motors eine weltweite Einführung von Elektroautos plant und aus diesem Grund Gespräche und Verhandlungen mit einzelnen Stadtverwaltungen nicht als notwendig erachtet. Folglich sind die Maßnahmen von Megacitys zur Einführung von EV in der Konzeption von Tesla nicht so hoch wie in der Sollkonzeption geplant.

Das letzte Kriterium ist der Steuervorteil seitens des Staates. Ähnlich wie auch im vorherigen Punkt wird der angestrebte Wert der Sollkonzeption in der Realität von Tesla Motors nicht erreicht. Durch die weltweite Markteinführung wird die gezielte Einführung in besonders geeigneten Territorien vernachlässigt. Begünstigende Steuervorteile, die wie für das Projekt von Better Place vom Staat Israel extra geschaffen wurden, gibt es nicht. Infolgedessen ist es für den Käufer Zufall, ob Steuervorteile für Elektrofahrzeuge in dessen Land angeboten werden. Tesla versäumt es, individuell mit den Ländern und Staaten zu verhandeln, um weitere Vorteile für ihre Kunden beim Kauf eines elektrischen Kraftfahrzeuges zu erreichen.

Bei Betrachtung der beiden Nutzenkurven wird deutlich, dass der Nutzen des Model S mit dem Nutzen des Wagens aus der Sollkonzeption in nur wenigen Punkten übereinstimmt. Die Reduzierung des CO_2-Ausstoßes ist der einzige der vier Kernpunkte, in der die Sollkonzeption für EV und das Konzept von Tesla Motors übereinstimmen. Es zeigt sich, dass die Strategie von Tesla Motors zur Einführung von Elektroautos in Megacitys nicht geeignet ist.

17.3.3 BMW AG

Mit einem Umsatz von 80,4 Mrd., einer Mitarbeiterzahl von über 116.000 und einer Jahresproduktion von 2,1 Mio. Fahrzeugen zählte die BMW AG im Jahr 2014 zu den 15 größten Automobilherstellern der Welt. BMW will den Ausbau der Elektromobilität und Hybridisierung weiter verfolgen (vgl. BMW Group 2014, S. 15–16). „Mit der neuen BMW i Familie haben wir unser Image als Innovationsführer in der Branche weiter ausgebaut. Der rein elektrische BMW i3 war das erste Jahr verfügbar. Über 16.000 Kunden haben sich 2014 für dieses Modell entschieden, das für urbane Ballungsräume konzipiert wurde“ (BMW Group 2014, S. 16). Das Leitbild der BMW AG ist es, die politischen Vorgaben für den Klimaschutz weltweit umzusetzen und neue Mobilitätslösungen für die fortschreitende Urbanisierung zu entwickeln. Den ersten Meilenstein hat der i3 in

Deutschland geschafft. Laut offizieller Zahlen des Kraftfahrtbundesamtes war es 2014 das meistverkaufte Elektrofahrzeug Deutschlands (vgl. BMW 2015a, b, c, d).

Mit einer Reichweite von 145 km laut ADAC-Test ist der i3 exzellent für kurze Distanzen und dadurch speziell für das Fahren in Megacitys konzipiert. In diesem Punkt erreicht das Fahrzeug praktisch den angestrebten Wert der Sollkonzeption von 150 km.

Serienmäßig enthalten sind nur wenige Komponenten wie z. B. LED-Rückleuchten, Bordcomputer, Navigationssystem und Airbag. Die Liste der optionalen Extras wie z. B. City-Notbremsfunktion, Kollisionswarnung, LED-Abblendlicht, Tempomat, Klimaautomatik etc. hingegen ist sehr lang und hochpreisig. BMW setzt das Konzept der Sollkonzeption um, indem es die wichtigsten Standardkomponenten in das Auto einbaut und zusätzliche Extras nur gegen Aufpreis einsetzt. Bei dem i3 handelt es sich mit einer Größe von 3,99 m, Breite von 2,04 m und einem Leergewicht von 1240 kg um einen Kleinwagen (vgl. ADAC 2013c). In der Sollkonzeption ist das angestrebte Modell ein Kleinstwagen. Hier erreicht das elektrische Kraftfahrzeug von BMW nicht die volle Punktzahl (Abb. 17.9).

Das inspirierende, zukunftsorientierte Design vermittelt ein neues Verständnis von Premiummobilität. Das Exterieur-Design ist futuristisch gestaltet und das Interieur-Design zeichnet sich durch den Einsatz von natürlichen Materialien wie z. B. natürlich gegerbtes Leder und Eukalyptusholz aus. BMW legt viel Wert auf das Design. In diesem Punkt erreicht es eine deutlich höhere Qualität als in der Sollkonzeption anvisiert.

Vergleichsweise ähnlich sieht es bei der Motorleistung aus. 170 PS beschleunigen das Fahrzeug von 0 bis 100 km/h in 7,2 s und erreichen Höchstgeschwindigkeiten von bis zu 150 km/h (vgl. BMW 2015a). Diese Leistung wird beim Fahren in der Stadt nicht

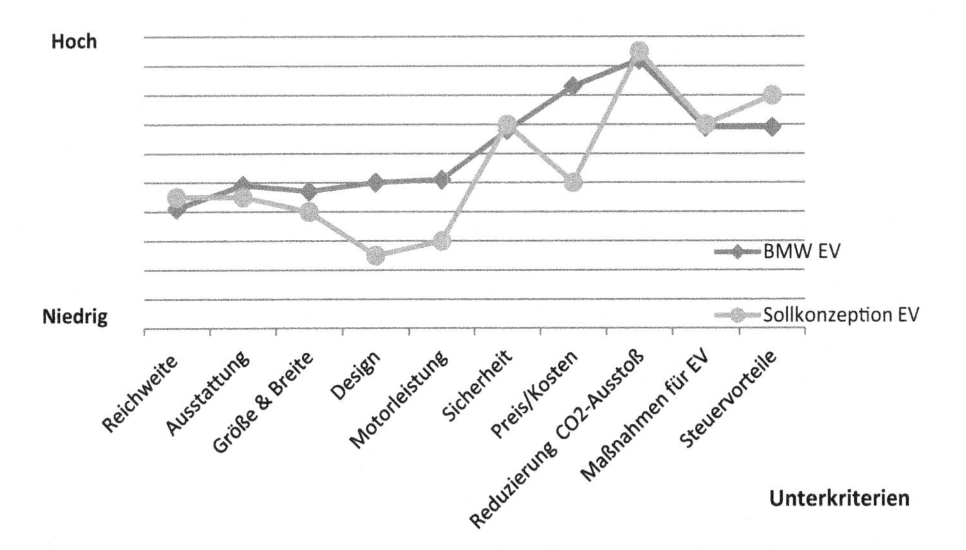

Abb. 17.9 Vergleich strategische Kontur BMW EV & Sollkonzeption EV

benötigt und ist somit ein unnützes und obendrein hochpreisiges Kriterium. Im ADAC Crashtest erzielt das Modell ein Testergebnis von vier von fünf Sternen und bietet den Insassen damit den Sicherheitsstandard, der auch in der Sollkonzeption erwartet wird (vgl. ADAC 2013b).

Die nachfolgenden vier Faktoren Preis, Reduzierung des CO_2-Ausstoßes, Entwicklung neuer Stadtkonzepte und staatliche Steuervorteile sind entscheidend. Umso mehr sich der Nutzen für den Kunden erhöht, umso höher ist die Wahrscheinlichkeit, dass der Verbraucher sich am Ende für den Kauf eines elektrischen Kraftwagens entscheidet. Der Grundpreis des i3 beträgt 34.950 EUR (vgl. ADAC 2013b). Er ist deutlich höher als der Preis von 20.000–23.000 EUR, der in der Sollkonzeption vorgesehen ist. Die Nutzenkurve von BMW gleicht der Nutzenkurve in Gegenüberstellung mit den anderen beiden Nutzenkurven von Renault-Nissan und Tesla am meisten. Besonders in den Kriterien Reichweite, Ausstattung und Größe und Breite ist die Spanne minimal zwischen Soll- und Ist-Zustand. Anhand des Vergleichs der beiden strategischen Konturen wird deutlich, dass die Differenz in den beiden Unterkategorien Design und Motorleistung am höchsten ist. Materialien wie gegerbtes Leder und Eukalyptusholz sorgen im Innenraum für ein klassisches und gehobenes Design. Revolutionär macht den BMW i3 seine Karosserie aus kohlefaserverstärktem Kunststoff, das dem Wagen sein futuristisches Aussehen gibt (vgl. Schulz 2015). BMW versucht mit dem i-Konzept ein positives, neues Leitbild für das Elektroauto zu schaffen. Die Idee ist richtig, denn die Ablösung eines einmal positiv etablierten Leitbildes gelingt einem Mitbewerber nur selten. Die konsequente Vernachlässigung der Kosten ist falsch. Angetrieben wird der i3 von einem Elektrosynchronmotor, der eine Spitzenleistung von 125 kW (170 PS) schafft. Beide Kriterien nehmen in der Planung von BMW einen sehr hohen Stellenwert ein und bilden damit eine Disparität zur Sollkonzeption, die diesen beiden Punkten keine erhöhte Bedeutung zuordnet. Sowohl das Design als auch die Motorleistung, die nur durch den Einbau zusätzlicher hochpreisiger Lithium-Ionen-Batterien gesteigert werden kann, sind Bestandteile am Auto, die einen hohen Einfluss auf die Preisgestaltung haben und zu einer immensen Kostensteigerung führen. Statt, wie in der Sollkonzeption beabsichtigt, eine Kostensenkung herbeizuführen, wird eine Kostensteigerung erzielt.

Mit einem Testverbrauch von 16,7 kWh pro 100 km und einem CO_2-Ausstoß von 0 g/km laut Hersteller ist der BMW i3 ein umweltschonendes Fahrzeug, das zur Verringerung der Schadstoffbelastung in Innenstädten beiträgt. Ein weiterer positiver Faktor ist die Verwendung alter Batterien, die nach ihrem Einsatz in Elektroautos als Stromspeicher weiter genutzt werden. Zusammen mit dem Energiekonzern Vattenfall hat die BMW Group das Projekt „Second Life Batteries“ ins Leben gerufen. „Batterien, die in Elektrofahrzeugen wie dem BMW ActiveE oder dem BMW i3 zum Einsatz kommen, werden am Ende ihres Lebenszyklus von Vattenfall als flexible Speicher für erneuerbare Energien und zur Sicherung der Stabilität des Stromnetzes eingesetzt“ (vgl. Vattenfall 2013).

In der Kategorie Maßnahmen zur Einführung von EV in Megacitys ist der BMW i3 ein Vorreiter und Pionier. Seit Mai 2015 können Kunden in London dank dem Carsharing Service DriveNow (Carsharing-Joint Venture der BMW Group und der Sixt SE) den rein elektrisch angetriebenen i3 nutzen. Ab Sommer 2015 soll der i3 fest im Sortiment von DriveNow sein und auch an mehreren deutschen Standorten und anschließend europäischen Städten eingeführt werden. Das eCarsharing wird die Verkehrsbelastung und die Emissionen in London reduzieren. Um das Carsharing noch attraktiver zu gestalten, ist der i3 in London aufgrund seiner geringen Schadstoffbelastung von der für herkömmlich angetriebene Automobile erhobenen Innenstadtmaut befreit. Ebenso von Bedeutung ist die Verfügbarkeit von öffentlichen Ladestationen sowie privilegierter Parkplätze für E-Fahrzeuge und Carsharing Flotten (vgl. BMW Group 2015). „In London stehen den DriveNow Nutzern zum Start des BMW i3 zunächst rund ein Dutzend Ladestationen im gesamten Geschäftsgebiet zur Verfügung. In Berlin nutzen die DriveNow Kunden mit dem BMW ActiveE bereits heute mehr als 150 Ladestationen. Bis Mitte 2016 werden weitere 420 Ladepunkte hinzukommen, 20 davon zum DC-Schnellladen. Nach Bedarf können in der Folge bis zu 700 weitere Ladepunkte errichtet werden" (BMW Group 2015). Ein weiterer technologischer Fortschritt ist das integrierte i Navigationssystem. Dieses berücksichtigt alternative Verkehrsmittel wie U- und S-Bahn, die dem Fahrer helfen, das Ankunftsziel schneller zu erreichen, indem es z. B. Fahrpläne anzeigt oder die Navigation zum nächsten freien Parkplatz schildert (vgl. BMW 2015b). In diesem Kriterium ist der BMW i3 auf derselben Stufe wie die Sollkonzeptionsfahrzeuge.

17.4 Fazit

Ziel dieser Analyseinstrumente war es, die Vorteile und Nachteile von Elektroautos für den Einsatz in Megacitys grafisch darzustellen. Dafür werden drei Modelle von den Automobilherstellern Renault-Nissan, Tesla Motors und der BMW AG miteinander verglichen und untersucht, welcher Hersteller bei der Implementierung seines Elektrofahrzeugs die Blue Ocean Strategy® am ehesten angewandt hat. Der i3 von BMW ist in der Analyse als das elektrische Kraftfahrzeug ausgewählt worden, das mit der Sollkonzeption in den Hauptkriterien am meisten übereinstimmt. Das Konzept des bayrischen Automobilherstellers zeichnet sich dadurch aus, dass es besonders in den neu kreierten Punkten Reduzierung des CO_2-Ausstoßes, Maßnahmen der Megacity zur Einführung von EV und staatliche Steuervorteile dem Kunden einen erhöhten Nutzen bringt.

Für die Anwendung einer Blue Ocean Strategy® ist die Schaffung einer Nutzeninnovation unerlässlich. BMW versäumt es aufgrund von einem zu hohen Grundpreis, die beiden Komponenten der Nutzeninnovation, Differenzierung und Kostensenkung, zu erreichen. Stattdessen steigert es die Unterfaktoren Design und Motorleistung, die für das Fahren in Megacitys keinen erhöhten Nutzen bringen, allerdings die Kostenseite enorm erhöhen.

Der Beitrag stellte dar, dass die Grundidee der Blue Ocean Strategy® für die Implementierung von elektrischen Kraftfahrzeugen in Megacitys in der Theorie erfolgreich eingesetzt werden kann, indem die verschiedenen Analyseinstrumente wie z. B. ERSK-Quadrat und strategische Kontur zum Vergleich angewendet werden und sich dadurch ein Ist-Zustand der Situation am Markt abbilden lässt. Mittelfristig liegt die Zukunft des Elektroautos in Carsharing-Flotten. Mithilfe dieser sind die Fahrzeuge optimal ausgelastet und die hohen Anschaffungskosten werden relativiert. Die Verwendung unterschiedlicher Mobilitätskonzepte wie elektrische Kraftfahrzeuge und die öffentlichen Verkehrsmittel wird in Zeiten der Urbanisierung zunehmen (vgl. Verkehrsclub Deutschland 2015, S. 1). Langfristig werden die Elektroautos sich am Markt etablieren. Denn im Gegensatz zu den Benzinautos, deren Nutzung aufgrund der steigenden Erdölpreise immer teurer wird, entwickelt sich der Trend bei den Elektroautos mit sinkenden Herstellungs- und Folgekosten in die gegengesetzte Richtung. Für das Verkehrsproblem der Megacitys werden Kleinstfahrzeuge wie z. B. der Smart einen wertvollen Beitrag leisten können. Die hier evaluierten Konzepte bieten dagegen andere Nutzenvorteile, die aber mehr an Imageeffekten der Hersteller als am ökologischen Nutzen orientiert sind. Ein Weiterentwicklungspotenzial ist insbesondere für den BMW i3 gegeben.

Literatur

ADAC. (2013a). Auto test tesla model S performance. https://www.adac.de/infotestrat/tests/auto-test/detail.aspx?IDTest=5022&info=Tesla_Model+S. Zugegriffen: 15. Juni 2015.

ADAC. (2013b). Auto test BMW i3. https://www.adac.de/infotestrat/tests/auto-test/detail.aspx?IDTest=5053&info=BMW_. Zugegriffen: 30. Juni 2015.

ADAC. (2013c). Crash test BMW i3 (Modell ab 2013). https://www.adac.de/infotestrat/tests/crash-test/detail.aspx?IDtest=428. Zugegriffen: 30. Juni 2015.

Arndt, W.-H. (2014). *Mobility and transportation concepts for sustainable transportation in future megacities: Bd. 2. Book Series Future Megacities* (S. 12). Berlin: Jovis.

BMW. (2015a). Neufahrzeuge – Techdata. http://www.bmw.de/de/neufahrzeuge/bmw-i/i3/2015/techdata.html. Zugegriffen: 30. März 2015.

BMW. (2015b). Neufahrzeuge – Connectivity. http://www.bmw.de/de/neufahrzeuge/bmw-i/i3/2015/connectivity-sicherheit.html#i-navigation. Zugegriffen: 1. Juli 2015.

BMW. (2015c). Neufahrzeuge – Die BMW 1er im Überblick. http://www.bmw.de/de/neufahrzeuge/1er.html. Zugegriffen: 16. Juni 2015.

BMW. (2015d). Neufahrzeuge – Erleben. http://www.bmw.de/de/neufahrzeuge/bmw-i/i3/2015/erleben.html. Zugegriffen: 30. Juni 2015.

BMW Group. (2014). Geschäftsbericht 2014; S. 15–16; http://www.bmwgroup.com/d/0_0_www_bmwgroup_com/investor_relations/finanzberichte/bmw-group-geschaeftsbericht-2014.shtml. Zugegriffen: 30. Juni 2015.

BMW Group. (2015). DriveNow elektrisiert London: Premium Carsharing Service erweitert die Flotte um den BMW i3. https://www.press.bmwgroup.com/deutschland/pressDetail.html?title=drivenow-elektrisiert-london-premium-carsharing-service-erweitert-die-flotte-um-den-bmw-i3&outputChannelId=7&id=T0218468DE. Zugegriffen: 1. Juli 2015.

Chafkin, M. (2014). A broken place: The spectacular failure of the startup that was going to change the world. http://www.fastcompany.com/3028159/a-broken-place-better-place. Zugegriffen: 24. Juni 2015.

Deutscher Bundestag. (2015). Antwort der Bundesregierung auf eine Kleine Anfrage der Abgeordneten Oliver Krischer, Stephan Kühn (Dresden), Dr. Julia Verlinden, weiterer Abgeordneter und der Fraktion BÜNDNIS 90/DIE GRÜNEN Drucksache 18/4257, S. 5, Zugegriffen am 23.06.2015 unter Berichte zu überteuerten Stromtarifen für Elektroautos.

Efler, M. (2007). 1000 Kilometer – Mit Gepäck und ohne Tanken. http://www.focus.de/auto/neuheiten/auto-1000-kilometer-und150-mit-gepaeck-und-ohne-tanken_aid_221612.html. Zugegriffen: 15. Juli 2015.

Elektroautonews. (2014). Elektroautos im Vergleich. http://www.elektroauto-news.net/wiki/elektro-auto-vergleich. Zugegriffen: 15. Juli 2015.

Fehrenbacher, K. (2008). Projekt Better Place and Renault-Nissan charge ahead in Israel. https://gigaom.com/2008/01/21/project-better-place-and-renault-nissan-charge-ahead-in-israel/. Zugegriffen: 25. Juni 2015.

Green Car Congress. (2008). Renault-Nissan and Projekt Better Place sign Muo for mass marketed EVs in Israel; Implementing new ownership model. http://www.greencarcongress.com/2008/01/renault-nissan.html. Zugegriffen: 25. Juni 2015.

Hegenauer, M. (2012). Schmutz in New York, launige Taxifahrer in Moskau. *Die Welt,* S. 1. http://www.welt.de/reise/staedtereisen/article112145774/Schmutz-in-New-York-launige-Taxifahrer-in-Moskau.html. Zugegriffen: 13. Juni 2015.

Kim, W. C., & Mauborgne, R. (2015). *Der BLAUE OZEAN als Strategie* (S. 51). München: Hanser.

Kraas, F., & Nitschke, U. (2006). Megastädte als Motoren globalen Wandels Neue Herausforderungen weltweiter Urbanisierung. IP- *Die Zeitschrift, 61,* 18.

Löffler, R. (2015). City-Maut in London, Vorbild für unsere Städte? http://www.reinhard-loeffler.com/index.php?ka=6&ska=25&idclm=20. Zugegriffen: 10. Juni 2015.

Nissan. (2008). Renault-Nissan and Projekt Better Place prepare for first mass marketed elektric vehicles. http://www.nissan-global.com/EN/NEWS/2008/_STORY/080121-02-e.html. Zugegriffen: 24. Juni 2015.

Office for National Statistics. (2012). Population and Migration. http://www.neighbourhood.statistics.gov.uk/HTMLDocs/dvc134_a/index.html & http://www.neighbourhood.statistics.gov.uk/HTMLDocs/dvc183/#18/0/7/null/null/false/false/na/1. Zugegriffen: 9. Juni 2015.

OICA. (Hrsg.). (2014). New PC REGISTRATIONS OR SALES. http://www.oica.net/category/sales-statistics/. Zugegriffen: 9. Juni 2015.

Rehn, D. (2012). Gute Noten für Mobilität in Japans Metropolregion Tokio. http://www.gtai.de/GTAI/Navigation/DE/Trade/Maerkte/suche,t=gute-noten-fuer-mobilitaet-in-japans-metropolregion-tokio,did=632690.html. Zugegriffen: 10. Juni 2015.

Renault Deutschland. (2013). Renault und Nissan – seit 14 Jahren eine Traumehe. http://www.renault.de/renault-welt/unternehmen/zahlen-und-fakten/14-jahre-renault-nissan/. Zugegriffen: 22. Juni 2015.

Renz, S. (2010). Renault Fluence Z.E. im Fahrbericht Stufenhecklimousine mit Elektro-Antrieb; auto motor und sport. http://www.auto-motor-und-sport.de/fahrberichte/renault-fluence-z-e-im-fahrbericht-stufenhecklimousine-mit-elektro-antrieb-2747431.html. Zugegriffen: 24. Juni 2015.

Rogwosky, M. (2014). Tesla sales blow past competitors, but with success comes scrutiny; forbes. http://www.forbes.com/sites/markrogowsky/2014/01/16/tesla-sales-blow-past-competitors-but-with-success-comes-scrutiny/. Zugegriffen: 7. Juli 2015.

Schlesinger, M., Lindenberger, D., & Lutz, C. (2014). Entwicklung der Energiemärkte – Energiereferenzprognose; Projekt Nr. 57/12 Studie im Auftrag des Bundesministeriums für Wirtschaft und Technologie; S. 70.

Schulz, G. J. (2015). Der BMW i3 ist seiner Zeit etwas zu weit voraus; Hamburger Abendblatt. http://www.abendblatt.de/ratgeber/auto-motor/fahrberichte-tests/article137458895/Der-BMW-i3-ist-seiner-Zeit-etwas-zu-weit-voraus.html. Zugegriffen: 30. Juni 2015.

Smart. (2015). https://www.smart.com/de/de/index/smart-fortwo-453/technical-data.html.Statista. Zugegriifen: 18. Juni 2015; Smart. (2013). Anteil von EV/Hybrid an Neuzulassungen in 2013. http://de.statista.com/statistik/daten/studie/243987/umfrage/anteil-der-neuzulassungen-von-elektrofahrzeugen-nach-laendern/. Zugegriffen: 18. Juni 2015.

Statista. (2015a). Weltbevölkerung zwischen 1950–2015. http://de.statista.com/statistik/daten/studie/1716/umfrage/entwicklung-der-weltbevoelkerung/. Zugegriffen: 8. Juni 2015.

Statista. (2015b). Anzahl der Tankstellen in Deutschland von 1950 bis 2015. http://de.statista.com/statistik/daten/studie/2621/umfrage/anzahl-der-tankstellen-in-deutschland-zeitreihe/. Zugegriffen: 23. Juni 2015.

Statistics Division, Bureau of General Affairs, TMG, "Population of Tokyo (estimates)" Ministry of Internal Affairs and Communications, "Population Census". (2013). S. 7. http://webcache.googleusercontent.com/search?q=cache:Eu4DIJYGfPYJ:www.metro.tokyo.jp/ENGLISH/ABOUT/FILES/2014_en_1-10.pdf+&cd=1&hl=de&ct=clnk&gl=de. Zugegriffen: 11. Juni 2015.

Tesla Motors. (2015a). Model S. http://www.teslamotors.com/de_DE/models/features. Zugegriffen: 16. Juni 2015.

Tesla Motors. (2015b). Superchargers. http://www.teslamotors.com/de_DE/supercharger. Zugegriffen: 29. Juni 2015.

Transport for London. (2013/2014); Annual Report and Statement of Accounts; S. 9 ff. https://tfl.gov.uk/corporate/publications-and-reports/annual-report. Zugegriffen: 10. Juni 2015.

United Nations, Department of Economics and Social Affairs. (2012). World population prospects; the 2012 revision. http://esa.un.org/wpp/Excel-Data/population.htm. Zugegriffen: 16. Juni 2015.

United Nations; Department of Economic and Social Affairs. (2013). *World population prospects: The 2013 revision* (S. 15(xv)). New York: United Nations; Department of Economic & Social Affairs.

United Nations, Department of Economic and Social Affairs, Population Division. (2014). World urbanization prospects: The 2014 revision, highlights (ST/ESA/SER.A/352), S. 3.

United States Energy Information Administration; Energy Consumption; (DOE/EIA-0484); May 2007.

Vattenfall. (2013). Vattenfall und BMW Group starten Projekt „Second Life Batteries". http://corporate.vattenfall.de/newsroom/pressemeldungen/pressemeldungen-import/vattenfall-und-bmw-group-starten-projekt-second-life-batteries/. Zugegriffen: 7. Juli 2015.

Verkehrsclub Deutschland. (2015). Elektromobilität. http://www.vcd.org/elektromobilitaet.html. Zugegriffen: 13. Juli 2015.

Wikipedia. (o. J.): Better place; global progress: „Israel". https://de.wikipedia.org/wiki/Better_Place#cite_note-13. Zugegriffen: 22. Juni 2015.

Wunker, S. (2013). Five lessons from better place's collapse. http://www.forbes.com/sites/stephenwunker/2013/05/28/288/. Zugegriffen: 25. Juni 2015.

Teil VI
International Perspective

Development and Implementation of New Business Area "Informatics" 18

Building on an Installed Base with Blue Ocean Strategy®

Claus-Peter Reisinger

Contents

The medical device industry is highly regulated, which is often seen as a major hurdle for Blue Ocean® ideas. Many potential new product attributes would require a complete new regulatory approval process, which would take a significant amount of time and money.

Medical devices require precision engineering and high-quality standards, because patients' lives often depend on them. Nevertheless, those devices are operated by humans who expect a very dependable product and seek means to simplify the user workflow. Furthermore, they see immediate value in a high degree of automation of the entire procedure, because it helps them to take care of the patient.

C.-P. Reisinger (✉)
Bayer AG, Berlin, Germany
E-Mail: claus-peter.reisinger@bayer.com

T. Barsch et al. (Hrsg.), *Die Blue-Ocean-Strategie in Theorie und Praxis,* FOM-Edition,
https://doi.org/10.1007/978-3-658-15480-6_18

In the past 30 years, Bayer has invented many new products and technologies used with Computed Tomography (CT) and Magnetic Resonance (MR) imaging in the Radiology suite. These include the invention of contrast media and so-called power injectors that are used to intravenously inject the patient with sometimes viscous contrast media in a few seconds. Particularly in CT, the entire procedure only takes a few seconds, which makes the use of the injector absolutely essential.

Today, the degree of differentiation between various available CT Contrast Media is rather limited, which was the key motivation for starting a Blue Ocean® project. The scope of work included the entire radiology workflow including patient preparation, communication with referring physicians, integration with the CT or MR scanner and applied power injection protocols. The ladder was particularly important due to Bayer's market leading position with its Medrad® power injection product line in CT and MR.

Bayer identified that there are many safety-related (e.g. radiation doses in CT) and administrative requirements for each performed procedure that required manual recording and documentation by the hospital staff. These obligations were distracting them from doing their primary task, which is taking care of the patient. Furthermore, manual recording is known to be prone to errors, which has implications on the billing process and the validity of medical records (e.g. in case of adverse events).

This led to the development of a new soft- and hardware solution Radimetrix® Enterprise Platform, which builds on the large installed base of Medrad® power injectors and Bayer's expertise in contrast media application techniques.[1] Customers are now able to record and analyze their daily procedures, which helps them to comply with heightened quality management standards. In addition, it builds the foundation for measuring their workflow efficiency and will help them to further improve their routine procedures over time.

In the following chapters you will acquire an in-depth understanding of the Blue Ocean Strategy® approach and its benefits even in a highly regulated industry. Furthermore, you will see many more positive side effects on the organization and the customers involved in the project. Last but not least, the process helped Bayer to create new value for its customers and stay ahead of the competition.

18.1 Situation Analysis

In order to receive a CT or MR scan, patients are usually referred by their physician to the radiology practice. In many countries, patients are primarily being taken care of by a specialized nurse during the entire procedure.

[1]You can find a comprehensive overview of all components of the product line at http://www.radiologysolutions.bayer.com/, which was launched in 2013 and total sales already exceed more than 10 million EUR.

Radiologists are barely involved in dealing with the patient, since they stay in a dark room in front of a large computer screen dictating the diagnosis into the medical reporting system. Later, they send their report to the referrer, who primarily communicates the diagnosis and initiates treatment for the patient.

As a result, radiologists have a rather limited relationship with the patient and are not necessarily interested in the entire workflow. They only get involved if their highly specialized staff starts complaining when there are complications with contrast media or technical issues with medical devices. The same applies if delays or miscommunication leads to a long waiting line in front of the scanner room. Finally, the radiology department is a profit center and scanners are rather expensive.

Since there is a new scanner generation every two years, Radiologists are primarily focusing on new diagnostic capabilities and require extensive continuous medical education in order to stay up-to-date.

While radiologists are very familiar with Bayer's contrast media and Medrad® power injectors, new product generations are introduced very rarely. Therefore, radiologists do not usually investigate new features when they make their purchasing decision for contrast media and medical devices. As a result, they perceive products as rather undifferentiated.

18.1.1 Computed Tomography (CT)

For more than 20 years, no new X-ray contrast media for CT application has been launched into the market and the level of differentiation between agents is rather limited. Innovation in the field is primarily driven by new CT scanner capabilities that are either related to more detailed images for specific areas of interest or focused on workflow and cost efficiencies, mainly a shorter time per scan.

Bayer has contributed to this string of CT scanner innovations with its highly acclaimed CT power injector Medrad® Stellant that has about 50% market share globally. However, there was no technical benefit for customers to use both types of products from Bayer (contrast media and power injector).

18.1.2 Magnetic Resonance Imaging (MRI)

A similar situation also exists in MR imaging, while the benefits of contrast media and power injectors differ slightly.

Furthermore, there is no medical or technical benefit for a radiology suite to buy both types of products from Bayer. This explains the motivation for the Blue Ocean® project, which was to create a new type of offering that would increase the customer benefit of using several products from Bayer in the CT and MR suite.

18.2 Blue Ocean Strategy® Approach

This was our first application of the Blue Ocean Strategy® and initially we struggled with defining the right scope. First, we focused on Ultravist®, a market leading CT contrast medium that was introduced more than 25 years ago. When we engaged in the patient journey and carried out first discussions with actual users, we recognized that we should use a broader scope for the project.

This allowed us to include all previous value creation ideas that were looked at in the past 5 years, thus avoiding reinventing the wheel. In the end, we created 20 distinctive ideas in the radiology space that built the foundation for the project and were categorized by business potential and ease of implementation (Fig. 18.1).

In general, we could assign each concept to one of these four categories:

- Becoming a solution provider
- Realizing new sales opportunities
- Entering the non-customer space
- Being a sustainable business partner

Finally, we developed our top ten ideas that were ready to be presented to real customers. We conducted a so-called visual fair in an unused Berlin underground station and invited customers from Germany and Turkey. We chose this venue intentionally, because we wanted to manage expectations at the customer side that they were only seeing ideas and should not expect these concepts to be launched any time soon.

Interestingly, everyone in the team started to fall in love with certain ideas. However, we had to learn that customers at the visual fair perceived some highly popular ideas rather differently.

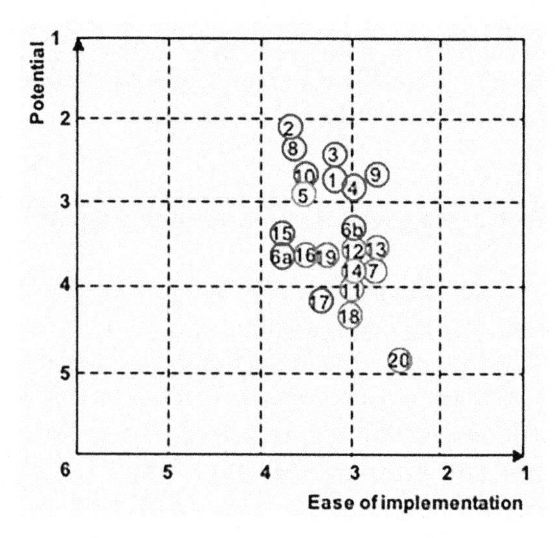

Fig. 18.1 Categorization of ideas

Needless to say, many internally favored ideas did not make the cut, because we were not able to show a clear customer benefit. On the other hand, feedback was rather consistent despite the fact that we had participants from two different markets.

Customer feedback was very positive, mainly because they had an early say on what we will work on in the future. This level of customer engagement really energized the entire team.

As a result, we investigated the top 3 ideas from the visual fair and in the following, we will show you the original idea "Consulting" (being number 2 in the chart above) that turned into our new product line **Radimetrix® Enterprise Platform**.

18.2.1 Initial Value Curve

Our initial value curve shows a rather competitive market environment in the CT business environment. While not all competitors can offer the same quality products, they can formally check the box to deliver in the respective product category. However, this becomes increasingly difficult in a situation in which administrators are gaining more influence on the final purchase decision.

Therefore, we created a value curve for both types of customers, being a purchasing organization and the radiologist. However, this approach is a rather internal perspective and may not necessarily reflect the reality of the individual customer's perspective (Fig. 18.2).

While Bayer has an edge in almost all categories for purchasing organizations, differentiation remains rather low, which is also reflected in current market shares.

When it comes to radiologists and technicians, Bayer has received very positive results in customer satisfaction studies and leads in all categories, but again the level of differentiation is also rather limited (Fig. 18.3).

In summary, the initial value curves show a Red Ocean® that is marked by limited differentiation in almost all competing factors.

18.2.2 Eliminate/Reduce/Raise/Create Matrix

When it came to changes in the Value Curve, we reduced or eliminated competing factors with lower relevance, but with impact on our cost structure. Otherwise, we would not have the funds to create new attributes.

We raised key competing factors that impacted both types of target groups (purchasers and radiologists) and created new meaningful factors in line with the new concept (Fig. 18.4).

However, these new factors are usually outside of the companies' comfort zone and may require new skills or even the development of new technologies. In our case, we had to increase our internal resources in terms of soft- and hardware developers in order to be able to collect customer data and provide the means to analyze the workflow in a radiology practice. Finally, we had to develop an entire new line of products that extend our medical device portfolio in the informatics space.

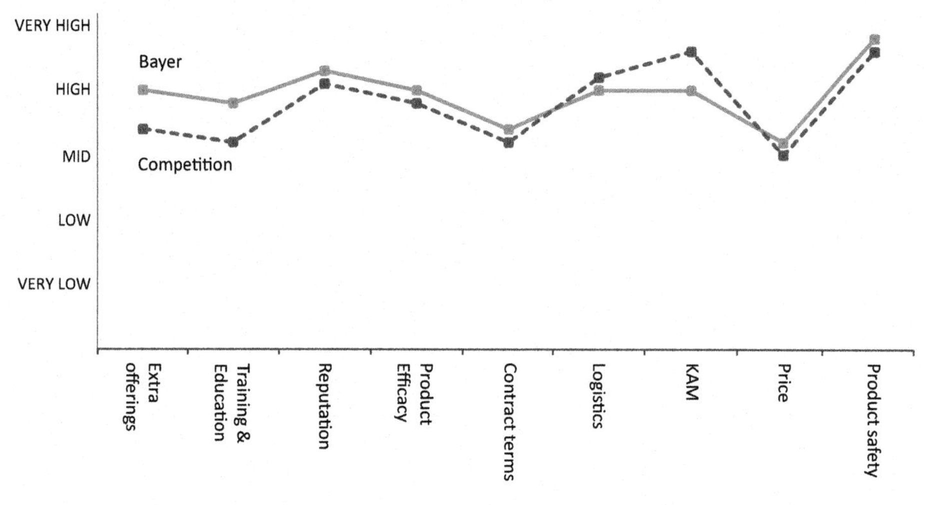

Fig. 18.2 Value curve for purchasing organizations

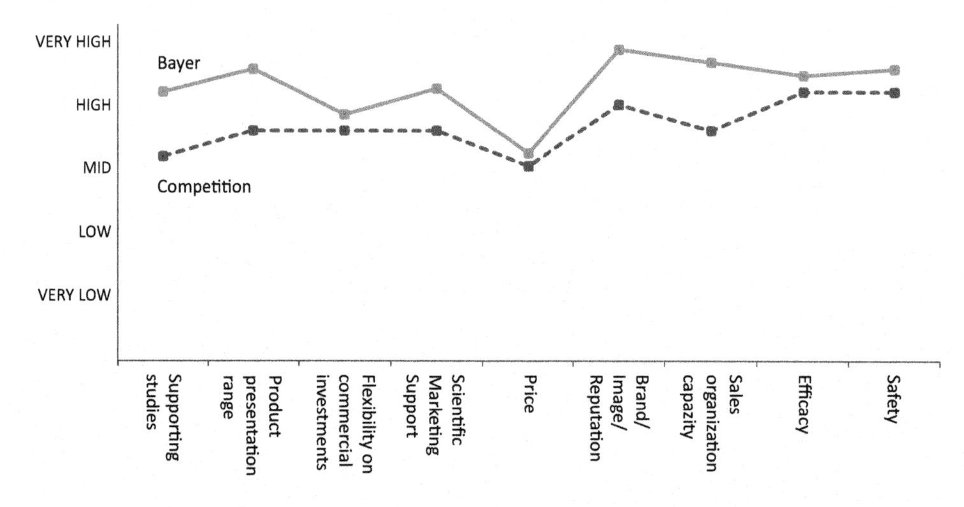

Fig. 18.3 Value curve for radiologists

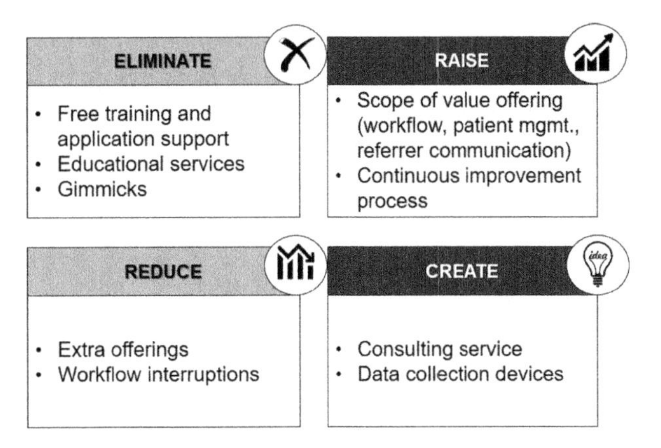

Fig. 18.4 ERRC Matrix for both target groups

18.2.3 "Day-in-the-Life of" a Radiologist (DILO)

The Day-in-the-Life of a radiologist (DILO) interview technique was a great source of inspiration. The most powerful question I learned to ask was *"What do you dislike in your daily job?"*. As you can imagine, answers came quickly and unexpectedly, because they had nothing to do with Bayer's products or the key task of a radiologist, being the diagnosis of the patient's condition.

The most common answer to this question was "I really hate to call the referring physician to clarify the initial reason for the diagnostic procedure". This challenge is really time-consuming in their daily practice because it is often difficult to get hold of the referrer himself. It also told us that instructions are often vague and standardization would be a real value.

Many administrative and managerial tasks were seen as a distraction from their primary task. Furthermore, health authorities are constantly raising quality standards and potential benefits of electronic medical records are rarely implemented. At the same time, administrators are expecting efficiency gains from the radiologists in order to increase the patient throughput for a given scanner as otherwise, the hospital or radiology practice would be losing money due to the high investment in a new scanner.

18.2.4 Getting to Non-customers

The term non-customer may imply that it is someone who was never considering purchasing your product portfolio. In a Business to Business environment, that is rather rare. In our case, we were looking for existing budgets from healthcare providers, where we could start to compete with our new offering. Otherwise, we would risk an even higher cost pressure, since our current customer budgets are capped in many countries.

Such "new" customer budgets were identified in the area of managing workflows of hospitals or radiology practices. Here, a rather complex and heterogeneous IT infrastructure is creating inefficiencies. The same is true for the communication between referring physicians and the radiologist, as well as the billing process in general. In all those examples, even today many manual operations prevail and are prone to errors. Needless to say, staff is not necessarily eager to perform those "non-caring" tasks.

Therefore, we targeted exactly these types of procedures, where a high level of automation would create value for the customer and allow a constant monitoring for further efficiency gains. Finally, the radiology department would have its own data to show its improving performance to the administrators.

Bayer's role would be to provide the devices and software that is an integrated part of its new offering and consult the customer in analyzing the data most effectively.

18.2.5 To be Value Curve

Finally, we created a new product category in radiology that collects procedural data and has an interface with various established IT platforms (e.g. Hospital and Radiology Information Systems). This allows this new product line, called **Radimetrix® Enterprise Platform**, to help analyze the daily workflow in the radiology department and automate many previously manual processes.

At the same time, we eliminated the need for specific customer training and some rather low value materials (e.g. pens & gimmicks). Overall, the new value curve adds new dimensions for differentiation. While competitors will certainly start to develop similar solutions shortly, customers certainly recognize Bayer's innovative and customer-centric approach that focused beyond the current product features (Fig. 18.5).

Radimetrix® Enterprise Platform

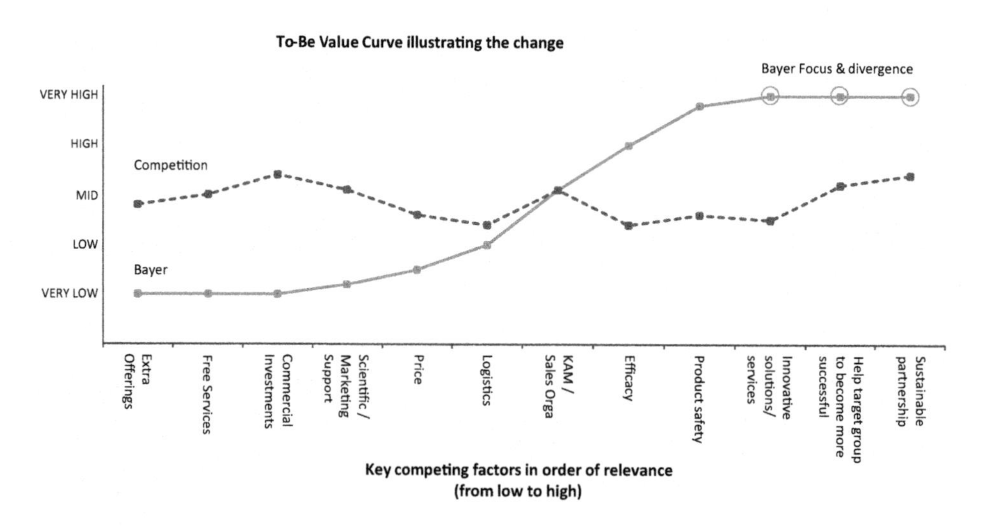

Fig. 18.5 To-be value curve

18.3 Successes

Once we intentionally searched for new value adding features in the radiology IT space, we also created new intellectual property that helps to sustain an edge in this new field. Needless to say, the competition was fast to follow our approach, but never put the same resources behind their effort.

Bayer launched its **Radimetrix® Enterprise Platform** in 2013, focusing on the CT business. The hardware is integrated in the already established control panel of our CT injector platform (including a touch screen) and the various software packages are sold individually. In 2015, we extended the same software to our new MR injector platform, allowing similar analysis with the same user interface.

With the support of the Blue Ocean Strategy®, we connected all our products (being contrast media, power injectors and new software solutions in CT & MR) with each other. As a result, this new ecosystem provides additional value to customers who use more than just one product from Bayer.

In the meantime, this new business field has achieved more than 10 million Euro annual revenue and supports Bayer's image as the leader in the field of radiology. In addition, it also strengthens the customer relationship in our traditional product portfolio, since it allows Bayer to offer more customer-specific solutions.

We thank Holger Trautmann & his team of Blue Ocean Strategy specialists in supporting our first Blue Ocean® project.

References

Bayer Vital GmbH. (2017). Homepage. http://www.radiologysolutions.bayer.com/. Accessed 6. Sept. 2017.

Blue Ocean Strategy® in China—Successful Examples in E-Commerce

19

Weifangzi Li and Thomas Heupel

Contents

19.1 Introduction

The objective of this article is to analyze the Blue Ocean Strategy® in China, especially in e-commerce. This contribution mainly focuses on four e-commerce companies by analyzing their business-models and developments. In China, Blue Ocean Strategy® has been ardently discussed since the Chinese market has become increasingly mature.

W. Li (✉)
Mannheim, Deutschland

T. Heupel
Wilmsdorf, Deutschland
E-Mail: thomas.heupel@fom.de

T. Barsch et al. (Hrsg.), *Die Blue-Ocean-Strategie in Theorie und Praxis,* FOM-Edition,
https://doi.org/10.1007/978-3-658-15480-6_19

According to data from World Bank, its GDP is 9.24 trillion US dollars[1] and accounted for about 15% of the world GDP in 2013[2]. China became the third biggest economy in 2014.[3] Macroeconomic data shows that the competition in the Chinese market is now much fiercer than before. In this case, a lot of companies are trying this new method in order to win out. Information on successful examples will be addressed in this contribution, especially from the e-commerce area, which is nowadays considered to be the most innovative and competitive industry in China. In 2013, the e-commerce market was approximately 1.2 trillion RMB and had a growth rate of 66%.[4] In this contribution, examples of Alibaba, JD and Xiaomi will be shown. The description is based on external environmental shifts and the reorientation of internal strategic management. The related analysis follows the description with the help of Blue Ocean Strategy® instruments. As the involvement with e-commerce is a new trend for all businesses, it is important for these companies to learn how to understand and execute Blue Ocean Strategy® and how to operate companies with "Internet Thinking". As Bill Gates once said, "There are only two kinds of businesses in the 21st century: internet business, or out of business!"[5]

19.2 Blue Ocean Strategy® in China

In the academic world, a lot of scientific articles about Blue Ocean Strategy® have been published. In the real world, this concept has been widely implemented in different areas ranging from personal career planning to business restructuring, and also to government economic policy. In the business field, the strategy is implemented mainly in banks, car manufacturing, daily consumption, or in some new industries like "online to offline" (O2O) industry or comics industry.[6] In conclusion, Blue Ocean Strategy® is widespread both in the academic and the real world. So, this concept is not unfamiliar to Chinese people. Even though this concept is accepted by many people, there are still a lot of problems in understanding and operating this new strategy (Fig. 19.1).

The problems oftenly result from the strategy operation process: Awareness→ Formulation→ Execution. Firstly, a lot of companies have problems in changing their inertial thinking from competing in Red Ocean® market to creating a new Blue Ocean®. Some companies have no awareness that they need to change, especially in state-owned companies. Due to large resources and financial support from the government, these companies consider that they have no need to change.

[1]The World Bank Group; Data of China [Online].

[2]Quandl; GDP as Share of World GDP at PPP By Country [Online].

[3]CIA; The World Factbook [Online].

[4]Cp. Iclick Interactive; China eCommerce Market Analysis Report 2013.

[5]Cp. 吴晓波; 商战-电商时代; Page 1.

[6]Blueoceanstrategy; Elibrary [Online].

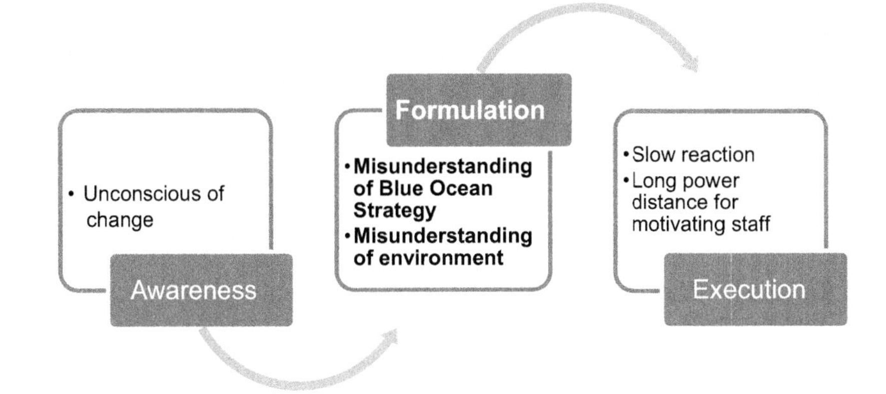

Fig. 19.1 Problems of Blue Ocean Strategy® in Chinese companies

Besides, some companies misunderstand the concept of Blue Ocean Strategy®, which is the main problem of executing Blue Ocean Strategy® in China. They consider Blue Ocean Strategy® to be just Blue Ocean Marketing®.[7] Even some analysts still use only competitive strategy methods to analyze activities of Blue Ocean Strategy®. Some of them are focussing on creating special advertisements and changing packages of products to distinguish their products from others. No valuable value creation has been made. In addition, some of them are focussing on expanding markets without cutting costs which also violates the principle of Blue Ocean Strategy® in terms of cost saving. Additionally, some companies use Blue Ocean Strategy® only as a public relations method to catch the attention of potential customers.

Furthermore, some companies don't understand the essence of economy.[8] In other words, they don't have a clear understanding of the effects of external and internal environment. They make wrong strategic decisions to increase customer value or in cost saving. In that case, Blue Ocean Strategy® is riskier than other strategies. Additionally, some companies react slowly and then miss the best timing to create their Blue Oceans® due to bureaucratic reasons. Nowadays, it is important to be fast in making decisions and moving, especially with the development of the internet.

Last but not least, companies have problems in motivating staff to accept changes and react positively. In Chinese culture, there is a long power distance and strict hierarchy within companies. It is difficult to transform the corporate or business strategy directly and clearly to every member of staff.

[7]Cp. Huang, T.; Blue Ocean Strategy in China; Page 21.

[8]Cp. 郎咸平; 蓝海战略大溃败; Page1.

In conclusion, Chinese companies still have a long way to go to understand and execute Blue Ocean Strategy®. But there are some companies, especially in the e-commerce area, which are excellent examples in executing Blue Ocean Strategy®. They can offer guidance for other Chinese companies, especially for companies who misunderstand the theory. Therefore, in this thesis, successful examples of Blue Ocean Strategy® in e-commerce will focus on solving the problem of misunderstanding this theory.

19.3 Successful Examples of Blue Ocean Strategy® in E-Commerce

The Chinese e-commerce market is gigantic and attractive. Because of the increasing penetration of broadband network (30%)[9] and the rising adoption of smartphones, there were more than 360 million online shoppers in 2014.[10] The market size of 2 trillion US dollars in transaction in 2014, means a growth of 25% compared to 2013.[11] But there is also a great competitiveness. A lot of campaigns took place in 2014, such as "Single Day" and "618 Festival". Companies for e-commerce business are stuck in a price competition and an advertising war.

In conclusion, the Chinese e-commerce market is also a Red Ocean®. Bloody competition is unavoidable. Some companies can't stand pressure, but some companies can find their way out. These successful e-commerce companies may never claim that they are using Blue Ocean Strategy®, but what they are doing are practices of this theory. And they stand out from the fierce e-commerce competition. Companies like Alibaba, JD, Xiaomi and Tencent are breaking market boundaries in different ways according to Blue Ocean Strategy®. What's more, their movements follow the principles of the Four Action Framework from Blue Ocean Strategy®. Four action movements conclude four key questions to refine the strategic logic and business model (Fig. 19.2).[12]

In addition to the Four Actions Framework, the Eliminate-Reduce-Raise-Create Grid shows action on all four parts to accomplish value innovation. By raising, creating, reducing as well as eliminating elements standard within the industry, companies will break existing industry boundaries and create a unique market for themselves. These movements will directly affect business models and strategic prospects (Fig. 19.3).

Different ways of doing business can be ultimately presented in a strategy canvas, according to Blue Ocean Strategy® theory. Strategy canvas is both a diagnostic and an

[9]Iclick Interative; China eCommerce Market Analysis Report 2013.

[10]Forbes; Alibaba: Here Are The Key Growth Drivers In The Chinese E-Commerce Market [Online].

[11]Techinasia; China's ecommerce market was worth $2 trillion in 2014 [Online].

[12]Cp. Kim, W. Chan and Mauborgne, R.; Blue Ocean Strategy; Page 29.

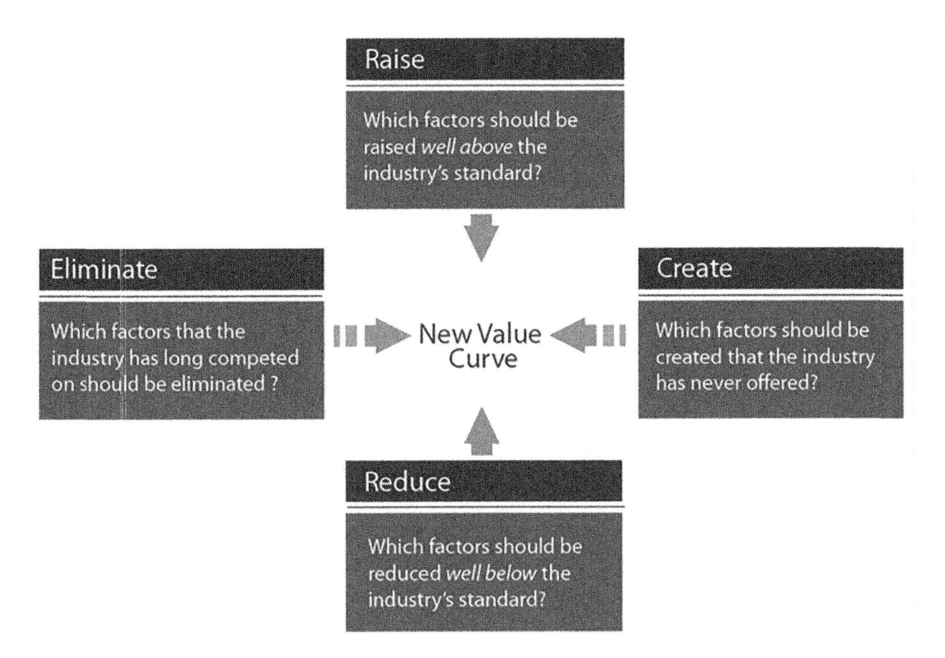

Fig. 19.2 The four actions framework. (Resource: https://www.blueoceanstrategy.com/tools/4-actions-framework/)

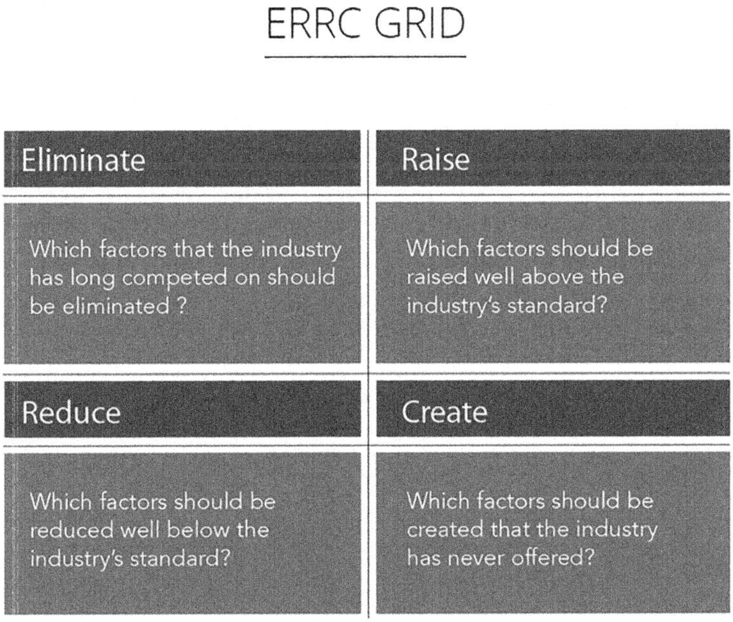

ERRC GRID

Eliminate	Raise
Which factors that the industry has long competed on should be eliminated ?	Which factors should be raised well above the industry's standard?
Reduce	**Create**
Which factors should be reduced well below the industry's standard?	Which factors should be created that the industry has never offered?

Fig. 19.3 Eliminate-reduce-raise-create grid. (Resource: https://www.blueoceanstrategy.com/tools/errc-grid/)

action framework for building a compelling Blue Ocean Strategy®.[13] Unlike the traditional comparison method of benchmarking, strategy canvas focuses not only on the same elements that all companies have, but also on newly created or eliminated elements. This method provides more accurate information and analysis for companies to have a better insight into companies' situations and to make better decisions.

The following strategy canvas shows the current situation in the Chinese e-commerce market. Alibaba Group, JD, Tencent and Xiaomi are presented in comparison to average e-commerce companies. This strategy canvas focuses on the seven most important elements in e-commerce: business model, customer, price, brand, capital, logistics and big data.[14] What's more, this strategy canvas also focuses on other elements from traditional 4P theory: product, promotion and place. In this strategy canvas, the element "product" shows product unity. A higher rate in this part means less product diversity. The elements "promotion" and "place" show efforts in these two parts during company operation (Fig. 19.4).

Average companies focus on mainly traditional elements like product unity, promotion and place. Average e-commerce companies are usually for specific product categories, for example Jumei for cosmetics or Vip.com for luxury products. However, successful e-commerce companies focus on the universal products market, except for Xiaomi. Because of market development, products tend to be identical and variations of promotion activities and distribution channels have less effect. Therefore, prices tend to be high because of high promotion, ditribution and place costs. Successful e-commerce companies are focussing on disruptive business models, customers, brand, capital, logistics and big data.

Customers need a more effective model to fulfil their need for better shopping experience. These successful companies all have different innovations in refining their business model. Alibaba and Tencent dared to follow the business model of low or even non profit at the very beginning of business as did Amazon.

All e-commerce companies tend to be customer-oriented companies, because the success of e-commerce companies depends on how many users can be attracted and maintained. But these successful companies show better performance in serving customers. Alibaba beat eBay by understanding the Chinese customer better regarding the entrance fee for their online platform.[15] JD and Tencent have better shopping or using experience for customers.

Because of better performance, successful companies will have higher profit margins. A further price reducement attracts more customers that will generate further profit and

[13]Cp. Kim, W. Chan and Mauborgne, R.; Blue Ocean Strategy; Page 25.

[14]Cp. 吴晓波; 商战-电商时代; Preface.

[15]Forbes; How EBay Failed In China [Online].

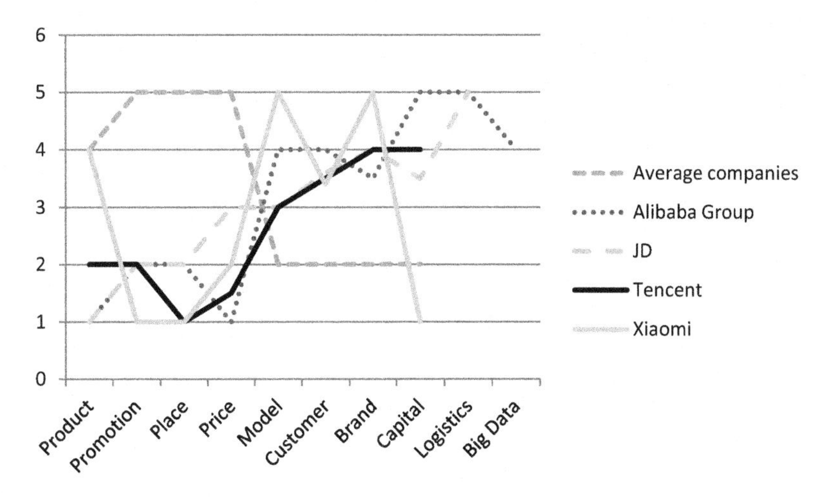

Fig. 19.4 Strategy canvas in Chinese e-commerce market

lower costs because of economic scale. That is a virtuous circle.[16] Average companies have less awareness of brand management. Successful companies attach more importance to managing brands. They believe that the good reputation of brands will create more demand than normal marketing methods.[17]

Successful companies also gain capital power for further investments. Like Alibaba, it finished its $168 billion IPO on September 2014 with a price at $68 a share, more than the value of Amazon and eBay.[18] Not only increasing some element standards in industries, these successful customers also create new elements such as big data and logistic, which are new trends for today's e-commerce. Big data can provide customers' shopping preference and innovation in logistic systems offer faster delivery. Both activities increase satisfaction with the shopping experience. Based on large customer resources and cloud computing, Alibaba can present the preference of customers with large data volume. Therefore, customers may find their products more easily by recommendations provided on web pages. This technology is implemented also in its logistics system and reduces unnecessary intermediates in the delivery process.[19] Details of Blue Ocean® movements and the related analysis will be shown in the following paragraphs.

[16]Cp. 吴晓波; Page 85.

[17]Cp. 吴晓波; Page 183.

[18]Dailymail; Biggest IPO in US history [Online].

[19]Alizila; AliCloud Races to Build Cloud Infrastructure [Online].

19.4 Expression of Blue Ocean Strategy® in Chinese E-Commerce

Blue Ocean® is not constant, especially in the e-commerce area. Internal and external situations change every day and it is difficult to keep the Blue Ocean® market for a long time. Therefore, in the following paragraphs, Blue Ocean® movements are distinguished in three phases following the chronological order: foundation of an e-commerce market, continuing creation of Blue Oceans® by perfecting the industrial chain and Blue Ocean® stabilization by creating an e-commerce ecosystem.

Alibaba—First Local C2C Online Platform The first example of successful Blue Ocean® companies is Alibaba which was considered to be the most valuable company in China in 2014. Alibaba Group beats eBay away from China and became the biggest C2C online platform in China. Even though Alibaba Group didn't create Blue Ocean® by itself, it enlarged the existent Blue Ocean® created by eBay and turned this ocean into its own Blue Ocean®. In 1999, Alibaba Group started its B2B market by 18 people led by Jack Ma with an investment of 50,000RMB in 1999. Nowadays, Alibaba has become an e-commerce giant with 25,000 employees with a value of 936 billion RMB (US$50 billion) in 2014.[20] Major business are in B2B (Alibaba.com), B2C (Tmall.com), C2C (taobao.com) as well as O2O (juhuasuan.com) online marketplaces. Recently, Alibaba has also focused on the areas of big data, finance and logistics in order to complete its own e-commerce Ecosystem (Fig. 19.5).[21]

In this fierce market, Alibaba group still shows great performance in B2B, B2C and also C2C. In 2013, annual revenue reached $248 billion. Especially on "11.11" Single Day in China, daily revenue is $5.8 billion.[22] The market shares of the B2B platform (Alibaba.com and 1688.com) and the B2C platform (Tmall.com) in the Chinese market are about 50%. The C2C platform (Taobao.com) occupied 95% market share in the C2C market. Alipay, created by Alibaba group, dominates with a 50.6% market share of online payment in online and offline transactions of US$519 billion payment volume.[23]

The President of Alibaba, Jack Ma, encouraged staff to think differently and ideas and advice came from every management level.[24] Finally, Taobao.com, Alibaba's C2C online platform, decided to eliminate the entrance fee for the first three years, which attracted lots of sellers from eBay to taobao.com and generated more participants in this market. With the no-fee strategy, there were 10 million listings on Taobao in September of 2015.

[20]Cp. Ying Lowrey; Alibaba ecosystem; Page 232.

[21]Alibaba Group; Homepage [Online].

[22]Alibaba Group; Alibaba SEC Filings.

[23]Alibaba Group; Alibaba SEC Filings.

[24]Cp. 吴晓波; 商战-电商时代; Page 68.

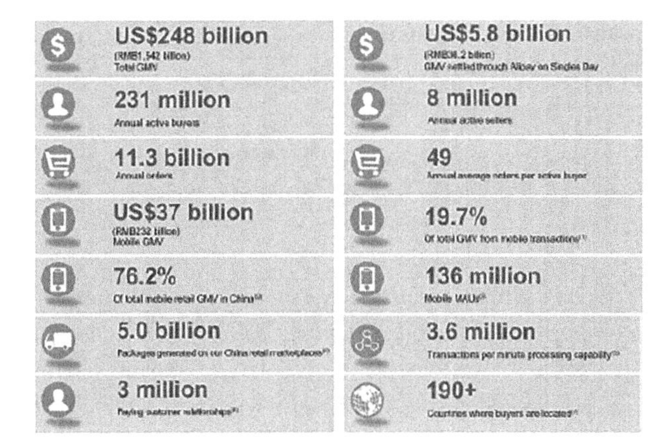

Fig. 19.5 Company scale and size of Alibaba. (Resource: Alibaba SEC Filings)

In contrast, there were only 1 million listings on eBay China.[25] After the establishment of taobao.com, Alibaba Group stabilized its position in the C2C marketplace, beat eBay out of China and made its own Blue Ocean® in this market.

Taobao.com didn't create a Blue Ocean® by itself but followed the idea from eBay. Taobao's success is to maximize the size of the Blue Ocean® by using the third principle of Blue Ocean Strategy®.[26] Therefore, the companies need to address non-customers and build on powerful commonalities.[27]

In the early 21st century, online shopping or online auctions were not popular. Customers were not familiar with the process of online shopping. What's more, material wealth was not as high as today and people didn't have lots of unused products to exchange with others. A better understanding of the Chinese market gave Taobao insight into how to aggregate new demand for its offerings and reach beyond existing demand.

As a result, Alibaba's decision to eliminate entrance fees for 3 years attracted existing sellers from eBay. In addition, Taobao achieved the goal of exploring the first tier of non-customers who would like to be sellers who were hesitant about the entrance fee.[28] With increasing numbers of sellers, more products were presented. Various products attracted more buyers on the Taobao platform. In conclusion, Taobao gained a lot more users than eBay. In addition, seller and buyer satisfaction increased. No entrance fee, large buyer resources and other services, like online business colleges Alimama, increased seller satisfaction. Buyers gained satisfaction from various products and convenient shopping experience.

[25]Cp. Qin, Z.; E-Commerce Strategy; Page 250.

[26]Cp. Kim, W. Chan and Mauborgne, R.; Blue Ocean Strategy; Page 101.

[27]Cp. Kim, W. Chan and Mauborgne, R.; Page 102.

[28]Cp. Kim, W. Chan and Mauborgne, R.; Blue Ocean Strategy; Page 103.

Table 19.1 ERRC-Grid of Taobao's foundation

Eliminate	Raise
Entrance Fee	Satisfaction Users scale: More sellers and buyers
Reduce	**Create**
Business complexity	Ease of online business environment

Taobao eliminated the entrance fee that competitors, like eBay, consider to be the most important income resource. Taobao's movement didn't reduce profit, but rather attracted more customers which enlarged Taobao's economic scale and further reduced fix costs. By increasing seller and buyer satisfaction, Taobao raised value from both sides of its customers. Taobao successfully received value innovation (Table 19.1).

This value innovation is the best market boundary and the most difficult market element that other companies can imitate. Taobao has held this Blue Ocean® for 15 years since 1999 with 95% of market share until 2014.[29]

JD: First online Platform of 3C-Product JD is another successful example of creating a Blue Ocean®. JD created a successful online platform of 3C-products and developed it to a generic wholesale market. In 1999, JD started its business focusing on 3C-products in the form of physical stores. JD started to reform and build a B2C online platform. Nowadays, JD has the largest online direct sales in China in terms of transaction volume with a market share in China of 54.3% in 2014 according to iResearch, a third-party market research firm.[30] Its major business is its B2C market platform, JD.com. JD.com listed on the Nasdaq stock exchange in May of 2014. In the same year, it received GMV of US$41.9 billion and net revenue of US$18.5 billion (Fig. 19.6).[31]

In the early 21st century, products in the Chinese market started to be abundant because of the increasing productivity and the open policy reform in China. The 3C-product market was also prosperous and at the same time, competition between different distributors becomes fiercer. A price war was unavoidable. Companies have started to reduce costs in order to gain more margin advantages.

In 2003, there was a serious outbreak of the respiratory infectious disease "SARS" in China which has influenced the shopping in physical stores. People tried to reduce the frequency of shopping outside in order to avoid infection. This was a big problem for all physical stores, while the president of JD, Liu Qiangdong, considered it as an opportunity and big challenge for JD. Liu Qiangdong seized this opportunity to enter the e-commerce market.

[29]Chinaeconomic; Taxing Taobao [Online].

[30]Forbes; How EBay Failed In China [Online].

[31]JD; Homepage Corporate Profile [Online].

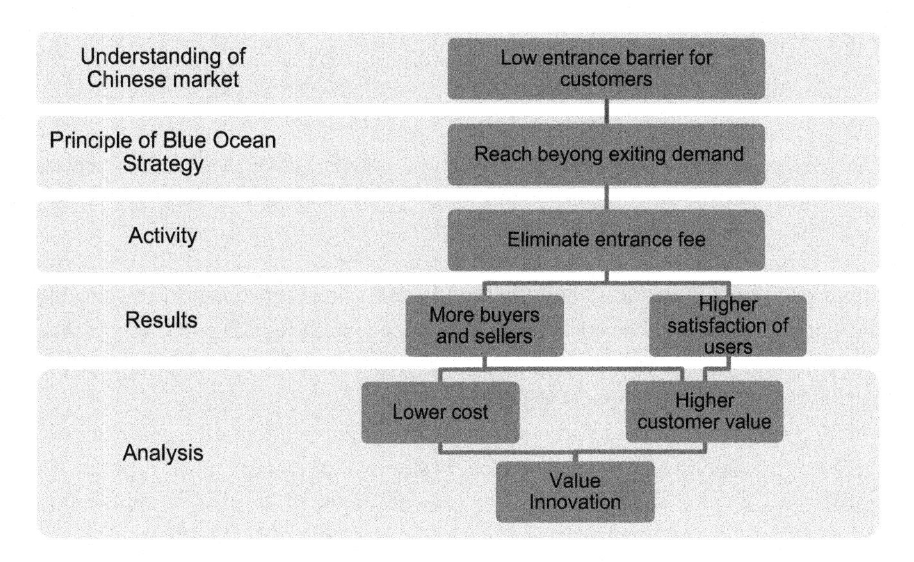

Fig. 19.6 Analysis of Alibaba's Blue Ocean® activity

In the first phase of its foundation, JD decided immediately to shut down its physical stores and start selling products online by advertising on BBS. After experiencing an accumulation of online selling, JD built its online B2C platform for selling 3C-products in 2014. When SARS was over, JD reopened its physical stores. At that time, JD operated both online and offline businesses.

After the foundation of the online platform, JD built the first time-limited auction system in China in July 2014.[32] This system offers customers the opportunity to take part in online auctions on JD's platform for JD's specific products in same way as in real-life auctions. These specific products include returned products because of damage in packaging and excessive purchase as well as inventory products.

After that, JD started to expand its product range and became the biggest B2C online market in China. JD precisely seized the future trend of the 3C-products market, also the retail industry trend: online B2C markets. With the development of computer technology and the increasing number of internet users as well as the success of Alibaba in B2B and C2C online markets in China in the early 21st century, the online B2C market was a clear trend. JD's offline retail business provides advantages for online B2C businesses. By considering the fierce competitive environment, shutting down physical stores to reduce costs and getting online is decisive for JD. The convenience of online shopping makes this trend irreversible. In conclusion, the trend of online B2C markets fits three principles of assessing trends across time: decisive to business, irreversible and

[32]Hexun; 无心插柳柳成荫,"无知无畏"做电商 [Online].

Table 19.2 ERRC-Grid from JD

Eliminate	Raise
Physical stores	Customer Loyalty
Reduce	**Create**
Business risks from SARS	Online B2C market for 3C-products Online instant auction

clear trajectory.[33] JD understood how the trend adds value, convenience, for customers. Numbers and facts prove that JD made a right decision. By looking into the future, JD gained more opportunity and space to create its Blue Ocean® in the B2C market, from the specific market for 3C-products to generic products.

In the second phase, JD was successful by looking across alternative industries according to Blue Ocean Strategy®. Online B2C business and auctions have different functions and forms but the same purpose—to provide items which people appreciate. An auction provider is never considered as a competitor of online B2C business. By combining these two different businesses, JD increased the enjoyment of online shopping. Auction winners who gain lower price products will keep on auctioning. JD's auction, unlike usual auctions, doesn't put customers under great financial pressure which may decrease their interest. The people who fail once in an auction will keep checking JD's website and following further auction information in order to win the next time.

In conclusion, JD successfully reduced costs by shutting down physical stores and increased buyer value by reducing the risk of shopping outside during the SARS period, by increasing convenience of shopping and also by increasing enjoyment of online shopping. JD created its value innovation which increased its demand and further reduced costs because of economic scale generated by increasing buyer value (Table 19.2).

(3) Xiaomi: New Business Model of Smartphone Industry In 2010, Xiaomi was founded by entrepreneur Leijun, who had the idea that high quality technology doesn't need to cost a fortune. The product range includes different types of smartphones, Wi-Fi boxes, power banks and other accessories.[34] Products are sold directly online to customers to keep prices competitive. In 2014, Xiaomi doubled its revenue to $12 billion with sales of 61 million and became the 3rd biggest smartphone maker, challenging Apple and Samsung.[35]

Xiaomi started its business with smartphone systems. It created an online forum where customers can give feedback and discuss problems with technical personnel. Here is also where Xiaomi gained a lot of loyal fans. Based on fans, Xiaomi gained a lot of

[33]Cp. Kim, W. Chan and Mauborgne, R.; Blue Ocean Strategy; Page 76.

[34]Xiaomi; About Xiaomi [Online].

[35]Reuters; Xiaomi revenue doubled to $12 billion in 2014: CEO microblog [Online].

information and resources for designing and manufacturing smartphones. Users can send feedback and problems on the online forum and Xiaomi will update their new system versions as soon as possible. Technical problems can be discussed and solved on the online forum by Xiaomi fans with technological ability.[36] In other words, the software development from the beginning to after-sale service is crowdsourced by Xiaomi fans. For hardware parts of Xiaomi smartphones, Xiaomi cooperates with reliable smartphone manufacturers and most of them are suppliers of Apple Inc. As a new company, Xiaomi has less negotiation power when it faces suppliers. In order to reduce costs and to further reduce prices, Xiaomi decided to sell its products directly online.[37]

In 2011, after the press conference for Xiaomi's first product, 300,000 presell smart-phones were sold out immediately.[38] In 2013, more than 18 million handsets were sold in China. More products have been launched overseas. The product range expanded from smartphones only to tablets, TVs, Power Banks headphones as well as software services.

Xiaomi created a new business model of manufacturing smartphones. In other words, Xiaomi changed the sequence of process of overall business which may create more space for value innovation. The new sequence reveals Xiaomi's value innovation by looking across functional or emotional appeal to buyers as well as looking across time (Fig. 19.7).

The traditional smartphone manufacturing process follows the sequence: The manufacturer designs and produces a new type of smartphone. Through promotion activities, the manufacturer raises customers' awareness of the product. Some people will be attracted to the product and then purchase. If the product satisfies customers, it will increase customer loyalty to this brand.

However, Xiaomi brought innovation into the sequence. It created high loyalty by solving customer problems with the smartphone system without any charge. Based on great support from customers, Xiaomi gained more awareness not only from original fans but also from friends and relatives of these fans. Because Xiaomi fans have contributed to the research and development on the online forum, they consider themselves part of Xiaomi and they will be the most powerful "sales" for promotion. Higher awareness increases the purchase rate, especially from potential customers (Fig. 19.8).

In this sequence, Xiaomi paid more attention to customers and created more loyalty in comparison to other manufacturers. The smartphone industry is a functional-oriented industry. Xiaomi added more emotional elements to smartphone manufacturing, while other manufacturers pay more attention to functions and the price modell.

---

[36]Cp. Zeng. L.; The great transformation; Page 8.

[37]Cp. Zeng. L.; Page 11.

[38]Cp. Zeng. L.; The great transformation; Page 8.

Fig. 19.7 Traditional smartphone manufacturing process. (Resource: 赵大伟, 互联网思维, P147)

Fig. 19.8 Xiaomi's smartphone manufacture process. (Resource: 赵大伟; 互联网思维; Page 147)

Another reason for its success is the C2B trend: C2B is a business model which is more customer-oriented. End users or consumers provide products or services for a company to complete its business process or gain more competitive advantage. What Xiaomi is doing is getting help from customers which can be considered as a C2B business model. This decisive, irreversible trend with a clear trajectory ensures Xiaomi can expand its market today and in the future. By looking across emotional appeal to customers and looking across time, Xiaomi gains success in value innovation (Table 19.3).

By outsourcing its tasks of research and development to Xiaomi fans in the online forum, Xiaomi successfully reduces the R&D expense. In the meanwhile, Xiaomi eliminates all physical distribution channels and instead offers only online distribution channels. These movements of reducing and eliminating parts according to the Four Actions Framework realizes the cost reduction goal for Xiaomi.

At the same time, Xiaomi improves product quality through cooperation with the best smartphone manufacturers. In addition, Xiaomi also raises the update pace of its smartphone system with the help of Xiaomi fans on its online platform. By raising and creating industrial standards, Xiaomi fulfils more customers‘ desire and increases buyer value.

Alibaba, JD and Xiaomi successfully created their own Blue Oceans® by implementing several principles of Blue Ocean Strategy®, such as paths of restructuring existing market boundaries, creating demand beyond existing demand. These movements enable these companies to reduce costs and increase buyer value. Therefore, they can gain more

Table 19.3 ERRC-Grid of Xiaomi's Blue Ocean® activity

Eliminate	Raise
Physical distribution channels	Product quality Update race
Reduce	**Create**
R&D expense	Fan support

competitiveness by value innovation. The new market offers a lot of resources and profit chances and becomes an attractive market which attracts the attention of competitors. They may try to get in and get a piece of the cake in this new market. Therefore, Blue Ocean® is not always stable and companies need to make corresponding movements to continue creating Blue Oceans®.

19.5 Perfection of Industrial Chain—Examples from Alibaba, JD and Tencent

Because of low barriers for imitation, e-commerce companies can't keep Blue Oceans® for a long time. Blue oceans can turn red quickly by the entrance of competitors. A lot of examples show that perfection of the industrial chain is the next step after foundation in e-commerce industry. This movement also fits the Blue Ocean Strategy® theory of restructuring market boundaries by looking across complementary products and service offerings. Two main complementary products and service offerings e-commerce companies prefer are online payment and logistics systems. Alibaba and JD make good models for other e-commerce companies. As Xiaomi is still a new company which has also recently created a whole new Blue Ocean®, this Blue Ocean® is relatively quiet and no extra movement in this ocean is necessary. Therefore, in the following paragraphs, detailed information will be given about Alibaba and JD only.

Innovation in Payment Payment is an important part of online shopping. In the past, inconvenient payment processes restricted shopping behavior. With development of payment methods, especially with the development of Alibaba group's Alipay, the degree of customer security and satisfaction has increased.

After beating Ebay by the elimination of the entrance fee, Alibaba created its own payment method Alipay in 2003 in order to stabilize its e-commerce Blue Ocean®. Alipay is a third party online payment method created by Alibaba. Alipay operates in a similar manner to Paypal and was initiated to solve the security issues of online transactions for stores in Taobao. The buyer will officially pay to the seller via the Alipay system. Sellers will get payment when the product delivery is confirmed. If there is a problem with products during the transaction process, Alipay can be an intermediate in solving issues with the seller.[39] As China has not built a mature credit card system like that in the U.S. yet, Alipay acts as a bridge between the backward credit system and advanced online retail system.[40] By the end of 2013, registered users of Alipay were over 300 million and the users of Alipay wallet, a mobile application of Alipay, reached the volume of

[39]Taobao; What is Alipay-Paypal of China [Online].

[40]Cp. Ying Lowrey; Alibaba ecosystem; Page 242.

270 million.[41] As the traditional business of Alibaba is e-commerce, creating Alipay and related Alipay wallet can be considered as a method of creating Blue Ocean Strategy® by looking across complementary service offerings. The characters of Alipay are mainly convenience and security. For convenience, users can pay both on computers per Alipay and on mobile devices per Alipay Wallet. This movement increases the satisfaction of existing users and reduces the churn rate for the e-commerce market as well as increasing the degree of participation in mobile-commerce. For security, it eliminates online payment risks of existing users and in the same time attracts non-users who may worry about security issues of online shopping. With increasing online shopping security, Alibaba enlarges its Blue Ocean® and stabilizes its position in this ocean.

Few products and services are used in a vacuum.[42] Upstream and downstream service may have impacts on product and service value. With the development of Alipay and also Alipay Wallet, Alibaba reduces bad effects from downstream service, payment, and ensures a smooth flow of the online shopping process. What's more, efforts in downstream service provide more information about customers which may be important material for further development.

WePay: The Most Competitive Competitors of AliPay The success of Alipay is an outstanding case for other e-commerce companies. Some companies are imitating Alibaba's path. Tencent is the most successful follower. Subsequent, basic information about Tencent, Tenpay, Wechat and WeChat payment will be shown. Then the way in which Wechat payment has affected Alipay will be illustrated. Last but not least, the success of the Wechat payment movement will be analyzed.

First of all, the relation between Tencent, Wechat, Tenpay and Wechat payment will be shown in the following figure. Tencent, founded in November 1998, has grown into one of China's largest and most powerfull internet service portals. Tencent, which originally provided instant messaging software and applications, extended its business to information services, entertainment, e-commerce and others. On June 16, 2014, Tencent Holdings Limited went public on the main board of the Hong Kong Stock Exchange.[43]

In 2005, Tenpay was created to compete with Alipay, which may support Tencent C2C business Paipai, one of the most competitive rivals of Taobao. Being controlled by Alipay, Tenpay was not widely accepted by customers. Alipay still held its Blue Ocean® position. However, the situation changed after the creation of Wechat payment by Tenpay.

Wechat is the most popular social application in China with 396 million monthly active users worldwide by the end of March 2014, created by Tencent. Users can send free text and multimedia messages, video calls or share photos on their closed Moments social network.

---

[41] Alibaba Group; Homepage about us [Online].

[42] Cp. Kim, W. Chan and Mauborgne, R.; Blue Ocean Strategy; Page 65.

[43] Tencent; About Tencent [Online].

Based on the large amount of users on the WeChat platform, Tenpay created WeChat payment in August 2013 which shares the same account with WeChat. This new mobile-payment method had a great impact on Alipay in the Chinese New Year in 2014.

In that year, WeChat payment created virtual Hongbao. It allowed users to add real money in virtual Hongbao from users' bank accounts. WeChat Hongbao attracted 8 million users from Chinese New Year giving away 40 million virtual red envelops.[44] This was the beginning of the WeChat payment method, entering a payment area which used to be regarded as the advantage of Alibaba. The campaign continued to the Chinese New Year in 2015. Even though Alibaba started virtual Hongbao five days before Chinese New Year's Eve in order to compete with WeChat payment, WeChat payment still received total Hongbao volume of over one billion compared with 240 million on Alipay. WeChat payment also collaborated with Chinese Central Television (CCTV) in CCTV's New Year Gala giving away 500 million Yuan cash Hongbao and 3 billion coupons Hongbao.[45]

By combining online payment with traditional Chinese culture, WeChat payment found new market space in the payment market which was dominated by Alipay. The movement looks across emotional appeal to buyers according to Blue Ocean Strategy®.[46] Online payment is originally a functional-oriented market. People choose online payment depending on convenience and security. Wechat payment added an emotional element, the best wishes to relatives and friends in Chinese New Year, into this function-oriented market. New demand was stimulated and WeChat Payment was very successful. Another reason for the success of the Hongbao campaign is that it looked across alternative industries by cooperating with CCTV in New Year's Gala. WeChat payment offers online payment services while CCTV provides TV programs. They have different functions and forms but offer the same function—entertainment on 2015 Chinese New Year's Eve. Over 700 million people watched the TV program "New Year's Gala" on New Year's Eve.[47] By cooperating with CCTV, WeChat attracted more customers from the gala. What's more, this campaign can also be considered as an advertisement on state-owned television. This movement can increase customers' trust in the security of WeChat payment.

Innovation in Logistics Logistics is also an important part of the online shopping process. With the development of the online shopping platform, most complaints during the online transaction process come from logistics part. Long delivery time may reduce

[44]Cp. 胡珺喆; 移动互联网之巔;, Page 31.

[45]Cp. 胡珺喆; 移动互联网之巔;, Page 34.

[46]Cp. Kim, W. Chan and Mauborgne, R.; Blue Ocean Strategy; Page 69.

[47]About; Chinese New Year: 'CCTV New Year's Gala' [Online].

satisfaction and may also affect the churn rate later. Therefore, making the effort to perfect the logistics system is one of the most important factors for e-commerce companies.

In China, the e-commerce logistics model can be distinguished into three parts: Self-built logistics system models, third-party models as well as the hybrid of self-built logistics system models and third-party logistics models.[48] Most e-commerce companies rely on third party logistics. In this chapter, two examples of companies which have put great effort into logistics innovation, the self-built logistics system model from JD and the hybrid model from Alibaba Group, will be shown. A comparison of these two different models will be illustrated in detail.

Alibaba's Logistics Platform Before developing its hybrid logistics model, Alibaba's e-commerce logistics used to be criticized by its customers because of low efficiency and uneven quality. Alibaba used to rely on third-party logistics providers like STO Express, YTO Express, YUNDA Express and so on.[49] These logistics providers all consider each other as competitors and the competition between logistics providers may cause low efficiency for Alibaba sellers. In 2012, Taobao and Tmall, Alibaba's two major trading platforms, accounted for 60% of all delivered parcels, which are about 12 million units per day.[50] Alibaba realized that a single courier company or self-built logistics system can't keep up with the development of the Chinese e-commerce industry.[51]

Therefore, in 2013, Alibaba Group, cooperating with YINTAI Group, YTO Express, ZTO Express and YUNDA Express, set up CAINIAO Network Technology CO., Ltd.[52], which is also known as China Smart Logistics. This new company with establishment of US$16.3 billion aimed to make 24-hour domestic deliveries possible.[53]

This company offers a Chinese e-commerce logistics network platform with two tasks- "Cloud net and Ground net". "Cloud-net" aims to analyze logistics data with cloud computing, which encourages each logistics company to share data within this online platform and to conduct data analysis for valuable information, for example information about forecasting regional logistics demand. Apart from "Cloud net", CAINIAO Network focuses on the deployment of an e-commerce logistics facility network in order to integrate the whole of China's e-commerce logistics resources to optimize resources allocation. They offer warehouses for private sellers. Therefore, they can better control the delivery process especially on C2C platforms.

---

[48]Cp. Chen, M.; Explicating the Trends of China's Logistics Services for Electronic Commerce; Page 872.

[49]Cp. Chen, M.; Explicating the Trends of China's Logistics Services for Electronic Commerce; Page 874.

[50]Chinadaily; Alibaba, partners establish national logistics network [Online].

[51]Alizila; PRC Companies to Invest $16 Billion in Logistics Network [Online].

[52]Cp. Chen, M.; Page 874.

[53]Chinadaily; [Online].

JD's Logistics System This logistics system can be divided into three parts: the layout logistics warehousing; transportation and distribution system; logistics network system. These 3 systems work together and ensure delivery of 85% of all JD's orders. How the systems work will be illustrated in the following paragraphs.

Layout Logistics Warehousing Logistics warehouse construction is one of the most important movements of JD to complete the onsite logistics network all over China. Its aim is to achieve the goal of delivery within one day in every corner of China.

In JD's onsite logistics network system, the first layer is the five primary logistics centers in major cities in north, east, south, southwest and central China.[54] Besides, JD made huge investments in building one more modern logistic center in Shanghai, "Asia No. 1", which is China's largest and the most advanced e-commerce logistics center and covers approximately 200,000 square meters. The second layer is 1400 distribution sites covering 1000 counties.[55] This layer ensures that customer from counties, not only from urban cities, can receive their purchased products as soon as possible. The last layer is also called "Last mile logistics", according to JD. JD set up many campus business offices, subway pickup points and community pick-up points in order to increase the delivery efficiency and then customer satisfaction.

Transportation and Distribution System In this system, 20.000 workers staff worked for JD's self-built logistics system. With more than 1000 vehicles they are bridging the last mile between customers and JD. This logistic staff are required to be careful, patient, and courteous as well as always be smiling. What's more, JD starts to encourage retired people to work as its delivery staff for short distance delivery with a reasonable salary, 6 RMB per package, especially for its new O2O platform. This movement follows the idea of crowdsourcing.[56]

Logistics Network System JD also focuses on the logistics information system to ensure the smooth flow of logistics. First of all, JD developed its own ERP system in order to better adjust to the company situation. Through this system, detailed information of every product can be known, for example: guarantee period, location in warehouse, staff for bar code scanning, packing and information of customers. What's more, this ERP system can calculate the workload of every member delivery staff and advise on the shortest delivery routine.[57] Secondly, JD focuses on its information network system

[54]Cp. Wei, G. and Kui, Y.; Analysis of JD mall logistics distribution model.

[55]Cp. Chen, M.; Explicating the Trends of China's Logistics Services for Electronic Commerce; Page 875.

[56]People.cn; O2O入侵广场舞大妈群体:打造京东配送员 [Online].

[57]Cp. 金振业; 杀出一条血路; Page 91.

"Qinglong" which supports both internal and external logistics services to expand the range and quantity of JD's self-built logistics.[58]

In 2011, the self-developed GIS system was put into operation.[59] With the help of RF terminal handsets and mobile POS terminals, customers can find out where their product is.[60] This typical application of Web of Things makes logistics visible.

19.6 Conclusion

The goal of this contribution was to give examples of Blue Ocean Strategy® in China, especially in e-commerce companies. Some giant e-commerce companies have even created their own ecosystems, like Alibaba and Tencent. In the period of foundation of the e-commerce market, e-commerce companies tend to use different paths to restructure existing markets in order to explore new customers‘ demands. The most welcomed paths in this period are looking across alternative industries like JD and looking across functional or emotional appeal to buyers like Xiaomi. What's more, companies can also expand existing demand to break existing market boundaries like Alibaba. They successfully created a new online shopping demand in the early e-commerce period in China and started the Chinese e-commerce era.

In the development period, companies share the same path in restructuring market boundaries in order to maintain the stability of their Blue Oceans®: look across complementary products and service offerings. As the two most important parts of the e-commerce market, payment and logistics systems are taken seriously. Alibaba and JD have made great efforts in these two parts. Through the execution of these activities, Alibaba and JD completed their industrial chain and perfected their business. Blue oceans are enlarging. E-commerce companies are becoming increasingly mature. They gain more experience and capital in these 20 years of development. Therefore, in the latest period of the e-commerce market, giant companies like Alibaba and Tencent invest a lot in their own e-commerce ecosystems. By building locked ecosystems, companies can retain their old users and attract more users due to the high penetration of e-commerce activities. The goal to reach beyond the existing demand is achieved. What's more, these companies raise the barrier for imitation. From the analysis of successful e-commerce companies, the following major findings are drawn. They are the solution to companies that have problems in formulating Blue Ocean Strategy®, not only for other e-commerce companies, but also for companies in other industries.

[58]Cp. Chen, M.; Explicating the Trends of China's Logistics Services for Electronic Commerce; Page 879.

[59]Cp. Zeng. L.; The great transformation; Page 91.

[60]Cp. 金振业; 杀出一条血路; Page 168.

First of all, leaders are the most important part in understanding Blue Ocean Strategy® and internal as well as external environment of companies which are important premises for further development of Blue Ocean Strategy®. Leaders of these successful companies gain good knowledge of the industry from Red Ocean® competition.

What's more, they think highly of hands-on leadership. Hands-on leadership encourages leaders to experience company operation processes personally which may help leaders gain good knowledge of company details. Accuracy for formulating new strategies will be increased by such good knowledge.

Secondly, restructuring market boundaries is an important path to create Blue Oceans®. Paths for creating Blue Oceans® provided by Blue Ocean Strategy® ensure that companies will not be stuck in competing within one market and implement limited methods like advertisement campaigns to attract customers. From a wide view of the whole Blue Ocean® development of the e-commerce industry in China, the following paths are most welcomed: look across time, look across alternative industries, look across functional or emotional appeal to buyers as well as look across complementary products and service. Those activities expand the e-commerce market from a pure online shopping market to an online comprehensive market covering every commerce activity around customers.

Thirdly, another principle of Blue Ocean Strategy® ensures market demand: reach beyond existing demand. These companies focus not only on existing demand in restricted markets, but also on second and third tier non-customers. New value in products and services attract more non-customers to become customers so that more demand is created. Increasing demand is a guarantee of executing new strategy, especially challenging strategy like Blue Ocean Strategy®.

Last but not least, value innovation is the cornerstone of Blue Ocean Strategy®. Value innovation encourages companies to achieve the goals of differentiation and low cost simultaneously. Blue Ocean® movements from those Chinese e-commerce companies follow this basic point in enlarging market boundaries and demands. All of those e-commerce companies‘ activities can be tested by the Four Actions Framework and ERRC-Grid which are Blue Ocean Strategy® analytical tools and frameworks to check Blue Ocean® activities. All in all, Blue Ocean Strategy® shows only guidance for building Blue Oceans®. The success in setting up Blue Oceans® depends on a good understanding of the theory and on the ability of applying it to the actual situation of each company.

References

Chen MC., Wu PJ., & Xiong WH. (2015). Explicating the trends of China's logistics services for electronic commerce. In M. Gen, K. Kim, X. Huang, Y.Hiroshi (Eds.), *Industrial engineering, management science and applications 2015. Lecture notes in electrical engineering* (Vol. 349). Heidelberg: Springer.

Huang, T. (2008). *Blue ocean strategy in China.* China: Higher Education Press (in Chinese).

Iclick Interactive. (2013). China eCommerce market analysis report 2013. o. O. (in Chinese).
Kim, W. C., & Mauborgne, R. (2005). *Blue ocean strategy: How to create uncontested market space and make the competition irrelevant*. Boston: Harvard Business School Press.
Lowrey, Y. (2013). *The Alibaba way: Unleashing grass-roots entrepreneurship to build the world's most innovative internet company Alibaba*. New York: McGraw Hill.
Qin Z., Chang Y., Li S., & Li F. (2014). E-commerce and e-Commerce strategy. In E-Commerce Strategy. Berlin: Springer.
Wei, G., & Kui, Y. (2013). Analysis of JD and Tmall logistic distribution model. Technology and Market 2, o. O. (in Chinese).
Zeng, L. (2013). *The great transformation*. Beijing: Science Press (in Chinese)
吴晓波; 商战-电商时代
郎咸平; 蓝海战略大溃败
胡珺喆; 移动互联网之巅
金振业; 杀出一条血路

Internet resources

About: Chinese New Year. 'CCTV New Year's Gala'. http://chineseculture.about.com/od/chinesefestivals/a/Chinese-New-Year-Cctv-New-Years-Gala.htm. Accessed 7. June 2015.
Alibaba Group. Alibaba SEC Filings. https://www.sec.gov/Archives/edgar/data/1577552/000119312514184994/d709111df1.htm. Accessed 22. July 2015.
Alibaba Group. Homepage about us. http://ab.alipay.com/i/jieshao.htm. Accessed 21. June 2015.
Alibaba Group. Homepage. http://www.aliloan.com/. Accessed 21 June 2015.
Alizila. AliCloud Races to Build Cloud Infrastructure. http://www.alizila.com/alicloud-races-build-cloud-infrastructure. Accessed 21 May 2015.
Alizila. PRC Companies to Invest $16 Billion in Logistics Network. http://www.alizila.com/prc-companies-invest-16-billion-logistics-network. Accessed 11 June 2015.
Baidu. Homepage about. http://www.baidu.com. Accessed 25 June 2015.
Blueoceanstrategy. Homepage. http://www.blueoceanstrategy.com/. Accessed 21. May 2015.
Blueoceanstrategy. Elibrary. https://www.blueoceanstrategy.com/elibrary/. Accessed 16. June 2015.
Chinadaily. Alibaba, partners establish national logistics network. http://usa.chinadaily.com.cn/business/2013-05/29/content_16542115.htm. Accessed 2. Aug. 2015.
Chinaeconomic. Taxing Taobao. http://www.chinaeconomicreview.com/taxing-taobao. Accessed 7. June 2015.
CIA. The world Factbook. https://www.cia.gov/library/publications/resources/the-world-factbook/geos/ch.html. Accessed 15. June 2015.
Dailymail. biggest IPO in US history. http://www.dailymail.co.uk/sciencetech/article-2761551/Alibaba-prices-IPO-68-share.html. Accessed 4. June 2015.
Forbes. How EBay failed In China. http://www.forbes.com/sites/china/2010/09/12/how-ebay-failed-in-china/. Accessed 8. Aug. 2015.
Forbes. Alibaba: here are the key growth drivers in the Chinese E-Commerce market. http://www.forbes.com/sites/greatspeculations/2015/06/02/alibaba-here-are-the-key-growth-drivers-in-the-chinese-e-commerce-market/. Accessed 21. June 2015.
Hexun. 无心插柳柳成荫,"无知无畏"做电商(1). http://data.book.hexun.com/chapter-17738-1-12.shtml. Accessed 27. June 2015.

Iclick Interactive. China eCommerce market analysis report 2013. https://www.slideshare.net/brentc123/china-ecommerce-market-analysis-final-report-2013/2-Table_of_Contents1_Industry_review. Accessed 21. June 2015.

JD. Homepage Corporate profile. http://en.jd.com/help/question-7.html. Accessed 15. June 2015.

People.cn. O2O入侵广场舞大妈群体:打造京东配送员. http://history.people.com.cn/peoplevision/n/2015/0330/c371464-26769822.html. Accessed 16. June 2015.

Quandl. GDP as Share of World GDP at PPP by Country. https://www.quandl.com/c/economics/gdp-as-share-of-world-gdp-at-ppp-by-country. Accessed 13. June 2015.

Reuters. Xiaomi revenue doubled to $12 billion in 2014: CEO microblog. http://www.reuters.com/article/2015/01/04/us-xiaomi-sales-idUSKBN0KD0CQ20150104. Accessed 28. July 2015.

Taobao. What is Alipay-Paypal of China. http://taobaoshopping.org/what-is-alipay-paypal-of-china/. Accessed 12. June 2015.

Techinasia. China's ecommerce market was worth $2 trillion in 2014. https://www.techinasia.com/chinas-ecommerce-market-worth-2-trillion-2014/. Accessed 28. May 2015.

Tencent. Homepage about. http://www.tencent.com/en-us/at/abouttencent.shtml. Accessed 21. May 2015.

The World Bank Group. Data of China. http://data.worldbank.org/country/china. Accessed 13. June 2015.

Xiaomi. Homepage about. http://www.mi.com/en/about/. Accessed 2. Aug. 2015.

Analysis: How Nintendo Created a New Market through the Strategic Innovation Wii

20

Jörg Ziesak and Thomas Barsch

Contents

J. Ziesak
Brüssel, Belgium
E-Mail: joerg.ziesak@ab-inbev.com

T. Barsch (✉)
Illingen, Germany
E-Mail: thomas.barsch@pionierfabrik.de

T. Barsch et al. (Hrsg.), *Die Blue-Ocean-Strategie in Theorie und Praxis,* FOM-Edition,
https://doi.org/10.1007/978-3-658-15480-6_20

20.1 Introduction

20.1.1 Background

In the year 2009, Nintendo was placed fifth in BusinessWeek's ranking of the world's most innovative companies.[1] This confirms Nintendo's significant transformation into an innovative design powerhouse that redefined the predominant business value factors of the video game industry. However, a few years ago no analyst would have anticipated that Nintendo would develop in this direction.

Until the mid-1990s, the global home video game console industry was dominated by Nintendo, a Japanese video game hardware and software manufacturer. Rivalry in this industry only marginally existed. This changed when Sony entered the market in 1994. By offering a console that was technologically superior, Sony outperformed the then-Nintendo console. Thereby new challenges arose for the Japanese company.[2]

Nintendo lost its long-lasting market leadership to the new entrant. Despite several attempts to recapture market leadership during the late 1990s, Nintendo was stuck in second place. Instead of regaining market share, the opposite was the case when Microsoft, a computer software giant, joined the market in 2001. Nintendo's market share slipped dramatically because they were not able to keep up with the technological progress of its competitors. The former market leader fell back to the third place of the industry.[3] Analysts of the video game entertainment industry even recommended that Nintendo withdraw completely from the highly competitive console market in order to concentrate on developing software.[4] However, Nintendo refused to surrender, but they urgently needed to recover market share.

Nintendo's approach to the strategy was very different to that of Sony or Microsoft. Instead of competing for core gamers, Nintendo tried to expand the market and to win new customers. For Satoru Iwata, the president of Nintendo, the industry had been on the wrong track by only concentrating on core gamers, because the number of overall users was getting smaller and decreasing its spending patterns.[5] "You must know when not to follow the traditional way of thinking"[6], Iwata argued. "For some time, we have believed the game industry is ready for disruption. Not just from Nintendo, but from all game developers. It is what we all need to expand our audience. It is what we all need to expand our imaginations."[7]

---

[1]cp. 'The Most Innovative Companies', Businessweek.com.

[2]cp. 'Gameplayer—The Complete History of Nintendo', Gameplayer.com.

[3]cp. 'The History of Nintendo', About.com.

[4]cp. 'The Console Wars': Game on', Time.com.

[5]cp. 'Wii would like to play', Effie.org.

[6]cp. 'Wii are swimming in a clear blue ocean', Timesonline.co.uk.

[7]'Nintendo speech in full, we'd hoped for more on the Revolution!', Hexus.net.

20.1.2 Formulation of Objectives and Problem Area

Satoru Iwata's statement outlines the challenge Nintendo was facing in 2002. This given, the following scientific examination will elaborate the aspect of how Nintendo managed to recapture market share in the video game entertainment industry. In this regard, the article examines strategies on how to create competitive advantage, unique selling propositions and customer value. It especially outlines the usefulness of the Blue Ocean Theory®, which serves as a strategy to identify and create new uncontested market space and new, unprecedented demand. Furthermore, the aspect of how to incorporate the selected strategic approach into a new product will be examined in the new product development process.

20.2 The Video Game Entertainment Industry

20.2.1 Market Demarcation

Since its beginning in the early seventies of the twentieth century, the video game industry has grown from a niche to a mainstream market. At the end of 2002, the US video game market was valued at about $6,9 billion[8] and the worldwide industry at about $21,2 billion. It is growing fast, at a compound annual rate of eleven per cent. [9]

New consoles emerge in generations: The normal lifespan of a console generation is four to six years. After this time, it is replaced by the next generation of consoles.[10] According to demographic studies, the average game player's age in 2003 was 29 and the majority of players were male, with 61 per cent in comparison to 39 per cent female players.[11]

20.2.2 The Market that the Wii would Face

Sony, in ownership of the PS technology, continued to develop the console on its own and launched it on the Japanese market in 1994 and on the U.S. market in 1995. To the detriment of Nintendo, the PS was an instantly overwhelming success. It turned out to be an enormous threat to Nintendo's market share because Sony was able to change the overall console competitive landscape and uproot Nintendo's established name in

[8]cp. Entertainment Software Association (2008, p. 11).

[9]cp. 'The whole world is playing', Thr.com.

[10]cp. 'Analysis: The New Reality of the Video Game Console Business', Gamasutra.com.

[11]cp. Entertainment Software Association (2003, p. 2).

the gaming industry. The advantages of the PS were a wider range of games, superior hardware with 3D graphics and especially the CD-ROM feature: It was more cost-effective than Nintendo's cartridge system, easier to manufacture and stock. Due to these cost-efficiencies, Sony was able to sell games at lower prices than Nintendo and to offer higher margins for game developers. Sony heavily promoted its console and became the number one choice among video game developers. For many years, Nintendo had been the dominant market leader in the video game industry, but with the introduction of the PlayStation, Nintendo had to relinquish the market leadership to Sony.[12]

In 1996, Nintendo tried to win back market share with the introduction of the Nintendo 64 (N64). Although the new console had superior hardware in comparison to Sony's PlayStation, it failed to halt the decrease of Nintendo's market share. Nintendo sold only 32 million N64 systems worldwide.[13] Nintendo faced even more competition when Sega re-entered the market with the Dreamcast in 1998. Within one year, the Dreamcast was outselling Nintendo 64 at a 3 to 1 ratio.[14] Although the Dreamcast was superior in technological and functional aspects (it was the first console that offered Internet and online gaming), it failed to be a success. This could be traced back to the small portfolio of games and the fact that Sega sold its consoles below their production costs. In 2002, after four years of losses, Sega withdrew from the console market and focused on game development.[15] In 2000, Sony launched its updated version of the PlayStation, the PlayStation 2 (PS2). It offered more powerful technology and new built-in features such as a DVD-Player and an advanced digital sound system. The PS2 quickly built up a significant market share and it took over the market leadership from the PS. In particular, it was the possibility of playing DVDs and the offering of a broad portfolio of games, attracting both children and adults, which pushed the sales figures of the PS2. By the end of 2001, Microsoft, a technology giant that had been producing software for PCs, could no longer ignore the promising video game industry and the impact it had on the its traditional PC and software domains. Nintendo faced stiff competition when Microsoft entered the video game market with its console Xbox in the winter of 2001. The Xbox, priced at $299, was a multi-functional entertainment console, which played games, music and movies and allowed users to surf the internet. According to Microsoft, the "Xbox is the first step in Microsoft's long-term strategic vision for the future of home entertainment, and it too met with great success."[16] As a reaction to Sony's and Microsoft's success, Nintendo introduced the GameCube (GC) in 2001. For the first time, Nintendo switched

[12]cp. 'Gameplayer—The Complete History of Sony', Gameplayer.com.au; 'The History of Nintendo', Gameplayer.com.au.

[13]cp. 'Classic Systems', Nintendo.com.au.

[14]cp. 'Dreamcast', Consoledatabase.com.

[15]cp. 'Did Dreamcast Fail Because it was Ahead of its Time?', Foxbusiness.com.

[16]'Xbox drags on Microsoft profit', Cnetnews.com.

from the obsolete cartridge based system to a compact disk drive model. With only a little more than 21 million systems sold, it turned out to be the worst-selling game console in the history of Nintendo.[17] Although in 2002 the overall demand for video games increased, the demand for Nintendo's video games and consoles still decreased further. Sony shipped about 40 million PS2s worldwide, while Nintendo was only able to sell 4 million copies.[18] The results for Nintendo were disastrous: By 2003, the PS2 had a market share of 74% and Microsoft's Xbox held 13%. Only a small proportion of 13% was left over for Nintendo.[19] Microsoft further weakened Nintendo's position when they enticed Rare, a third-party game developer which had programmed successful games for Nintendo, away from Nintendo to produce exclusively for its Xbox.[20] Additionally, Microsoft lowered their prices for the Xbox, forcing Nintendo to follow suit.[21] Since 1995, Nintendo had not developed any breakthrough in the home video game console market. Game analysts such as Hisakazu Hirabayashi argue that "since around 2000, Nintendo was no longer a member of the video-game industry."[22]

20.2.3 The Current Generation

In 2005, the battle for market leadership continued with the launch of the seventh generation of consoles.[23] The first to market was Microsoft. In November 2005, they launched their successor, the Xbox 360, several months ahead of their competitors. Microsoft tried to skim the demand by becoming the first console in the new business cycle. The Xbox 360 was a powerful system with a 3.2 GHz processor, a high end graphic chip and multimedia solutions, such as a HD-DVD disk drive, for video, music and internet.[24] Shane Kim, corporate vice president of Microsoft's interactive entertainment business, stated that "whether it's sports, music, movies, game shows or great games you crave, Xbox 360 is home to the biggest and best out there"[25]. The price for the Xbox 360 was set at $299 and at $399 for the Core and Elite versions respectively[26]. Prices for gaming soared again. The strategy of being the first to market seemed to be a success: Until

[17]cp. 'The Video Game Industry: Nintendo back in the lead', Seekingalpha.com.

[18]cp. 'PlayStation2: Killing the Competition', Businessweek.com.

[19]cp. 'The Console Wars': Game on', Time.com.

[20]cp. 'Microsoft buy top games producers Rare', News.bbc.co.uk.

[21]cp. Lewis, Leo (2003), 'Game Over', Thefreelibrary.com.

[22]'The Console Wars': Game on', Time.com.

[23]cp. 'Seventh Generation Gaming Consoles: Thinking Outside the Box', Seekingalpha.com.

[24]cp. 'Microsoft macht mit jeder Xbox Verlust', Handelsblatt.com.

[25]'Xbox 360 Unveils Gameplay for Every Passion', Microsoft.com.

[26]The Elite Version had more memory capacity and additional high-definition cables.

June 2007, Microsoft had sold about 12 million Xbox 360 consoles. But, despite the Xbox 360's popularity, Microsoft's gaming division experienced a loss of $1,26 billion in 2006. Reflecting on the first-to-market strategy, the annual report of 2006 admits that "commercial success depends on many factors including innovativeness, developer support, and effective distribution and marketing."[27]

In November 2006, Sony and Nintendo launched their new consoles, the PlayStation 3 (PS3) and the Wii respectively. Its hardware was superior to the Xbox 360 and with its vast variety of features, the PS3 could be compared to a high-end PC. However, the technical superiority of the PS3 was apparent in its price: The cheapest price for the system was $499. Besides, Sony was also offering a version for $599, which contained more hard disk drive space.[28] In spite of PS3's advanced technology and although common industry belief was that PlayStations 1 & 2 had established a loyalty in gamers which would ensure PlayStation 3's success, Sony sold only about 700.000 units by 2007[29].

While Sony and Microsoft tried to outcompete each other by offering cutting edge technology and additional features, Nintendo had a different approach. Iwata pointed out that "Nintendo's basic strategy is to do things differently."[30] The Wii is a small, well-designed console that embedded hardware, which, compared to its competitors, was way below industry standards. With its 729 MHz cell processor, the Wii was marginally faster than its predecessor, the GC.[31] Nintendo refrained from incorporating the latest hardware and even abstained from offering the possibility to play music or movies on its console. The Wii was positioned as a pure gaming machine.[32] By abandoning high-tech hardware, the system could be priced at $249, making it the cheapest console available on the market. The concept was to offer a low-budget alternative to the PS3 and the Xbox 360.[33] Although the Wii was not as powerful as the competitors' systems, it offered a completely new experience of video game playing. This could mainly be attributed to the wand-shaped, wireless motion sense controller Nintendo had created. With its built-in motion sensors, the Wiimote[34] was able to detect motion and rotation of the player's hand movements. Games could be controlled by physical gestures, which were shown directly on the screen. From its introduction, the Wii was an immense success: By 2007 Nintendo had sold 5.84 million Wii consoles and 28.84 million Wii games. With the creation of the Wii, Nintendo was able to recapture its former dominant position in

[27]cp. Microsoft (2006).

[28]cp. 'Sony PlayStation 3: Fünf Tage im Test', Chip.de.

[29]cp. 'The Keys to Sony Playstation 1 and 2 success', www.1888freeonlinegames.com.

[30]'The Console Wars: Game on', Time.com.

[31]cp. 'Wii Game Console—Features and Reviews', Ethiopianreview.com.

[32]cp. 'Ich Wiill doch nur spielen', Chip.de.

[33]cp. 'Nintendo Brings the Games to the People', Businessweek.com.

[34]The Wiimote is the controller unit of the Wii.

the video game industry.[35] In the following, this paper will analyze how Nintendo managed to redefine the industry's boundaries, developed a very different approach on competition and succeeded in creating a new market.

20.2.4 The Need for Change

20.2.4.1 Structural Analysis of the Home Video Game Console Industry

Nintendo urgently needed a success to regain market share. The question arose of how to reposition the company within the industry to meet competition, break down the wall between gamers and non-gamers and achieve a sustainable competitive advantage? "Awareness of the five forces can help a company understand the structure of its industry and stake out a position that is more profitable and less vulnerable to attack."[36]

Although the global games consoles market value has been consistently growing from 2003 to 2007 at a compounded annual growth rate of about 11%, the degree of rivalry is intense[37]. In an oligopolistic structure, three equally sized competitors Sony, Microsoft and Nintendo are fighting an intense battle for market dominance. The companies are trying to outperform their rivals to grab a greater share of the existing demand. The facts that the market has limited space for only a few successful consoles at one time and that the systems are non-interoperable lead to even stronger competition. In the past, strategic price cuts have been used to attract new buyers, therefore the price has been the main differentiation attribute. This differentiation over price led to serious price wars, which were carried out to the extreme by selling unprofitable consoles (the losses of the hardware had to be compensated by high margins on sold games and high licensing royalties)[38]. Due to these factors, the degree of rivalry can be stated as high.

As the industry only has room for two or three successful consoles at one time, the threat of new entrants is relatively low. Existing market participants profit from their established strong brand recognition, which new entrants would have to create in order to be successful. Brand awareness must be created, which is connected to high start-up costs and high risks, presenting another entry barrier. Nevertheless, electronic or technology suppliers can enter the market through forward integration, like Sony and Microsoft successfully did. They had the required technology and expertise to develop a game console and overcame the need for a strong learning curve by hiring experienced staff to prevail in the crowded market.

---

[35]cp. 'The Video Game Industry: Nintendo back in the lead', Seekingalpha.com.

[36]Porter, Michael E. (2008, p. 78).

[37]cp. MarketLine (2008, p. 4).

[38]cp. 'Wii are swimming in a clear blue ocean', Timesonline.co.uk.

Another group that could be a conceivable new entrant could be game developers. With the development of their own console they could diversify their business horizontally. Their experience in making games positions them favorably in developing 'killer applications' which are needed to push the hardware sales. However, their lack of knowledge in mass marketing and electronic manufacturing represent a huge disadvantage.[39] Altogether, overcoming the barriers to entrance into the game console industry is possible, but very difficult.

Buyers' bargaining power is ambiguous: While individual game console consumers have limited bargaining power (although buying trends of game consoles consumers have bargaining power, but these trends are not coordinated by a group), game licensing buyers have a considerable amount of bargaining power. Although the individual buyer has no or little bargaining power, the industry tends to focus on core gamers. By concentrating on a customer group, the industry is narrowing its target market and the market participants compete for a shrinking number of consumers. Thereby the bargaining power of the individual consumer rises, because his/her buying decision carries more weight.

Beside the individual buyer, there is another important group of buyers: The game developers or so-called game publishers. This group buys licenses to produce video games from the console manufacturers.[40] In addition to the console manufacturers, the game developers represent the most important party in the video game industry. This is because in addition to the price, the library of offered games highly correlates to the success of a particular system.

The last competitive force represents substitutes: The biggest threats to the video game industry are PC games. Although commonly regarded as a different market, because of different game genres and differing target groups, they represent a substitute to video games. Furthermore, the list of non-video game activities to spend time on is of course endless: There are no real substitutes for the gaming experience, but there are a multitude of other possibilities potential customers can choose to spend time on: Watching TV, reading books or performing outdoor activities, instead of playing video games.[41]

The five forces analysis identifies that the video game industry was characterized by an intense degree of competition. Its industry attractiveness has been shrinking due to its increasing rivalry and the declining consumer target market. Therefore, the long-term profitability prospects were starting to become insecure, especially due to the fact that only a few consoles can be profitable within the industry at one time. The analysis concludes that the video game industry showed clear characteristics of a Red Ocean®.

---

[39]cp. 'The Nintendo Wii: A Case Study', Bizcovering.com; Cheng et al. (2007, pp. 14–16).

[40]cp. Ockenden (2004, pp. 6–9).

[41]cp. Cheng et al. (2007, pp. 14–16); 'The Nintendo Wii: A Case Study', Bizcovering.com.

20.2.4.2 A New Strategy

Nintendo started planning a new game console, called Wii, right after the introduction of the GameCube.[42] Satoru Iwata, who had been appointed as the new president of Nintendo in 2002, was expected to implement the change. Nintendo hoped to profit from his deep insights into the video game industry, in order to develop a brand new strategic approach to recovering market share.[43] While Nintendo's competitors followed the traditional approach of the industry, meaning they incorporate the newest hardware available in their successor consoles, the Xbox 360 and the PlayStation 3, Iwata had a different image for the new Nintendo system. Iwata shared the viewpoint that the increasing complexity of games would harm the entire industry. His concerns were that if games become increasingly complex, the game industry will only focus on sophisticated gamers and neglect casual gamers. His viewpoint was that the industry had become too saturated and that the market size was shrinking.[44] This drift had been enhanced due to the fact that gaming was connected to increasing costs. Iwata's opinion was that the market was lacking a low-budget alternative and even further that "only innovation can save the game industry"[45]. To stop this trend, Nintendo had to apply a radical growth strategy that would increase its market share as well as the overall market itself. Nintendo had to bring the games back to the people.[46] The Wii had to do nothing less than to revolutionize the game industry.[47] Hence, the preliminary working title for the Wii was 'Revolution'.[48]

Iwata's plan was to reshape the industry conditions. He wanted to enlarge the consumer group and attract sophisticated gamers and non-gamers alike.[49] In order to do this, the plan was to lower the costs of gaming while simultaneously easing the complexity of video games. Hence, for the overall strategy to reposition the company, Porter's traditional approach to strategy would be insufficient. According to Porter, companies have to choose one of the two strategic approaches to achieve a sustainable competitive advantage. Otherwise they would be stuck in the middle, with no competitive advantage at all.[50] If, on the one hand, Nintendo had decided to strive for cost leadership, it would have offered the same complex games as its competitors, but for a lower price. On the other hand, if the company had decided to differentiate its product, meaning to offer other types of games of lower complexity, gaming would still have been expensive. The approach

---

[42]cp.'The Big Ideas Behind Nintendo's Wii', Businessweek.com.

[43]cp. 'Profile: Satoru Iwata', Ign.com.

[44]cp. 'How the Wii is creaming the competition', Cnnmoney.com; 'Profile: Satoru Iwata, Ign.com.

[45]cp. 'TGS 2005: Iwata speaks', Gamespot.com.

[46]cp. 'Nintendo Brings the Games to the People', Businessweek.com.

[47]cp. Wirtz, B. W. (2009, p. 610).

[48]cp.'The Big Ideas Behind Nintendo's Wii', Businessweek.com.

[49]cp. 'Nintendo Storms the Gaming World', Businessweek.com.

[50]cp. Porter, Michael E. (1998, p. 16).

between the low-cost strategy and differentiation would not have been radical enough to reshape the industry conditions.

Nintendo thus chose a different approach: According to analysts the new strategy was a disruptive strategy, where the existing paradigms are broken and new industry conditions are defined.[51] Iwata described it in the following way: "While some people put their money on the screen, we decided to put ours into the game experience", in an attempt to "not just improve the market, but disrupt it."[52] The strategy Nintendo had chosen was a hybrid of Porter's strategies: The Blue Ocean Strategy®. The following subchapter analyzes how the Blue Ocean Theory® was applied to the development of the Wii.

20.2.4.3 Nintendo's Blue Ocean®

According to Kim and Mauborgne, the idea of the Blue Ocean Strategy® is to make competition irrelevant. They argue that it is more effective to create new demand, so to bring completely new markets into being, instead of competing on existing markets.[53] This was exactly the strategic approach Nintendo was looking for, because they identified a challenge that goes beyond traditional competition. The main goal was not to compete against Sony or Microsoft, but to attack the rising lack of interest of consumers in gaming.[54] "Inside Nintendo, we call our strategy 'Blue Ocean®'."[55], argued Parrin Kaplan, vice president of marketing and corporate affairs for Nintendo of America. Iwata confirmed this strategic approach by stating that "Nintendo is not competing against Sony or Microsoft." They "are battling the indifference of people who have no interest in video games."[56] Nintendo sought to reach new untapped markets and to create new unprecedented demand for video games.[57] To attain that, video gaming had to become appealing to casual gamers and non-gamers again. Nintendo had to rearrange the existing industry conditions and to break the traditional value-cost trade-off. Nintendo achieved this by making use of value innovation. Nintendo's idea was to create a leap in value for customers, by offering less complex games for less money to an extended group of customers. The Blue Ocean Strategy® allowed Nintendo to follow a low-cost route, while simultaneously differentiating from competitors through value innovation. This strategy was successfully tested for the very first time on the Nintendo DS, a handheld console, which was published by Nintendo in 2004. It was an overall success and

[51]cp. 'Wii Like It Very Much', Businessweek.com.

[52]'Breaking: GDC Detailed Nintendo Keynote Coverage', Gamasutra.com.

[53]cp. Tidd, J.; Bessant, J. (2009, p. 171).

[54]cp. 'Nintendo & neue Zielgruppen', Gamezone.de.

[55]cp. 'Nintendo and blue ocean', Forbes.com.

[56]'Wii will rock you', Cnnmoney.com.

[57]cp. 'Nintendo and blue ocean', Forbes.com.

showed that the strategy Nintendo had chosen was the right way to create new, untapped demand. With the lessons Nintendo had learned from the introduction of the DS, they started designing the strategy for the Wii.[58]

20.2.5 Development of the Wii

20.2.5.1 Identifying Blue Opportunities

After appointing the overall goal of value innovation, Nintendo had to define how to reach this goal. They had to develop ideas on achieving value innovation. The first step in the process of value innovation was to identify the factors the industry competes on in order to rearrange them to create a leap in value. To analyze these factors, this paper applies the strategic canvas. The strategic canvas captures and visualizes offered game consoles on a graph, in order to point out the overall performance of market participants on value factors. Each of these factors represents a certain amount of investment and symbolizes the outcome of the strategic tactic a company applies. This paper identifies the following value factors the video game industry is competing on: The price, the overall hardware performance, multimedia elements, e.g. the ability to watch movies or to listen to music, the attractiveness of the game library, downloads and online games, backward compatibility, social gaming with family and friends and finally, the convenience of system and games. The graphic depiction of the factors the competitors strategically invested in shows a clear convergence of Sony's and Microsoft's value curves (see Fig. 20.1).

After identifying the value factors, this paper applies the ERRC-Grid to Nintendo in order to analyze the rearrangement of value factors for buyers. While elements that drive costs and marginally create value should be eliminated or reduced, factors that increase value for consumers should be increased (see Fig. 20.2).

As an unnecessary factor that created more costs than value, Nintendo identified the multimedia elements, so the ability to play movies or music. Hardware like Blu-ray or HD-DVD players sucked up huge amounts of money for development and assembling, while simultaneously offering only little value for customers. The Wii was designed as a console that offered gaming without any frills.[59]

Another possibility to lower the costs for Nintendo was the eschewal of building in high-tech hardware processors for computing power and graphics. Nintendo refused to follow the commonly held industry belief to integrate the best hardware available. Instead of this, their idea was to concentrate on how games are played and not on what they looked like. High-tech hardware and graphics would only be important to a small

[58]cp. 'Nintendo and blue ocean', Forbes.com.

[59]cp. 'Ich Wiill doch nur spielen', Chip.de; cp. 'Nintendo Wii: One Ferocious Underdog', Businessweek.com.

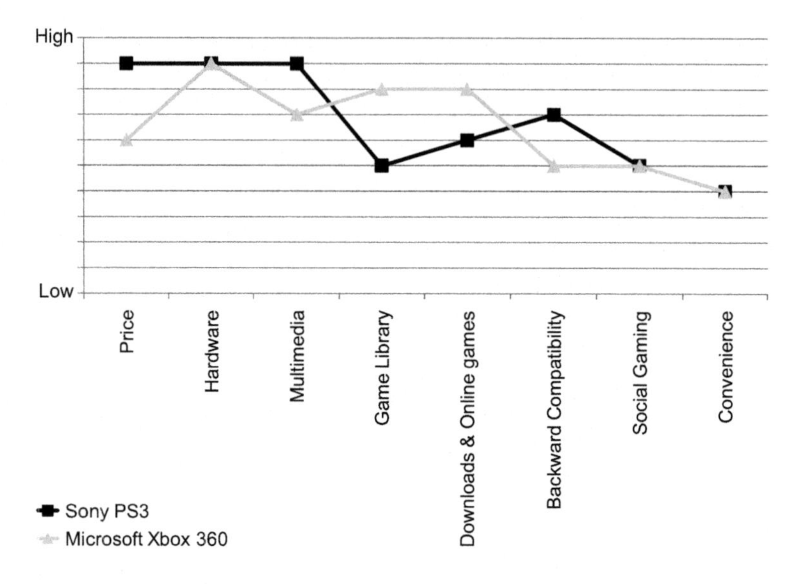

Fig. 20.1 Strategy canvas of the video game industry. (Taken from Chan Kim and Mauborgne 2005, p. 26; modified by the author)

Eliminate	**Raise**
Multimedia elements	Game Library Downloads & Online games Backward Compatibility Social Gaming Convenience Size of Target Group
Reduce	**Create**
Hardware Price	Motion Control Character customization Exergaming

Fig. 20.2 The ERRC-Grid for the Wii. (Taken from Chan Kim and Mauborgne 2005, p. 35; modified by the author)

proportion of buyers. Therefore, Nintendo's idea was that graphics would not matter, if the games were fun to play.[60] Similarly, Nintendo's plan was to create a console that would be profitable from the very beginning. They adapted a different viewpoint than their competitors, which sold consoles at a loss and sought to recover this loss by high margins on games—a risky strategy which puts pressure on companies to reach the breakeven point with game sales.[61]

By eliminating the multimedia elements and reducing the overall hardware costs, expenses had been saved that could be passed on to the consumers in lower prices. Reduced prices would additionally increase the value for consumers tremendously while simultaneously enabling more consumers to afford a video game console. The cheaper price therefore typified the overall goal to draw new consumers in.

Nintendo wanted to raise the appeal of its game library by offering more creative games, which were not based on one similar standard scheme. With the new motion control, they would be able to offer a variety of new ways for game design and minimize the constraints of creativity on game developers.[62] Moreover those offered games should appeal to all types of players, regardless of their age, gender or gaming experience. With this strategy, Nintendo hoped to attract people who had never played games before.[63]

Download and online gaming were to be a central feature for the Wii. Users should be able to inform themselves about the latest news, watch the weather forecast for the entire planet or surf the internet wirelessly. Aside from this, Nintendo wanted to offer the possibility of playing games online with friends, at no charge.[64]

Another factor that was raised by Nintendo was the social gameplay aspect.[65] Although most games could be played in single-mode too, the most fun was to be had while playing in groups. That was why most games offered a multiplayer mode. Cammie Dunaway, Nintendo of America vice president of sales and marketing, even stated that "friends and family use their Wii games as social hubs".[66] Hence, by offering the possibility to play in groups, Nintendo tried to raise the social value factor.

As a very important value factor, Nintendo sought to raise convenience to allow non- and casual gamers an easy entrance to video games. The overall goal was to create a console that a mother would buy for her children. To achieve this goal, Nintendo tried to reduce the complexity of games, by setting up the goal that the learning curve for

---

[60]cp. 'Nintendo Wii: One Ferocious Underdog', Businessweek.com.

[61]cp. 'Nintendo Brings the Games Back to the People', Businessweek.com.

[62]cp. 'The Big Ideas Behind Nintendo's Wii', Businessweek.com.

[63]cp. 'Nintendo Storms the Gaming World', Businessweek.com; 'Nintendo's New Brand Game', Businessweek.com.

[64]cp. Wolf, M. J. P. (2008, p. 171).

[65]cp. 'Videospiel-Industrie setzt Kurs auf die Massen', Computerwoche.de.

[66]'Nintendo Praises Wii as a "Social Hub", Edge-online.com.

gameplay should be fifteen minutes or less.[67] In addition, the company wanted to ease the installation of the system. The setup should be designed to be simple and intuitive and wireless devices would avoid the nuisance of tangled wires. By increasing the overall user-friendliness of the system interface, even novices would easily set up a wireless connection to the internet within a few minutes.[68]

With the motion control steering of games, Nintendo wanted to create a value factor that the industry had never offered before. Nintendo tried to find a way to detect players' movements and visualize them directly onto the screen. The idea was to offer a totally new control concept for games that allowed a deeper immersion in gameplay, natural and intuitive play without any intimidation factor of learning how to steer. This new concept should also enable new creative possibilities for the design of games.[69] Through the simplification and the new possibilities of gameplay, the value for buyers should be raised.

Nintendo identified the creation of character customization as another new factor for customer's value. The idea was to raise the value for consumers, by offering the possibility to create a digital counterpart. Besides the new control concept, this feature offered people a more intense gameplay. People should recognize themselves as a part of the game, which should create an unprecedented feeling of participation in games. Iwata also wanted the game scenarios to be largely based on real-life situations rather than fantasies one would have to get familiar with.[70]

Finally, the last value attribute Nintendo intended to create was exergaming.[71] This term is a mixture of exercising and gaming, so people could do sports while playing games. Nintendo felt that the image of video game players as so-called "couch potatoes"[72] is obsolete. With motion sense technology, people should be given the opportunity to use their whole body for playing and active gaming should be established. Plans for games as full exercise programs arose. This value factor should also help to broaden the addressed audience of the Wii.[73]

By determining how to rearrange the specific industry structures mentioned above, Nintendo was facing opportunities for developing a new console that embodied a leap in value for buyers as well as for the company itself. How Nintendo implemented and realized these opportunities in the design stage and how a new value curve was created will be analyzed in the following.

---

[67] cp. 'Nintendo Brings the Games Back to the People', Businessweek.com.

[68] cp. 'Nintendo Wii: One Ferocious Underdog', Businessweek.com.

[69] cp. 'Nintendo Brings the Games Back to the People', Businessweek.com; 'The Big Ideas Behind Nintendo's Wii', Businessweek.com.

[70] cp. 'The Big Ideas Behind Nintendo's Wii', Businessweek.com.

[71] cp. 'Der Computer als Fitnessmaschine', Handelsblatt.com; 'Wii Fit Puts the Fun in Fitness', Businessweek.com.

[72] 'Wii are swimming in a clear blue ocean', Timesonline.co.uk.

[73] cp. 'Er, Nintendo, Wii have a problem', Timesonline.co.uk.

20.2.5.2 Designing a Blue Ocean®

The design stage started with the overall product positioning for the system. Designers had to know which target group they should attract with the Wii. Nintendo's central theme for the Wii was to attract as many consumers as possible. Therefore, the company especially focused on the non-consumers, in other words, people who have never played video games before. As mentioned above, according to the Blue Ocean Theory®, there are three groups of non-customers that a company can try to reach. While the Wii offers a leap in value for the first tier, and second tier non-customers are mostly unaffected, it is the third tier that Nintendo sought to attract.[74] This ambition to appeal to everybody is a central theme of the whole development process. The intention was to create "a machine that puts smiles on surrounding people's faces"[75]. As mentioned before, products consist of three layers: The core product level, the actual product level and the augmented product level.

As noted above, the idea in terms of the look of the console was to make it appealing to everyone. In order to work with the new motion sense controller, people should place the Wii next to their TV. It needed to be well designed so that buyers would not have any reservations in doing so.[76] For the overall look, Nintendo tried to approach two designs: On the one hand, it should still be apparent that the Wii is a toy, but on the other hand, as the targeted age groups have changed, the look should not be too kiddy. Nintendo's idea was to develop a design that everybody likes. Nintendo's hopes were to come up with a "design for everyone"[77] in order to allow as many consumers to use the Wii as possible.[78] Therefore, the outward appearance of a balance, between designing it as a toy and designing it as a piece of AV equipment, was chosen. With its sleek exterior, it was estimated to be a piece of interior design.[79]

Furthermore, it had to be small to avoid untidiness and to encourage buyers to place it alongside their TV. Iwata's direct order on the size of the new console was that it should not be bigger than two or three stacked DVD cases.[80] It was designed to be inconspicuous when placed in living rooms. The fact that most parts were wireless supported this aspect.

---

[74]cp. Anthony, S. (2008), 'Nintendo Wii's Growing Market of Nonconsumers, Harvardbusiness.org.

[75]cp. Nintendo (2008, p. 5).

[76]cp. 'How the Wii is creaming the competition', Cnnmoney.com.

[77]'Iwata asks: The Wii Hardware', Nintendo.com.

[78]cp. 'How the Wii is creaming the competition', Cnnmoney.com.

[79]cp. 'Iwata asks: The Wii Hardware', Nintendo.com, cp. 'How the Wii is creaming the competition', Cnnmoney.com.

[80]cp. 'The Big Ideas Behind Nintendo's Wii', Businessweek.com.

Another point in the design concept was that the stage should be set to enable the Wii to remain on stand-by 24 h a day to avoid long boot phases, for direct play. Hence the power consumption of the Wii was developed to be very low. In comparison to its competitor consoles, the Wii consumed only a fraction of their power consumption, which saved huge amounts of energy and simultaneously reduced costs for consumers.[81] Additionally Nintendo avoided incorporating a noisy fan, because no disturbance of loud noises should occur, so another disturbing side-effect was taken care of.[82]

In addition to the outward appearance of the new console, the inward technology was a very important aspect of the Wii. As a result of their noncompetition strategy and the goal to produce a console that everybody could purchase, Nintendo built in technology that was indeed superior to the GC hardware but no cutting-edge technology.

In fact, the development of the Wii started based on the prior technology of the GC.

Nintendo produced four generations of prototypes during the development phases of the Wii. The first generation consisted of the Wiimote that was attached via cable to the GC. Also, the next generation made no fundamental changes to the GC concept. It only introduced minor changes. The main reason why so few changes were made was because Nintendo originally planned to introduce the Wiimote as an Add-on for the GC.[83] However, Nintendo rejected this idea and launched a completely new console based on the motion control technology. The third prototype, which was roughly produced at the beginning of 2006, incorporated a faster CPU and generation three and a half presented hardware that was nearly final and a wireless Wiimote. Lastly, the prototype generation four corresponds with the final version of the Wii.[84]

Besides the idea to focus on poorer hardware, the most innovative feature of the Wii was the motion control. The plan to incorporate motion control as a steering concept was realized by creating the Wiimote. The wireless controller had built-in motion sensors which could analyze the player's physical gestures and actions. The movements the players carried out were directly shown on the TV screen. The Wiimote could detect the motion and rotation of player's hand movements in real time and change the game characters' movements on screen accordingly. The traditional control concept of pressing buttons was replaced by simply waving the controller in air. Players could swing the Wiimote like a sword, tennis racket or baseball bat and the game realized the movements on screen.[85] This type of control offered users a more realistic game experience and

---

[81]cp. 'Stromverbrauch von Spielekonsolen: Xbox 360, PS3, Wii im Vergleich', Idealo.de; 'Test: Nintendo Wii', Computerbase.com.

[82]cp. 'The Big Ideas Behind Nintendo's Wii', Businessweek.com.

[83]cp. 'Nintendo Patent Reveals The Wii Remote Was Originally Made For The Gamecube', Siliconera.com.

[84]cp. 'Reggie: More than 1,000 Kits Shipped', Ign.com.

[85]cp. 'The Big Ideas Behind Nintendo's Wii', Businessweek.com, 'Test: Nintendo Wii', Computerbase.com; 'Iwata asks: Wii Remote', Nintendo.com.

included them increasingly in gameplay. Akio Ikeda, a member of the development group of the Wiimote, argued that the controller should be seen "as an extension of the player rather than as a part of the console."[86]

The key concept of the controller's design was to be simple and comfortable. The design should be so appealing that people are motivated to pick the Wiimote up.[87]

After assembling a large number of mock-ups, the final design for the Wiimote turned out to be a controller that was wand-shaped and resembled a TV remote.[88] This design was chosen to reduce the intimidation factor. Nearly everybody has picked up and used a remote before, so people would feel familiar with the Wiimote right from the beginning. Unlike prior controllers, the Wiimote enabled one-handed operation. Furthermore, another device, called a Nunchuk, could be attached to the Wiimote and held with the second hand, which offered an analog stick for more complex games. The final layout of buttons was also an indication of the strategy to keep things simple and easy to understand: While seven or even more buttons were the industry norm, the Wiimote only had two main buttons (actually the Wiimote has eight buttons but most of the time only two are needed to control the games). Thereby the controller was accessible to everybody and it worked no matter who used it. As another feature, Nintendo attached an infrared pointer that could be used like a computer mouse, a concept consumers were used to. While incremental features were added to all previous controllers for the NES, SNES, N64 and GC, the design of the Wiimote was totally different. It varied to such a high degree from the design of existing controllers that it turned out to be a radical innovation rather than an incremental advancement.

Due to the new control concept, games for the Wii were much easier to play. The learning curve was reduced thanks to the intuitive gameplay and convenience was increased dramatically.[89] The approach to appeal to everybody was continued in the game library as well: The Wii offered games that could be played by every member of the family. 82% of all Wii games rated by the ESRB were either rated E, so for everybody, or E10+, which means for everybody ten years and above.[90] The games for the Wii could even be played by handicapped people. Elderly people, called silver gamers because of their white hair color, found that playing Wii games gave them a better sense of balance, eye-hand coordination and hand movement.[91] Yoshiaki Koizumi, a Nintendo game developer, argued that "Nintendo tends to place the customer first. We all spend a lot of time thinking about how players will react to things and trying to cater to them. [...] At Nintendo we call it 'player-based design'. It's all about the balance between fun and

[86]'Iwata asks: Wii Remote', Nintendo.com.

[87]cp. 'Iwata asks: Wii Remote', Nintendo.com.

[88]cp. 'The Big Ideas Behind Nintendo's Wii', Businessweek.com.

[89]cp. 'Nintendo Brings the Games to the People', Businessweek.com.

[90]cp. 'Analysis: M-Rated Games Halve From GameCube to Wii', Gamasutra.com.

[91]cp. 'Die Silver-Gamer', Derwesten.de.

complexity"[92]. Furthermore, to make the gameplay experience even more realistic, Nintendo introduced hardware accessories, like tennis rackets or fish rods which turned out to create further means of income.

As an additional feature to model games as closely to reality as possible Nintendo implemented the player within the game. By introducing a channel where players could create their own digital counterpart, Nintendo created another value factor the industry had never competed on before. The avatars, called Mii (pronounced 'Me'), were incorporated in a lot of games and appeared as playable characters or, more passively, as game icons for identification, as teammates or within the audience as background characters. In addition, the avatars could be uploaded to the internet and shared and exchanged with friends online in the "Check Mii out Channel". As another feature Nintendo added popularity contests for own designed Miis or contests to create a celebrity lookalike.[93] In addition, the Mii feature created a fast-growing secondary market: Websites sold e.g. T-shirts, beer mugs with Miis printed on them and Mii statues.[94] Therefore, it can be stated that the Mii-feature created more loyalty with the games. People perceived it as more realistic and more fun, if they can play 'themselves' and this added a more personal touch to the game experience.

But Nintendo did not only focus on players while developing the Wii and its games. They also eased the programming methods for game developers. On the one hand, the software architecture was similar to the one of the GC, so there was no hurdle in terms of a long familiarization phase. On the other hand, they sold their SDKs for only $2.000, thousands of dollars less than the price at which Sony or Microsoft sold their equivalent.[95] Due to the reduced hardware, the overall production costs for Wii games were about half or even less compared to the ones for an Xbox 360 or PS3 game. "In an industry where budgets for top titles can run $10 million to $20 million, that isn't chump change"[96] argued Bruno Bonnell, chairman and chief creative officer of Atari, a game development company.[97]

To extend the game portfolio further, Nintendo offered a 'virtual console' that could play nearly every Nintendo game ever produced. The 'virtual console' was the link to the extraordinary backward capacity of the Wii. It allowed users to download nearly every Nintendo game ever made.[98] While the system was able to read GC disks[99], older games

[92]cp. 'Interview: Nintendo's Unsung Star', Edge-online.com.

[93]cp. 'Mii channel', Nintendo.com.

[94]cp. 'Wii Would Like to Play', Effie.org.

[95]cp. 'Reggie: More than 1,000 Kits Shipped', Ign.com.

[96]cp. 'Console Wars: Sony Fights Back', Businessweek.com.

[97]cp. 'Nintendo Brings the Games to the People', Businessweek.com; 'Wii are swimming in a clear blue ocean', Timesonline.co.uk.

[98]cp. 'Nintendo Wii: Wii-Kanäle', Nintendo-europe.com.

[99]cp. Wolf, M. J. P. (2008, p. 171).

for the N64, the SNES or the NES could be downloaded from the web to be played on the Wii. These games were paid with Wii Points, an own Nintendo currency, which could be bought in shops or online via credit card. Additionally, peripheral devices like game controllers or memory cards, which were originally designed for the GC, could be connected to the Wii.[100]

Nintendo took advantage of the increasing proliferation of broadband internet connections and WLAN in order to connect Wii players with each other and to create a large online community.[101] Similar to Sony's PS3, the Wii offered online gaming free of charge. This service was called Nintendo Wi-Fi Connection and enabled players worldwide to use online matchmaking, leaderboards and tournaments. Players could share 'Friend Codes' which allowed the connection of consoles via the internet in order to exchange messages and to share game content.[102] These features further increase the social gameplay aspect. Nintendo's online plan was supplemented by the WiiConnect24—a feature that allowed Wii to receive downloads even when the system was turned off, and the Wii Browser—a feature that displayed news and weather information from the internet and allowed users to browse the internet.[103]

Finally, the last value attribute Nintendo created was exergaming. The new motion-control enabled gamers to do sports while playing games. The users mimicked the physical movements of sports such as golf, tennis, boxing, baseball or bowling. Players had to move or even jump to attain the highest scores, so gaming required a lot more physical activity than just pushing buttons. Studies found out that playing Wii games burnt forty per cent more calories than traditional games.[104] To support this trend, a series of fitness games like "My Fitness Coach", "Yoga", or "New U—Fitness First Personal Trainer" have been introduced[105]. The exergaming trend helped Nintendo, on the one hand, to get rid of the unattractive 'couch potato' image gamers had, so it helped to remove the negative perception of video gaming, thus breaking free from traditional games' stigma. In other words, Nintendo deconstructed the hegemonic structures, previously set up by the industry itself.[106] On the other hand, it allowed Nintendo to attract a whole new group of customers.[107]

---

[100]cp. 'Nintendo Wii: Virtual Console', Nintendo-europe.com.

[101]cp. 'Test: Nintendo Wii', Computerbase.com.

[102]cp. 'Wii + Internet', Nintendo.com.

[103]cp. 'Iwata Comments On Wii Controller, Online Functionality', Gamasutra.com.

[104]cp. 'Er, Nintendo, Wii have a problem', Timesonline.co.uk.

[105]cp. 'Wii Fit Puts the Fun in Fitness', Businessweek.com.

[106]cp. Fron et al. (2007, p. 316).

[107]cp. 'Wii are swimming in a clear blue ocean', Timesonline.co.uk; 'Gaming gets in shape', News.bbc.co.uk; 'Der Computer als Fitnessmaschine', Handelsblatt.com.

The name of the new console was also chosen wisely: Wii (pronounced 'We') was a symbol for the new target group, so the name embodied Nintendo's intent of making the system attractive for everybody.[108] According to Nintendo the two letters 'ii' symbolize two of the new control units, the Wiimote, and an image of people who are gathering to play.[109] Nintendo had consciously not chosen a technical term in order to appeal to more consumers and they had changed the internal codename 'Revolution' into 'Wii' because it described their mass appeal more precisely. Nintendo officially explained that "Revolution… expressed our direction, Wii represents the answer"[110].

Due to its reduced hardware, Nintendo was able to make a profit on every console unit they sold. This was not the norm in the video game industry. The normal strategy was to subsidize a hardware sales loss by high operating margins of about 35 to 40% on video games software.[111]

At the introduction of the Xbox 360, Microsoft lost a minimum of $126 on every Xbox 360 sold.[112] The costs for the materials for the elite version were approximately $525, while the Xbox 360 was being sold at a retail price of $399. The real costs were likely even higher because manufacturing, packaging, marketing and distribution costs were not taken into account in this calculation. Analysts assumed that the overall production costs were about $715, so Microsoft lost more than $300 with every console it sold.[113]

Likewise, Sony operates at a deficit: Thanks to the very expensive Blu-ray players and superior hardware, Sony's estimated production costs added up to $805 for the 20 GB version (with a retail price at $499) and $840 for the 60 GB version (priced at $599). Hence Sony's loss was at least $241 for every 60 GB system and even $306 for every sold 20 GB version console.[114] While today Microsoft's Xbox 360 managed to become profitable, Sony's margin is still in the red.[115]

Unlike Sony and Microsoft, Nintendo's Wii was profitable from day one. The total costs for the manufacturing of the Wii were approximately $160, so Nintendo made a profit of around $40 to $50 per console. Admittedly the marketing and distribution costs were not taken into account, so the profit was smaller.

Retail-priced at $249, the strategy of Nintendo was to enable everyone to buy a Wii. Therefore, Nintendo's pricing strategy was a low-price strategy, because they wanted to

---

[108]cp. Wolf, M. J. P. (2008, p. 171).

[109]cp. 'Nintendo Revolution Officially Named Wii', Gamepro.com.

[110]'Nintendo Revolution Officially Named Wii', Gamepro.com.

[111]cp. 'Xbox drags on Microsoft profit', Cnet.com.

[112]cp. 'Microsoft's Red-Ink Game', Businessweek.com; 'Microsoft verliert 126 Dollar bei jeder Xbox 360 Konsole', Xbox360info.de.

[113]cp. 'Xbox 360 costs $715 to make', Joystiq.com.

[114]cp. 'Sony's loss is at least $240 on every PS3', Cnnmoney.com.

[115]cp. 'Sony boss reveals plans for PlayStation', Timesonline.co.uk.

sell a Wii to every household in the world: As a long-term goal Iwata announced "We are trying to create an environment that every household has a Wii."[116] Aggressive low pricing helped Nintendo penetrate the market. With a price that was much lower than the other two video consoles, they wanted to achieve high sales volumes and a boost in market share. However, due to the fact that Nintendo offered a totally different game experience, matching prices between Wii and the Xbox 360 and PS3 is a flawed comparison. The low pricing also had another, psychological effect: Because of the attractive value-cost trade-off, the Wii was considered an impulse buy for many consumers, so many customers bought the Wii spontaneously, without having planned it before.[117] The fact that the Wii was an impulse buy was based on two reasons: First, analysts considered the Wii coming bundled with its 'killer application' Wii Sports to be an effective marketing trick. This turned out to be one of the most important value factors for consumers, because Nintendo was offering a complete product at a great price, which consumers could unpack and play immediately.[118] And second, it was further pushed through Nintendo's promotion at the point-of-sale. Nintendo's promotion strategy will be analyzed in the following.

Nintendo's promotion campaign was designed to appeal to the masses: The overall advertising budget exceeded $200 million, which was the largest advertising campaign in Nintendo's history. Eighty per cent of this budget was spent to convince 25 to 49 -year-old non-traditional gamers, like adults or grandparents.[119] In the Effie awarded campaign 'Wii Would Like to Play', which targeted parents, grandparents and teenagers alike, they spread the message that the 'Wii invited everyone to play'.[120] The advertisement shows two Japanese men in casual business suits driving across the country and stopping at seemingly random houses. They knock on the door and hand over the Wii controller to people of all demographics and ethnicities accompanied by the words, 'Wii would like to play'. A similar situation is shown several times in the advertisement. The ad uses stereotypical societal and family groups, communicating that the Wii is not a matter of class, age or place and suggesting the Wii as a social activity for 'everyone'.[121] "We have been able to satisfy existing gamers and add the expanded audience of adults older than 25"[122] explained George Harrison, the senior vice-president for marketing at Nintendo of America. To reach this new audience, Nintendo even made use of print advertisements in

[116]'Iwata: We Want A Wii In Every Household', Exophase.com.

[117]cp. 'Nintendo's Wii, Radiating Fun, Is Eclipsing Sony Machine', Nytimes.com.

[118]cp. 'How the Wii is creaming the competition', Cnnmoney.com.

[119]cp. 'Nintendo Wii marketing to exceed $200 million', Joystiq.com.

[120]cp. 'Wii Would Like to Play', Effie.org.

[121]cp. 'Wii would like to play—Nintendo TV-Spot', Sevenload.de.

[122]'Nintendo Storms the Gaming World', Businessweek.com.

publications that were made for elderly people, like AARP—the Magazine or Reader's Digest.[123]

Nintendo launched an aggressive promotional program to create pre-launch hype: The idea was to go to spots where a lot of consumers gathered. The program consisted of the Nintendo Truck Tour, which stopped at market places[124]; the Nintendo Fusion Tour—a music festival; Urban Gaming Hours, so on-site events which allowed participants to experience the Wii; RISE—the December 2006 issue of the correspondent sports magazine, where top teen athletes shared their impressions about the Wii[125]; and Nintendo even installed Wii consoles on Norwegian Cruise Lines.[126]

Unlike Sony and Microsoft, Nintendo used push strategies to market the Wii. For example, US-retailers were given $12 profit for every Wii console sold at $249, while retailers only earned $8 for every sold core system and $15 for the elite version of Microsoft's Xbox 360.[127]

As a form of personal selling at the point-of-sale, Nintendo initiated a massive sample program. They trained staff who were sent to malls all over the world in order to present the Wii and to assist the people in playing it.[128] Perrin Kaplan comments Nintendo's sampling activities by pointing out that "it was really important to let people know these are pick-up-and-play games"[129].

But perhaps the most important factor that pushed promotion was the word-of-mouth strategy. Nintendo realized that they had to convince mothers that the Wii was a good product for themselves and their families. Nintendo's opinion was that mothers were the ones who purchased the Wii for their children and so they sought to achieve their approval. Therefore, Nintendo organized Wii parties, called Wii Ambassador Program, where mothers were invited to play Wii. These women were carefully chosen with special attention to their social intercourse, to spread the word that the Wii was an enjoyable gaming console for the whole family.[130] This word-of-mouth strategy was also featured by user generated YouTube videos, which showed consumers playing Wii. With the help of these approaches, Nintendo got people talking about the Wii, which turned out to be a more effective advertising method than traditional or mass-media campaigns.[131]

---

[123]cp. 'How the Wii is creaming the competition', Cnnmoney.com.

[124]cp. 'Die bundesweite Nintendo Truck Tour 2008 macht bei der Hanse Sail in Rostock Halt', Mvticker.de.

[125]cp. 'Report: Nintendo to Pump $200M into Wii Marketing', Gamedaily.com.

[126]cp. 'Wii Invades Norwegian Cruise Line', Kotaku.com.

[127]cp. 'Next-gen consoles: The push and pull strategies', Qj.net.

[128]cp. 'Report: Nintendo to Pump $200M into Wii Marketing', Gamedaily.com.

[129]cp. 'Nintendo's New Brand Game', Businessweek.com.

[130]cp. 'Wii Would Like to Play', Effie.org; 'Report: Nintendo to Pump $200M into Wii Marketing', Gamedaily.com.

[131]cp. 'Word Of Mouth Best Way To Reach Gamers', Mediapost.com.

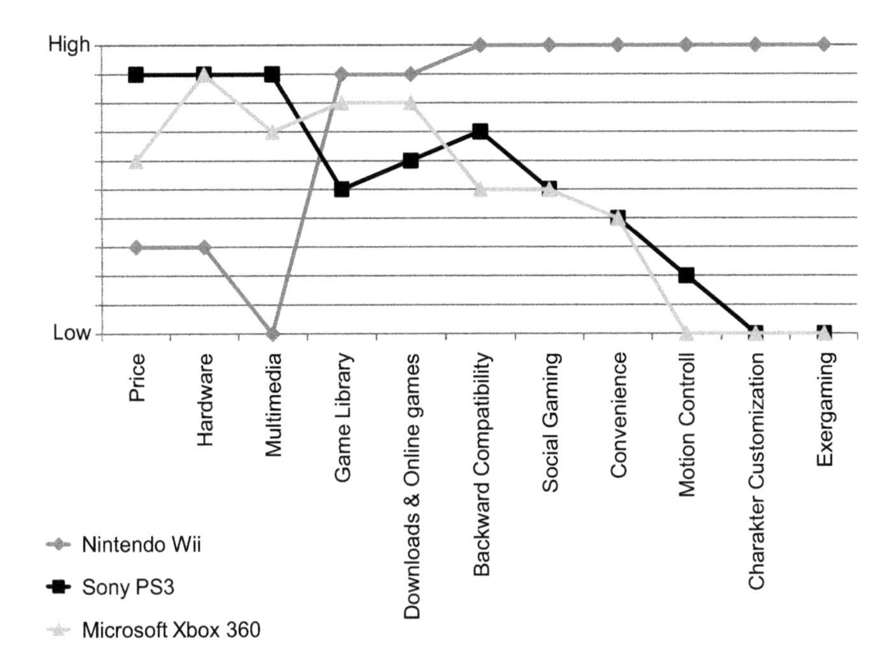

Fig. 20.3 Nintendo's new value curve. (Taken from Chan Kim and Mauborgne 2005, p. 26; modified by the author)

The Wii was produced and manufactured in Japan and was subsequently shipped to the world. In core markets like Europe or America, Nintendo's wholly owned subsidiaries distributed the Wii as wholesalers to local retailers. In smaller markets, Nintendo cooperated with local distributors.[132] Therefore, Nintendo distributed the Wii indirectly, so with the help of intermediaries. The Wii could be bought at larger retailers, one-line shops, mail-order companies as well as online shops.[133]

By applying these innovative elements and the changes to the industry value factors that have been made throughout the design process of the Wii, a new value curve can be charted (see Fig. 20.3). It can easily be seen that Nintendo's new value curve showed a path that diverges from that of the industry standards. With the development of the Wii, Nintendo managed to create a leap in value for customers. They lowered the costs for themselves, while simultaneously raising a variety of value factors for consumers. Therefore, Nintendo created value innovation, the key driver of the Blue Ocean Strategy®.

As mentioned before, according to Kim and Mauborgne, the new value curve has to point out three important characteristics: focus, divergence and a compelling tagline.

---

[132]cp. 'International Distributors', Nintendo.com.

[133]cp. 'Nintendo Retailers', Nintendo.com; 'Nintendo Online Retailers', Nintendo.com.

Nintendo's Wii embodied all of these qualities: It focused on factors like convenience, entertainment and the price, which delivered the value for customers. By designing the Wii apart from traditional value factors, Nintendo clearly differentiated the Wii from other game consoles. Finally, it is clear that its message was compelling and easy to understand: With the convincing slogan 'Wii' and 'Wii would like to play', an explicit message of the added value had been advertised to the buyer. By fulfilling these three characteristics, the Wii had passed the initial performance test of operability of the commercialization of the new Blue Ocean Strategy®.

20.3 Conclusion

The initial aim of this article was to analyze how Nintendo was able to create a new market with its innovation Wii. Looking back on the findings, it can be outlined that Nintendo has successfully designed a competitive advantage by pursuing the Blue Ocean Strategy®. With its understanding of the upcoming industry challenges, Nintendo has chosen the right response by competing against the disinterest of consumers. Instead of competing against rivals, they managed to offer an innovation in value for consumers. This separation from outdated industry assumptions is one key aspect that explains Nintendo's success. Thereby, its innovative but easy-to-play console Wii was able to establish new demand that their rivals were not able to serve. Thus, a completely unique Blue Ocean Market® was created. For this reason, the case of Nintendo serves as a vivid example of how to recapture market share through strategic value innovation by incorporating a Blue Ocean Strategy® into an innovative, new product.

References

Monographs

Kim, W. C., & Mauborgne, R. (2005). *Blue ocean strategy: How to create uncontested market space and make the competition irrelevant* (1st ed.). Boston: Harvard Business School Press.

Ockenden, M. K. (2004). *Surviving the next generation console transition* (1st ed.). Burnaby: Simon Fraser University.

Porter, M. E. (1998). *Competitive advantage: Creating and sustaining superior performance* (1st ed.). New York: Free Press.

Tidd, J., & Bessant, J. (2009). *Managing innovation: Integrating technological: Market and Oranizational Change* (4th ed.). Chichester: Wiley.

Wirtz, B. W. (2009). *Medien- und Internetmanagement* (6. Aufl.). Wiesbaden: Gabler.

Wolf, M. J. P. (2008). *The video game explosion: A history from PONG to Playstation and beyond* (1st ed.). Westport: Greenwood Press.

Articles in journals or omnibus volumes

Fron, J., Fullerton, T., Morie, J. F., & Pearce, C. (2007). The Hegemony of play. *Situated Play, 2007,* 309–318 (The University of Tokyo).
Porter, M. E. (2008). The five competitive forces that shape strategy. *Harvard Business Review, 86*(1), 78–93.

Internet-sources

1888freeonlinegame.com
The Keys to Sony Playstation 1 and 2 success. http://www.1888freeonlinegames.com/articles/the-xbox-360-a-gamers-dream-machine.html. Accessed 15. Aug. 2016.
About.com The History of Nintendo. http://classicgames.about.com/od/history/a/NintendoHist1.htm. Accessed 15. Aug. 2016.
Anthony, S. (2008). Nintendo Wii's growing market of nonconsumers. http://blog.harvardbusiness.org/anthony/2008/04/nintendo_wiis_growing_market_o.html. Accessed 15. Aug. 2016.
Associatedcontent.com What doomed the GameCube. http://www.associatedcontent.com/pop_print.shtml?content_type=article&content_type_id=1516270. Accessed 15. Aug. 2016.
Bizcovering.com The Nintendo Wii: A case study. http://bizcovering.com/major-companies/the-nintendo-wii-a-case-study/. Accessed 15. Aug. 2016.
Businessweek.com Console Wars: Sony Fights Back. http://www.businessweek.com/technology/content/mar2007/tc20070307_156429.htm?chan=search. Accessed 15. Aug. 2016.
Businessweek.com Microsoft's Red-Ink Game. http://www.businessweek.com/technology/content/nov2005/tc20051122_410710.htm. Accessed 15. Aug. 2016.
Businessweek.com Nintendo Brings the Games to the People. http://www.businessweek.com/print/globalbiz/content/nov2006/gb20061101_223644.htm. Accessed 15. Aug. 2016.
Businessweek.com Nintendo storms the gaming World. http://www.businessweek.com/print/globalbiz/content/jan2007/gb20070126_278776.htm. Accessed 15. Aug. 2016.
Businessweek.com Nintendo Wii: One ferocious underdog. http://www.businessweek.com/technology/content/nov2006/tc20061122_339692.htm. Accessed 15. Aug. 2016.
Businessweek.com Nintendo's new brand game. http://www.businessweek.com/print/innovate/content/jun2006/id20060622_124931.htm. Accessed 15. Aug. 2016.
Businessweek.com PlayStation2: Killing the competition. http://www.businessweek.com/print/technology/content/nov2002/tc2002116_8930.htm?chan=tc. Accessed 15. Aug. 2016.
Businessweek.com The big ideas behind Nintendo's Wii. http://www.businessweek.com/technology/content/nov2006/tc20061116_750580.htm. Accessed 15. Aug. 2016.
Businessweek.com The most innovative companies 2009. http://images.businessweek.com/ss/09/04/0409_most_innovative_cos/47.htm. Accessed 15. Aug. 2016.
Businessweek.com Wii fit puts the fun in fitness. http://www.businessweek.com/innovate/content/may2008/id20080520_180427.htm. Accessed 15. Aug. 2016.
Businessweek.com Wii like it very much http://images.businessweek.com/ss/07/06/0615_disruptive/source/11.htm. Accessed 15. Aug. 2016.
Chip.de Ich Wiill doch nur spielen. http://www.chip.de/artikel/Nintendo-Wii-Test_23098266.html. Accessed 15. Aug. 2016.
Chip.de
Sony PlayStation 3: Fünf Tage im Test. http://www.chip.de/artikel/c_druckansicht_24721639.html. Accessed 15. Aug. 2016.

Cnetnews.com Xbox drags on Microsoft profit. http://news.cnet.com/2100-1040-818798.html. Accessed 15. Aug. 2016.
Cnnmoney.com How the Wii is creaming the competition. http://money.cnn.com/magazines/business2/business2_archive/2007/05/01/8405654/index.htm?postversion=2007042509. Accessed 15. Aug. 2016.
Cnnmoney.com Sony's loss is at least $240 on every PS3. http://brainstormtech.blogs.fortune.cnn.com/2006/11/16/sonys-loss-is-at-least-240-on-every-ps3/. Accessed 15. Aug. 2016.
Cnnmoney.com Wii will rock you. http://money.cnn.com/magazines/fortune/fortune_archive/2007/06/11/100083454/index.htm. Accessed 15. Aug. 2016.
Computerbase.de Test: Nintendo Wii. http://www.computerbase.de/artikel/hardware/multimedia/2007/test_nintendo_wii/drucken/. Accessed 15. Aug. 2016.
Computerwoche.de Videospiel-Industrie setzt Kurs auf die Massen. http://www.computerwoche.de/_misc/article/articleprintpopup/index.cfm?pid=649&pk=1868638. Accessed 15. Aug. 2016.
Consoledatebase.com Sega Dreamcast. http://www.consoledatabase.com/consoleinfo/segadreamcast/index.html. Accessed 15. Aug. 2016.
Derwesten.de Die Silver-Gamer. http://www.derwesten.de/nachrichten/staedte/witten/2009/4/15/news-117179811/detail.html. Accessed 13. Aug. 2016.
Edge-online.com
Interview: Nintendo's Unsung Star. http://www.edge-online.com/magazine/interview-nintendo%E2%80%99s-unsung-star. Accessed 13. Aug. 2016.
Edge-online.com Nintendo Praises Wii as a "Social Hub". http://www.edge-online.com/news/105/nintendo-praises-wii-a-social-hub. Accessed 13. Aug. 2016.
Effie.org Wii would like to play. http://s3.amazonaws.com/effie_assets/2008/2331/2008_2331_pdf_1.pdf. Accessed 15. Aug. 2016.
Ethiopianreview.com Wii game console—Features and reviews. http://www.ethiopianreview.com/scitech/6720. Accessed 13. Aug. 2016.
Exophase.com Iwata: We Want A Wii In Every Household. http://exophase.com/wii/iwata-we-want-a-wii-in-every-household-2383.htm. Accessed 14. Aug. 2016.
Forbes.com
Nintendo and blue ocean. http://www.forbes.com/2006/02/07/xbox-ps3-revolution-cx_rr_0207nintendo_print.html. Accessed 13. Aug. 2016.
Foxbusiness.com Did dreamcast fail because it was ahead of its time? http://www.foxbusiness.com/story/dreamcast-failed-leaving-lasting-impression/. Accessed 11. Aug. 2016.
Gamasutra.com Analysis: M-Rated games Halve From GameCube to Wii. http://www.gamasutra.com/php-bin/news_index.php?story=16443. Accessed 13. Aug. 2016.
Gamasutra.com
Analysis: 'The New Reality of the Video Game Console Business'. http://www.gamasutra.com/php-bin/news_index.php?story=25223. Accessed 13. Aug. 2016.
Gamasutra.com
Breaking: GDC—Detailed Nintendo Keynote Coverage. http://www.gamasutra.com/php-bin/news_index.php?story=8656. Accessed 13. Aug. 2016.
Gamasutra.com
Iwata Comments on Wii controller, online functionality. http://www.gamasutra.com/php-bin/news_index.php?story=9556. Accessed 13. Aug. 2016.
Gamedaily.com Report: Nintendo to pump $200M into Wii marketing. http://www.gamedaily.com/articles/features/report-nintendo-to-pump-200m-into-wii-marketing/69686/?biz=1. Accessed 11. Aug. 2016.
Gameplayer.com.au Gameplayer—The complete history of Nintendo. http://www.gameplayer.com.au/gp_documents/080905HistoryofNintendo.aspx?,Page=1. Accessed 13. Aug. 2016.

Gameplayer.com.au Gameplayer—The complete history of Sony computer entertainment. http://www.gameplayer.com.au/gp_documents/History-of-Sony.aspx. Accessed 14. Aug. 2016.
Gamepro.com Nintendo revolution officially named Wii. http://www.gamepro.com/article/news/54157/nintendo-revolution-officially-named-wii/. Accessed 15. Aug. 2016.
Gamespot.com TGS 2005: Iwata speaks. http://www.gamespot.com/news/6133389.html. Accessed 11. Aug. 2016.
Gamezone.de Nintendo & neue Zielgruppen. http://www.gamezone.de/news_detail.asp?-nid=45870. Accessed 14. Aug. 2016.
Handelsblatt.com Der Computer als Fitnessmaschine http://www.handelsblatt.com/technologie/it-tk/_b=1332802,_p=4,_t=ftprint,doc_page=0;printpage. Accessed 13. Aug. 2016.
Handelsblatt.com Microsoft macht mit jeder Xbox Verlust. http://www.handelsblatt.com/technologie/it-internet/microsoft-macht-mit-jeder-xbox-verlust;994723. Accessed 13. Aug. 2016.
Hexus.net Nintendo speech in full, we'd hoped for more on the Revolution! http://gaming.hexus.net/content/item_print.php?item=5144. Accessed 14. Aug. 2016.
Idealo.de
Stromverbrauch von Spielekonsolen: Xbox 360, PS3, Wii im Vergleich. http://strom.idealo.de/news/2618-stromverbrauch-von-spielekonsolen-x-box-360-ps3-wii-im-vergleich/. Accessed 14. Aug. 2016.
Ign.com Profile: Satoru Iwata. http://uk.cube.ign.com/articles/530/530986p1.html. Accessed 13. Aug. 2016.
Ign.com Reggie: More than 1,000 Kits shipped. http://uk.wii.ign.com/articles/690/690730p1.html. Accessed 13. Aug. 2016.
Joystiq.com
Nintendo Wii marketing to exceed $200 million. http://www.joystiq.com/2006/11/12/nintendo-wii-marketing-to-exceed-200-million/. Accessed 14. Aug. 2016.
Joystiq.com Xbox 360 costs $715 to make. http://www.joystiq.com/2005/12/28/xbox-360-costs-715-to-make/print. Accessed 14. Aug. 2016.
Kotaku.com Wii Invades Norwegian Cruise Line. http://kotaku.com/248063/wii-invades-norwegian-cruise-line. Accessed 11. Aug. 2016.
Lewis, L. (2003). Game over. http://www.thefreelibrary.com/_/print/PrintArticle.aspx?id=108881991. Accessed 11. Aug. 2016.
Mediapost.com
Word Of mouth best way to reach gamers. http://www.mediapost.com/publications/?fa=Articles.showArticle&art_aid=113985. Accessed 13. Aug. 2016.
Microsoft.com Xbox 360 Unveils gameplay for every passion. http://www.microsoft.com/presspass/press/2008/jul08/07-14E308PR.mspx?rss_fdn=Press%20Releases. Accessed 14. Aug. 2016.
Mvticker.de Die bundesweite Nintendo Truck Tour 2008 macht bei der Hanse Sail in Rostock Halt. http://www.mvticker.de/mv/news_id2342_bundesweite_nintendo_truck_tour_2008_macht_bei_hanse_sail_rostock_halt.html. Accessed 13. Aug. 2016.
News.bbc.co.uk Gaming gets in shape. http://newsvote.bbc.co.uk/mpapps/pagetools/print/news.bbc.co.uk/2/hi/technology/5274960.stm. Accessed 14. Aug. 2016.
News.bbc.co.uk Microsoft buy top games producers rare. http://news.bbc.co.uk/cbbcnews/hi/sci_tech/newsid_2283000/2283354.stm. Accessed 14. Aug. 2016.
Nintendo.com International Distributors. http://www.nintendo.com/corp/distributors.jsp. Accessed 13. Aug. 2016.
Nintendo.com Iwata asks: The Wii Hardware. http://www.nintendo.com/wii/what/iwataasks/volume-1/part-1. Accessed 13. Aug. 2016.
Nintendo.com
Mii Channel. http://www.nintendo.com/wii/channels/miichannel. Accessed 13. Aug. 2016.

Nintendo.com Nintendo Online Retailers. http://www.nintendo.com/consumer/retail/retail_retailers.jsp. Accessed 13. Aug. 2016.
Nintendo.com Nintendo retailers. http://www.nintendo.com/consumer/retail/index.jsp#newproduct. Accessed 13. Aug. 2016.
Nintendo.com.au Classic systems. http://www.nintendo.com.au/index.php?pageID=23. Accessed 13. Aug. 2016.
Nintendo-europe.com Nintendo Wii: Virtual Console. http://wiiportal.nintendo-europe.com/1343.html. Accessed 13. Aug. 2016.
Nintendo-europe.com Nintendo Wii: Wii-Kanäle. http://wiiportal.nintendo-europe.com/1350.html. Accessed 13. Aug. 2016.
Nytimes.com Nintendo's Wii, radiating fun, is eclipsing Sony machine. http://www.nytimes.com/2007/01/31/technology/31game.html?_r=3&pagewanted=print. Accessed 13. Aug. 2016.
Qj.net Next-gen consoles: The push and pull strategies. http://wii.qj.net/Next-gen-consoles-the-push-and-pull-strategies/pg/49/aid/. Accessed 13. Aug. 2016.
Seekingalpha.com Seventh generation gaming consoles: Thinking outside the box. http://seekingalpha.com/article/22075-seventh-generation-gaming-consoles-thinking-outside-the-box. Accessed 14. Aug. 2016.
Seekingalpha.com The video game industry: Nintendo back in the lead. http://seekingalpha.com/article/40770-the-video-game-industry-nintendo-back-in-the-lead. Accessed 14. Aug. 2016.
Siliconera.com Nintendo patent reveals The Wii remote was originally made for the Gamecube. http://www.siliconera.com/2009/01/08/nintendos-patent-reveals-the-wii-remote-was-originally-made-for-the-gamecube/. Accessed 13. Aug. 2016.
Thr.com The whole world is playing. http://www.hollywoodreporter.com/hr/search/article_display.jsp?vnu_content_id=1000469019. Accessed 13. Aug. 2016.
Time.com The console wars: Game on. http://www.time.com/time/printout/0,8816,557120,00.html#. Accessed 13. Aug. 2016.
Timesonline.co.uk Er, Nintendo, Wii have a problem. http://technology.timesonline.co.uk/tol/news/tech_and_web/article1661085.ece?print=yes&randnum=1247747812416. Accessed 13. Aug. 2016.
Timesonline.co.uk Sony boss reveals plans for PlayStation. http://technology.timesonline.co.uk/tol/news/tech_and_web/article6808050.ece. Accessed 13. Aug. 2016.
Timesonline.co.uk Wii are swimming in a clear blue ocean. http://business.timesonline.co.uk/tol/business/industry_sectors/technology/article2063714.ece?token=null&print=yes&randnum=1247746670952. Accessed 13. Aug. 2016.

Company data/memos

Microsoft. (2006). Annual Report 2006 Microsoft Corporation.

Other sources

Cheng, J., Freeman-Aloiau, M., Guo, X., & Pullen, A. (2007). Sony: Maintaining dominance with playstation 3, White Paper of California Institute of Technology, Pasadena.
Entertainment Software Association (2003) 2003 Essential facts about the computer and video game industry. www.theesa.com. Accessed 13. Aug. 2016.
Entertainment Software Association (2008) 2008 essential facts about the computer and video game industry. www.theesa.com. Accessed 13. Aug. 2016.

A Journey to the Blue IT Ocean

21

A Service-oriented and Sustainable Business Model for IT Service Providers

Steffen Weimann

Contents

21.1 Starting Point—Routine as Comfort Zone

The information technology market is constantly changing. New technical innovations arise one after the other. It is a challenge for companies to select the right technology from available IT products that will add value to their systems and services. Companies are therefore often overwhelmed in an ambiguous and uncertain environment. Heterogeneous system architectures due to short term planning and prioritization have developed. An ongoing restoration of companies' IT systems is routine.

S. Weimann (✉)
Nordhausen, Germany
E-Mail: info@steffenweimann.com

T. Barsch et al. (Hrsg.), *Die Blue-Ocean-Strategie in Theorie und Praxis,* FOM-Edition,
https://doi.org/10.1007/978-3-658-15480-6_21

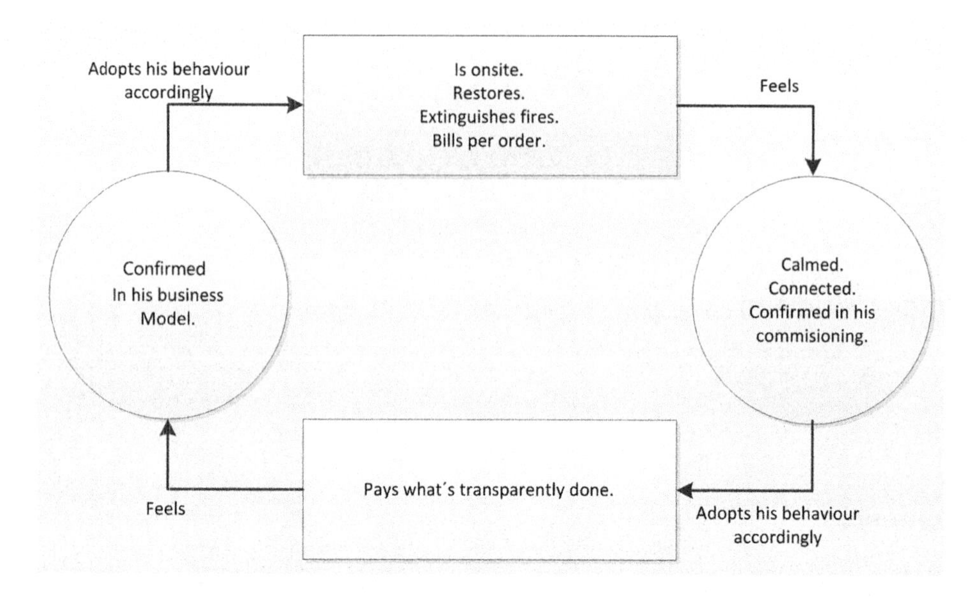

Fig. 21.1 Interpersonal 4 station cycle between IT service provider and customer. (Own graphic based on Schulz von Thun 2003, p. 30)

IT service providers seem to have now adapted to these circumstances. Systems vendors and IT service providers utilizing traditional business models and income streams are often characterized by charging for their time or per signed service contracts allowing minimal hours for system maintenance. IT service providers and their customers have developed a double bind[1] relationship that gives them a false sense of security and puts them in their comfort zone, providing routine in a volatile IT world (Fig. 21.1).

Statements concerning major trends for systems vendors in 2015 like: "Systems vendors are providing transparent models and flexible SLAs (Service Level Agreements), take over parts of IT management or else supply a complete IT solution out of the box…"[2], indicate just minor changes in IT service providers' business models for the near future. Marketing trends like the cloud and technological trends (virtualization) are adopted similarly by IT service providers. A spreading alignment of IT service providers' offers with insignificant scope for differentiation in their core services can be observed.[3]

New trends for customer orientated solutions that focus on the customer relationship with new value propositions will only be sustainably achieved if an adequate framework is utilized.

[1]Cf. Watzlawick et al. (2011, p. 232).

[2]Cancom, http://www.cancom.info/2015/08/5-trends-so-wandeln-sich-it-dienstleister-fuer-sie/, last visited 30.12.2015.

[3]Cf. Bruhn (2005, p. 65).

How is it possible to counter decreasing margins for hard- and software in the long run and simultaneously build up sustainable customer relationships? How can the roles and behavior of IT service providers and customers be changed by new value propositions? How can profitable and trusting partnerships with key partners such as OEMs, financial services, technology, and service partners be built while managing to escape the red IT ocean?

The general implementation of Information and Communication Technology (ICT) is no longer a differentiating factor between competing businesses (Cf. Krcmar 2011). However, the availability of ICT is imperative in every holistic information system's architecture. The capability to innovate is founded on reliable information technology. To be sustainably successful and competitive, companies have to deal with the digitalization of their products and services to provide new value to customers (Cf. Enke and Reimann 2005, p. 22) and build a Blue Ocean®. The next chapter describes the reference of ITFLAT.de®—a German IT infrastructure service framework—to Blue Ocean Strategy's® principles.

21.2 Rethink—Dive into the Blue IT Ocean

ITFLAT.de®'s reference to the Blue Ocean Strategy® can be observed by a glance at its basic principles that are used to formulate and execute Blue Oceans®. ITFLAT.de® intuitively followed those principles through a few artifices, namely a fixed price per office environment and creating a 'green meadow' by exchanging total existing ICT without exception. The strategy of apparent reconstruction of market boundaries wasn't obvious to its creators from the start. The connection becomes clear by having a look at the following principles (Table 21.1):

21.2.1 Reconstruct Market Boundaries

Mauborgne and Kim found patterns with general applicability across industry sectors and called it the six paths framework[4]. Neglecting path one—look across alternative industries, and path two—look across strategic groups within industries, ITFLAT.de® follows the corresponding fundamental patterns. Decisively by looking across the chain of buyers (3rd path), not exclusively purchasers and users but influencers such as banks, accountants and market leaders for key technologies in remote maintenance are addressed[5].

[4]Cf. Kim and Mauborgne (2015, p. 49).

[5]Cf. Kim and Mauborgne (2015, p. 63).

Table 21.1 ITFLAT.de® following Blue Ocean Strategy® principles. (Own table based on W. Chan Kim and Renée Mauborgne, Blue Ocean Strategy 2015, p. 23 [Cf. Kim W.C. and Mauborgne R. 2015, p. 23])

Formulation principles ITFLAT.de®	Execution principles ITFLAT.de®
Reconstruct market boundaries Focus on the big picture, not the numbers	Overcome key organizational hurdles
Further Blue Ocean® Formulation principles	Further Blue Ocean® Execution principles
Reach beyond existing demand Get the strategic sequence right	Build execution into strategy Align the value, profit, and people propositions Renew Blue Oceans®

By fully integrating hard- and software, services like for example data encryption or even branch specific software solutions within an office environment, ITFLAT.de® looks across complementary products and service offerings and includes it into the price model or applies it as an extension to the configuration (4th path)[6].

The buying motive of purchasers for IT services has been functional up to now. In times of e-commerce, ITFLAT.de® therefore looks for an easy way to procure IT services over the internet by using a configurator. In a volatile and uncertain world, ITFLAT.de® provides security with standardization and long-term planning across functional or emotional appeal to buyers (5th path)[7].

Looking across time (6th path), technological and environmental trends have a significant effect on businesses in every industry.[8] Cloud Services or green IT especially play a notable role in the information technology industry and can easily be integrated into ITFLAT.de®'s framework. Regarding social movements, one can observe a change of generations and activities of estate planning within small and medium enterprises. While owner and founder of the first and second generation were still dealing with Information Technology on their own, future generations tend to lend, use and share.

21.2.2 Focus on the Big Picture, not the Numbers—ITFLAT.de®'s Strategy Canvas

The big picture becomes clearer the further we zoom out. Blue Ocean® provides the tools to depict a visualization of capabilities. By looking at the strategy canvas, ITFLAT.de®'s big picture will be visible. Applying the strategy canvas to ITFLAT.de®'s most compelling features, we can clearly see the future in the present of IT service (Fig. 21.2).

[6]Cf. Kim and Mauborgne (2015, p. 67).

[7]Cf. Kim and Mauborgne (2015, p. 71).

[8]Cf. Kim and Mauborgne (2015, p. 77).

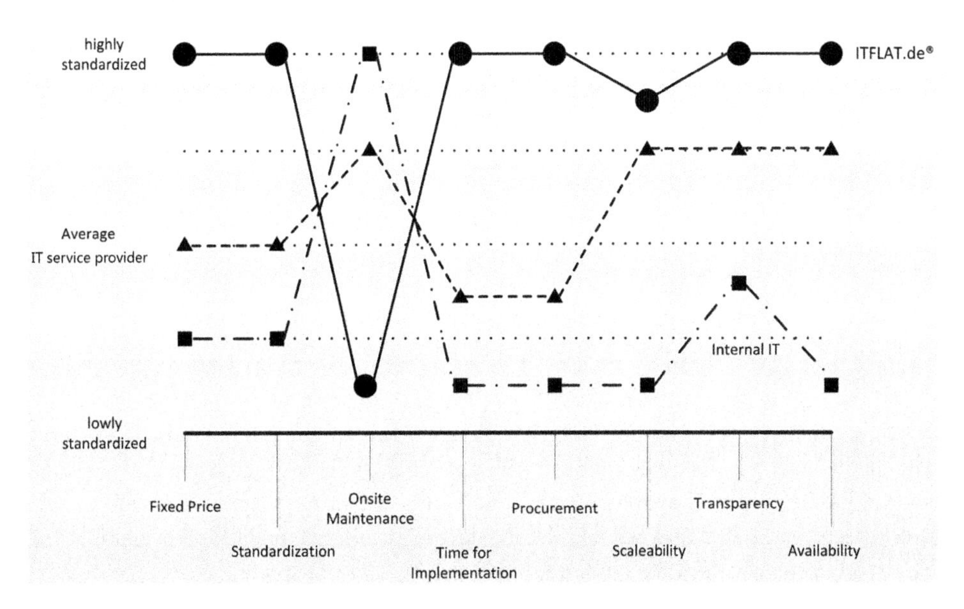

Fig. 21.2 ITFLAT.de®'s strategy Canvas. (Own graphic based on W. Chan Kim and Renée Mauborgne, Blue Ocean Strategy 2015 p. 43 [Cf. Kim W.C. and Mauborgne R. 2015, p. 43])

21.2.3 Overcoming Organizational Hurdles

Proactive thinking is required to build execution into strategy. "In theory, this all sounds good, but what does the real world look like? This won't work!" is a sentence each of us has heard or thought before.

Steve Jobs has remarkably proved that setting new standards is possible with a closed and coherent system. Applied to ICT, a success factor is the consistent implementation of standards as defined by ITFLAT.de®. The key for an enforcement of standards and redemption of value propositions as the fixed price and availability guarantee is the 'green meadow'. It can be accomplished with a complete replacement of an existing ICT, replacement of hardware and contracts with an adjustment to the charging model. It will provide an environment involving minimal disruption for businesses, with changes well planned, and with training and support provided.

At the same time, the following effects can be achieved:

- elimination of workarounds and compromises
- the customer and the IT service provider get to know each at the start of the process; building relationships and trust
- a transitional period involving mixed services and billing models no longer applies
- investment protection for existing infrastructure; replacement of book accounting value
- consistent monthly rates; high starting investments and uncontrolled costs are not applicable for a 36-60-month period

The 'Green Meadow' has overcome the organizational barrier to implement a business model with standardization. It is important to get the forecasting and funding right over a prolonged period of time to conquer the cash flow hurdle in any business model.

21.3 Get the Perspective Right—Service-orientation as New Routine

> If you want to build a ship, don't drum up people to collect wood and don't assign them tasks and work, but rather teach them to long for the endless immensity of the sea (Antoine de Saint-Exupéry).

Sometimes changing the perspective gives us new ideas of customer needs. Long term planning due to corresponding contracts with customers and thus increasing service revenues can be the result. However, for the time being, the primary income stream is still derived from time based charges. On the flipside, customers demand high availability of service, projectable values for costs and investments, and transparent service processes. How can both interests be incorporated?

During the nineteenth century, business models were mainly based on goods. The focus was on efficiency in the production process and hardware, a fundamental perspective for the industrial revolution. But times have changed. Service oriented business models have changed the current business logic from a goods-dominant logic to a service-dominant logic, which focuses on customer needs and values. A service-dominant perspective is customer centric and puts its emphasis on the development of long term interactive customer relationships that advantage the new era of custom solutions[9]. Service providers' business offers and methods require modification to ensure a long-term commitment. These modifications are profound and complement the value added. They involve changes to marketing, sales and distribution to the core goods and services and finally pricing[10]. The capacity to align future technological trends must be integrated. The customer relationship will be newly defined by this radical structural change.

ITFLAT.de®'s strategy reveals a complete IT service provider marketing and sales approach. The focus is to provide a 100% transparent offer, "off the rack" for ICT solutions with a guaranteed price and guaranteed availability.[11]

This approach presents a solution to a major conflict of interest between IT service providers and customers. It allows IT service providers and customers to meet as equals. Customers will secure transparency, reliably projectable costs, high ICT availability, and therefore higher productivity and value. The IT service provider creates a long-term customer relationship, income streams and a secure future with an extended planning horizon (Fig. 21.3).

---

[9]Cf. Lusch and Vargo (2006).

[10]Cf. Böhmann et.al. (2013, p. 2).

[11]ITFLAT.de® http://itflat.de/ last visited 30.05.2016.

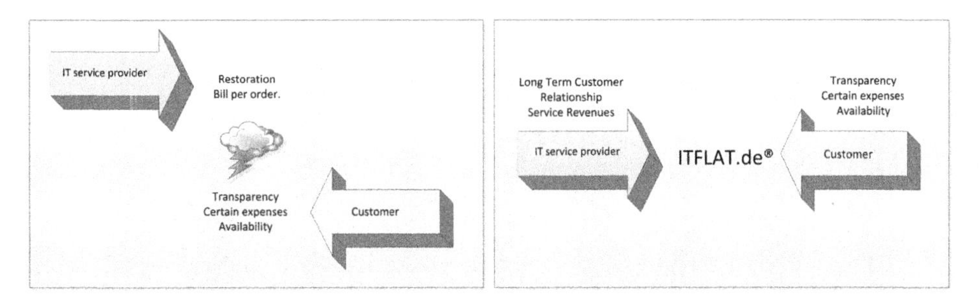

Fig. 21.3 Solving a conflict of interest between IT service providers and customers. (Own graphic)

21.3.1 Value Proposition and Customer Benefits

"All the companies that created blue oceans in our study have been pioneers in their industries, not necessarily in developing new technologies but in pushing the value they offer customers to new frontiers"[12].

It is fundamental that in all phases of the service provider-customer relationship it is dealt full-scale with needs, jobs to be done, risks and chances customers perceive. Solutions can be anticipated or deduced. A value proposition must be drafted in customer focused sessions that include all relevant stakeholders[13]. Positioning the value proposition in the core of a business model for an IT service provider will determine the business orientation. The value proposition indicates the value customers will receive from this partnership. At the same time, it gives an organization and IT service provider team members an indication of what is expected in terms of performance. Value propositions therefore serve as common key elements for customers, IT service providers and particularly for the employees involved on both sides. ITFLAT.de®'s value proposition aims for a price guarantee as a differentiating performance feature and an availability guarantee as a relevant value.

21.3.2 Price Guarantee as a Differentiating Performance Feature

A long-term price guarantee over a long period of time, e.g. 60 months, represents a high risk for the IT service provider, hence it is avoided. It therefore represents a strong argument in favor of the customer in the sales and marketing process. High service quality can be achieved by setting and complying with standards in various value chain areas

[12]Kim and Mauborgne (2015, p. 98).

[13]Cf. Osterwalder et al. (2014, p. 29).

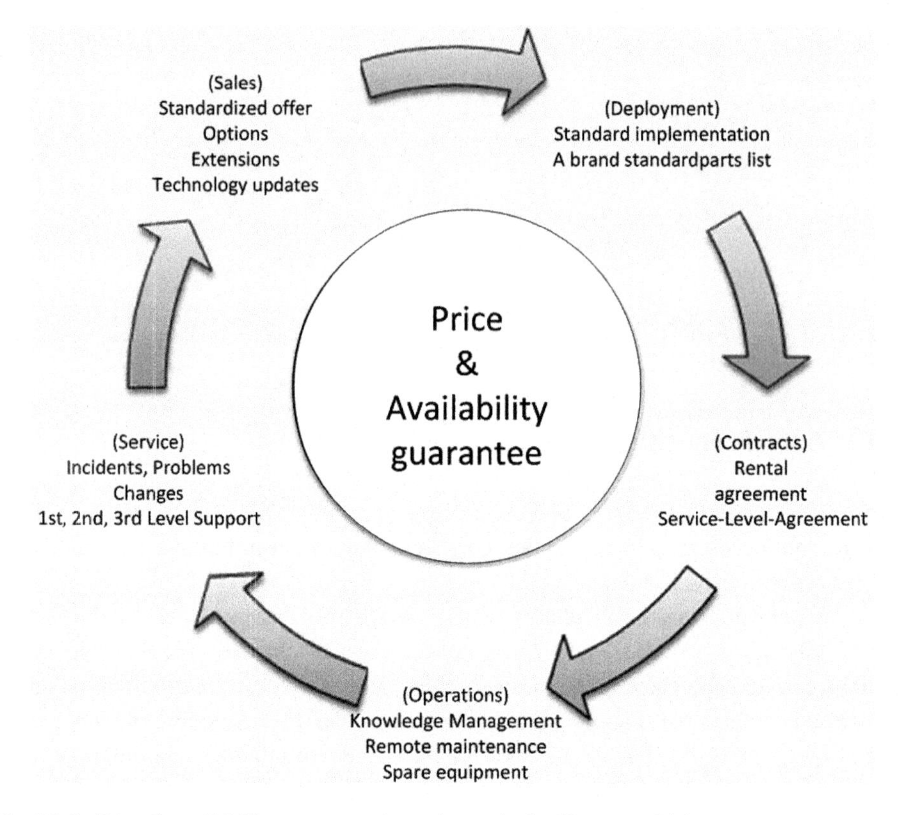

Fig. 21.4 Price & availability guarantee through standards. (Own graphic)

such as partner selection, production, marketing, distribution, deployment, maintenance, project management. The price guarantee is put into practice by taking economies of scale and economies of scope into consideration, due to similar services where the provision of customer A's solution reduces the costs of customer B's solution[14]. The challenges by offering a complex solution therefore are (Fig. 21.4):

- applying a risk surcharge for the service provider over the lifespan of the relationship based on risk assessment
- evaluating economics of scale and economies of scope due to multiple and similar implementation
- determining a marketable price

[14]Cf. Wöhe (2002, p. 306).

21.3.3 Availability Guarantee as Relevant Value

High grade remote maintenance for similar installations built with standardized components and with rigorous quality assurance provides advantages for all parties involved. By choosing high quality components, the foundation for availability as well as for an effective maintenance and support is set at an early stage. Standard implementations with a six week pre-configuration phase and deployment over a weekend minimize business downtimes. Incidents and problems can be discovered early on and proactively eliminated from future installations as part of a continuous improvement process. A knowledge base can be effectively established for the support team and will provide appropriate information for each customer. Devices and hardware may be easily swapped between customers due to standardization, thus bypassing the need for device restoration. Even contracts and service level agreements are standardized and therefore easy to maintain (Cf. Leimeister 2013, p. 322). The IT service provider assumes the operational risk at the time the ICT solution is handed over to the customer and a service agreement is implemented. The previously mentioned factors yield an even distribution of costs of hard- and software plus implementation. The value of service costs equal hard- and software costs to the operating company. A total cost of ownership (TCO) typical business risk is now no longer relevant to customers due to the cost guarantee from the IT service provider (Fig. 21.5).

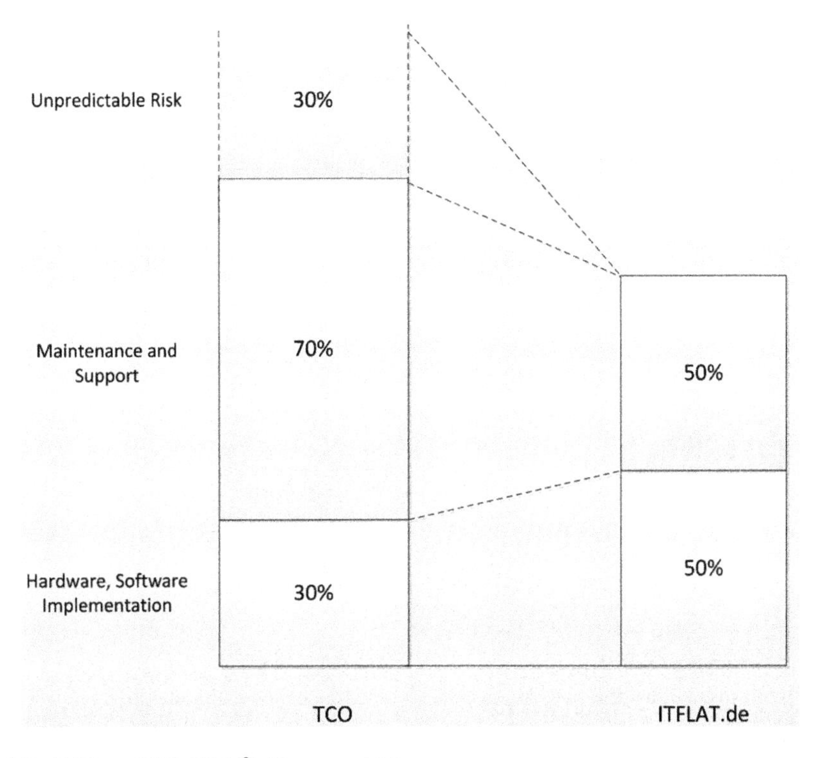

Fig. 21.5 TCO vs. ITFLAT.de®. (Own graphic)

21.4 Information Technology and Communication as Sustainable Business Model

The solution's complexity and interdependencies caused by the new offer have to be considered within the business model. A consequent extension or radical transformation of existing business models in every part of the organization is necessary to overcome a paradigm change from a product manufacturer to a service provider and to consolidate ICT as a sustainable business model.

The intelligent merge of business software solutions that include ICT, options with maintenance and support for rent is a challenge for IT service providers. On the other hand, this combination gives the opportunity for high cross- and up-selling. Key activities are focused on standardization, project management, partner management, remote maintenance, knowledge management and customer relationship management with a single point of contact (SPOC) for customers.

On top, pre-configured industry ERP and CRM systems give IT service providers the chance to offer an attractive package that includes finance, warranty and maintenance as a full service. Software companies with their industry solutions can also be seen as marketing channels. Finance partners turn into business model enablers.

The area of key resources shifts to key technologies to simplify distribution and ensure the availability of a solution by allowing a high rate of remote maintenance, installation automation and implementation of solutions. On-site visits are only necessary to exchange devices. Hence, internal organization, employees and systems as well as processes have to be aligned in terms of service-orientation[15].

Even if technology updates typically occur at intervals of between 36 and 48 months, innovation management implementation for new technologies and methods is required, so that trends and technologies find their meaning within ITFLAT.de®'s roadmap.

A long-term contract supports a sustainable business model and an extended horizon for IT service providers. This is enhanced as awareness of ITFLAT.de®'s solutions provides the opportunity to continue to work together through future technology updates. Microsoft's strategy alliance manager announced the foundation of a new business model inspired by ITFLAT.de® and technologically based on Intel's Multi Site director software-as-a-service-model for remote maintenance at the Intel Solution Summit 2008 in Rome[16] (Fig. 21.6).

[15]CF. Bruhn and Stauss (2010, p. 15).

[16]CF. http://hexus.net/business/news/channel/12789-intel-launches-multi-site-director/ last visited 30.05.2016 et al.

<table>
<tr>
<td rowspan="2">Key Partners

System partners
Financial partners
Logistic partners
Technology partners</td>
<td>Key Activities

SPOC
Project management
Partner management
Remote maintenance
Knowledge management
Standardization
Customer Relationship Management
Marketing and Sales
Innovation management</td>
<td rowspan="2">Value Proposition

ICT
Price guarantee
Availability guarantee</td>
<td>Customer Relationship

Service contracts
Service meetings
Extensions/reductions
Technology updates
Remote maintenance</td>
<td rowspan="2">Customer Segments

SME
Branches/industries
Satellites</td>
</tr>
<tr>
<td>Key Resources

Employees
Technology
Know how
Network
Platform</td>
<td>Channels

Financing partners
Sector partners
Online marketing
Configurator</td>
</tr>
<tr>
<td colspan="3">Costs

SPOC
Remote Infrastructure
Installation and implementation
Marketing
Sales</td>
<td colspan="2">Revenue Streams

Flatrate
Leasing
Options
Sponsoring</td>
</tr>
</table>

Fig. 21.6 Service-oriented business model for IT service providers based on ITFLAT.de®. (Own graphic based on Osterwalder A. and Pigneur I. 2010, p. 48 [Cf. Osterwalder A. and Pigneur I. 2010, p. 48])

21.5 Future Potential

Marketing and Sales
For sales scaling, generally many sales channels are valid. Business partners such as vendors and distributors as well as branch software partners become a source of increased promotion as the core product becomes established. ITFLAT.de®'s click-ability provides opportunities especially in e-commerce. Marketing and sales costs are minimal when using online marketing and the online configuration.

The price and availability guarantees have shifted the emphasis in sales; the shift of focus from details of product intricacies to functionality and the resulting value for customers. Cross-selling potential for options like security, connectivity etc. is conceivable once a trusted advisor position has been established.

New strategic opportunities for IT service providers and their vendor partners arise from building new value chains by enlarging mutual portfolios.

Service
Service is a reliable component in a long-term customer relationship including service contracts and regular technology updates. Vendor technologies in hard- and software run

a 36 to 48 months cycle. A technology update will prolong the contract for another 36 to 60 months and result in a long-term customer relationship allowing the sourcing of products to be scheduled.

Finance and Cash Management
The IT service provider's contribution margin will improve with every implemented office-environment and service part within price per seat model. Financial requirements for initial projects including hard- and software can be reduced by leveraging service income. The service portion and the continuous income increases. An increase of inventory will stimulate growth; options have an approximate 30% growth rate for the term.

21.6 Conclusions

ITFLAT.de®'s strategy is well-founded and conclusive. The price and availability guarantee was numerously implemented and tested in various sectors. The framework can be applied to IT service providers' business models for resident or new customer segments. Total market coverage and scaling has not been reached by far.

ITFLAT.de® framework and general line-up has proven to be capable of reconstructing market boundaries and overcoming key organizational hurdles within its execution principles on the way to a new Blue Ocean®. In this way, ITFLAT.de® has inspired major market companions. A significant increase of IT flat rates has now appeared in the market. After a while, some of them vanished, few are still in use.

Maybe the market wasn't ready for standard frameworks like ITFLAT.de® in 2006 and may not be ready today—10 years after introducing the new business model. Experts predict it as a 2025 service. But the environmental developments give good perspectives for the future, although for the time being Germany is still lacking essential prerequisites in political, cultural, legal or compliance areas. In addition, digitalization is putting additional pressure on IT service providers' pricing.[17] Statistics show a low growth in the last few years:—IT service providers 1.7–3.0%, hardware 0.8–5.5%, software 4.9–7.9%.[18] At the same time, 500 to 600 IT companies a year collapse due to a lack of long-term customer relationships and a significant change in their business model. Another black year like 2009 for information technology companies cannot be ruled out.

About ITFLAT.de®

The goal of offering standardized infrastructure at a fixed price "off the rack" for small and medium sized business enterprises originated in the founders' minds long before ITcollection and

[17]Cf. Computerwoche, http://www.computerwoche.de/a/der-it-servicemarkt-ist-in-bewegung,3068686 last visited 30.05.2015.

[18]Cf. Statista, http://de.statista.com/statistik/daten/studie/3017/umfrage/wachstumsraten-in-der-it-branche---zeitreihe/ last visited 14.12.2015.

the ITFLAT.de® brand was created in 2006. The primary intention was to deliver core value and functionality for an IT office environment in a simple price model. The customer segment in focus was small and medium sized enterprises that suffered from complex and unmanageable ICT solutions, and thus lack of availability and high IT costs. All essential types of hardware, software, and services that only large enterprises could afford at the time, should be included. Furthermore, a full assortment of options, such as printers, smartphones, data encryption, and branch specific services should be available. The aim was to provide a business solution including cost effective hardware, software and services, and to provide reliable implementation and ongoing support for a period of 60 months. This resulted in ITFLAT.de®'s price model becoming central to their marketing within Germany; with a future eye on the international scene -in fact the first multiplication of standardized ICT solutions. Following two years of experience delivering the initial product to German businesses, and gaining an innovation award "Innovationspreis 2008"[19] in the category "IT service", the second generation was developed. In 2009, the first technology updates for early customers were incorporated. ITFLAT.de® separated from ITcollection Service GmbH in 2011; the essential thoughts, methods and concepts are now applied to service-orientation, establishing service-oriented business models and technology based service-systems. One of the driving forces behind ITFLAT.de® is the consistent search for innovation.[20] This energy drives the founders to this very day. It was, and is, the essential driving force through all doubts, risks, resistance, dead-ends and setbacks on the long and winding road to new frontiers.

References

Böhmann, T., Warg, M., & Weiß, P. (2013). *Service-orientierte Geschäftsmodelle.* Berlin: Springer Gabler.

Bruhn, M., & Stauss, B. (Hrsg.). (2010). *Serviceorientierung im Unternehmen, Forum Dienstleistungsmanagement.* Wiesbaden: Gabler/GWV Fachverlage.

Enke, M., & Reimann, M. (Hrsg.). (2005). *Commodity Marketing, Commodities im Dienstleistungsbereich.* Wiesbaden: Gabler/GWV Fachverlage.

Kanitz, S. (2009). *Konzept für den Relaunch der Website von ITLFAT.de®.* Pforzheim: Diplomarbeit.

Kim, W. C., & Mauborgne, R. (2005). *Der Blaue Ozean als Strategie.* München: Hanser, München.

Kim, W. C., & Mauborgne, R. (2015). Blue ocean strategy (Expanded ed.). Boston: Harvard Business School.

Krcmar, H. (2011). *Einführung in das Informationsmanagement.* Berlin: Springer.

Leimeister, J. M. (2013). *Dienstleistungsengineering und Management.* Berlin: Springer Gabler.

Lusch, R. F., & Vargo, S. L. (2006). *The service-dominant logic of marketing.* New York: M.E. Sharpe Inc.

Osterwalder, A., & Pigneur, I. (2010). *Business model generation.* New Jersey: Wiley.

Osterwalder, A., Pigneur, I., Bernada, G., & Smith, A. (2014). *Value proposition design.* New Jersey: Wiley.

Schulz, T. F. von. (2003) *Miteinander Reden 2, Stile, Werte und Persönlichkeitsentwicklung.* Reinbek bei Hamburg: Rowohlt.

[19]Cf. Innovationspreis der Initiative Mittelstand http://www.imittelstand.de/ last visited 01.05.2016.

[20]CF. Kanitz S., Konzept für den Relaunch der Website von ITLFAT.de®, Diplomarbeit, Pforzheim 2009.

Watzlawick, P., Bavelas, J. B., & Jackson, D. D. (2011). *Menschliche Kommunikation: Formen, Störungen, Paradoxien*. Bern: Huber.
Wöhe, G. (2002). *Einführung in die allgemeine Betriebswirtschaftslehre*. München: Vahlen.

Internetquellen

http://www.cancom.info/2015/08/5-trends-so-wandeln-sich-it-dienstleister-fuer-sie/. Abgerufen am 30.12.2015.
http://de.statista.com/statistik/daten/studie/3017/umfrage/wachstumsraten-in-der-it-branche---zeitreihe/. Abgerufen am 14.12.2015.
http://ITFLAT.de®/so-einfach-kann-ein-angebot-sein/. Abgerufen am 09.12.2015.
http://www.imittelstand.de/. Accessed 1. May 2016.
http://hexus.net/business/news/channel/12789-intel-launches-multi-site-director/. Accessed 30. May 2016 et al.
http://www.computerwoche.de/a/der-it-servicemarkt-ist-in-bewegung,3068686. Accessed 30. May 2015.

Teil VII

Toolbox

22 Blue Ocean Strategy® Toolbox

Thomas Barsch

Pioneers Value Innovation / Nutzeninnovation		Bedürfnisse unbekannt
Migrators Value Improvement Verbesserungen / Weiterentwicklung		Bedürfnisse bekannt, aber noch nicht artikuliert
Settlers Value Imitation / Me-Too-Produkte		Bedürfnisse bekannt, und artikuliert
	Bestehendes Portfolio (heute)	Geplantes Portfolio (morgen)

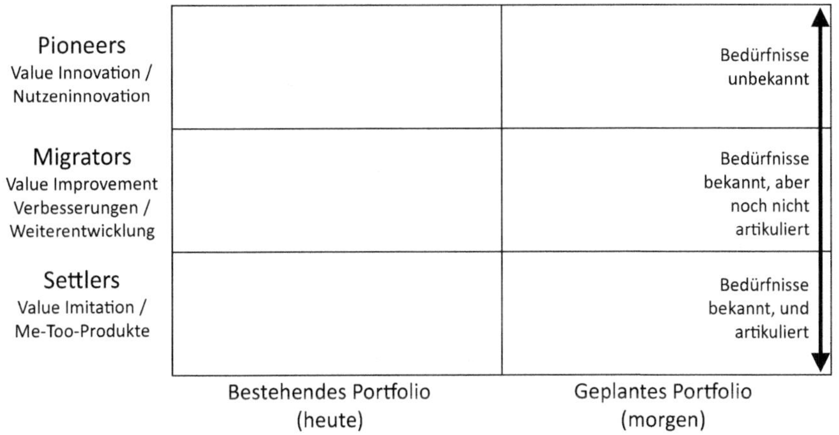

Pioneers-Migrators-Settler-Map

© BOS Partners GmbH

T. Barsch (✉)
Illingen, Deutschland
E-Mail: thomas.barsch@pionierfabrik.de

T. Barsch et al. (Hrsg.), *Die Blue-Ocean-Strategie in Theorie und Praxis,* FOM-Edition,
https://doi.org/10.1007/978-3-658-15480-6_22

The Six Stages of the Buyer Experience Cycle /
Die sechs Phasen beim Erfahrungszyklus der Käufer

The Six Stages Utility Levers /
Die sechs Nutzenhebel

	1. Purchase/ Kauf	2. Delivery/ Lieferung	3. Use/ Benutzung	4. Supplements/ Ergänzungen	5. Maintenance/ Instandhaltung	6. Disposal/ Entsorgung
Customer productivity/ Kunden-Produktivität						
Simplicity/ Einfachheit						
Convenience/ Leichtigkeit						
Risk/ Risiko						
Fun and Image/ Spaß und Image						
Environmental friendliness/ Umweltfreund-lichkeit						

The Buyer Utility Map /
Käufer-Nutzen-Matrix

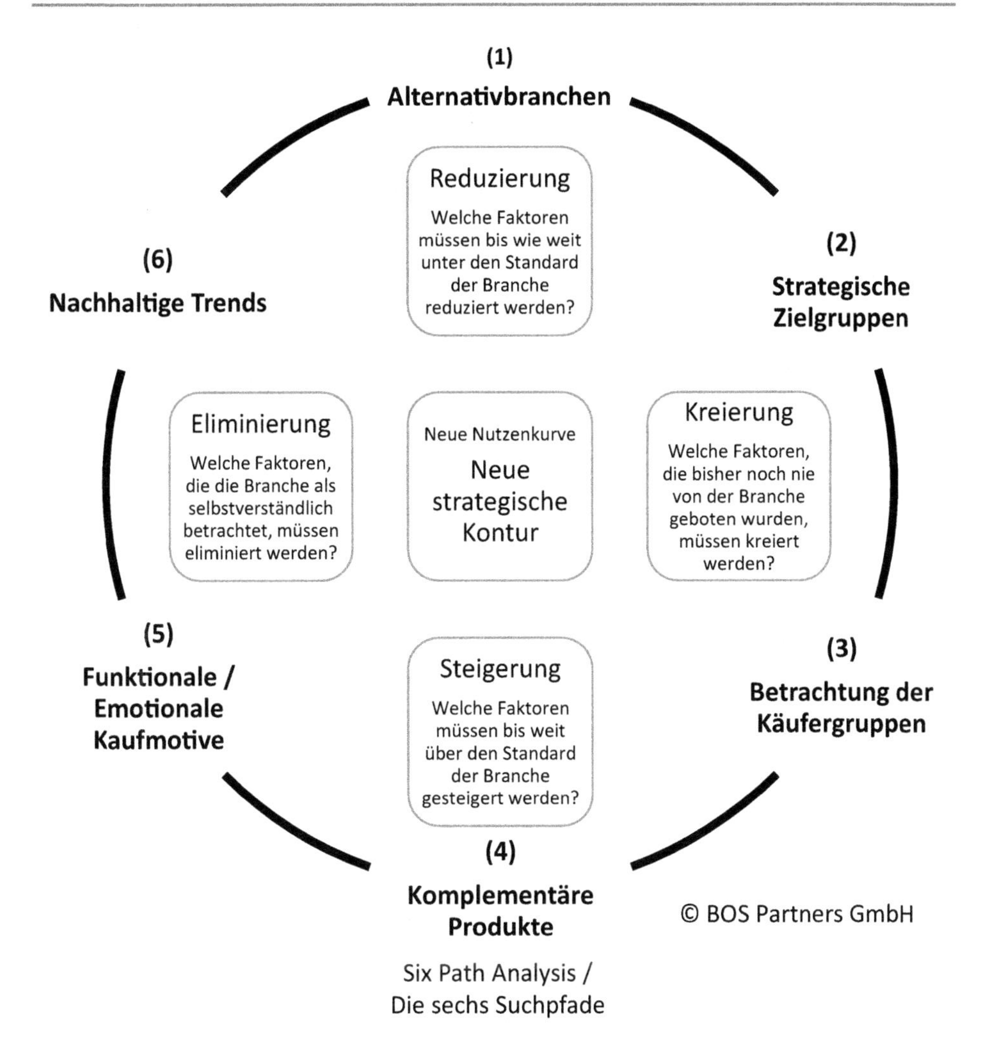
(1)
Alternativbranchen
Reduzierung
Welche Faktoren müssen bis wie weit unter den Standard der Branche reduziert werden?
(2)
Strategische Zielgruppen
(6)
Nachhaltige Trends
Eliminierung
Welche Faktoren, die die Branche als selbstverständlich betrachtet, müssen eliminiert werden?
Neue Nutzenkurve
Neue strategische Kontur
Kreierung
Welche Faktoren, die bisher noch nie von der Branche geboten wurden, müssen kreiert werden?
(5)
Funktionale / Emotionale Kaufmotive
Steigerung
Welche Faktoren müssen bis weit über den Standard der Branche gesteigert werden?
(3)
Betrachtung der Käufergruppen
(4)
Komplementäre Produkte
© BOS Partners GmbH
Six Path Analysis / Die sechs Suchpfade

Customers / Kunden

First tier: soon to be non-customers

Erste Kategorie: baldige Nichtkunden

Second tier: refusing non-customers

Zweite Kategorie: sich verweigernde Nichtkunden

Third tier: unexplored non-customers

Dritte Kategorie: Unentdeckte Nichtkunden

Three Tiers of Non-costumers /
Die drei Kategorien der Nichtkunden

Reduzierung

Welche Faktoren müssen bis wie weit unter den Standard der Branche reduziert werden?

Eliminierung

Welche Faktoren, die die Branche als selbstverständlich betrachtet, müssen eliminiert werden?

Neue Nutzen-kurve

Kreierung

Welche Faktoren, die bisher noch nie von der Branche geboten wurden, müssen kreiert werden?

Steigerung

Welche Faktoren müssen bis weit über den Standard der Branche gesteigert werden?

The Four Actions Framework /
Das Vier-Aktionen-Format

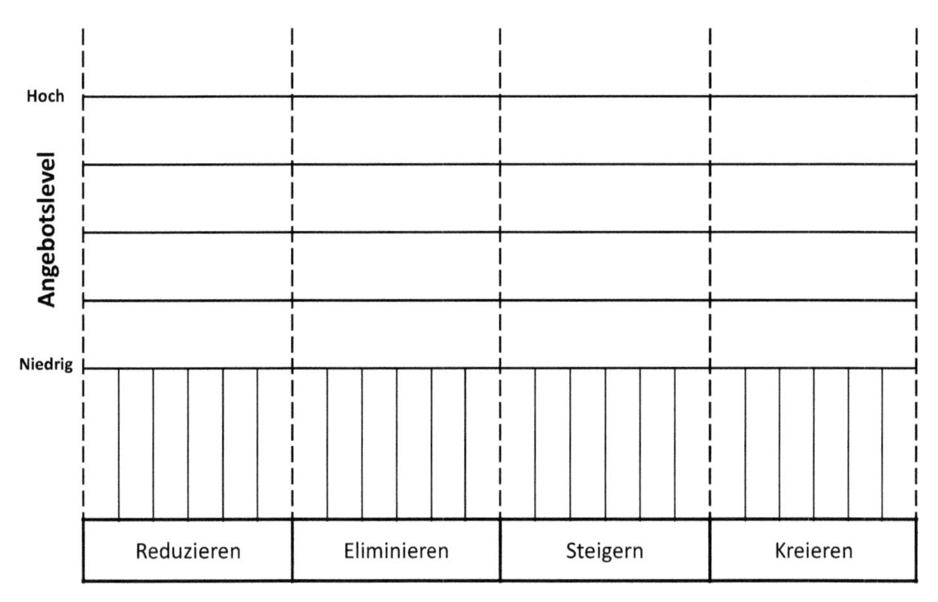

ERSK-Quadrat

Printed by Printforce, the Netherlands